中国社会科学院创新工程学术出版资助项目

中国哲学社会科学学科发展报告

当代中国宗教学研究

CONTEMPORARY RELIGIOUS STUDIES IN CHINA

（1949—2009）

卓新平 ● 主编

中国社会科学出版社

图书在版编目（CIP）数据

当代中国宗教学研究（1949—2009）/卓新平主编．—北京：中国
社会科学出版社，2011.12（2013.3 重印）
（中国哲学社会科学学科发展报告）
ISBN 978 - 7 - 5161 - 0138 - 4

Ⅰ.①当…　Ⅱ.①卓…　Ⅲ.①宗教学—研究—中国　Ⅳ.①B929.2

中国版本图书馆 CIP 数据核字（2011）第 191772 号

出 版 人	赵剑英	
特约编辑	陈慧平 等	
责任编辑	陈　彪	
责任校对	王雪梅	
责任印制	王炳图	

出　　版	中国社会科学出版社	
社　　址	北京鼓楼西大街甲 158 号（邮编 100720）	
网　　址	http://www.csspw.cn	
	中文域名:中国社科网　　010 - 64070619	
发 行 部	010 - 84083685	
门 市 部	010 - 84029450	
经　　销	新华书店及其他书店	

印　　刷	北京金瀑印刷有限责任公司	
装　　订	廊坊市广阳区广增装订厂	
版　　次	2011 年 12 月第 1 版	
印　　次	2013 年 3 月第 2 次印刷	

开　　本	710×1000　1/16	
印　　张	27.25	
插　　页	2	
字　　数	460 千字	
定　　价	76.00 元	

凡购买中国社会科学出版社图书,如有质量问题请与本社联系调换
电话:010 - 64009791

总　序

当今世界正处于前所未有的激烈的变动之中，我国正处于中国特色社会主义发展的重要战略机遇期，正处于全面建设小康社会的关键期和改革开放的攻坚期。这一切为哲学社会科学的大繁荣大发展提供了难得的机遇。哲学社会科学发展目前面对三大有利条件：一是中国特色社会主义建设的伟大实践，为哲学社会科学界提供了大有作为的广阔舞台，为哲学社会科学研究提供了源源不断的资源、素材。二是党和国家的高度重视和大力支持，为哲学社会科学的繁荣发展提供了有力保证。三是"百花齐放、百家争鸣"方针的贯彻实施，为哲学社会科学界的思想创造和理论创新营造了良好环境。

国家"十二五"发展规划纲要明确提出："大力推进哲学社会科学创新体系建设，实施哲学社会科学创新工程，繁荣发展哲学社会科学。"中国社会科学院响应这一号召，启动哲学社会科学创新工程。哲学社会科学创新工程，旨在努力实现以马克思主义为指导，以学术观点与理论创新、学科体系创新、科研组织与管理创新、科研方法与手段创新、用人制度创新为主要内容的哲学社会科学体系创新。实施创新工程的目的是构建哲学社会科学创新体系，不断加强哲学社会科学研究，多出经得起实践检验的精品成果，多出政治方向正确、学术导向明确、科研成果突出的高层次人才，为人民服务，为繁荣发展社会主义先进文明服务，为中国特色社会主义服务。

实施创新工程的一项重要内容是遵循哲学社会科学学科发展规律，完善学科建设机制，优化学科结构，形成具有中国特色、结构合理、优势突出、适应国家需要的学科布局。作为创新工程精品成果的展示平台，哲学社会科学各学科发展报告的撰写，对于准确把握学科前沿发展状况、积极推进学科建设和创新来说，是一项兼具基础性和长远性的重要工作。

中华人民共和国成立以来，伴随中国社会主义革命、建设和改革发展的历史，中国特色哲学社会科学体系也处在形成和发展之中。特别是改革开放以来，随着我国经济社会的发展，哲学社会科学各学科的研究不断拓展与深化，成就显著、举世瞩目。为了促进中国特色、中国风格、中国气派的哲学社会科学观念、方法和体系的进一步发展，推动我国哲学社会科学优秀成果和优秀人才走向世界，更主动地参与国际学术对话，扩大中国哲学社会科学话语权，增强中华文化的软实力，我们亟待梳理当代中国哲学社会科学各学科学术思想的发展轨迹，不断总结各学科积累的优秀成果，包括重大学术观点的提出及影响、重要学术流派的形成与演变、重要学术著作与文献的撰著与出版、重要学术代表人物的涌现与成长等。为此，中国社会科学出版社组织编撰"中国哲学社会科学学科发展报告"大型连续出版丛书，既是学术界和出版界的盛事，也是哲学社会科学创新工程的重要组成部分。

《中国哲学社会科学学科发展报告》分为两个子系列：《年度综述》和《前沿报告》。《年度综述》按一级学科分类，每年度发布，《前沿报告》每三年发布，并都编撰成书陆续出版。学科《年度综述》内容包括本年度国内外学科发展最新动态、重要理论观点与方法、热点问题，代表性学者及代表作；学科《前沿报告》内容包括学科发展的总体状况，三年来国内外学科前沿动态、最新理论观点与方法、重大理论创新与热点问题，国内外学科前沿的主要代表人物和代表作。每部学科发展报告都应当是反映当代重要学科学术思想发展、演变脉络的高水平、高质量的研究性成果；都应当是作者长期以来对学科跟踪研究的辛勤结晶；都应当反映学科最新发展动态，准确把握学科前沿，引领学科发展方向。我们相信，该出版工程的实施必将对我国哲学社会科学诸学科的建设与发展起到重要的促进作用，该系列丛书也将成为哲学社会科学学术研究领域重要的史料文献和教学材料，为我国哲学社会科学研究、教学事业以及人才培养作出重要贡献。

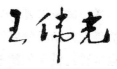

撰 稿 人

马克思主义宗教观研究 60 年		龚学增
宗教学基本理论研究		金 泽
宗教哲学研究		张志刚
当代宗教研究		罗伟虹
宗教与当代国际关系——趋势与研究		徐以骅
古代基督教思想文化背景及其历史影响研究		王晓朝
基督教发展研究		卓新平
伊斯兰教研究		李 林
佛教研究		魏道儒
道教研究		李 刚
中国民间宗教研究	马西沙	李志鸿
儒教研究		王志跃
萨满教研究		郭淑云
犹太宗教与哲学研究	傅有德	刘精忠
中国犹太教研究	张倩红	高 杨

目　录

序言 ………………………………………………………………… 卓新平（1）

第一章　马克思主义宗教观研究 60 年 ………………………… 龚学增（1）
　第一节　60 年历程的简要回顾 ……………………………………（1）
　　一　前 30 年的研究 ………………………………………………（1）
　　二　改革开放以来 30 多年的研究 ………………………………（7）
　第二节　关于马克思主义宗教观研究的几个重要问题 …………（20）
　　一　关于马克思主义宗教观的含义及研究范围 ………………（20）
　　二　在新的历史条件下，如何科学对待马克思主义宗教观 ………（21）
　　三　进一步加大马克思主义宗教观中国化研究的力度 …………（23）

第二章　宗教学基本理论研究 ………………………………… 金　泽（32）
　第一节　世界宗教研究所的创立：中国宗教学理论发展的
　　　　　战略之举 ………………………………………………（32）
　第二节　从意识形态的宗教定位转变为文化的宗教定位 ………（35）
　第三节　有中国特色的宗教学发展 ………………………………（37）

第三章　宗教哲学研究 ………………………………………… 张志刚（45）
　第一节　我国学者宗教哲学研究成果举要 ………………………（46）
　　一　马克思主义宗教哲学思想研究 ……………………………（46）
　　二　各大宗教传统哲学思想研究 ………………………………（47）
　　三　作为新理论分支的宗教哲学研究 …………………………（50）
　第二节　沉思宗教哲学研究的"中国意义" ………………………（51）
　第三节　关于加强马克思主义宗教观研究 ………………………（57）
　　一　"宗教鸦片说"文本考释 ……………………………………（57）

　　二　哲学方法论意蕴探析 ……………………………… (59)

　　三　观念转变和理论选择 ……………………………… (61)

　第四节　关于批判借鉴国际先进学术成果 ……………… (62)

　　一　当代宗教哲学观念的学术启发 …………………… (62)

　　二　《宗教哲学研究指南》的批判借鉴意义 ………… (64)

　第五节　关于阐发中国文化传统思想资源 ……………… (66)

第四章　当代宗教研究 …………………………… 罗伟虹 (73)

　第一节　当代宗教研究概况 ……………………………… (73)

　第二节　对马克思主义宗教理论的再认识 ……………… (75)

　第三节　改革开放以来宗教发展状况研究 ……………… (79)

　第四节　宗教与社会主义社会相协调相适应问题 ……… (83)

　第五节　新兴宗教研究 …………………………………… (87)

第五章　宗教与当代国际关系——趋势与研究 ……… 徐以骅 (93)

　第一节　宗教在当代国际政治及国际关系中的作用 …… (93)

　第二节　宗教政治化和政治宗教化趋势 ………………… (96)

　第三节　中国对宗教与当代国际关系的研究 …………… (102)

第六章　古代基督教思想文化背景及其历史影响研究 …… 王晓朝 (109)

　第一节　取得实质性进展的研究领域 …………………… (110)

　　一　对耶稣生平及其历史真伪问题的研究 …………… (110)

　　二　对基督教形成的社会历史背景及其思想文化渊源的

　　　　研究 ……………………………………………… (112)

　　三　对基督教与希腊罗马哲学关系的研究 …………… (114)

　　四　对古代基督教哲学历史地位的评价 ……………… (115)

　第二节　在进一步开拓与发展的研究领域 ……………… (116)

　　一　对古代基督教文化背景的研究将扩展为对整个地中海

　　　　文化圈的研究 …………………………………… (116)

　　二　古代基督教思想家将得到更加普遍的研究 ……… (117)

　　三　古代基督教研究与宗教学其他各分支领域之间交融

　　　　将进一步强化 …………………………………… (119)

第七章　基督教发展研究⋯⋯⋯⋯⋯⋯⋯⋯⋯⋯ 卓新平（121）

　第一节　基督教历史研究 ⋯⋯⋯⋯⋯⋯⋯⋯⋯⋯⋯⋯（123）

　　一　早期基督教历史研究及相关思考 ⋯⋯⋯⋯⋯⋯（123）

　　二　中世纪教会及其"黑暗时代"辨析 ⋯⋯⋯⋯⋯（128）

　　三　宗教改革与近代欧洲社会变迁研究 ⋯⋯⋯⋯⋯（132）

　　四　现代基督教发展研究 ⋯⋯⋯⋯⋯⋯⋯⋯⋯⋯⋯（134）

　第二节　基督教思想研究 ⋯⋯⋯⋯⋯⋯⋯⋯⋯⋯⋯⋯（136）

　　一　古代基督教思想研究 ⋯⋯⋯⋯⋯⋯⋯⋯⋯⋯⋯（137）

　　二　中世纪基督教思想研究 ⋯⋯⋯⋯⋯⋯⋯⋯⋯⋯（138）

　　三　近代基督教思想研究 ⋯⋯⋯⋯⋯⋯⋯⋯⋯⋯⋯（141）

　　四　当代基督教思想研究 ⋯⋯⋯⋯⋯⋯⋯⋯⋯⋯⋯（144）

　第三节　圣经等基督教经典及文献研究 ⋯⋯⋯⋯⋯⋯（149）

　第四节　中国基督教研究 ⋯⋯⋯⋯⋯⋯⋯⋯⋯⋯⋯⋯（152）

　　一　中国基督教发展史研究 ⋯⋯⋯⋯⋯⋯⋯⋯⋯⋯（153）

　　二　景教与也里可温教研究 ⋯⋯⋯⋯⋯⋯⋯⋯⋯⋯（155）

　　三　明清天主教研究及中国东正教研究 ⋯⋯⋯⋯⋯（158）

　　四　清末、民国时期的基督教研究 ⋯⋯⋯⋯⋯⋯⋯（162）

　　五　中国当代基督教研究 ⋯⋯⋯⋯⋯⋯⋯⋯⋯⋯⋯（166）

第八章　伊斯兰教研究⋯⋯⋯⋯⋯⋯⋯⋯⋯⋯⋯⋯ 李　林（170）

　第一节　引论 ⋯⋯⋯⋯⋯⋯⋯⋯⋯⋯⋯⋯⋯⋯⋯⋯⋯（170）

　第二节　中国伊斯兰教学术史的四个分期 ⋯⋯⋯⋯⋯（172）

　　一　元始期 ⋯⋯⋯⋯⋯⋯⋯⋯⋯⋯⋯⋯⋯⋯⋯⋯⋯（173）

　　二　亨长期 ⋯⋯⋯⋯⋯⋯⋯⋯⋯⋯⋯⋯⋯⋯⋯⋯⋯（173）

　　三　利遂期 ⋯⋯⋯⋯⋯⋯⋯⋯⋯⋯⋯⋯⋯⋯⋯⋯⋯（174）

　　四　贞成期 ⋯⋯⋯⋯⋯⋯⋯⋯⋯⋯⋯⋯⋯⋯⋯⋯⋯（176）

　第三节　当代中国伊斯兰教研究的三条进路 ⋯⋯⋯⋯（186）

　　一　历史—考证之路 ⋯⋯⋯⋯⋯⋯⋯⋯⋯⋯⋯⋯⋯（187）

　　二　哲学—思想之路 ⋯⋯⋯⋯⋯⋯⋯⋯⋯⋯⋯⋯⋯（210）

　　三　语言—文化之路 ⋯⋯⋯⋯⋯⋯⋯⋯⋯⋯⋯⋯⋯（222）

　第四节　问题与展望 ⋯⋯⋯⋯⋯⋯⋯⋯⋯⋯⋯⋯⋯⋯（226）

　　一　如何在国际学术界占有一席之地？⋯⋯⋯⋯⋯（226）

二 如何培养后续人才? …………………………………… (230)

三 如何建立学科方法论体系? …………………………… (230)

四 如何突破原有的认识范式? …………………………… (231)

五 如何处理学院研究与民间研究的关系? ……………… (232)

六 如何面对"三难" ……………………………………… (233)

结语 ……………………………………………………………… (234)

第九章 佛教研究 …………………………………… 魏道儒 (235)

第一节 20世纪上半叶佛教研究回顾 ……………………… (235)

第二节 60年来佛教研究概述 ……………………………… (237)

一 专业学术研究机构从无到有,从少到多 …………… (238)

二 各级各类佛教刊物不断增加 ………………………… (239)

三 重视人才培养,优秀科研工作者不断涌现 ………… (240)

四 学术交流日益频繁,交流范围不断扩大 …………… (240)

五 研究成果不断增加,研究视野不断拓展 …………… (241)

第三节 佛教研究的主要成果 ……………………………… (242)

一 中国佛教史 …………………………………………… (242)

二 中国佛教宗派研究 …………………………………… (244)

三 佛教文化、哲学等方面的研究………………………… (248)

四 文献整理、典籍研究与工具书 ……………………… (249)

五 近现代中国佛教研究 ………………………………… (250)

六 藏传佛教研究 ………………………………………… (251)

七 国外佛教研究 ………………………………………… (251)

第十章 道教研究 …………………………………… 李 刚 (254)

第一节 道教研究的历史回顾 ……………………………… (254)

第二节 走向未来的道教研究 ……………………………… (258)

一 道教史上重要人物研究 ……………………………… (259)

二 道教音乐与科仪研究 ………………………………… (259)

三 道教典籍研究 ………………………………………… (260)

四 道教现状与未来走向研究 …………………………… (260)

五 道教生态思想研究 …………………………………… (262)

　　六　道教经书语言研究 ……………………………………（263）

　　七　国外道教研究评介及重要学术论著翻译 …………（263）

　　八　道教与民俗研究 ………………………………………（264）

　　九　中国道教考古研究 ……………………………………（265）

　　十　道教与佛儒关系研究 …………………………………（266）

　　十一　道教养生文化研究 …………………………………（268）

第十一章　中国民间宗教研究 ……………… 马西沙　李志鸿（270）

　第一节　新中国成立 60 年来中国民间宗教研究的主要成果 ……（270）

　　一　1949 年至 1978 年中国民间宗教研究概况 …………（270）

　　二　1978 年以后中国民间宗教研究概况 ………………（271）

　第二节　中国民间宗教研究的重要问题 ………………………（279）

　　一　"民间宗教"概念的界定 ………………………………（279）

　　二　民间宗教研究的方法：文献与田野 …………………（283）

　　三　宝卷与中国民间宗教研究 ……………………………（283）

　　四　关于"白莲教"的论争 …………………………………（287）

　　五　民间宗教与社会运动 …………………………………（288）

　　六　民间宗教的传承与转化 ………………………………（290）

　　七　当代民间宗教的合法化及其转型 ……………………（292）

　　八　当代民间宗教的斋醮仪式与民间文艺 ………………（293）

第十二章　儒教研究 ……………………………………… 王志跃（296）

　第一节　引言 …………………………………………………（296）

　第二节　儒教是宗教观点的提出及引起的争论 ……………（300）

　第三节　儒教研究的深入展开 ………………………………（305）

　第四节　儒教问题研究的新进展 ……………………………（309）

　第五节　简短的结语 …………………………………………（318）

第十三章　萨满教研究 …………………………………… 郭淑云（324）

　第一节　中国萨满教研究的历程 ……………………………（324）

　　一　中国萨满教研究起步阶段 ……………………………（325）

　　二　中国萨满教研究奠基阶段 ……………………………（326）

三 中国萨满教研究发展阶段 ……………………………… （328）

第二节 改革开放以来中国萨满教研究的主要成就 ……… （330）

一 萨满教田野调查的深入开展 …………………………… （330）

二 萨满教基本问题的讨论与争鸣 ………………………… （335）

三 萨满教研究在多学科领域的丰硕成果 ………………… （346）

四 比较研究的领域日益广阔 ……………………………… （358）

五 国外萨满教研究译介 …………………………………… （360）

第三节 反思与展望 ………………………………………… （361）

一 中国萨满教研究特色 …………………………………… （361）

二 走向未来的中国萨满教研究 …………………………… （362）

第十四章 犹太宗教与哲学研究 …………… 傅有德 刘精忠 （365）

第一节 历史与回顾 ………………………………………… （366）

第二节 犹太教研究 ………………………………………… （371）

一 犹太教的定义、内涵和范围 …………………………… （371）

二 犹太教历史及综述性研究 ……………………………… （373）

三 犹太教经典研究 ………………………………………… （375）

四 犹太教社会作用及影响研究 …………………………… （379）

五 犹太教与其他宗教文化比较研究 ……………………… （380）

第三节 犹太哲学研究 ……………………………………… （382）

一 犹太哲学史研究 ………………………………………… （382）

二 犹太—希腊哲学研究 …………………………………… （384）

三 犹太哲学家研究 ………………………………………… （386）

第四节 问题与展望 ………………………………………… （389）

第十五章 中国犹太教研究 ………………… 张倩红 高 杨 （391）

第一节 犹太教的教义及派别研究 ………………………… （392）

一 对犹太教的整体介绍与研究 …………………………… （392）

二 犹太教的基本教义与特征 ……………………………… （395）

三 犹太教的派别 …………………………………………… （397）

四 著名人物的宗教思想研究 ……………………………… （399）

第二节 犹太教与其他宗教 ………………………………… （401）

　　一　犹太教与基督教 ……………………………………（401）

　　二　犹太教与儒学 …………………………………………（403）

　　三　犹太教与伊斯兰教 ……………………………………（404）

第三节　犹太教对犹太民族的影响 ……………………………（405）

　　一　犹太教与犹太民族 ……………………………………（405）

　　二　犹太教与犹太复国主义 ………………………………（406）

　　三　犹太教和以色列国 ……………………………………（407）

第四节　犹太教在中国 …………………………………………（409）

　　一　犹太教在开封 …………………………………………（409）

　　二　犹太教在上海 …………………………………………（411）

　　三　犹太教在哈尔滨 ………………………………………（412）

结语 ………………………………………………………………（413）

序　言

卓新平

中华人民共和国成立 60 周年，这是一段辉煌的历史。回首这一历史，我们看到了当代中国发展所取得的巨大成就，感受到中国人民奋进、拼搏的崇高精神。与各行各业一样，中国当代学术发展的辉煌，在当代中国宗教学的研究及其成果上也得到了充分体现。因此，总结、重温这段历史，梳理、探析在宗教研究上当代中国学人的所思所想，对我们发展宗教学这一学科，使其研究走向更美好的未来，就有着独特的学术价值和现实意义。

在当代中国学术进程中，宗教学属于发展最快、备受关注却多有争议的学科之一。这种处境在于宗教学本身的背景复杂、定位困难、领域广泛以及问题敏感。因此，宗教学属于仍在形成中的学科，对其内涵的理解需要不断深化，而对其外延的审视也需不断扩大。宗教学作为学科的成熟，也将标志着我国宗教研究实现了真正的飞跃。

从其背景来看，宗教学具有独立意义的亮相，始于 1873 年西方学者麦克斯·缪勒（F. Max Müller）所著《宗教学导论》一书的出版。在此之前，宗教的研究基本上是宗教界教内的事情，服务于其认信和宣教，因而为一种"内涵式"发展。此即传统意义上基督教"神学"、伊斯兰教"经学"、佛教"佛学"等之实际蕴涵。宗教学在西方的正式创立，始于一批人文社会科学领域的学者突破传统"神学"单一研究基督教之限而从事的比较宗教、比较神学和比较文化研究，并在这种研究进程中从最初的纵向历史研究和横向比较研究走向视野上、方法上更为多样的人类学、社会学、心理学等多层次研究，因而又不能简单地说西方宗教学纯粹是从"神学"中分化、脱离而成。此外，宗教学研究的基本要求是其研究者应

"悬置"其信仰,以便能对各种宗教加以客观、中立、科学的描述和研究;但研究者队伍"教内"、"教外"均有,宗教学在西方学科建构中与神学也仍有一些交织,因而其信仰"悬置"仅有相对的意义。这一状况迄今在西方学术界尚未出现本质性改变。

从其定位来看,宗教学的"科学"意义仍被人所质疑,分歧意见犹存。宗教学作为一门"学科"或"学问"存在着表述上的模糊,人们多用复数"研究"或"学习"(Studies)来说明宗教研究,而早期缪勒等人曾用的单数"科学"或"学科"(Science)并没获得普遍认同,而且在未来短期内也难以形成共识。因此,国际上宗教学的研究机构及其学会国际宗教史学会在自身名称上仍在沿用"学科"意识并不明显的"宗教史"之名,坚持以"历史"来代替"科学"定名,以强调其描述性和历史观察及分析的意义。由于宗教学不是"认信学"和"宣教学",在西方神学学科领域中虽仍然存在却非常边缘,而神学之外的宗教学研究则分散到区别较大的哲学系、社会学系、人类学系、心理学系等精神或文化研究的院系之中,在学科上一般习用西方学术传统中内涵模糊、外延颇大的"哲学"来表明。这种状态自然也影响到我国宗教学的学科定位,在过去60年的发展中,宗教学虽然已经有了其独立体系和建制,在高等教育的学科归类中却仍为屈尊于"哲学"之下的二级学科,从而限制了其分支领域的开拓及独立发展。

从其领域来看,宗教学从其一开始就是跨学科、多学科研究,具有学科交叉、领域广泛的特点。宗教研究触及政治学、经济学、史学、哲学、法学、语言学、文化学、现象学、社会学、人类学、地理学、生态学、心理学、美学、文学等领域,宗教学的分支学科由此也发展出具有跨学科性质的宗教史学、比较宗教学、宗教现象学、宗教社会学、宗教政治学、宗教经济学、宗教语言学、宗教文化学、宗教人类学、宗教心理学、宗教哲学、宗教批评学、宗教神学、宗教地理学、宗教生态学等。这些学科不仅在人文社会科学各领域中形成跨越和交织,而且还打破了社会科学与自然科学的界限。不过,这些分支学科的设立并没有获得普遍认可,人们对宗教学究竟应该是描述性学科还是规范性学科也仍有争议。

从其问题来看,宗教学不可能只是一种"纯学术"的清谈和"纯客观"的描述,而是与现实社会及其人群有着密切关联。一方面,宗教学与其他学科不同,其研究者本身就有一个"信"与"不信"的价值判断和信仰取向问题，目前国际上大多数宗教研究者都有自己的信仰背景和宗教归属，相比之下中国大陆的宗教研究者则以"教外"的人文社会科学工作者为主，从而形成与国际宗教学界的明显区别。不过，国际上认信者的研究多少也会影响到我国宗教学界，由此使这一学科增加了其"敏感"性。受这种国际学术氛围的影响，国内学术界也有人谈"神"色变，似乎一触及"神学"、一研究"宗教"，就会有"认信"、"皈依"的种种担心，结果使不少人对这门学科望而却步，不敢深入，反而忘记了宗教学的本真应是客观、中立、科学的学术研究。另一方面，宗教学研究的问题本身也具有"敏感性"，其研究对象触及许多"全局性、战略性、前瞻性"的理论和实践问题，其中既有宗教与政治的关联，亦有宗教与民族的交织，更有宗教与社会问题的共构；这当然会有其"敏感"和"风险"，由此而导致宗教研究"无小事"，其研究态度也必须"讲政治"的考虑。从上述意义而言，宗教学有着与其他人文社会科学明显不同的复杂性和敏感性，但因此也说明了宗教学在当代中国的重要性、必要性及其可开拓性和广远前景。

从宗教学的问题意识出发，我们请国内学术界宗教学各领域的著名学者和在相关研究上业有专攻的专业人员来撰写这部著作，希望能在回顾、总结中有更多的反思和辨析，以便能抓住当代中国宗教学这60年历程的研究重点和特点。因此，不同专家在行文中会对同一问题从不同角度、不同认识来展开讨论，各抒己见。这样可能会出现在主题或内容上的重复，但各自的研究乃是独立的，所思所论也各不相同。例如，本书中讨论最多、关注最为集中的就是对马克思主义宗教观及其在中国实践中如何"中国化"和与时俱进的理解，不少学者都谈了自己的看法，其观点虽然不尽相同，甚至颇有分歧，却形成了意义深远的思想交流。在当代中国宗教研究中，目前仍有许多问题没有得到澄清，许多领域尚未被人所开拓，所以说，这种问题意识和敏锐眼光就显得格外重要。在当今"全球化"的国际局势中，文化意识和文化战略的地位已越来越突出，而在文化发展、文化建设和文化交流中，宗教研究是其最为重要的领域之一。在这一意义上，中国的宗教学必须从"险学"中走出，成为体现当今文化意识、文化沟通、文化理解及文化和谐的"显学"。对我们当代中国宗教学者而言，总结过去则正是为了更好地走向未来。宗教学的进程也与我们的文化发展密不可分。

呈现给读者的这一中国宗教学的研究概述是由多人写成，因此在问题意识、关注重点和写作风格上很难完全统一，相关的问题较多，也难以完全分开来谈。但这也恰好是本书中学者个人特色凸显、表明文责自负的一大特点。如在阅读中感到有文风、布局和构思、行文上的多元或不协调之处，尚请读者多加谅解。本书的作者分别为龚学增（第一章）、金泽（第二章）、张志刚（第三章）、罗伟虹（第四章）、徐以骅（第五章）、王晓朝（第六章）、卓新平（第七章）、李林（第八章）、魏道儒（第九章）、李刚（第十章）、马西沙、李志鸿（第十一章）、王志跃（第十二章）、郭淑云（第十三章）、傅有德、刘精忠（第十四章）、张倩红、高杨（第十五章）。全书的立意、策划和组织工作由中国社会科学出版社统一负责。在此，特向中国社会科学出版社和陈彪编审表示崇高的敬意和诚挚的谢意！

2009 年 10 月 30 日

第一章 马克思主义宗教观研究60年

龚学增

马克思主义宗教观是新中国宗教学研究的指导思想，对它的研究是我国宗教学基础理论研究的重要组成部分。在隆重庆祝新中国成立60周年之际，比较全面系统地回顾我国马克思主义宗教观研究的历程，阐述一些基本问题的研究状况，总结经验、反思教训，对于进一步拓展和深化该领域的研究具有重要的意义。

第一节 60年历程的简要回顾

新中国马克思主义宗教观研究60年的历程，是与党和国家的总体进程共命运的。基本的研究轨迹可以作这样的概括：在经历了前30年的发展曲折以后，后30年随着我国的改革开放和中国特色社会主义事业的顺利推进，马克思主义宗教观的研究已经逐步进入更为科学的成熟时期。

一 前30年的研究

这一时期为正式起步、初步发展、出现曲折、完全中断的时期，可以划分为两个阶段。

第一阶段，从1949年10月新中国成立到1966年的17年，这是对马克思主义宗教观研究的正式起步、初步发展、出现曲折的阶段。

1949年新中国成立，中国共产党成为执政党，并着手建立社会主义制度，马列主义、毛泽东思想成为中国共产党治理新中国的指导思想，对马列主义的研究宣传成为意识形态领域的重要任务，马列主义宗教观研究也随之发展起来。

该阶段研究的特点主要是立足马列主义作为党和国家的指导思想，一方面，毛泽东、周恩来以及李维汉等党和国家的领导人涉及对我国宗教问题的认识和处理，都没有简单重复马克思、恩格斯和列宁关于宗教的具体话语，而是从中国实际出发，把握马克思主义宗教观的基本精神，提出和阐明处理新中国宗教问题的具有中国特色的马克思主义宗教观的观点。另一方面，理论学术界对马列主义宗教观的研究正式起步，初步发展。对马克思、恩格斯、列宁的宗教观基本上限于解读，没有人公开提出马克思主义宗教观可以作为学术研究的对象，对马克思主义宗教观的认识在一定程度上还受到苏联的影响，1957 年以后又逐步受到党和国家"左"倾错误的影响。这期间，我国学者公开发表的专门性论文很少，据不完全统计总共不足 10 篇，学术专著没有。

新中国成立之初，配合党和国家对宗教问题的处理，报刊出版部门着手翻译介绍马克思、恩格斯、列宁关于宗教问题的一些著作以及苏联有关马克思主义宗教观研究的论著，主要是 1950 年出版的《社会主义与宗教》和《宗教问题选辑》。前者收集了列宁的《社会主义与宗教》、《论工人阶级政党对宗教的态度》、《与宗教和教会有关的阶级和政党》以及苏联大百科全书中的《苏联的宗教和教会》等文章。后者汇集了恩格斯、斯大林、福斯特（美）、荣孟源以及吴黎平、艾思奇、米丁（苏）、费奥多洛夫（苏）、邹韬奋等人的文章。1950 年 10 月 18 日，《人民日报》专门发表了题为《两本马列主义论宗教的书》的文章，介绍了这两本书的主要内容。文章指出，研究一下马列主义对宗教的完整看法，是十分必要的，因为对于宗教界爱国运动的重视，正是基于对宗教问题的明确认识而来。从这两本书中，我们可以了解马列主义经典著作对宗教问题的基本看法，也可以了解苏联所早已实行并还在实行的宗教政策。1954 年人民出版社又出版了《马克思恩格斯论宗教》一书，辑录了马克思、恩格斯自 1842 年到 1894年五十多年时间里关于宗教的部分著作。葛懋春在《文史哲》1955 年第 7期对该书的内容做了比较全面的介绍。

这期间，我国学者的研究成果已经出现，如唐尧、曾文经、熊茂生、周方全等人均有论文发表。具有代表性的是 1956 年《哲学研究》第 5 期发表的唐尧的约 3 万字的论文《马克思列宁主义与宗教问题》。作者以自己对于马克思主义宗教观的理解对马列主义宗教观作出了评价，指出马克思和恩格斯从辩证唯物主义的科学世界观出发，对宗教问题所作的透彻的分析，第一次揭示了宗教的真正本质及其产生的根源，并且指明了战胜宗教的实际道路，从而给了工人阶级正确认识和对待宗教问题以强大的思想武器。列宁在新的历史条件下进一步对宗教问题以及社会主义者对宗教的态度问题做了创造性的分析和阐明，揭露了第二国际机会主义者对宗教问题采取的错误态度，从而捍卫了马克思主义关于宗教问题的理论，制定了马克思主义政党处理宗教问题的纲领和政策。该文强调马克思主义宗教理论不仅对于无产阶级的社会主义革命，而且对正在从事社会主义建设的各个国家，也具有极大的指导意义。论文集中阐述了马列主义宗教理论的基本观点：如关于宗教的起源，指出马克思主义认为宗教并不是什么永恒的现象，宗教信仰并不是人类的天性。人类初期是没有宗教的，宗教是原始社会一定历史条件下的产物。对宗教不能用意识本身去说明，而必须从意识以外，在人们的物质生活条件中去寻找根源。宗教正是社会生产水平和社会关系的局限性所造成的。关于宗教的本质，指出宗教观念是社会现实生活歪曲、幻想的反映。宗教的本质决定了宗教是人民的鸦片。作者认为马克思说的“宗教是人民的鸦片”意思是说，“宗教和鸦片一样：鸦片可以用它所能给予人们的一时的舒适和爽快，而诱骗人们付出损害健康和身体败坏的代价；宗教能够用天堂幸福的谎话，引起人们的幻想，使人们的精神得到一些寄托，暂时忘却忧虑和痛苦，而结果则是削弱人们为争取美好生活的斗争意志，任凭剥削者为所欲为，永远过着苟延残喘的生活”。这种解释虽然尚未对宗教持完全否定的态度，但是出于对旧社会的痛恨，主要还是强调马克思的意思是指宗教是统治阶级奴役人民的精神工具，宗教不管是过去或现在，都是直接有利于剥削者的。关于马克思主义对待宗教问题的立场，作者概括这样几个观点：第一，宗教与共产主义根本对立，马克思主义与宗教根本对立，因此必须与宗教迷信进行绝不调和的斗争；第二，反对宗教的斗争不能作为单独的目的，不能作为孤立的问题来看待，而应把它看做是无产阶级全部革命事业的一部分；第三，反对宗教的斗争不能运用行政手段和强迫命令的方式；第四，克服宗教迷信的具体步骤首先是要实行宗教信仰自由政策，要通过思想斗争的途径，通过说服教育的方法，无神论宣传必须与革命斗争的实践联系起来才能有效，等等。这篇论文从积极方面看，归纳并阐释了马列主义宗教观的观点，但由于受到新中国成立初期当时国内外社会历史条件的限制，总的基调还是从无产阶级革命和意识形态的角度，谈阶级对抗社会的宗教，对宗教持否定的态度，同时把宗教与迷信并提。一些提法，如笼统地提"马列主义与宗教是根本对立的"，"宗教在社会主义国家中仍旧起着反动和极其有害的影响"，"所有宗教思想始终是仇视劳动人民利益的"，使用的一些词汇，如"诱骗"、"谎话"、"苟延残喘"也很不当，这显然是受到当时苏联的影响，观点是偏激和错误的。

1957年以后，我国进入社会主义社会。党和国家在探索建设社会主义的过程中，取得了成就，但是急于求成的"左"倾路线抬头，出现1958年的"大跃进"，后来鉴于国内外形势发展的复杂，阶级斗争进一步强化，开始影响国家社会政治生活。对宗教问题，党和国家虽然一直强调实行宗教信仰自由，团结宗教爱国人士，但对于宗教认识的"左"倾观点也日益明显。这种情况也影响到对马克思主义宗教观的研究。

1963年，游骧、刘俊望在《新建设》杂志第9期发表了《马克思列宁主义宗教观的几个问题》。文章明确将恩格斯在《反杜林论》中的那段著名的论断即"一切宗教都不过是支配着人们日常生活的外部力量在人们头脑中的虚幻的反映，在这种反映中，人间的力量采取了超人间的形式"作为宗教的定义，认为它概括了古今中外一切形式的宗教的基本特征。由此，作者确认宗教既然是人们的头脑对于客观世界的一种幻想的反映，那么它就是一种意识形态，是属于精神世界的问题。同时他们还确认，宗教意识形态也有其外在表现形式，二者关系密切，但又不能等同。关于宗教的根源，作者指出马克思、恩格斯认为最重要的是社会根源，即对于宗教的根源必须从社会物质条件中寻求，而不是从精神领域中或者从人的自然本质中去寻找。社会力量的压迫，是阶级社会宗教存在和发展的主要根源。宗教的认识根源就是人们在认识上对自然力量和社会力量的主观片面的理解。作者对马克思主义的宗教消亡论进行了细致的分析，认为宗教不是永恒的。宗教消亡的条件，是宗教根源的消失。首先是剥削阶级和剥削制度的消灭；其次是人类控制自然的能力大为提高；最后是人们的觉悟程度和认识水平大大提高。宗教消亡的条件，只有在共产主义社会里才能全部成熟。因而，只有在共产主义社会里，宗教才能归于消亡。该文的主要篇幅集中论述了马克思所说的"宗教是人民的鸦片"问题。作者认为马克思说的"宗教是人民的鸦片"，极其通俗生动而深刻地一语道破了宗教的反动本质。宗教的本质的反动就是指宗教这一意识形态对人们具有欺骗、麻醉的作用，妨碍人们正确地认识自然、社会、改造自然和社会的斗争，从而阻碍社会进步。因此，这个观点是马列主义宗教观的核心，对于这个观点表现稍许动摇，就是有意无意地为宗教辩护，就是从根本方面离开了马克思主义宗教观。他们还强调，马克思主义关于宗教具有"鸦片烟"的本质这个基本原理，是普遍适用于各个时期各种宗教的。宗教无论在原始共产主义社会或者是在阶级社会，都具有"鸦片烟"的性质。宗教教义一般也能找到一些诸如平等、博爱、自由的词句，宗教职业者在历史上对于发展和保存文化起到过一定作用，但绝不能改变宗教的"鸦片烟"的本质，并不能证明宗教具有什么积极因素，相反，这些词句好比是裹在毒药外面的糖衣一样，使宗教具有更大的麻醉性和欺骗性。在社会主义革命和社会主义建设时期，宗教仍然是麻醉人民的"鸦片烟"。宗教这一意识形态是不能为社会主义事业服务的，它对于社会主义事业只能起消极阻碍的作用。

1964年，这两位作者又在中共中央机关刊物《红旗》杂志上发表了《正确认识和处理宗教问题》一文，继续阐发了他们对马克思主义宗教理论的看法，但侧重归纳马克思主义政党解决宗教问题的基本原则。他们指出，无产阶级政党在宗教问题上的首要任务是把一切可能团结的宗教徒团结到革命和建设事业上来，并且同国内外反动阶级敌人进行斗争，肃清他们在宗教中的势力和影响，为此，就必须与宗教徒建立政治上的统一战线。无产阶级政党要发展革命和建设事业，不断地对宗教徒加强思想教育，以逐步消除产生宗教的根源，逐步削弱宗教在人民群众中的影响，促进宗教消亡。实行宗教信仰自由政策并不是说对群众遭受宗教束缚可以置之不理。无产阶级政党在任何时候都不能放弃无产阶级思想阵地，让宗教迷信思想泛滥成灾。当然，过分夸大这种宣传作用，认为单纯依靠宣传教育就能彻底解决人们的宗教信仰问题，也是不对的。

两篇论文总的来说是发挥了作者自己对马克思主义宗教观的理解，但是十分突出了马克思所说的"宗教是人民的鸦片"深刻地一语道破了宗教的反动本质，并将这一论断说成是马克思主义宗教观的核心，在一定意义上可以说开了将马克思主义宗教观归结为"鸦片论"的先河，显然这是当时对于宗教看法日益"左"倾，以阶级斗争为纲认识宗教的反映。

与此同时，学术界开展了关于马克思"宗教是人民的鸦片"这一论断的争论。1964年2月24日，《文汇报》发表了牙含章《有关宗教几个理论问题的理解》的文章，该文指出，马克思所说"宗教是人民的鸦片"这句名言"不是说的一般宗教,更不是讲原始社会的宗教,而是论述当时德国无产阶级面临的革命任务","具体说是指当时德国的宗教而言"。对这种观点,梁浩、杨真在《新建设》1965年11—12期上发表了以《宗教从来就是人民的鸦片》为题的文章,进行了批评。文章说,"我们与牙含章同志相反,认为宗教一贯是人民的鸦片,一切宗教都是人民的鸦片,宗教在哪里存在,它就在哪里麻醉人民,宗教在没有消亡之前它的鸦片烟作用就永远不会改变,正好像剥削阶级的剥削本性,非到进入坟墓是不会消除的一样"。"认为原始宗教不是人民的鸦片,只是到了阶级社会,统治阶级把宗教抓到手以后,宗教才变成了人民的鸦片,这个论点并不新鲜,它在宗教辩护士那里是早就有的。至于说阶级社会一般的宗教也不是人民的鸦片,这更是完全荒谬的"。文章还批评了牙含章离开了马克思主义宗教观的轨道,走到了美化宗教的地步。这篇文章可以说将对待宗教的极"左"的错误态度进一步提升到一个新高度。

从上述论述可以看出,自新中国成立到"文化大革命"前的17年,学术界对马克思主义宗教观的研究主要还是梳理概括马克思、恩格斯、列宁的基本观点,特别注重他们对阶级社会的宗教的分析,对马克思主义宗教观的认识在一定程度上还受到苏联的影响。后来由于进一步受到国内"左"的错误的影响,在以阶级斗争为纲的社会背景下,对马克思主义宗教观的研究宣传忽视中国宗教国情的特殊性,特别是忽视了进入社会主义时期以后我国宗教状况发生的巨大变化,对马克思主义宗教理论采取了教条主义甚至断章取义的态度,最后发展到把马克思、恩格斯、列宁宗教理论的丰富内容和基本精神归结为"宗教是人民的鸦片"这一个别论断,而且对这一论断的阐释又离开了马克思的原意,进一步发展为宗教在政治上是反动的错误认识。这在理论上严重歪曲了马克思主义宗教观,在实践上导致尽快削弱乃至消灭宗教,产生了很大的社会危害。而且,这种对马克思主义宗教观的极"左"性质的研究也影响到了其他一些问题的研究,如宗教与迷信的关系、农民起义与宗教、能否编演鬼戏等。

第二阶段,从1966年到1976年的"文化大革命"期间,党和国家全局遭受了劫难,宗教、宗教工作、宗教研究领域同样如此。

在"文化大革命"十年不正常的社会政治条件下,对马克思主义宗教观的阐释更是歪曲到了极端。"文化大革命"期间已不存在对于宗教的学术研究,社会舆论和宣传,都是视宗教为"四旧",宗教是反动的意识形态，宗教界一律是牛鬼蛇神，信教群众是落后的。当时《人民日报》甚至还发表了一系列用比马克思主义宗教观更为极"左"的观点批判苏联本已经很"左"的对待宗教问题的文章，如《叛徒贩毒》（1967 年 5 月 5 日）、《"鸦片"贩子和"劣质酒"商》（1969 年 2 月 9 日）、《新沙皇与基督教》（1969 年 7 月 19 日）、《新沙皇想靠上帝帮它维持宝座，公然为反动宗教搽粉，大力扶植宗教势力》（1969 年 7 月 27 日）、《从炮制"共产主义基督教"看苏修叛徒的堕落》（1969 年 8 月 6 日）、《上帝拯救不了苏修叛徒集团的命》（1976 年 1 月 23 日），等等。上述文章对苏联在宗教问题上已经很"左"的情况还认为是"右"而大肆攻击。由此形成了宗教迷信论、宗教鸦片论、宗教残余论、宗教反动论等直接导致消灭宗教的错误理论。

二　改革开放以来 30 多年的研究

这一时期为拨乱反正、解放思想、恢复深化、创新发展的时期，从此迎来了马克思主义宗教观研究的全面展开和繁荣兴盛。

对马克思主义宗教观具有真正科学意义的学术探讨性的研究始于中共十一届三中全会以后。1978 年中共十一届三中全会果断地抛弃了以阶级斗争为纲的错误政治路线，确立了以经济建设为中心的党和国家工作的战略方针。同时在思想政治领域开始了"拨乱反正"，以"解放思想，实事求是"的思想路线全面清除"左"的思想的禁锢和束缚。在这样的社会背景下，宗教学领域的理论工作者和宗教工作部门的同志也逐步破除了对马克思主义的极"左"理解，批判了对马克思主义的教条主义和盲目信仰主义，实现了学术研究上的解放思想，逐步开始以真正科学的态度对马克思主义宗教观重新进行全面系统的审视和研究，在坚持马克思主义宗教观基本原理的同时，对其中一些问题提出了一些不同的见解和看法并展开争论，促进了马克思主义宗教观研究的繁荣。从 1978 年到 2009 年的 30 余年间，据不完全统计，有关马克思主义宗教理论的研究论文已达 170 多篇，相关著作约 15 种。

这一时期也可分为以下几个阶段：

第一阶段：20 世纪 70 年代末到 80 年代初，即"文化大革命"结束后的拨乱反正及改革开放初期。主要特点是恢复马克思主义宗教观的研究，并伴之一些观点的讨论。

1. 1979 年，时任中国社会科学院世界宗教研究所所长的任继愈在《哲学研究》第4期发表了题为"为发展马克思主义的宗教学而奋斗"的长篇论文，鲜明地提出发展中国的宗教学必须坚持马克思主义指导的重要观点。文章指出，马克思主义宗教学是马克思主义整个科学体系的一个重要方面。马克思主义宗教学是在辩证唯物主义与历史唯物主义的指导下，研究各种宗教的产生、发展及其走向消亡的规律的科学。马克思主义宗教学本质上是一种科学无神论，它是在批判地总结和继承历史上的无神论的优秀成果的基础上发展起来的，理解这一点才能真正理解马克思主义宗教学。在坚持马克思主义指导的前提下，还要解放思想，破除禁区，切实贯彻百家争鸣，百花齐放的方针，造成浓厚的学术民主空气，才能使马克思主义宗教学的研究顺利发展、繁荣起来。

2. 重新研究马克思、恩格斯、列宁关于宗教的原著，全面概括其基本观点，展示出马克思主义宗教观的丰富内容。1979年7月，中国社会科学出版社出版了中国社会科学院世界宗教研究所编辑的《马克思恩格斯列宁斯大林论宗教》一书。该书是在重新阅读研究马克思、恩格斯、列宁关于宗教问题的全部著作基础上，以30多万字的篇幅精心概括提炼出的马克思列宁主义宗教观的基本观点及其代表性著作的汇编，是新中国成立以来我国学者编撰的第一部全面展示马克思主义宗教观丰富内容的学术资料性专著。全书第一部分以专题摘编的形式详尽收录了马克思主义经典作家关于宗教的论述，涉及马克思主义研究宗教的指导思想、宗教的本质、宗教存在的根源、宗教的起源和发展、宗教的社会作用、宗教的消亡、无产阶级政党对待宗教问题的态度和原则、对神学信条和宗教世界观的批判、对历史上无神论思想的评述等。第二部分选编了马克思、恩格斯、列宁关于宗教的代表性著作。从这本书中，人们看到，马克思主义宗教观包含着十分丰富的内容，并非仅仅如"文化大革命"期间鼓吹的宗教都是反动的"鸦片论"，需要研究的领域还很多。这本书虽然现在看来，在归纳马克思主义宗教观内容的表述上尚未彻底摆脱当时极"左"思潮的影响，但是总的来说这本书为学术界后来全面研究马克思主义宗教观奠定了比较翔实的资料基础。

1985年，吕大吉在《世界宗教研究》第3期发表了《马克思主义宗教观的形成和发展——马克思、恩格斯关于宗教的理论和著作历史概述》，1986年又在《宗教学研究》第一、二期连续发表了《论列宁的宗教观》，从研究的角度详尽地阐述了马克思、恩格斯、列宁的宗教观的全貌。

对马克思主义宗教观比较全面的研究还包括翻译介绍了部分国外关于马克思主义宗教理论的研究成果，涉及苏联、美国、英国、罗马尼亚、匈牙利等国学者的研究论文，为国内的研究提供了新的资料、新的思路。在这方面，中国社会科学院世界宗教研究所《世界宗教资料》杂志作出了重要贡献。

3. 多数学者坚持中国的宗教研究必须坚持马克思主义的指导作用，坚持马克思主义宗教观基本原理的科学性。在拨乱反正过程中，绝大多数学者认为，"左"的年代尤其是"文化大革命"对马克思主义的背离，并不是马克思主义本身的问题，恰恰是我们没有学好用好马克思主义。批判对马克思主义教条主义的态度，清除"左"的影响是对的，但又不能走到另一个极端，否认马克思主义包括马克思主义宗教观基本原理的科学指导作用。

当代中国的宗教研究不能背离马克思主义的指导。在这方面，吕大吉的观点具有代表性。他在自己主编的《宗教学通论·导言》（1989）中专门阐述了唯物史观与宗教研究方法论的关系。他指出，对待马克思主义的宗教理论，我们不能持宗教徒式的迷信态度，不能用经典作家的语录去代替对宗教现象的具体分析。但是，马克思主义宗教观是在马克思主义哲学的基础上建立起来的，它的基本精神和主要内容，经受了历史实践的检验，至今仍是有生命力的。马克思主义的唯物主义历史观在以下四个方面给我们提供了方法上的指导原则。一是不要从宗教本身的历史去说明宗教，也不要用人类的其他精神因素去说明宗教的本质。二是宗教是社会意识和上层建筑的一部分，由社会的经济基础所决定，只有在社会经济基础中才能找到宗教的根据和本质。三是宗教的发展为社会的发展所决定，只有从上层建筑如何适应经济基础的发展而发展的历史过程着手分析，才能找到宗教发展的客观规律。四是在阶级社会中需要用阶级斗争的观点和阶级分析的方法去说明阶级社会的人与人的关系，在人与人的社会关系的基础上去说明和解释人与神的宗教关系，正确揭示宗教的社会功能和历史作用。应该说在当时的宗教学界以如此鲜明的态度表明对马克思主义基本观点的坚持是不多见的。经过时间的考验，大多数宗教学学者都赞成并努力运用马克思主义宗教观指导自己的研究。

4. 对马克思关于"宗教是人民的鸦片"的论断进行了再认识。早在1950年6月25日，时任国务院总理的周恩来在全国政协第二次党组会上作总结谈到宗教问题时就说过："列宁在 1909 年曾经说过宗教就是鸦片，这是革命时期的口号。现在我们有了政权，可以不必强调宗教就是鸦片，而要尊重其民族的信仰。"① 1982 年中共中央关于社会主义时期宗教问题的基本观点和基本政策的 19 号文件，没有正面提马克思的"宗教是人民的鸦片"的论断，但强调了在阶级社会，"剥削阶级需要利用宗教作为麻醉和控制群众的重要精神手段"②。

在此前后，学术界在逐步纠正"文化大革命"将宗教视为毒品的错误认识，重新研究马克思主义宗教观的情况下，又展开了如何理解和评价马克思关于"宗教是人民的鸦片"论断的争论。后来，宗教学界戏称为"第三次鸦片战争"。

讨论的缘起是一部分学者认为，马克思主义宗教观不能归结为视宗教为毒品的"鸦片论"，但是对"宗教是人民的鸦片"需要加以具体分析全面理解，从坚持历史唯物主义世界观的角度又不能加以否定。1981—1982年前后，吕大吉等人先后在《世界宗教研究》杂志发表文章。吕大吉认为，马克思从当年欧洲社会宗教实际出发，大体上从三个方面来说明"宗教是人民的鸦片"。一是宗教是颠倒的世界借以安慰和辩护的普遍根据；二是宗教给人民以幻想的幸福，为人民身上的锁链装饰上虚幻的花朵；三是宗教是现实苦难的表现和抗议。给人民以幻想的幸福，表达对现实苦难的抗议，说明宗教有一定的积极作用。但是，从科学意义上，从有助于人民群众自身的根本解放来说，宗教天堂对现实苦难社会的"抗议"，对被抗议者并无根本的危害，这就表现出宗教是麻醉人民的精神鸦片。之后，时任中央统战部副部长的江平在中共中央机关刊物《红旗》1986 年第 9期发表了《认真学习马克思主义宗教理论和党的宗教政策》，该文强调，不能把马克思主义宗教观仅仅归结为"宗教是人民的鸦片"，但是马克思的这句话确实是马克思主义宗教观的重要组成部分，如列宁所说是"基石"，对此是绝不能动摇的。否定"宗教是人民的鸦片"也就没有马克思主义完整的宗教观。他还指出，"宗教是人民的鸦片"在社会主义时期并没有过时。因为，宗教还存在，只不过宗教的麻醉作用的范围和程度和阶级社会不同。我们不应强求宗教界和信教群众接受马克思主义世界观。但

---

① 罗广武编著：《新中国宗教工作大事概览》，华文出版社 2001 年版，第 7 页。
② 《新时期宗教工作文献选编》，宗教文化出版社 1995 年版，第 55 页。

是不赞成用马克思主义去适应满足宗教徒的宗教信仰，甚至用宗教的观点去解释马克思主义。

另一部分学者对马克思"宗教是人民的鸦片"的论断也提出了自己的看法。

以赵复三在《中国社会科学》1986年第3期发表的《究竟怎样认识宗教的本质?》为代表的观点认为，宗教是鸦片并不是马克思首先提出的，在马克思以前，如德国的海涅、费尔巴哈等人就已经提出。他认为，当时欧洲人把鸦片当做昂贵的镇痛药品，并无麻醉之意，我们只是在经历了鸦片战争才过分强调了鸦片的副作用，从而对马克思的话产生误解；他还指出，"人民的鸦片"在德文中是das Opium des Volks，是人民自己制造、拥有和使用的麻醉品，而不是少数人为人民而制造的毒品。他强调，在我国社会主义时期，不能再强调"宗教是人民的鸦片"，如果这样做，就等于宣称我们的社会主义社会仍然和旧社会一样，人民还是"被压迫的生灵"，社会主义社会还是马克思所说的"无情的世界"，还是"没有精神的制度"。罗竹风主编的《中国社会主义时期的宗教问题》（1987）的"结束语"，也进一步说明"鸦片"是对宗教在阶级社会中一定条件下所起消极作用的形象化的比喻；历史上宗教的作用因时代、社会条件的不同而不同，不能一律用"鸦片"来概括；对社会主义时期宗教的作用，更不能用"鸦片"来说明。

如何评价这场讨论，宗教学界包括参与讨论的有关各方都进行了总结反思。总的来说，这是一场学术争鸣，各方要互相尊重，不能自认为自己掌握真理，更不能简单化地用"左"、"右"来指责对方，还要看到后来有关各方的观点又发生了重要变化。罗竹风等人认为："在对'宗教是人民的鸦片'这一论述的讨论中，以及在对社会主义时期宗教问题的研究探索中，我们更加感到在坚持以马克思主义为指导的原则下，一切从实际出发，是把研究工作推向深入的重要途径"。[①] 吕大吉后来回忆说："事过10余年后的今天，回过头来看这场争论，否认宗教是麻醉剂的一方，其思想开放的程度无疑更大一些，对极'左'路线的批判更尖锐一些，不仅得到宗教界的支持，也有一些宗教学者支持。""论争的实际效果应该说是积极

[①]　罗竹风主编：《中国社会主义时期的宗教问题》，上海社会科学院出版社1987年版，第173页。

的。因为尽管双方对马克思的这句话各有不同的解释，但都反对过去那种极'左'的理解，为全面理解宗教的社会功能提供了新的论证。这场论争，既是宗教学术领域思想解放的产物，也为宗教研究的思想理论的进一步解放作了准备"。① 卓新平说："这一争论在中国对宗教的基本认知带来了分析认识马克思相关论述的积极结果。根据中国学术界的重新认识和理解，马克思主义的核心和灵魂乃在于其对具体问题的具体分析，在于其关于一切都随时间、地点而变化的辩证思想。因此，对宗教的发展演变，应以能动、辩证的观点来看待。"②

5. 对马克思主义宗教观关于宗教本质论断认识的多元化。在马克思、恩格斯、列宁的论述中，有不少"宗教是……"的论断。那么哪个论断更为科学地揭示了宗教的本质呢？多数学者赞同恩格斯在《反杜林论》中的那段名言，是对宗教本质的最科学的揭示。认为其内容包括了组成宗教的三个基本要素：产生宗教的主体是感到不能支配自己命运的人；反映对象是异己力量；反映的特征是幻想的。这一论断比较集中地概括了宗教作为观念形态的本质规定性。

也有人认为马克思在《〈黑格尔法哲学批判〉导言》中所说"宗教是那些还没有获得自己或者再度丧失了自己的人的自我意识和自我感觉"是马克思对宗教下的最科学的定义。

至于恩格斯的论断能否作为宗教的科学定义，学界还有不同意见。吕大吉认为，恩格斯的这个论断，严格说来只涉及宗教的"神"的观念的本质，视为对于神观念的定义尚可考虑，但如视为整个"宗教"的定义，仍有不足。因为神的观念固然是宗教的核心，但整个宗教并不等于就是一个"神"观念。因为宗教是一个具有复杂结构的社会体系。这一观点逐步为学界所接受。

坚持"宗教是人民的鸦片"是宗教本质的观点已不多见。

第二阶段，20 世纪 90 年代。改革开放进入全面推进中国特色社会主义的时期。马克思主义宗教观研究的视角进一步开放，逐步系统、深化。

1. 逐步强化马克思主义宗教观研究的学术性。如果说新中国成立以来

---

① 中国社会科学院世界宗教研究所：《宗教研究四十年》（上册），宗教文化出版社 2004 年版，第17 页。

② 同上书，第4 页。

相当长时间，对于马克思主义宗教观的研究主要还是围绕着它是党和国家处理宗教问题的指导而阐释的话，那么，进入 20 世纪 90 年代，把马克思主义宗教观开始作为学术研究的对象，则表明该领域研究的思想解放和深化。实际上，关于"鸦片"的争论已经出现这一特点。后来，这方面除了有诸多的论文以外，还有学术专著的出版。代表作是吕大吉著的《西方宗教学说史》（1994）和陈麟书主编的《宗教观的历史理论现实》（1995）。《西方宗教学说史》将马克思恩格斯的宗教观作为西方宗教学说的一个发展阶段来考察他们的宗教观的理论价值和历史地位。作者认为，马克思恩格斯的宗教学说是有其自身特色的，这就是它在理论上和方法上应用历史唯物主义去说明有关宗教的各种基本问题。历史唯物主义是马克思恩格斯所特有的世界观和方法论，在此基础上建立起来的宗教学说也因而具有马克思主义所独有的特色。马克思主义的宗教观可以称为"历史唯物主义的宗教观"或"历史唯物主义的无神论"。也可以说，马克思主义宗教观是最彻底的无神论，因而是最科学的无神论。它丢掉了过去无神论所保留的任何神学的尾巴，不仅不为统治阶级保留宗教，更不为愚昧无知的社会大众保留宗教；不仅否定自然神论者那个沉默无为的理性上帝，也否定泛神论者那个泛存于宇宙万物之中的神性，而且还否定费尔巴哈那个建立在纯粹的人性之上的"爱的宗教"。在当时的特定历史条件下，充分表现出他们在理论上的彻底性和政治上的无畏精神。马克思恩格斯的宗教观和他们的整个共产主义思想体系一样，在全世界许多民族中点燃了革命的怒火，影响之巨大和深远，自古至今，旷所未有。应该说，上述的评价是很高的。

《宗教观的历史理论现实》不仅概述了马克思恩格斯的宗教观，还有专章介绍论述了列宁的宗教观。指出运用马克思主义的宗教理论指导解决俄国革命中的宗教问题是列宁宗教观的时代特征。论述了列宁同党外"寻神派"和党内的"造神派"的斗争以维护工人阶级政党世界观上的科学性；在尖锐的阶级斗争中确定了工人阶级政党对宗教的态度的原则，以及在此基础上列宁如何继承和发展了马克思恩格斯的宗教观，形成了列宁主义的宗教观。该书特别还设专章概述了中国共产党宗教的历史发展，这也是一个特色。

2. 开始注重研究的系统性。1998 年，四川人民出版社出版了高师宁以施船升为化名的《马克思主义宗教观及其相关动向》。该书比较全面地系统地介绍和分析了从马克思到列宁宗教观的历史发展和基本内容，对马克思主义宗教观进行了实事求是的评价。该书的另一特色是介绍了国外特别是西方马克思主义宗教观的状况，开阔了研究的视野。

3. 深化对马列主义宗教观的认识。1999 年，宗教文化出版社出版了国家宗教事务局宗教干部培训中心编的《马克思恩格斯列宁宗教问题著作选编及讲解》。该书是国内第一本公开出版的对马克思、恩格斯、列宁关于宗教问题的代表性著作进行简要讲解的读物，对于读者理解他们的原著提供了一份参考资料。该书的前言表明了编写者对马克思列宁主义宗教观的新认识。认为马克思主义宗教观是以辩证唯物主义和历史唯物主义的世界观和方法论为指导的对宗教的基本看法和态度，是工人阶级政党关于宗教、宗教问题以及如何正确认识和处理宗教问题的理论和政策总和。马克思主义宗教观是随着时代的发展和科学社会主义的实践的发展而不断丰富不断创新的理论政策体系。马克思、恩格斯、列宁由于所处的时代、国情以及他们主要作为工人阶级革命导师的历史使命，决定了他们宗教观的特点是将对宗教问题的认识以及对宗教问题的处理主要是服从于为工人阶级创立科学的世界观，服从于如何充分发动几乎都是信仰宗教的广大工人、农民这一基本群众去投入争取社会主义胜利的阶级斗争。他们主要着眼于从意识形态、社会政治的角度，以阶级、阶级斗争的观点和阶级分析的方法去研究革命时代现实的宗教和宗教问题。对于工人阶级掌握国家政权以后，特别是进入社会主义社会以后的宗教问题，他们虽然提供了一些认识和处理的基本原则并进行了一定的科学预测，但毕竟没有充分的实践。因此，研究他们的宗教观，必须注意其时代特征、国情特征以及特有的理论上和现实上的针对性，不仅掌握其科学的原理，更重要的是学习他们研究宗教问题的历史唯物主义方法。

第三阶段，进入 21 世纪，马克思主义宗教观研究出现新的繁荣。

1. 集中出版了一批专门研究马克思、恩格斯宗教观的著作。主要有：2002 年 8 月河南人民出版社出版的牛苏林所著《马克思恩格斯的宗教理解》一书。作者在前人研究的基础上以 35 万字篇幅的专著全面系统地论述了马克思恩格斯的宗教观。首先，该书在前人研究的基础上，进一步详细阐述了马克思恩格斯宗教理论的基本内容。从马克思恩格斯宗教理论产生的社会历史条件和理论渊源开始，以史论结合的手法，系统完整地论述了马克思恩格斯宗教理论形成和发展的过程，并揭示出其内在的逻辑关系。该书材料翔实，分析细密，使人们对马克思恩格斯宗教理论的全貌有了更全面的了解。其次，对马克思恩格斯宗教理论的内容进行了新的开掘。例如，马克思关于宗教异化的思想；关于宗教与艺术相互关系的思想；关于宗教是人类掌握世界的一种特殊方式的论述；《资本论》中对宗教问题的分析；对恩格斯《德国农民战争》一书中的宗教问题的分析等。比以往我国学者对这方面的研究前进了一步。最后，对马克思恩格斯宗教理论的评价具有自己的新的见解。以往学术界对马克思恩格斯宗教理论的评述大多注意到其思想中阶级斗争和阶级分析的方面。作者则提出，综观马克思恩格斯一生关于宗教的各种论述，他们并没有仅仅局限于从反映论和阶级分析的角度看待宗教，相反，他们的认识视野比人们的设想要广阔得多。例如，从社会学的角度，马克思把宗教看成是社会物质生活和精神生活的一个构成，是建立在一定社会经济结构之上的观念形态；从心理学的角度，马克思把宗教看做是被压迫生灵的叹息，是无情世界的感情；从人本学的角度，马克思把宗教看做是人的本质的异化；从历史学的角度，马克思把宗教视为一种与人类生产力发展水平相联系的，有其发展规律的过程；从人类学角度，从宗教与世界的总体关系上看，马克思则把宗教看做是人类掌握世界的一种特殊方式等。

2008 年四川人民出版社出版的陈荣富所著《马克思主义宗教观研究》。该书是国家社会科学基金重点项目，多达 50 多万字，可以说是新中国成立以来我国学者研究马克思主义宗教观规模最大的一本专著。该书的主体部分还是对马克思恩格斯宗教观的研究，也有专章论及列宁的宗教观和马克思主义宗教观在中国的发展，以及在当代的意义。该书的主要特色是对马克思恩格斯宗教观的研究，置于更广阔的领域，认真研读了他们的原著，就马克思主义宗教观研究的诸多问题提出了自己的新见解。如把马克思主义宗教观的形成历史同马克思主义的历史唯物主义形成史紧密地结合起来；认为马克思恩格斯的宗教思想是同他们的哲学思想、经济思想、政治思想、社会思想融为一体的；提出马克思的《〈黑格尔法哲学批判〉导言》不是马克思主义宗教观的奠基之作，奠基之作应该是《1844 年经济学哲学手稿》；对恩格斯宗教观的丰富内容进行了比较全面的研究；对马克思《文化人类学笔记》中的宗教思想做了比较细致的分析；批判了国内外对马克思主义宗教观的三种错误论调：一是将马克思主义也说成是一种宗教，二是对马克思主义宗教观仅作"单一经济论"的理解，三是对马克思主义宗教观的"纯政治化"理解等。

2008年宗教文化出版社出版由国家宗教事务局研究中心新编辑的《马克思恩格斯列宁论宗教》。该书主要是面对党政领导干部使用的，其特点是在以往相关的读物基础上围绕如何正确认识和对待社会主义时期的宗教问题，将马克思主义经典作家的有关著述重新编辑，并挖掘出一些新材料。此外，2010年初人民出版社也出版了由中国社会科学院世界宗教研究所马克思主义宗教观研究课题组主编、唐晓峰摘编的《马克思恩格斯列宁论宗教》。

另外，一批青年学者对马克思恩格斯宗教观的研究著述脱颖而出。据不完全统计，主要有2005年宗教文化出版社出版的王珍博士的《马克思恩格斯宗教思想研究》、2007年中国社会科学出版社出版的王志军博士的《论马克思的宗教批判》、2008年宗教文化出版社出版的魏琪博士的《马克思主义宗教观的形成和变迁》、2008年人民出版社出版的叔贵峰博士的《马克思宗教批判的革命变革》。上述著作基本上都是在他（她）们的博士论文基础上充实完善而成的，研究有一定深度，学术探索性强，有不少独到的见解。

总之，在短短六七年的时间内，集中问世了这么多关于马克思恩格斯宗教观的专著是新中国成立以来所从未有的。

2. 马克思主义宗教观的综合性研究进一步拓展。2004年中国藏学出版社出版了龚学增编著的《马克思主义宗教观》。该书是西藏开展马克思主义祖国观、宗教观、民族观、文化观教育丛书的一本。它努力依据马克思主义的立场、观点和方法，密切联系西藏的实际，力图以简洁明快，深入浅出的语言，全面准确地阐明宗教观，特别是马克思主义宗教观的基本问题。并以马克思主义宗教观为指导，分析了我国社会主义主义初级阶段的宗教问题，对如何进一步贯彻西藏区党委关于宗教工作的部署，进一步做好西藏宗教工作，也提出了作者的见解。全书的具体内容第一是从历史发展的角度对宗教观的形成和发展，特别是对马克思主义宗教观的与时俱进和中国化做了阐明；第二，对什么是宗教，宗教演变的规律，宗教的功能和社会历史作用等宗教观的基本理论问题进行了论述；第三，以马克思主义宗教观为指导，叙述了中国宗教的历史和现状；第四，全面阐明了如何坚持马克思主义宗教观正确处理好我国现阶段的宗教问题；第五，结合西藏的实际，就如何进一步做好西藏的宗教工作表达作者的一些思考。

2006 年人民出版社出版了李士菊的《马克思主义科学无神论的当代阐释》。该书虽然突出了无神论问题，但在很大程度上也论述了马克思主义宗教观的有关内容。

2007 年 8 月中央编译出版社出版了龚学增主编的《马克思主义宗教观与党的宗教工作基本方针》。这是北京统一战线培训的一本教材。该书的主体部分是对于马克思主义宗教观，从马克思直到当代中国共产党人的宗教观进行了比较全面系统的梳理，并给予了分析和评价。

2007 年 9 月中央编译出版社出版的由卓新平、唐晓峰为执行主编的《马克思主义研究论丛——宗教观研究》，该书是由国家哲学社会科学基金重大委托项目"马克思主义经典作家关于宗教的基本观点研究"课题组负责收集、整理并编辑的论文集。本书以比较宽广的视角对马克思主义宗教观进行了研究。由"宗教工作"、"经典溯源"、"返本开新"、"中国境遇"、"研究述要"等部分组成。探讨了我国宗教工作的理论依据和指导性原则；对马克思、恩格斯、列宁原著的研读，对经典作家的宗教观进行了深入阐释和剖析，并探讨了经典作家宗教观的当代意义；还探讨了马克思主义宗教观中国化的过程、经验和历史定位问题等，使读者对当前我国马克思主义宗教观的研究状况有一个系统和深入的了解。这本书在学界内外产生了比较大的影响。

2007 年 12 月民族出版社出版了吕大吉、龚学增主编的《当代中国宗教研究精选丛书——马克思主义宗教观与当代中国宗教卷》。《当代中国宗教研究精选丛书》是 2006 年民族出版社重点策划的系列丛书，除了在国内推介外，还要向国外推介。丛书共 8 卷，其中一卷为马克思主义宗教观。该卷精选了改革开放以来国内马克思主义宗教观研究比较有代表性的成果。涉及对新中国马克思主义宗教观研究的概述；对马克思、恩格斯、列宁宗教观的研究；马克思主义宗教观中国化的研究；以及以马克思主义宗教观研究宗教社会性质与社会作用等内容。

另外，与上述研究关系密切的还有王作安的《中国的宗教问题和宗教政策》（2002），何虎生的《中国共产党的宗教政策研究》（2004），陈金龙的《中国共产党与中国的宗教问题》（2006），卓新平、唐晓峰主编的《论马克思主义宗教观》（2009）等。

3. 对马克思"宗教是人民的鸦片"论断的不同认识再一次出现。这是继 20 世纪 80 年代围绕马克思"宗教是人民的鸦片"的讨论时隔十几年后又比较集中地提出的不同认识。

2001 年 12 月 16 日，潘岳在《深圳特区报》发表题为《马克思主义宗教观必须与时俱进》的文章，提出了一个观点，即认为列宁所说的马克思的"宗教是人民的鸦片"的论断是马克思主义对待宗教的全部世界观上的基石的观点是错误的，把马克思主义宗教观归结为"鸦片论"正是始于列宁。文章说列宁在解释马克思的"宗教是人民的鸦片"时创造性地加上了"麻醉"二字，即改为人们十分熟知的"宗教是麻醉人民的鸦片"，把原来"人民对宗教的需要"变成"统治阶级利用宗教麻醉人民"。主语换了，意思也就全变了。他说，更为不幸的是，列宁还把"鸦片"归结为"马克思主义在宗教问题上全部世界观上的基石"，由此得出我们必须与宗教作斗争。列宁的"鸦片论"又长期成为我们制定宗教政策的基本依据。

对上述观点，有一些人表示支持，也有一些人提出了不同意见。例如中央编译局的宋书声、丁世俊、李其庆、翟民刚（见编译局网页）等人发表了不同看法。他们指出，首先，列宁在多篇关于宗教问题的文章中引用过马克思的这一名言，其俄文均为"Религия есть опиум народа"，其中并无"麻醉"一词。列宁的提法和马克思的德文原文"Sie ist das Opium des Volks"（代词"Sie"指"宗教"）完全一致。潘岳摘引列宁的话时使用的是旧的中译文。20 世纪 80 年代出版《列宁全集》中文第 2 版时，这句话已改译为"宗教是人民的鸦片"，去掉了"麻醉"二字。因此，不能说"麻醉"一词是列宁加的。其次，从翻译处理的角度来讲，"宗教是人民的鸦片"这一名言即使加上了"麻醉"一词，也没有改变其内容实质。最后，潘岳将列宁说"马克思的这一句名言是马克思主义在宗教问题上的全部世界观的基石"视为极大的"不幸"而加以批判是轻率的。

2004 年，陈荣富在《马克思主义与现实》第 6 期也发表了《对"宗教是人民的鸦片"的再认识》，文章在以往学界研究基础上明确指出，"鸦片"是马克思对阶级社会宗教的社会政治功能的比喻性描述，不适用于原始宗教；它是马克思在特定历史文化背景下提出的，不能将其绝对化和普遍化；"鸦片"只是宗教在阶级社会中的政治功能的一方面，只涉及马克思主义宗教观的一个侧面；不能用宗教的政治功能代替宗教的其他功能。

一些青年学者如王珍、王志军等人在他们的著作中也发表了自己的看法。

近些年，国家宗教事务局局长叶小文（现已调任别的职务）在他的文论中多次阐明马克思讲过的"宗教是人民的鸦片"立意着重点并非"麻醉人民的鸦片"而是"受鸦片麻醉的人民",是哀其不幸——"宗教是被压迫生灵的叹息,是无情世界的感情",促其奋斗——"反宗教的斗争间接地就是反对以精神慰藉的那个世界的斗争"。这一观点为许多人所认同。

尤其值得注意的是,2006 年出版的《江泽民文选》第 3 卷的《论宗教问题》一文,是公开发表于 2001 年 12 月 10 日,时任中共中央总书记的江泽民在全国宗教工作会议上的讲话。论宗教问题的讲话指出了马克思的"宗教是人民的鸦片"的论断意思只是,"在阶级社会中,宗教对人类的压迫是社会内部经济压迫的产物和反映,劳动群众受到这种压迫又无法解脱,就往往到宗教中去寻找精神寄托;剥削阶级也利用宗教作为控制群众的精神手段,削弱劳动群众的反抗意志,分散劳动群众的反抗力量。马克思说'宗教是被压迫生灵的叹息','宗教是人民的鸦片',就是从这个意思上来讲的"。① 这是当时中共最高领导人首次具体阐明马克思当年论断的含义,十分引人注目。

可以说直到现在,人们对"宗教是人民的鸦片"论断的理解虽然逐步趋于接近,但仍存在着不同认识。

4. 马克思主义宗教观的中国化研究正在成为亮点。如何使马克思主义宗教观与时俱进,指导我们今天对当代世界宗教、尤其是中国宗教的研究,这是中国理论界和学术界所特别关注的,由此形成了马克思主义宗教观"中国化"的研究。对此,将在本章第二部分具体讨论。

5. 马克思主义宗教观的研究还存在不平衡的状况。同马克思恩格斯宗教观研究的比较热相比,对列宁宗教观的研究比较薄弱,而且认识上的差异较大。

对列宁主义宗教观的研究,在 20 世纪 80—90 年代,吕大吉、蒋文宣、陈麟书等人有著述发表。但近 10 多年来,与对马克思恩格斯宗教观的研究状况比较热相比,对列宁主义宗教观的研究很少有人问津。究其原因,我认为,一是苏联社会主义垮台了,随之彻底否定苏联,甚至否定十月革命,否定列宁主义的思潮在国内外很有市场;二是认为苏联共产党处理宗教问题的极"左"错误与列宁宗教观的"鸦片基石"论断直接相关的观点影响很大;三是列宁主义是俄国的,不是原典的马克思主义。

① 《江泽民文选》第 3 卷,人民出版社 2006 年版,第 380 页。

列宁主义宗教观究竟是什么样子？苏联共产党处理宗教问题的极"左"错误同列宁主义宗教观是怎样的关系？如何加以评价？这都需要重新进行研究。近年来，有少数文论出现。2007年《中共中央党校学报》第5期发表了龚学增的论文《全面把握与科学评价列宁的宗教观》。该文针对目前国内不仅对列宁主义宗教观研究薄弱，而且片面否定倾向有一定市场的情况，比较详尽地论述了列宁主义宗教观形成、发展的过程及其十分丰富的内容，同时以历史唯物主义态度对列宁主义宗教观的特点和历史地位进行了分析和评价。认为马克思主义宗教观（广义上的），从马克思恩格斯经过列宁再到中国共产党的宗教观，是一个一脉相承又不断丰富发展的完整过程，这个过程是割裂不开的。鉴于苏联解体后，国际上出现的否定后期马克思恩格斯，否定列宁的思潮对我国的影响，全面论述、科学评价列宁主义宗教观对于深化我国的马克思主义宗教观的研究是十分必要的。陈荣富所著《马克思主义宗教观研究》也有一章论述了列宁的宗教思想。作者比较全面地概述了列宁宗教观的基本观点，认为由于沙皇俄国是政教合一的国家，沙皇与东正教会共同反对革命；由于当时在俄国社会主义革命已经从理论变为实践。这两个特点就决定了列宁宗教观的特色：一方面，要从政治上同教会和宗教作斗争，揭露教会同沙皇的神圣同盟；另一方面，十分重视以历史唯物主义宗教观为指导，以服从社会主义事业的总任务为基本原则，制定处理宗教问题的方针政策。这既是列宁对马克思主义宗教观的继承和发展，又使得列宁的宗教观具有实践中的马克思主义宗教观的特点，在马克思主义宗教观发展史上具有重要地位。另外，国家宗教事务局研究中心编的《马克思、恩格斯、列宁论宗教》汇集了十月革命后列宁处理宗教问题的十个案例，对于全面把握列宁的宗教观也很有帮助。

第二节　关于马克思主义宗教观研究的
几个重要问题

在回顾新中国马克思主义宗教观研究基本历程的基础上，以下几个重要问题需要进一步加以阐述。

一　关于马克思主义宗教观的含义及研究范围

我们认为需要从以下几个方面加以把握。

1. 马克思主义宗教观是马克思主义的有机组成部分，是建立在辩证唯物主义和历史唯物主义这一科学世界观和方法论基础上的对宗教和宗教问题的基本认识，以及在这种认识基础上表明的共产党对待宗教的态度和提出的解决宗教问题的基本原则、方针的总和。

2. 马克思主义宗教观作为一个马克思主义者个人行为主要体现在对于宗教的认识层面，而作为共产党的宗教观，就不是仅仅限于对于宗教和宗教问题的认识，还包含着处理宗教问题的原则方针。

3. 马克思主义宗教观是与时俱进的，是随着实践的发展而不断丰富，不断创新的理论、方针、原则的体系。在与时俱进的意义上，马克思主义宗教观可以从狭义和广义两个方面加以理解。狭义的理解，即马克思主义宗教观主要是马克思恩格斯关于宗教的思想，列宁主义宗教观主要是列宁关于宗教的思想，还有中国共产党人的宗教观等。广义的理解，马克思主义宗教观则泛指作为一个不断发展过程的历史唯物主义宗教观。如中共中央对全党强调要学习、研究马克思主义宗教观就是从对马克思主义宗教观广义上的理解使用的。

4. 马克思主义宗教观无论是从狭义上，还是从广义上理解，主要都是研究成熟意义上的正确的马克思、恩格斯、列宁还有中国共产党人的宗教观的。因此，对于他们尚未成为马克思主义者以前的宗教观，或者一些不成熟的观点进行学术性的研究时，可以在以他们名字命名的如"马克思恩格斯宗教思想研究"中加以研究，但不宜笼统地使用"马克思主义宗教观"这一概念。

二　在新的历史条件下，如何科学对待马克思主义宗教观

如何在当代中国社会主义条件下重新认识马克思主义宗教观是一个重大问题。近年来，不少学者对该问题进行了反思。尤其是卓新平主持的"马克思主义经典作家论宗教"课题研究提供了新的十分有价值的成果。课题组认为，马克思主义宗教观是马克思主义的重要组成部分，是我们研究宗教问题、开展宗教工作的指导原则。根据对"经典作家关于宗教的基本观点"的研究以及对"中外学者论述马克思主义宗教观的各种观点"之分析，对马克思主义宗教观的认识应该实行的"四个分清"，以回答哪些是必须长期坚持的马克思主义宗教观的基本原理，哪些是需要结合新的实际丰富和发展的马克思主义宗教观的理论判断，哪些是必须破除的对马克

思主义宗教观的教条式的理解，哪些是必须澄清的附加在马克思主义宗教观名下的错误观点这四个关键问题，并结合当今时代的中国实际而发展出"中国化"的马克思主义宗教观。具体观点作如下简介：

1. 必须长期坚持的马克思主义宗教观的基本原理。包括：要以社会存在决定社会意识为基础的唯物史观来说明宗教；宗教的本质是人们以"幻想的反映"来追求"虚幻幸福"，这既包含有对宗教的批判、亦有对信仰宗教的人们的同情；认清宗教存在的社会根源和认识论根源；宗教的消亡是一个长期而自然的发展过程；宗教在历史上对社会发展既起到积极作用，也有着消极作用；注意宗教与民族的关联和区别；坚持"政教分离"的原则，从政治关系上来看，宗教在社会中可以为各种政治力量所用；从政权关系上来看，应当实行"政教分离"政策，使宗教真正成为私人的事情；从政党关系上来看，不可将宗教与社会主义、共产主义相等同或相混合。

2. 需要结合新的实际丰富和发展的马克思主义宗教观的理论判断。主要有，对宗教本质的认识：中国的马克思主义者更为强调宗教的本质是反映了群众思想信仰问题而非政治问题，是人们精神世界的一种表述，是人民内部的思想性质问题。对宗教文化意义的强调。对宗教价值的重视。正确对待和把握宗教的社会功能。开展对宗教界的统一战线工作。将"宗教存在的长期性"视为"根本性"问题。"积极引导宗教与社会主义社会相适应"。发挥宗教在促进经济发展、社会和谐方面的积极作用。从而使"积极引导宗教与社会主义社会相适应"发展、深化为"积极引导宗教与社会主义社会相和谐、与构建社会主义和谐社会相适应"的思想和理论。这是对马克思主义宗教观的创新性、创造性发展。

3. 必须破除的对马克思主义宗教观的教条式理解。如何对待马克思关于"宗教是人民的鸦片"这段论述，分歧最大，争论也最激烈。列宁在《论工人政党对宗教的态度》中曾把这段论述称为"马克思主义在宗教问题上的全部世界观的基石"，许多人把"宗教是人民的鸦片"视为马克思主义对宗教的本质性认识，以为这一论断乃马克思主义宗教观的核心所在和基本立场。但根据马克思主义研究宗教的方法和立场，这一论断主要是针对19世纪西欧社会的宗教而言，因此，不能将之教条式地搬用到今天的中国社会来评价其宗教。

4. 必须澄清的附加在马克思主义宗教观名下的错误观点。一是认为以

"阶级斗争"为纲、同宗教作斗争、直接批判和反对宗教乃是"正统的"马克思主义宗教观。二是认为马克思主义的宗教观乃把经济因素视为宗教的"唯一"决定性因素。马克思主义在看待宗教上的视阈非常开阔，我们对其宗教观的理解也必须是系统的、整体的。

总之，对待马克思主义宗教观要坚持辩证唯物主义和历史唯物主义的立场、态度、观点、方法。马克思主义是放之四海而皆准的真理，但对之仍不能滥用，而必须注意其时空背景、社会内容，学会对之辩证地运用、发展地看待、科学地创新。否则，就会出现对马克思主义宗教观的误解，甚至将一些本是错误的观点附加在马克思主义宗教观的名下。为了防范这类错误，我们对马克思主义宗教观的基本原理既不能否定，但又不能采取僵化和教条主义的态度。而对之根据时代发展、社会变迁来不断补充和创新，则正是马克思主义宗教观的鲜活生命力之所在。

另外，冯今源也强调，对于马克思主义宗教观的研究一要端正学风，二要坚持马克思主义基本原理，三要站在积极引导宗教与社会主义社会相适应的高度，四要总结国际共运史上的经验教训，五要总结中国共产党历史上的宗教政策，六要对新中国成立以来有关问题的争论进行回顾总结，七要把马克思主义宗教观运用于新的实际。

三　进一步加大马克思主义宗教观中国化研究的力度

马克思主义中国化的研究是中国哲学社会科学研究的重大课题。1938年，毛泽东在中国共产党的六届六中全会上明确提出了马克思主义中国化的历史任务。他说，马克思主义必须和我国的具体特点相结合并通过一定的民族形式才能实现。离开中国特点来谈马克思主义，只是抽象的、空洞的马克思主义。他强调马克思主义的中国化，就是要使之在其每一表现中带着必须有的中国的特性，即是说，按照中国的特点去应用它，就是要有新鲜活泼的为中国老百姓所喜闻乐见的中国作风和中国气派。

马克思主义中国化的研究也包含马克思主义宗教观中国化的研究。马克思主义宗教观的中国化，就是中国共产党把马克思主义宗教观的基本原理应用于中国革命和建设中的宗教问题的实际，使二者正确结合，走出了一条具有中国特色的解决宗教问题的道路的过程，是中国共产党解决宗教问题的经验不断积累的过程，是在宗教理论基本政策上逐步系统化的过程，是坚持和不断丰富、发展马列主义宗教观的过程。

　　马克思主义宗教观的中国化研究也是改革开放以来才真正展开的。主要表现为一是分别对中国早期马克思主义者如李大钊、陈独秀、恽代英等人的宗教观和毛泽东、周恩来、邓小平、江泽民的宗教观,以及李维汉宗教观的研究;二是对新中国党和国家宗教工作基本方针政策的研究;三是正式提出了马克思主义宗教观的中国化的研究。

　　1. 对中国早期马克思主义者的宗教观的研究。如陈麟书主编的《宗教观的历史·理论·现实》、陈始发著的《新中国宗教政策的历史考察》等书均有涉及。论文方面,如金以枫于2001在《世界宗教研究》第2期上发表的《早期共产党人的宗教观》、陈始发于2003年在《江西社会科学》第4期发表的《建党以前陈独秀宗教观探析》、卢玉华于2001年在《石油大学学报》第6期发表的《早期中国共产党人宗教观概论》等。这些著述主要涉及陈独秀、李大钊、恽代英、萧楚女等一些中国共产党的创始人及早期代表人物的宗教观,对他们在宗教问题领域的观点进行了分析、归纳和总结。这些著述大都认为中国早期马克思主义者的宗教观基本上坚持了唯物主义的观点,符合马克思主义宗教观的基本精神,认为他们对宗教的探索揭开了我们党认识和处理中国宗教问题的序幕,但还仅限于个人对宗教的看法,尚未同解决中国革命过程中的宗教问题自觉地结合起来。

　　2. 对毛泽东的宗教观的研究。学界对毛泽东的宗教观的研究既在相关的著作中有所涉及,也有专门的研究性论文。据不完全统计,公开发表的论文有20多篇。较有代表性的作者有卿希泰、陈麟书、雷镇锠、张永庆、张伟达、加润国、毛国庆、牛苏林等人。总的来说,他们的研究以归纳和总结毛泽东成为马克思主义者以后的宗教观的内容居多,指出毛泽东宗教观的特色是实现了马克思主义宗教观同中国宗教问题实际的正确结合。还有一些论文分析了毛泽东宗教观的演变,以及毛泽东同具体宗教,如同佛教的关系,如王国兴的《毛泽东与佛教》等著作。

　　3. 对周恩来的宗教观的研究。周恩来是以毛泽东为核心的中共第一代领导集体的重要成员。他作为国家的总理,关于宗教问题的思想,更多的是着眼于党和政府的宗教工作来加以阐发的。相对于毛泽东的宗教观研究来说,对周恩来宗教观的研究略显不足。但也有几篇重要论文,如王作安撰写的《周恩来:在宗教问题上极富远见的人》、陈答才撰写的《周恩来对新中国宗教工作的思考与实践》。冯今源在纪念周恩来诞辰100周年时,发表了长篇论文《试论周恩来的宗教观》,是一篇研究周恩来宗教思想的力作，也是迄今为止对周恩来宗教观概述最全面的文章。文章对周恩来宗教观的理论基础、实践基础、基本内容都做了很系统的归纳与分析。

4. 对李维汉的宗教观的研究。李维汉是新中国成立后党和国家在统战、民族、宗教工作方面的主要负责人，留下了宝贵的关于宗教和宗教问题的思想。但学界对李维汉的宗教观研究也很不足，比较零散。近些年，在江平、黄铸、叶小文等人的文章中，都不同程度地涉及对李维汉宗教观的分析。如关于宗教的五性说，叶小文认为，最早来源于 20 世纪 50 年代初由李维汉主持起草的《关于过去几年党在少数民族中进行工作的主要经验总结》的报告，其后在 1958 年的第五次全国宗教工作会议上正式提出了宗教的五性。关于"谨慎处理宗教问题"、"在宗教问题上要区分两类不同性质的矛盾，把宗教问题当做人民内部矛盾来处理"等观点，陈金龙指出，最早是李维汉提出的。黄铸、江平认为，李维汉一再提出必须慎重进行宗教制度民主改革，这对促进我国宗教逐步与社会主义社会相适应起了重要作用。1982 年，李维汉更正式向中央提出引导宗教与社会主义社会相适应的建议。在李维汉诞辰 110 周年之际，龚学增、王冬丽在《世界宗教研究》2006 年第 3 期发表了《李维汉宗教观》的长篇论文，是李维汉宗教观的比较系统化的、全面的阐述和分析。

5. 对邓小平的宗教观的研究。邓小平是中共第二代领导集体的核心，他关于宗教问题的言论虽然不多，但所起到的思想政治作用十分巨大。学界对邓小平本人宗教观的研究大多是在对邓小平理论的研究中进行的。何玲认为："邓小平理论关于宗教问题的思想体系包括三个组成部分：一是邓小平同志从不同角度、在不同场合直接对宗教问题和宗教工作的科学论述；二是在他的领导或指导下形成的中共中央、国务院及有关部、委关于宗教问题和宗教工作的规范性文件；三是以邓小平同志为核心的党的第二代领导集体其他成员对宗教问题和宗教工作的科学论述。"龚学增在有关论著中也对邓小平的宗教观形成的历史背景和基本内容进行了分析，认为"它既包含着邓小平个人的若干科学论断，又凝聚着党和政府宗教工作实践经验的总结，还包含着理论工作者的贡献"。他还指出："邓小平宗教理论是邓小平理论的重要组成部分，是正确认识和解决中国特色社会主义进程中宗教问题的指南。它彻底清除了'文化大革命'时期的左倾错误路线对马列主义宗教理论、毛泽东宗教理论的歪曲，全面继承和发展了马克思列宁主义宗教理论和毛泽东宗教理论的基本观点，把马克思主义宗教理论在中国的发展推进到建设有中国特色的社会主义的新阶段。"这是对邓小平宗教思想历史地位的总结与概括。

6. 对江泽民的宗教观的研究。与毛泽东、邓小平相比,江泽民关于宗教问题的言论著作更多,思想更为丰富。学界对江泽民宗教观的研究,一是梳理江泽民个人的宗教观发展的脉络,归纳他的观点。二是整体分析评价党的第三代中央集体的宗教观,其中也涉及李瑞环的宗教观。三是把江泽民宗教观的研究纳入到"三个代表"重要思想研究之中。《江泽民文选》出版后,对《文选》包含的宗教方面的内容,尤其对首次公开发表的《论宗教问题》这一重要著作的研究在学界日见活跃。龚学增、蒲长春等人在其有关的论文、著述中对江泽民的宗教观进行了比较细致的研究。

7. 对"积极引导宗教与社会主义社会相适应"问题的深入研究。积极引导宗教与社会主义社会相适应,是马克思主义宗教观中国化研究的重要内容。20世纪80年代,上海社会科学院宗教研究所在罗竹风指导下,在研究中国社会主义时期宗教问题的过程中,率先提出了在我国社会主义时期,宗教可以和社会主义社会相协调的重要观点,产生很大影响。1993年,江泽民代表党中央正式提出"积极引导宗教与社会主义社会相适应"的命题作为党和国家做好宗教的基本目的。之后,关于"相适应"问题的研究迅速开展起来。前些年,中国社会科学院世界宗教研究所当代宗教研究室在冯今源主持下集中几年时间专攻这一重要课题。2009年8月,冯今源主编《引导宗教与社会主义社会相适应的理论与实践》由中国社会科学出版社正式出版。该书在全面系统梳理中国传统宗教以及民间信仰发展脉络、国际共运史上相关理论与实践的基础上,结合对新中国宗教政策的历史发展、对50年来我国宗教的发展历程以及各种错误宗教观的回顾与反思,对典型地区基督教、藏传佛教、伊斯兰教的田野调研,对新时期宗教领域面临的新情况、新问题的总结与分析,系统提出引导宗教与社会主义社会相适应的理论依据、实践基础、表现形式、具体内容以及对引导主体的要求,并对"构建社会主义和谐社会"事业中的宗教问题提出相应的意见与建议。这是当前对"相适应"研究的重要成果。

8. "建设现代宗教文明"的研究。近年来,在研究积极引导宗教与社会主义社会相适应过程中,范鹏提出了"建设适合中国国情的现代宗教文明"的命题。2007年,他在《世界宗教研究》第1期发表了《建设现代宗教文明,积极引导宗教与社会主义社会相适应》,之后又深化了这一研究。他认为，当代宗教的发展演变，特别是宗教与社会主义社会相适应都与适合中国国情的现代宗教文明有关，现代宗教文明是我国宗教发展的必然选择。他认为，宗教文明是宗教文化中的积极因素，现代宗教文明是立足当代、面向世界、服务人类的积极的宗教文化。建设现代宗教文明就是通过挖掘、整理、弘扬宗教文化中有利于中国特色社会主义建设发展和谐的因素，使宗教在更加充分的意义上成为当代中国社会的积极因素。现代宗教文明建设的任务和目标是适应社会主义，融入现代文明，服务中国社会，促进和平发展。该命题已引起学术界的重视。

9. 对马克思主义宗教观中国化整体性的研究。在上述研究基础上，近些年，我国宗教学界正式就马克思主义宗教观的与时俱进和中国化进行了研究。上海社会科学院《当代宗教研究》2002 年第 3 期发表了龚学增的长篇论文《马克思主义宗教观的与时俱进及中国化》。论文第一对马克思主义宗教观的含义进行了概括，认为马克思主义宗教观的实质就是历史唯物主义宗教观；马克思主义宗教观具有狭义和广义之分，狭义上是指马克思恩格斯列宁的宗教观，广义上还包括他们的后人的历史唯物主义宗教观；马克思主义宗教观作为个人的宗教观表明了对宗教的基本观点，作为共产党的宗教观则包括理论和方针的总和；马克思主义宗教观是不断随着实践的发展而不断发展的理论方针的体系；马克思主义宗教观是有党性的。第二，论文还提出要科学地对待马克思列宁主义宗教观，即不能认为其内容句句是真理，也不能否定其基本的科学原理，应坚持马克思主义宗教观的指导。第三，论文从八个方面概述了马列主义宗教观的基本原理。第四，论文的主要篇幅是阐述了中国共产党将马克思主义宗教理论与中国革命和建设的实际相结合，形成了毛泽东思想的宗教观、邓小平理论的宗教观以及中共第三代中央领导集体的宗教观，实现了马克思主义宗教观的中国化。特别指出中国共产党在系统总结国内外处理社会主义时期宗教问题正反两方面历史经验基础上提出的积极引导宗教与社会主义社会相适应的命题是对马克思主义宗教观丰富和发展的集中体现。该文的基本思想经过充实修改，又以《论马列主义宗教观的中国化》为题发表于 2005 年第 5 期的《中共中央党校学报》上。

2003 年，时任国家宗教事务局局长的叶小文（执笔）在《求实》杂志发表了《社会主义的宗教论》一文。该文集中反映了国家宗教事务局以党的十六大精神和"三个代表"重要思想为指导，为进一步做好宗教工作，在全面系统学习和研究中国共产党关于社会主义时期宗教问题的基本理论和基本政策，特别是反复学习和领会江泽民同志在全国宗教工作会议上重要讲话以及李瑞环概括党中央关于社会主义时期宗教观点的基础上，形成的关于中国化马克思主义宗教观的理论建构。"社会主义的宗教论"在理论上的价值就在于以十分简洁的论断概括了中国共产党关于社会主义时期宗教问题的基本观点和基本政策。它大体划分为两个层次：第一，以江泽民同志的讲话精神，对完整体现党的宗教理论政策的十点内容加以充实和完善①。第二，简明地揭示了十点内容的逻辑关系。立论的基础是宗教问题最重要的"三性"（根本是长期性，关键是群众性，特殊的复杂性），根据"三性"确立了宗教工作的基本方针（"四句话"），由此树立起"社会主义的宗教论"的基本架构。"三性"和"四句话"的对应关系是，"根本是长期性"着眼于宗教的规律，因此基本方针是积极引导宗教与社会主义社会相适应，具有总论性质。"关键是群众性"，要求在宗教工作中必须坚持执政为民，因此基本方针是全面贯彻党的宗教信仰自由政策，切实保障公民宗教信仰自由这一基本权利，以体现"三个代表"的本质。"特殊的复杂性"在于强调上述工作是在错综复杂的矛盾中进行的，因此基本方针就在于依法管理宗教事务，坚持独立自主自办的原则，以保证宗教活动的合法进行和健康发展。理论观点和工作方针有机结合，具有较强的说服力。近年来，"社会主义的宗教论"又深化为"社会主义和谐社会的宗教论"，均在社会上产生了很大的影响。

2005 年初，时任中央社会主义学院常务副院长的朱晓明在《中央社会主义学院学报》第 1 期发表了《论"中国特色社会主义宗教观"》的长篇论文，从中国共产党统一战线工作的角度对中国化的马克思主义宗教观进行理论建构。从贴近宗教界的实际出发以"中国特色社会主义宗教观"这一命题概括了中国共产党关于社会主义时期宗教问题的基本理论和基本政策，指出"积极引导宗教与社会主义社会相适应"是中国特色社会主义宗教观对马克思主义宗教观发展创新的集中表现。特别是对中国特色社会主义宗教观的理论框架进行了创新性的探索。作者认为，该理论框架包括相互关联的两个部分。一是如何正确认识我国社会主义初级阶段的宗教问题，讲认识，讲规律。以三个特点（长期性、群众性、复杂性）和三个规

---

① 见《红旗文稿》2003 年第 1 期，第 18 页。

律（政治面貌、社会作用、发展方向）阐述了理论层面的内在关系。二是如何正确处理我国社会主义初级阶段的宗教问题，讲方针、讲原则、讲要求。以宗教工作四条基本原则（政教分离、权利义务相统一、独立自主自办、引导适应），对宗教界统一战线的三项重点工作（爱国宗教力量建设、农村宗教工作、少数民族中的宗教工作），以及宗教工作的标准要求和保障措施，阐述了实践层面的内在联系。

同年，中国人民大学方立天教授在《中国社会科学》第 4 期发表了《论中国化马克思主义宗教观》。该文认为中国化马克思主义宗教观包含着中国化的马克思主义宗教本质观、宗教价值观、宗教历史观、宗教适应观，从而构成了一个完整体系，表明了作者独到的创新见解。

2006 年，中国人民大学何虎生在《宗教学研究》第 1 期上发表了《论马克思主义宗教观中国化的基本经验》一文。指出，马克思主义宗教观中国化要与党在革命、建设和改革各个不同时期社会和宗教实际相结合，要与党的总任务、总路线、总方针和总政策相一致，必须体现时代性；要研究中国宗教的特点，找出其中带规律性的东西并采取相应的路线、方针、政策和措施，必须把握规律性；要从本国宗教的实际情况出发，在坚持马克思主义宗教观的基础上，在理论、制度、方针和政策上有所创新，必须富有创造性。

关于中国化的马克思主义宗教观体系的研究，何虎生于 2007 年出版了《中国化马克思主义宗教观研究》，这是一部力作。该书以宗教本质观、宗教历史观、宗教价值观、宗教态度观、宗教安全观、宗教适应观、宗教和谐观等方面对中国化马克思主义宗教观的体系进行了建构，表达了他的独特创新见解。

2007 年党的十七大提出了中国特色社会主义理论体系。如何把握这一理论体系和马克思主义宗教观中国化的关系。龚学增在 2008 年第 11 期《西南民族大学学报》发表了《试论中国特色社会主义宗教理论体系》的长篇论文。论文在阐述改革开放以来，从邓小平理论的宗教观到十六大以来的新发展积累的丰富成果和党中央的两次理论概括基础上，认为中国特色社会主义宗教理论是改革开放以来，在中国特色社会主义事业进程中，党和国家正确解决我国社会主义初级阶段宗教问题的实践经验的总结和理论升华，是中国特色社会主义理论体系的有机组成部分。

中国特色社会主义宗教理论也形成了体系。其内在逻辑包含两个基本层次，基础层次是反映宗教规律性的理论问题，中国特色社会主义宗教理论体系首先也是围绕着什么是宗教、宗教的根源、宗教的发展、宗教的社会作用等基本理论问题展开的。包括：第一，宗教界定：坚持宗教本质的马克思主义观点同时，进一步认识到宗教还是一种社会文化现象，从而对于什么是宗教的认识更为全面，更为科学。第二，宗教根源：社会主义时期宗教将长期存在是因为支撑宗教存在发展的自然根源、社会根源、认识根源和心理根源的长期存在。第三，宗教社会作用：社会主义时期宗教的社会作用具有积极和消极的二重性特征。第四，中国宗教国情特点：进一步从"五性"，即长期性、群众性、民族性、国际性、复杂性概括为"三性"，即根本是长期性、关键是群众性和特殊的复杂性。第五，宗教与民族：二者关系密切，要正确认识和处理二者的关系。应用层次是解决宗教问题的基本方针问题。包括：第一，根本宗旨：处理一切宗教问题的根本出发点和落脚点，是使全体信教和不信教的群众联合起来，把他们的意志和力量集中到建设现代化的社会主义强国这个共同目标上。第二，基本政策：以人为本，尊重人权，全面正确地实行宗教信仰自由。信仰宗教和不信仰宗教是宪法规定的公民的一项基本权利。国家实行政教分离、宗教与教育相分离的原则。公民在行使宗教信仰自由权利的同时，必须遵守国家的法律法规，履行自己作为公民对国家应尽的义务。第三，依法管理：国家依法管理宗教事务，使宗教活动正常有序。第四，对外关系：坚持独立自主自办原则。我国宗教团体和宗教事务不受外国势力的支配。在独立自主、和平友好、互相尊重的基础上，积极发展同世界各国宗教界的友好往来，同时抵御境外势力利用宗教对我国的渗透。第五，统战工作：处理同宗教界朋友之间的关系的原则是政治上团结合作、思想信仰上互相尊重。发挥爱国宗教团体作用，争取、团结和教育宗教界人士，培养好一支爱国爱教的教职人员队伍。第六，基本途径：积极引导宗教与社会主义社会相适应。全面正确地贯彻宗教信仰自由政策，国家依法管理宗教事务，坚持独立自主自办的原则，巩固和发展对宗教界的爱国统一战线，目的都是为了积极引导宗教与社会主义社会相适应。积极引导宗教与社会主义社会相适应是中国特色社会主义宗教理论的集中表现。第七，党内建设：共产党员要坚持马克思主义宗教观，不能参加宗教活动。对群众特别是青少年的思想政治工作要包括唯物论和科学知识的宣传教育的内容。上述两个层次紧密联系，相辅相成，说明中国特色社会主义宗教理论作为一个完整的逻辑严密的理论政策的体系，标志着马列主义宗教观在当代中国发展到了一个新阶段。

2008 年 11 月，云南教育出版社出版了中央党校青年学者蒲长春博士的《中国特色社会主义宗教理论研究》一书，也从宗教本质论、宗教根源论、宗教价值论、宗教历史论和宗教关系论等方面进行了体系建构，发表了独立的见解。

2009 年，龚学增在《西北民族大学学报》第 4 期发表了《新中国马克思主义宗教观中国化 60 年》的长篇论文，比较系统地回顾总结了新中国马克思主义宗教观中国化的历程和最新成果。

总之，当代中国马克思主义宗教观的研究已经呈现日益繁荣的景象，正在逐步走向深化，已经进入到了一个比较成熟的发展时期。

第二章　宗教学基本理论研究

金　泽

2008 年正值中国改革开放 30 年。在此前后，陆续已有一些回顾、总结中国宗教学理论研究发展历程的专论，如吕大吉在世纪之交发表的《中国现代宗教学术研究的百年回顾与展望》，[①] 卓新平的《20 世纪中国宗教学研究》和《宗教学理论研究》，何光沪的《宗教学研究》，[②] 金泽的《宗教学理论研究》和黄奎的《当代中国宗教研究》等。[③] 这些文论或梳理当代中国宗教学理论研究的发展过程及相关的重要成果，或分类归纳理论建树与争论。我们不可能无视这些既有的总结，另起炉灶；而若将这些成果再次综合，如无新意则流于无用功。也许，略去认同的见解，仅从面向未来的角度谈几点补充的感悟，虽然不是最好的选择，却是力所能及和建设性的。

第一节　世界宗教研究所的创立：中国宗教学理论发展的战略之举

一代学者有一代学者的学术使命和社会关怀。从学者个人看，创立新的理论学说是个人努力探索的结果。学者的不同见解，为社会发展与文化发展带来选择的可能性和多样性。有时候，确是学者的创见有如闪电划破

---

① 参见吕大吉《中国现代宗教学术研究的百年回顾与展望》，载尹章义主编《当代中国学术发展史》，台北中华综合发展研究院，2000 年。

② 卓新平与何光沪的文章，载任继愈主编、卓新平执行主编《20 世纪中国学术大典·宗教学》，福建教育出版社 2002 年版。

③ 金泽与黄奎的文章，载卓新平主编《中国宗教学 30 年（1978—2008）》，中国社会科学出版社 2008 年版。

夜空，旧有的传统禁锢得以突破；但从历史进程的大局着眼，若无社会文化的孕育、社会群体的认同与张扬，学者个人提出的问题和创见则有可能无的放矢或被束之高阁，无法化作历史潮流。

130 多年前，当宗教学这门学科在西方诞生时，社会科学和人文学科领域已是诸多学科林立、各个学科内也是诸多学说争雄；在宗教研究领域，启蒙运动思想家和 18 世纪法国战斗的无神论，已经充分揭露了宗教的虚伪与荒谬，阐明神灵、神迹等观念的虚幻性质。费尔巴哈从唯物主义出发，将宗教的本质还原为人的本质。马克思与恩格斯以唯物史观对人类社会的发展规律和根本动力，社会、经济、文化间的互动关联做了深刻的揭示，他们对宗教本质及其社会功能的论述入木三分。在此之后产生的宗教学，其使命不是简单地告诉人们世界上没有鬼神，没有天堂地狱，更不是把宗教归结为"傻子＋骗子"，而是进一步追问：既然世界上没有鬼神，为什么人们还信仰宗教；宗教本身作为一种社会事实和历史现象，它的存在根源和演变规律是什么，它到底对个人和社会有什么作用。

这种学科定位是战略性的，即从研究本质、规律和作用的高度研究宗教现象，深究其中的原因，解析运作的机制，由此将对现象的描述、感言和梳理提升为一门学科。在对这些问题的探索中，学者们给出了不同的解答并形成不同的学派：有从思想观念的路径入手，将宗教归结为万物有灵信仰、无限观念的，如泰勒和缪勒；有从社会层面入手，将宗教理解为"集体表象"的，如杜尔凯姆；有从心理层面入手，将宗教情感归结为"俄狄浦斯情结"和集体无意识的，如弗洛伊德和荣格；有从功能角度入手，探讨宗教对社会秩序与文化价值的作用，如马林诺夫斯基和格尔茨等……不同的学说或学派有不同的核心范式，这些范式本身形成不同的学术制高点（亦是把握学术制高点的产物）。从宗教学理论的发展进程看，每一次新范式的提出，都对旧有的范式造成巨大冲击，甚至是颠覆性的冲击。每次冲击所带来深刻的思想解放，都会拓展人们对宗教的理解，形成新的社会共识并作用于人们的实践活动，由此又推动和改变宗教与社会文化间的互动关联。

由此来看中国宗教学理论研究 60 年的发展历程，具有战略性的重大事件，一是世界宗教研究所的创立，二是对宗教的定位由意识形态的层面转向以文化的层面为主，三是以发展的眼光发展有中国特色的马克思主义宗教观。

1961 年 1 月 23 日，毛泽东在同十世班禅谈话时明确提出："我赞成有些共产主义者研究各种宗教的经典，研究佛教、伊斯兰教、耶稣教等的经典。因为这是个群众问题，群众有那么多人信教，我们要做群众工作，我们却不懂得宗教，只红不专"。1963 年，毛泽东就宗教研究发出指示，其主要内容是：1. 指出《现代佛学》不是马克思主义的；2. 肯定任继愈论佛学的几篇文章是"凤毛麟角"；3. 认为宗教影响广大人口，宗教研究有重要意义，如果不批判神学，就写不好世界史、文学史、哲学史；4. 建立一个世界宗教研究机构。此后，周恩来亲自领导筹建我国历史上第一个以马克思主义为指导思想的宗教研究机构——世界宗教研究所；并且明确指出，我们不仅要研究各种宗教的历史、理论、现状，而且要深入地研究各种宗教的教理、教派、教义，要真正地懂得宗教。[①]

世界宗教研究所是在毛泽东、周恩来的指示和主持下成立的，考虑到那个时代阶级斗争要"年年讲、月月讲、天天讲"的政治氛围，考虑到此后接踵而至的"文化大革命"，人们对此举措的评价见仁见智。而且随着时间的推移，20 世纪 80 年代的人们和跨入新世纪的人们，对此举措的感悟也有相当大的不同。时过 45 年，我们回过头来再看当年成立世界宗教研究所，无论当时的决策动机若何，世界宗教研究所的创立本身都是一个战略举措。如果没有世界宗教研究所的创立，成建制的中国宗教学何时起步，难以想象。就像今天我们回顾中美建交，虽然觉得这是历史必然，只是个时间问题，但是如果不是毛泽东和周恩来在 70 年代初亲自运作建交，中美建交拖延到什么时候也不可知。套用老子"道生一，一生二，二生三，三生万物"的话说，有了世界宗教研究所的创立，才形成一支从事学术研究的专业队伍。一旦春暖花开，很快就在 80 年代形成一大批奠基性的学术研究成果，同时也在各大高校中，陆续形成一些培养专业本科生、硕士生、博士生的系科和专业研究机构。时至今日，中国的宗教学研究事业既有历史研究，亦有现实研究；既有理论研究，亦有实证调研；既有宗教学通论或概论的总论性论著，亦有宗教社会学、宗教人类学、宗教心理学和宗教现象学等分支学科的探讨。

---

① 参见冯今源《求真务实，继续深入开展中国当代宗教研究》，载中国社会科学院世界宗教研究所编《宗教研究四十年》，宗教文化出版社 2004 年版，第 46 页。吕大吉：《中国现代宗教学术研究的百年回顾与展望》，载尹章义主编《当代中国学术发展史》，台北中华综合发展研究院 2000 年版。

战略性的举措往往意义深远。这些举措对当时的人们来说，可能已是十分重要（不然不会去开创），但其战略意义就像围棋中的布子一样，也许是经过多少手之后，会更觉得当初的那一手棋意义非凡。正是从这种长远影响的角度，我们说世界宗教研究所的创立是现代中国宗教学研究60年的一个战略举措，而另一个战略举措是对宗教的定位由意识形态的层面转向以文化的层面为主。

第二节　从意识形态的宗教定位转变为文化的宗教定位

30年前中国的党和政府实行改革开放，本身就是一个社会、经济、文化的发展战略大转变。随着这一过程的深入，宗教政策逐步落实，各级宗教团体陆续恢复，各种宗教活动得以进行。在此过程中，中国社会开始由以阶级斗争为中心转入以经济建设为中心，随后又由计划经济转入市场经济。社会转型使中国社会形成诸多新特点、新思想和新的社会力量。在新的社会格局中如何为宗教定位，就成为理论上需要探索和明辨的重要问题。所谓宗教学界的"鸦片战争"，即围绕如何理解马克思的"宗教是人民的鸦片"论断展开讨论，坚守者与疑虑者各有所执，而争论的结果是学者们转而讨论"宗教是文化"，以及"宗教与社会主义社会相适应"等问题。

关于前后这些争论与探讨的主要焦点及相关论点，对于当代人来说都比较熟悉，我们在此毋庸赘言。然而我们想补充的是，从强调宗教是鸦片到强调宗教是文化，尤其是在这种认识不再是个别学者的主张，而是一种社会共识时，反映了人们对宗教的定位，已经从意识形态层面转变到文化的层面。有些人说宗教既不是意识形态，也不是文化，而是一种信仰。这话没有错。但是我们在此讨论的转变过程，其所涉及的问题不在于宗教本身是不是信仰（这是毋庸置疑的，否则就不是宗教了），而是说人们将宗教置于（主要的）社会生活的哪个层面。从意识形态定位宗教，无论对于信教者还是非信教者，宗教都是一种改造世界的思想武器和组织力量，甚至是阶级斗争的武器；从文化的层面定位宗教，宗教发挥作用的空间在于私人领域和非政治公共领域，无论对于信教者还是非信教者，宗教乃是价值与行为规范的一种累积的传统。作为意识形态的各种宗教间针锋相对、甚至你死我活、难以调和；而作为文化的宗教间却可以共存共事共荣，涉及更多的是个人对不同价值系统的继承和选择（成为个人安身立命的港湾之一），是推动社会自治、善治和慈善等事业的一种动力。当宗教是一种文化的共识越来越广泛时，人们对宗教的理解也随之发生诸多变化，其中最重要的变化有两个方面：

第一个变化是过去从意识形态角度为宗教定位时，人们提及宗教，首先想到的是对错，甚至是敌我。这种对错、敌我之分，或者说你死我活的关系，不仅存在于信教者与非信教之间，亦存在于归属不同宗教或不同教派的人们之间；现在从文化角度定位宗教，信教者与非信教者、归属不同宗教或教派的人们之间，更多的不是政治理念和制度上的分歧，而是不同文化价值与行为规范的选择，这就为信教者与非信教者、信仰不同宗教的人们相互尊重、相互理解与合作，留下了充分的空间。同时，也为宗教与社会主义社会相适应，提供了合理性与可能性。

第二个变化是从意识形态定位宗教转变为从文化角度定位宗教，并不是说宗教不再具有意识形态的功能，也不是说宗教从此不再可能被某些人或某个群体当做政治斗争的武器（在某种意义上，亨廷顿的"文明冲突论"就有此味道）。当今世界有大量的事实告诉人们，宗教依然被许多人当做一种意识形态。但是在当代中国，人们对宗教定位的转变，更多的表达了一种价值取向，或者说形成一种新的社会心理底线，即认可宗教作为一种文化系统而不认可宗教作为一种意识形态。在当代社会里，宗教作为意识形态，在某种意义上成为一把双刃剑，当甲方用它伤害乙方时，同时也就给予乙方以同样的武器，乙方也就有可能同样用其伤害甲方。在世界历史上，某一宗教对另一宗教的迫害，某一宗派对另一宗派的伤害，无不在伤害对方的同时（或从长远看）也重创了自己，而且真正最受伤害的，总是双方的信教群众。所以在日益开明的当代社会里，人们将宗教视为文化这种价值取向或说新的社会心理底线，表达了一种强烈的善良愿望和社会舆论，即在动乱不安的当代世界里，宗教不要成为欺诈、怨恨、误解和冲突的根源，而要成为善良、宽容、精神升华与社会和谐的动力。认同这一共识的人，既有归属不同宗教或教派的人士，也有不归属任何宗教的人士。这种社会认知与心理底线，有利于社会和谐氛围的形成和扩展，无形中也减少了社会各方面（包括宗教群体）将宗教作为政治武器的可能性，而且随着新世纪世界格局与国内形势的复杂变化，认同这一点的人正日益增多，而将宗教作为意识形态的吸引力，则越来越不受欢迎或引起人们的反感、质疑和警惕。

由此来看，当年关于宗教是不是鸦片的争论，的确是一个影响重大的战略转折点，它的深远意义持续不断地显现出来。当代中国宗教学理论的发展，离不开改革开放，离不开把握学术的战略制高点。而今后中国宗教学理论的发展，也离不开继续解放思想，离不开善于开创和把握新的学术制高点。

第三节　有中国特色的宗教学发展

回顾 60 年来中国宗教学理论的发展演变，无论是创立世界宗教研究所，还是从意识形态的宗教定位转变为文化的宗教定位，都涉及一个根本的方法论问题，即如何理解马克思主义宗教观？马克思主义宗教观的基本观点是什么？要建立有中国特色的宗教学，首先需要对这一问题加以科学的回答。

经过"文化大革命"和改革开放，如今人们越来越认识到宗教是个复杂多面的文化体，既有正功能亦有负功能，既有显功能亦有隐功能。同一个时代和社会，不同的宗教有不同的功能；同一个宗教，在不同的时代与社会也可能功能有别。与此同时，人们越来越意识到过去对宗教的看法有些偏颇。当人们寻找"极左"思潮与以及各种误解的根源时，有些人将此归因于马克思主义宗教观，认为"宗教是人民的鸦片"是马克思提出的，而且列宁更强调说"宗教是麻醉人民的鸦片——马克思的这句名言是马克思主义在宗教问题上的全部世界观的基石"。①

马克思和列宁确实说过上述这些话。但是马克思和列宁还就宗教说过其他的话。例如，列宁还说过："对国家而言，我们要求宗教是私人的事情……国家不应当同宗教发生关系，宗教团体不应当同国家政权发生联系。任何人都有充分信仰任何宗教，或者不承认任何宗教……在公民中

---

① 列宁：《论工人政党对宗教的态度》（1909 年 5 月 13 日），《列宁选集》（第 2 版）第 2 卷，第 375 页。列宁对宗教的鸦片作用还有更详细的阐明："对于工作一生而贫困一生的人，宗教教导他们在人间要顺从和忍耐，劝他们把希望寄托在天国的恩赐上。对于依靠他人劳动而过活的人，宗教教导他们要在人间行善，廉价地为他们的整个剥削生活辩护，廉价地售给他们享受天国幸福的门票。宗教是麻醉人民的鸦片。宗教是一种精神上的劣质酒，资本的奴隶饮了这种酒就毁伤了自己做人的形象，忘记要求稍微过一点人所应当过的生活。"——列宁《社会主义和宗教》（1905 年 12 月 3 日），《列宁全集》第 10 卷，第 62—63 页。

间，完全不允许因为宗教信仰而产生权利不一样的现象。……〔宗教〕团体应当是完全自由的、与政权无关的志同道合的公民联合会。"① 问题在于两个方面：一方面在于马克思和列宁说了什么，这需要我们认真的和全面的了解马克思、恩格斯、列宁等人关于宗教的论述；另一方面在于人们对马克思和列宁说的哪些话感兴趣，这就需要我们分析为什么人们会强调马克思和列宁等人的某些话语，同时又对早已存在于世的其他话语视而不见。

时至今日，将精力过多的放在算历史旧账上不如将其放在开拓和建设上面。新的时代新的国情，需要我们以发展的眼光丰富和发展我们对马克思主义宗教观的理解。虽然在马克思和恩格斯生活的时代，宗教问题是相当凸显的，列宁搞革命的俄国，又是东正教为主导的国家，但是与其他思想家形成鲜明对照的是，无论是马克思还是恩格斯，都没有把自己的主要精力放在宗教问题上，而是把宗教问题纳入人的解放和社会改造的革命过程。列宁对此也是十分强调的。② 这是我们应当引起注意的第一个特点。而当我们将马克思、恩格斯、列宁等人在不同时间、不同地点就宗教问题发表的不同见解抽取出来，单独放在一起时，会发现其中某些论述是针对宗教整体的，有些论述是针对一时一地的宗教情境。这是我们不能忽视的第二个特点。如何看待和理解他们的不同论述（这也是引起争论和误解的关节点），我们心中要有明确的意识：一方面，马克思主义的宗教观不是孤立形成的，它是马克思主义世界观整体的有机组成部分，要准确地把握和理解马克思主义宗教观，首先要把握马克思主义的基本命脉；另一方面，马克思、恩格斯、列宁都是与时俱进的人，他们会随时在社会实践中检验和修正自己的观点（例如在巴黎公社事件后，马克思与恩格斯就明确表示《共产党宣言》中的某些观点"已经过时"），我们要坚持马克思主义宗教观，就要像他们那样以发展的眼光发展马克思主义宗教观，这是第三点。

在马克思墓前的讲话中，恩格斯将并肩战斗多年的老战友的贡献概括为三个方面：(1)马克思发现了人类历史的基本规律，这就是"历来为繁茂

　　① 列宁：《社会主义和宗教》（1905 年 12 月 3 日），《列宁全集》第 10 卷，第 63—64 页。

　　② "在我们看来，被压迫阶级为创立人间天堂而进行的这种真正革命斗争的一致，要比无产者关于天堂的意见的一致更为重要"。——列宁《社会主义和宗教》（1905 年 12 月 3 日），《列宁全集》第 10 卷，第 65 页。

芜杂的意识形态所掩盖着的一个基本事实：人们首先必须吃、喝、住、穿，然后才能从事政治、科学、艺术、宗教等；所以，直接的物质的生活资料的生产，因而一个民族或一个时代的一定的经济发展阶段，便构成为基础，人们的国家制度、法的观点、艺术以至宗教观念，就是从这个基础上发展起来的，因而，也必须由这个基础来解释，而不是像过去那样做得相反"。(2)由于剩余价值的发现，"马克思还发现了现代资本主义生产方式和它所产生的资产阶级社会的特殊的运动规律"。(3)恩格斯认为是更重要的在于"马克思首先是一个革命家。他以某种方式参加推翻资本主义社会及其所建立的国家制度的事业，参加赖有他才第一次意识到本身地位和要求，意识到本身解放条件的现代无产阶级的解放事业——这实际上就是他毕生的使命。斗争是他得心应手的事情。而他进行斗争的热烈、顽强和卓有成效，是很少见的"。① 恩格斯在这里概括的马克思的三大贡献，为我们把握和理解马克思主义的宗教观，提供了基本的路径。

在《德意志意识形态》中，马克思和恩格斯从哲学上论证了意识与存在，宗教与社会，神与人的真实关系：意识在任何时候都只能是被意识到了的存在，而人们的存在就是他们的实际生活过程。一句话，不是"意识决定生活，而是生活决定意识"。如果"全部意识形态中人们和他们的关系，就像在照相机中一样是倒现着的"，那么这种现象也是从人们生活的历史过程产生的。由此来看，宗教等意识形态，以及与它们相适应的意识形式，便失去了独立性的外观，所以说"宗教本身既无本质也无王国"。基督教之所以在不同的时代采取不同的形式，并不是因为"宗教精神的自我规定"和"它的继续发展"，而是受到当时当地社会历史条件的制约，并随着社会发展而演变的。那些发展着自己的物质生产和物质交往的人们，在改变自己的社会现实的同时，也改变着自己的思维和思维的产物。所谓的宗教"本质"，既不在抽象的"人的本质"中，也不在"上帝的宾词"中，人们"只有到宗教的每个发展阶段的现成物质世界中去寻找这个本质"。②

---

① 参见《马克思恩格斯选集》第 3 卷，人民出版社 1972 年版，第 574—575 页。
② 参见《马克思恩格斯选集》第 1 卷，人民出版社 1972 年版，第 29—31 页。这也就是恩格斯在《英国状况》中曾经指出的：不应当到虚幻的彼岸，到时间空间以外，到似乎置身于世界的深处或与世界对立的"神"那里去找真理，而应当到近在咫尺的人的胸膛里去找真理。人所固有的本质比臆想出来的各种各样的"神"的本质，要伟大得多，高尚得多，因为"神"只是人本身的相当模糊和歪曲了的反映。(《马克思恩格斯全集》第 1 卷，人民出版社 1972 年版，第 651 页)

　　这种唯物史观在马克思的《政治经济学批判·序言》中得到进一步明确的表述："人们在自己生活的社会生产中发生一定的、必然的、不以他们意志为转移的关系，即同他们的物质生产力的一定发展阶段相适应的生产关系。这些生产关系的总和构成社会的经济结构，即有法律的和政治的上层建筑竖立其上并有一定的社会意识形式与之相适应的现实基础。物质生活的生产方式制约着整个社会生活、政治生活和精神生活的过程。不是人们的意识决定人们的存在，相反，是人们的社会存在决定人们的意识。社会的物质生产力发展到一定阶段，便同它们一直在其中活动的现在生产关系或财产关系（这只是生产关系的法律用语）发生矛盾。于是这些关系便由生产力的发展形式变成生产力的桎梏。那时社会革命的时代就到来了。随着经济基础的变更，全部庞大的上层建筑也或慢或快地发生变革。在考察这些变革时，必须时刻把下面两者区别开来：一种是生产的经济条件方面所发生的物质的、可以用自然科学的精确性指明的变革，另一种是人们借以意识到这个冲突并力求把它克服的那些法律的、政治的、宗教的、艺术的或哲学的，简言之，意识形态的形式。我们判断一个人不能以他对自己的看法为根据，同样，我们判断这样一个变革时代也不能以它的意识为根据；相反，这个意识必须从物质生活的矛盾中，从社会生产力和生产关系之间的现存冲突中去解释。无论哪一个社会形态，在它们所能容纳的全部生产力发挥出来以前，是绝不会灭亡的；而新的更高的生产关系，在它存在的物质条件在旧社会的胎胞里成熟以前，是绝不会出现的。所以人类始终只提出自己能够解决的任务，因为只要仔细考察就可以发现，任务本身，只有在解决它的物质条件已经存在或者至少是在形成过程中的时候，才会产生"。①

　　由唯物史观来看宗教，一个基本的结论就是：不是宗教创造了人，而是人创造了宗教。"宗教是那些还没有获得自己或再度丧失了自己的人的自我意识和自我感觉"。国家、社会产生了宗教即颠倒了的世界观，因为它们本身就是颠倒了的世界。② 宗教上的不平等，并不是社会不平等的原因，而是它的结果。在马克思看来，"宗教的存在是一个缺陷的存在"，但这个缺陷的根源却应该到"国家自身的本质"中去寻找。宗教不是世俗狭

---

　　① 《马克思恩格斯选集》第 2 卷，人民出版社 1972 年版，第 82—83 页。

　　② 参见《马克思恩格斯选集》第 1 卷，人民出版社 1972 年版，第 1 页。

隘性的原因，而只是它的表现。在相当长的历史时期内，"人们一直用迷信来说明历史"（马克思的这个观点，可以使我们对当今的"文明冲突论"另有感悟），而马克思恩格斯在探讨宗教问题时始终坚持的原则，是"用历史来说明迷信"，他们不是把世俗问题化为神学问题，而是把神学问题化为世俗问题。① 既然是人创造了宗教而不是宗教创造了人，那为什么宗教中的神灵处于高高在上的主宰地位，而创造者却匍匐在它们的脚下？马克思用"异化"，特别是"劳动异化"所导致的社会异化，揭示了宗教之所以为"颠倒了的世界观"的世俗根源。马克思和恩格斯坚信社会生活在本质上是实践的。凡是把理论导致神秘主义方面去的神秘东西，都能在人的实践中以及对这个实践的理解中得到合理的解决。② 从现象上看，宗教"剥夺人和大自然的全部内容，把它转给彼岸之神的幻影，然后彼岸之神大发慈悲，把一部分恩典还给人和大自然"。尽管许多人对宗教信仰提出这样或那样的质疑，但人们还是不了解，他实际上"在崇拜自己的本质，把自己的本质神化，变成一种别的本质"。③ 宗教之所以能够把人的本质变成了幻想的现实性，是因为人的本质没有真实的现实性。④ 而"人的本质"之所以没有"真实的现实性"，是因为异化的作用，特别是私有制和阶级产生以来的社会异化。

从根本上说，马克思和恩格斯是将宗教看做"果"而不是"因"。在孔德那里，只有通过"人性宗教"才能有良好的社会秩序；而在马克思与恩格斯那里，只有建立良好的社会秩序才能消除宗教的异化。因此，他们非常明确地将自己对宗教的批判，作为批判整个剥削制度，特别是资本主义制度的一个组成部分。因为在他们看来，要彻底改变劳动者所处的异化状态，首要的任务不是去批判宗教，而是要改造社会。恩格斯说："基督教和工人的社会主义都宣传将来会解脱奴役和贫困；基督教是在死后的彼岸生活中，在天国寻求这种解脱，而社会主义则是在这个世界里，在社会改造中寻求这种解脱"。⑤ 简言之，"废除作为人民幻想的幸福的宗教，也

---

① 参见《马克思恩格斯全集》第1卷，人民出版社1972年版，第425页。
② 参见《马克思恩格斯选集》第1卷，人民出版社1972年版，第18页。
③ 恩格斯：《英国状况》，《马克思恩格斯全集》第1卷，人民出版社1972年版，第647—648页。
④ 参见《马克思恩格斯选集》第1卷，人民出版社1972年版，第1页。
⑤ 恩格斯：《论早期基督教的历史》，《马克思恩格斯全集》第22卷，人民出版社1972年版，第525页。

就是要求实现人民的现实的幸福"。摘去装饰在锁链上的那些虚幻的花朵，只是手段，目的在于要人们砸碎锁链。因此尘世的改造不再是批判的武器，更重要的是用武器的批判。马克思充满激情地指出，"彼岸世界的真理消逝以后，历史的任务就是确立此岸世界的真理。人的自我异化的神圣形象被揭穿以后，揭露非神圣形象中的自我异化，就成了为历史服务的哲学的迫切任务。于是从认识上说，人们已无必要再将已经认识到的东西投射到异己的对象身上并对之顶礼膜拜；从实践上说，对天国的批判就变成对尘世的批判，对宗教的批判就变成对法的批判，对神学的批判就变成对政治的批判"。①

　　从根本上说，唯物史观才是马克思主义宗教观的基石。从这个立场看宗教，宗教既是一种历史现象，也是一种社会文化生活形态（常态的或形成某种运动），其核心是对具有不同超越性的神圣存在（或力量、或宇宙法则等）的信仰。人们在宗教生活中会产生不同强度和诸多形式的心理体验，会在个人或群体的层面上做出不同程式化的崇拜行为（仪式）。宗教生活不仅具有不同的行为规范和组织制度，而且会在社会历史发展的进程中形成包括神话、神学以及一系列象征、亦包括审美趣味和道德规范在内的累积的文化传统。人们在宗教生活中把握生活（生命）和世界（宇宙）的意义价值，获得身心的转变，并由此引发（或期求）个人、社会或文化的转变。宗教的发展演变是个从无到有、从简单到复杂的历史过程：既有宗教自身的内部因素，亦有其所生存的社会、经济、文化等外部因素；既有无数个人的以宗教体验为基础的宗教创新，也有群体认同、社会制度和文化再生产的建构与淘汰机制；既有观念（或教义）、行为规范、圣时（节）圣地圣徒、仪式等累积而成的传统，也有因时因地因人而出现的变通与调整。这些因素构成宗教演变的动力，它们之间的互动关联十分复杂，使古往今来的宗教千姿百态。在宗教的演化路径方面，我们不能简单地把不同的宗教形态置于一个阶梯式的、新版本覆盖旧版本的上升序列中，而是将不同的宗教形态看做文化丛林中，宗教这株生生不息的大树上的有粗有细、有枯有荣的不同枝权。文化是人类在长期的历史发展中，共同创造并赖以生存的物质与精神存在的总和。宗教文化既有外在的现象层

---

　　① 马克思：《〈黑格尔法哲学批判〉导言》，《马克思恩格斯选集》第1卷，人民出版社1972年版，第2页。

面（如仪式活动、节庆庙会等），也有内在的精神的和情感的层面（如信仰、世界观、价值观等）；历史上的宗教文化总是某个社会整体文化的一个组成部分，具体的宗教文化（如佛教文化、伊斯兰教文化）的创造主体虽然是信奉这一宗教的群体，但作为特定社会、特定时代的宗教文化，乃是社会各种力量互动的结果。其中，统治阶级所持的价值观与意识形态，统治阶级在谋划社会文化发展时将宗教置于什么地位，以及如何利用和限制不同宗教的不同功能，对该社会或该地区的宗教文化形成怎样的整体格局，各宗教形成怎样的发展走势，影响极大。

宗教是个复杂的多面体，它有着不同于其他意识形态、其他社会事务、其他文化传统的独特维度。宗教发展既有内因亦有外因，宗教发展的内因与外因的互动使宗教创新层出不穷。但是最终不仅开花而且结果，甚至生生不息的宗教，屈指可数。时至今日，我们对宗教的认知，与60年前相比，与30年前相比，都已大不相同。即使如此，我们的认知还会发展变化，因为宗教的存在、发展和变化没有终结，我们的认识发展也就不会有终点，以发展的眼光发展马克思主义宗教观，依然是摆在我们面前的重要课题。

基于马克思主义宗教观的基本立场和研究方法，在这60年的理论及实践探讨中逐渐形成了有中国特色的宗教学发展。这种研究在以往理论思考的基础上进而加强了对宗教的实证探讨，因此促进了宗教社会学、宗教人类学、宗教心理学等领域的开拓和发展。在宗教社会学的研究上，既有对国外学术进展的翻译介绍，也有针对中国社会现状的宗教调研，尤其是在研究中国社会转型过程中宗教的重新发展及其社会意义和功能上成果颇丰，引起国际学术界的关注。目前，对于社会各阶层人士信仰宗教的情况，宗教与地方经济及社会发展的关联，宗教与基层社区文化、企业文化的关系等，都有专门的社会调研课题。而且，这种研究从较为狭隘的宗教社会学理解已经扩大到一种范围更大的"宗教社会科学研究"。宗教人类学在理论和实践上都是中国当代学术界突破较大、亮点较多的一个全新领域。这一研究涵括较广，涉及民族学、民俗学等领域，注重田野调查，并与对草根文化、民间信仰的研究有着密切关联。在宗教人类学的研究上，在近30年来中国社会科学院世界宗教研究所、中山大学、北京大学和中央民族大学等高校都取得了较大的进展，其中金泽的专著《宗教人类学学说史纲要》（2009）在理论上梳理了这一领域的学术进展及主要学说体系和观点方法，而由金泽和陈进国主编的《宗教人类学》则反映出中国学者在宗教人类学田野调研上的最新成果。宗教心理学虽然进展相对缓慢，这些年来也取得了一些重要成果，除了这一领域的不少经典著作被译为中文之外，中国学者也开始推出有自己独立思考和调查研究的学术著述。此外，在国际宗教学界谈论极少的宗教文化学、宗教经济学、宗教政治学等，在中国学术界则出现了有专人研究的局面，从而形成对传统所理解的宗教学的挑战和开拓。

第三章 宗教哲学研究

张志刚

所谓的宗教哲学有"广义"与"狭义"之分。一般说来，宗教哲学意指"关于宗教的哲学思考"。这种广义的宗教哲学思考可谓传统悠久、形态繁多、范围宽泛，既与各大宗教传统的神哲学体系有不解之缘，又在古今中外的哲学传统里积累了丰厚的思想资源，还见于其他人文和社会科学领域的思想家对于宗教现象所做的大量哲理性反思。狭义的宗教哲学则是指，20 世纪中后期以来宗教哲学在国际学术界日渐专业化的研究趋向，即致力于将其建设成为一个横跨哲学与宗教学的、相对独立的研究分支。于是，这种狭义的宗教哲学也就有了"交叉性的学术身份"——既可看做当代哲学的一个分支，更应算作宗教学的一个分支。

显然，若要全面回顾新中国成立以来的相关研究状况，上述两种意义上的宗教哲学研究成果均应纳入评述范围。不过事先要说明三点：其一，尽管本章的副标题为"新中国宗教哲学研究 60 年回顾与展望"[①]，但由于众所周知的历史原因，宗教哲学不仅像其他哲学、人文和社会科学领域一样，直到改革开放后才得以恢复重建，而且如同宗教学的大多数分支，在改革开放前几乎没有发表多少学术成果，所以笔者抱着"向前看的探索态度"，主要通过回顾近 30 年来的宗教哲学研究成果来提出"一条学科建设展望思路"。其二，与改革开放前形成鲜明的对比，近 30 年的宗教哲学研究蓬勃发展，其学术成果堪称蔚为壮观，难以历数，为使读者概要了解研究现状，本章列举的主要是我国学者编撰的宗教哲学著作和部分专题资料

[①]　此章作者交稿时原有副标题"新中国宗教哲学研究 60 年回顾与展望"，但因为此书名中有"（1949—2009）"，已标明时间段，故删去此章副标题。——编者

集，但这绝不意味着轻视其他大量研究成果，像论文、文集和译著等。其三，下述"回顾与展望思路"大体是这样展开的：首先列举我国学者的主要研究成果，这是第一部分；进而沉思宗教哲学研究之于中国文化、思想和学术背景的特殊重要意义，此为第二部分；随后试就创建中国特色的宗教哲学体系提出"一条三者结合的探索思路"，这是本章的主要内容，构成了后三部分。

第一节　我国学者宗教哲学研究成果举要

总的来看，新中国成立以来的宗教哲学研究，可归纳为三大方面：马克思主义宗教哲学思想研究，各大宗教传统哲学思想研究，作为新理论分支的宗教哲学研究。下面先来分头梳理一下我国学者在这三方面所发表的主要著作。

一　马克思主义宗教哲学思想研究

在以往关于我国宗教学研究状况的综述中，这方面的内容一般被并入马克思主义的宗教理论研究，而笔者将其单列出来并置于首位，主要有两点理由：一点是，从马克思主义创始人——马克思和恩格斯的原著来看，他们所创建的唯物史观的宗教理论实质上是一种关于宗教现象的哲学学说，正是据此，笔者把新中国成立以来关于马克思主义宗教理论的研究成果主要算作是"宗教哲学的"；另一点是，就新中国成立以来的宗教研究而言，唯物史观的宗教理论不但在宗教哲学研究里，而且在整个宗教研究领域，都自始至今占有主流的或主导性的学术地位，此为"中国宗教学国情"，对任何评论者（包括国外专家）来说，都是首先不可忽视的。

关于马克思主义的宗教理论研究，在中国是从系统地编译经典作家的相关论述入手的。这方面的研究成果主要有：武剑西译《马克思恩格斯论宗教》（人民出版社，1953），中国社会科学院世界宗教研究所编《马克思恩格斯论宗教》（中国社会科学出版社，1979），雷镇闿编《马克思恩格斯列宁斯大林论宗教》（中国社会科学出版社，1979），郑天星编《马克思恩格斯论无神论、宗教和教会》（华文出版社，1991），国务院宗教事务局政策法规司编《马克思恩格斯列宁斯大林论宗教问题》（中国社会科学出版社，1992），郑天星、张雅平编译《列宁论无神论、宗教和教会》

（华文出版社，1993），中共中央编译局译《恩格斯论宗教》（人民出版社，2001），国家宗教事务局宗教研究中心选编《马克思恩格斯列宁论宗教》（宗教文化出版社，2008），中国社会科学院世界宗教研究所"马克思主义经典作家关于宗教的基本观点课题组"选编《马克思恩格斯列宁论宗教》（人民出版社，即出）等。

关于马克思主义宗教理论的研究著作主要有：施船升著《马克思主义宗教观及其相关动向》（四川人民出版社，1998），牛苏林著《马克思恩格斯的宗教理解》（河南人民出版社，2002），龚学增著《马克思主义宗教观》（中国藏学出版社，2004），王珍著《马克思恩格斯宗教思想研究》（宗教文化出版社，2005），龚学增著《马克思主义宗教观与党的宗教工作方针》（中央编译出版社，2007），王志军著《论马克思的宗教批判》（中国社会科学出版社，2007），何虎生著《中国化马克思主义宗教观研究》（华文出版社，2007），魏琪著《马克思主义宗教观的形成与变迁》（宗教文化出版社，2008），陈荣富著《马克思主义宗教观研究》（四川人民出版社，2008）等。

二　各大宗教传统哲学思想研究

宗教与哲学有不解之缘，东西方宗教都内含丰富的哲学思想。因而，广泛发掘各大宗教传统所蕴藏的哲学思想资源，加以系统化的梳理和现代性的阐释，是宗教哲学研究的一项基础工作。经过长期努力，特别是改革开放 30 年以来，我国学者在这一领域已取得了大量研究成果。

（一）佛教哲学研究的代表作有：黄心川著《印度佛教哲学》（任继愈主编《中国佛教史》第一卷附录四，中国社会科学出版社，1981），方立天著《佛教哲学》（中国人民大学出版社，1986、1991 增订版）、赖永海著《中国佛性论》（上海人民出版社，1988），班班多杰著《拈花微笑：藏传佛教哲学境界》（青海人民出版社，1996），姚卫群著《佛教般若思想发展源流》（北京大学出版社，1996），吴言生著《禅学哲学象征》（中华书局，2001），方立天著《中国佛教哲学要义》（上、下卷，中国人民大学出版社，2002），乔根锁著《西藏的文化与宗教哲学》（高等教育出版社，2004），刘俊哲、罗布江村编《藏传佛教哲学思想资料辑要》（民族出版社，2007），杜继文著《汉译佛教经典哲学》（上、下卷，江苏人民出版社，2008）。

（二）道教哲学研究的主要著作有：卿希泰著《中国道教思想史纲》

（上、下卷，四川人民出版社，1980、1985），汤一介著《郭象与魏晋玄学》（湖北人民出版社，1983），汤一介著《魏晋南北朝时期的道教》（陕西师范大学出版社，1988），牟钟鉴、胡孚琛、王葆玹主编《道教通论——兼论道家学说》（齐鲁书社，1991），卢国龙著《中国重玄学》（人民中国出版社，1993），李刚著《汉代道教哲学》（巴蜀书社，1994），李养正著《道教经史论稿》（华夏出版社，1994），姜生著《汉魏两晋南北朝道教伦理论稿》（四川大学出版社，1995），张广保著《金元全真道内丹心性学》（北京三联书店，1995），张继禹著《道法自然与环境保护》（华夏出版社，1995），李大华著《道教思想》（广东人民出版社，1996），卢国龙著《道教哲学》（华夏出版社，1997），胡孚琛、吕锡琛著《道学通论》（社会科学文献出版社，1999），周立生著《两汉易学与道教思想》（上海文化出版社，2001），刘固盛著《宋元老学研究》（巴蜀书社，2001），王宗昱著《道教义枢研究》（上海文化出版社，2001），陈少峰著《宋明理学与道家哲学》（上海文化出版社，2001），李大华著《生命存在与境界超越》（上海文化出版社，2001），刘宁著《刘一明道教思想研究》（巴蜀书社，2001），杨立华著《匿名的拼接——内丹观念下道教长生技术的开展》（北京大学出版社，2002），强昱著《从魏晋玄学到初唐玄学》（上海文化出版社，2002），李大华、李刚、何建明著《隋唐道家与道教》（广东人民出版社，2003），郑开著《道家形而上学研究》（宗教文化出版社，2003），孙亦平著《杜光庭思想与唐宋道教的转型》（南京大学出版社，2004），章伟文著《宋元道教易学初探》（巴蜀书社，2005），李刚著《重玄之道开启众妙之门——道教哲学论稿》（巴蜀书社，2005），王卡著《道教经史论丛》（巴蜀书社，2007）等。

（三）基督教哲学研究的主要著作有：薛华著《黑格尔对基督教的批判——论基督教的"实定论"》（中国社会科学出版社，1980），尹大贻著《基督教哲学》（四川人民出版社，1988），傅乐安著《托马斯·阿奎那基督教哲学》（上海人民出版社，1990），唐逸著《西方文化与中世纪神哲学思想》（台湾东大图书公司，1992），李秋零著《上帝·宇宙·人》（中国人民大学出版社，1992），范明生著《晚期希腊哲学与基督教神学：东西方文化的汇合》（上海人民出版社，1993），张志刚著《猫头鹰与上帝的对话：基督教哲学问题举要》（东方出版社，1993），谢地坤著《费希特的宗教哲学》（中国社会科学出版社，1993），赵敦华著《基督教哲学

1500 年》（人民出版社，1994），赵林著《黑格尔的宗教哲学》（武汉大学出版社，1997），王晓朝著《基督教与文化帝国：关于希腊罗马护教论与中国护教论的比较研究》（东方出版社，1997），李秋零著《尼古拉·库萨》（台湾东大图书公司，1997），王晓朝著《神秘与理性的交融——基督教神秘主义探源》（杭州大学出版社，1998），王亚平著《基督教的神秘主义》（东方出版社，2001），周伟驰著《记忆与光照——奥古斯丁神哲学研究》（社会科学文献出版社，2001 年），章雪富著《基督教的柏拉图主义——亚历山大里亚的逻各斯基督论》（上海人民出版社，2001），王晓朝主编《信仰与理性——古代基督教教父思想家评传》（东方出版社，2001），王晓朝著《教父学研究——文化视野下的教父哲学》（河北大学出版社，2003），章雪富著《圣经与希腊主义的双重视野——奥利金其人及神学思想》（中国社会科学出版社，2004），孙毅著《个体的人——祁克果的基督教生存思想》（中国社会科学出版社，2004），刘时工著《爱与正义——尼布尔基督教伦理思想研究》（中国社会科学出版社，2004），章雪富著《希腊哲学的 Being 与早期基督教的上帝观》（中国社会科学出版社，2005），唐逸著《理性与信仰——西方中世纪哲学思想》（广西师范大学出版社，2005），周伟驰著《奥古斯丁的基督教思想》（中国社会科学出版社，2005），刘海涛著《基督教在西方哲学中的沉浮》（民族出版社，2005），杜丽燕著《爱的福音——中世纪基督教人道主义研究》（华夏出版社，2005），张宪著《启示的理性：欧洲哲学与基督宗教思想》（巴蜀书社，2006），溥林著《中世纪的信仰与理解——波拉文图拉神哲学导论》（香港道风书社，2006），黄铭著《过程与拯救——怀特海哲学及其宗教文化意蕴》（宗教文化出版社，2006），翟志宏著《阿奎那自然神学思想研究》（人民出版社，2007），刘素民著《托马斯·阿奎那自然法思想研究》（人民出版社，2007），黄裕生著《宗教与哲学的相遇——奥古斯丁与托马斯·阿奎那的基督教哲学研究》（江苏人民出版社，2008 年）等。

（四）伊斯兰哲学研究的主要著作有：蔡德贵著《阿拉伯哲学史》（山东大学出版社，1992），秦惠彬著《伊斯兰哲学百问》（今日中国出版社，1994），金宜久著《伊斯兰教的苏非神秘主义》（中国社会科学出版社，1995），李振中、王家瑛主编《阿拉伯哲学史》（北京语言文化大学出版社，1995），陈中耀著《阿拉伯哲学》（上海外语教育出版社，1995），沙宗平著《伊斯兰哲学》（中国社会科学出版社，1995），蔡德贵、仲跻昆主编《阿拉伯近现代哲学》(山东大学出版社,1996),金宜久著《中国伊斯兰探秘——刘智研究》(东方出版社,1999),蔡德贵主编《当代阿拉伯哲学研究》(人民出版社,2001),刘一虹著《当代阿拉伯哲学思潮》(当代中国出版社,2001),王家瑛著《伊斯兰宗教哲学史》(上、中、下卷,宗教文化出版社,2003),沙宗平著《中国的天方学——刘智哲学研究》(北京大学出版社,2004),杨桂萍著《马德新思想研究》(宗教文化出版社,2004),孙振玉著《王岱舆、刘智评传》(南京大学出版社,2006),刘一虹著《回儒对话——天方之经与孔孟之道》(宗教文化出版社,2006),金宜久著《王岱舆思想研究》(民族出版社,2008)等。

(五)关于中国宗教哲学思想史的著作主要有,汤一介著《中国传统文化中的儒释道》(中国和平出版社,1988),汤一介著《儒释道与内在超越问题》(江西人民出版社,1991),严耀中著《中国宗教与生存哲学》(学林出版社,1991),麻天祥著《中国宗教哲学史》(人民出版社,2006)。

(六)印度宗教哲学研究的著作主要有:黄心川著《印度哲学史》和《印度近现代哲学史》(商务印书馆,1989),巫白慧著《印度哲学与佛教》(中国佛教文化研究所,1991),姚卫群著《印度宗教哲学百问》(今日中国出版社,1992),李建新著《印度古代瑜伽哲学思想研究》(北京大学出版社,2000),高扬、荆三隆著《印度哲学与佛学》(太白文艺出版社,2004),尚劝余著《圣雄甘地宗教哲学研究》(中国社会科学出版社,2004),武学国著《存在·自我·神性——印度哲学与宗教思想研究》(中国社会科学出版社,2006),姚卫群著《印度宗教哲学概论》(北京大学出版社,2006)等。

(七)犹太哲学研究的著作有:傅有德等著《现代犹太哲学》(人民出版社,1999),傅有德著《犹太哲学与宗教研究》(中国社会科学出版社,2007),傅有德等著《犹太哲学史》(中国人民大学出版社,2008)等。

(八)关于俄罗斯宗教哲学思想研究的著作主要有:张百春著:《当代东正教神学思想——俄罗斯东正教神学》(上海三联书店,2000),徐凤林著《俄罗斯宗教哲学》(北京大学出版社,2006)等。

三　作为新理论分支的宗教哲学研究

这里所说的"作为新理论分支的宗教哲学研究",就是指本章开篇所界定的"狭义的宗教哲学",即把宗教哲学作为一个相对独立的理论分支而进行的研究工作。国际人文学界一般认为，宗教学是一门新兴的交叉性学科。若把缪勒（Friedrich Max Müller, 1823—1900）的《宗教学导论》（1873）视为这门学科的奠基作或形成标志，其探索历程不过百余年。按照缪勒的学术主张，所谓的宗教学就是要广泛借鉴哲学、人文和社会科学的理论观点，以客观的态度和比较的观念，全面地研究世界上所有的宗教现象。哲学思维素以理性反思见长，再与宗教学所倡导的比较研究观念相融合，便形成了宗教哲学这样一个新的理论生长点。

改革开放以来，我国学者在这一新研究领域发表的著作主要有：何光沪著《多元化的上帝观——20 世纪西方宗教哲学概览》（贵州人民出版社，1991），王志成著《解释与拯救——宗教多元哲学论》（学林出版社，1996），张志刚著《理性的彷徨——现代西方宗教哲学理性观比较》（东方出版社，1997），杨慧林著《追问上帝——信仰与理性的辩难》（北京教育出版社，1999），王志成著《宗教、解释与和平——对约翰·希克宗教多元论的建设性研究》（四川人民出版社，1999），王志成、思竹著《神圣的渴望——一种宗教哲学》（江苏人民出版社，2000），张志刚著《宗教哲学研究——当代观念、关键环节及其方法论批判》（中国人民大学出版社，2003），单纯著《宗教哲学》（中国社会科学出版社，2003），王志成著《和平的渴望——当代宗教对话理论》（宗教文化出版社，2003），单纯著《当代西方宗教哲学》（中国社会科学出版社，2004），思竹著《巴比塔之后——雷蒙·潘尼卡回应时代挑战》（宗教文化出版社，2004），王志成著《全球宗教哲学》（宗教文化出版社，2005），梁骏著《普兰丁格的宗教认识论》（中国社会科学出版社，2006），朱东华著《从"神圣"到"努秘"——鲁道夫·奥托的宗教现象学抉微》（宗教文化出版社，2007），查常平著《历史与逻辑——作为逻辑历史学的宗教哲学》（巴蜀书社，2007），何光沪著《百川归海——走向全球宗教哲学》（中国社会科学出版社，2008），周伟驰著《彼此内外——宗教哲学的新齐物论》（宗教文化出版社，2008），铁省林《哈贝马斯宗教哲学思想研究》（山东大学出版社，2009）等。

第二节　沉思宗教哲学研究的"中国意义"

尽管前一节只是侧重梳理了近 30 年来我国学者发表的主要著作，未能反映新中国成立以来的宗教哲学研究全貌，但此种主要成果展示已足以给人留下这样一点强烈印象：改革开放后，宗教哲学研究不但在中国学术界得以迅速重建、长足发展，而且其学术著作的数量之多、分量之重，视野之广、思维之活跃、理论之深入等，均使这一分支在中国宗教学界占有首要地位。

上述强烈印象并非笔者个人独有，正如海内外专业人士明显感受到的那样，中国大陆自20世纪70年代末恢复正常的学术研究后，起初筹划宗教学重建工作的专家学者大多"出身哲学"，统领宗教研究领域的学术前辈大多"出身哲学"，迄今出版的那些具有标志性的研究成果也大多出自"哲学型的宗教专家"之手。从改革开放后宗教学教学与科研机构的创建情况来看，也可证实以上印象或感受。1982年，中国国立大学史上的第一个宗教学本科专业，是由北京大学哲学系与中国社会科学院世界宗教研究所联合创办的；此后国内重点大学陆续开办的多个宗教学专业也都设在哲学院系，再往后数所国内重点高校相继创建的宗教学系还是依托于哲学院系。

关于上述学术背景和学科建制状况，似可满足于这样一种历史的解释：在新中国成立后制订的学科分类目录里，宗教研究（后称宗教学）一直是作为二级学科而被列于哲学之下。近些年来虽然不断有专家学者提议，鉴于国际学术界已把宗教学看做一门新兴的交叉性学科，我国学术研究主管部分也应该尽快将其升格为一级学科，但此种建议只是部分地被采纳了，即在国家级和省部级哲学社会科学研究基金的评审工作中已把宗教学单列出来了，而仍未将其正式定为一级学科。同时鉴于宗教学具有显著的交叉性或跨学科性，不少海内外中青年学者认为，中国大陆宗教学界不应偏重于哲学和史学的理论和方法，尚需大力加强人文科学，特别是社会科学的诸多宗教研究方向，像宗教社会学、宗教人类学、宗教心理学等。持此看法的年轻学者，将这些研究方向统称为"宗教社会科学研究"，甚至认为此类"实证性的宗教研究"较之"思辨性的宗教哲学"更为可行、更为先进。

在笔者看来，上述"历史的解释"和"时兴的看法"自然都是不无道理的，但值得深思之处在于：前述"历史的解释"是否尚停流于"表面的史实"，而没能深刻说明中国宗教学界何以长期重视宗教哲学的历史原因呢？同样，前述"时兴的看法"是否也未曾沉思过这一历史原因呢？以上铺垫说明显得有些长了。归结起来，这一小节之所以题为"沉思宗教哲学研究的'中国意义'"，就是想和读者一起探讨：在中国的文化、思想和学术背景下，宗教哲学研究到底具有何种"特殊的重要意义"？

按照笔者的切身体会，我国的宗教哲学研究之所以自改革开放以来显得非常活跃，十分重要，的确是有其更久远、更深刻、也更复杂的历史原因的，即可以溯因于中国文化、思想及其学术传统。让我们先从关于中国文化和思想史的一个总体性判断谈起。

如果我们说中国文化史上那些最有影响的思想家历来就十分重视宗教哲学思考，即一向致力于对宗教现象做出哲学的反思和理性的解释，这个大体判断想必不会失之偏颇，因为远到孔子、墨子、老子、庄子和荀子等，近至章炳麟、谭嗣同、孙中山、梁启超和康有为等，大多对宗教现象做过这样或那样的哲学沉思；而在 20 世纪二三十年代以来中国学术界的宗教研究里，像蔡元培、胡适、熊十力、汤用彤、梁漱溟等一批著名的哲学家，更是发挥了其他任何一门学科的研究者都无法取代的思想影响。由此来看，自中国大陆改革开放、恢复正常的学术研究伊始，宗教学界里一批"出身哲学"的前辈学者，像任继愈、黄心川、汤一介、卿希泰、吕大吉、方立天、楼宇烈、杜继文、金宜久、牟钟鉴等便倾力于宗教哲学研究，同时北京大学、中国人民大学、中央民族大学、复旦大学、南京大学、武汉大学、山东大学、浙江大学等重点高校的哲学院系相继创办了宗教学专业和宗教学系，可以说是继承发扬了中国文化和思想史的深厚学统，证实了在中国文化、思想及其学术背景下大力加强宗教哲学研究既有历史的必然性，又有现实的重要性。

那么，为什么中国历代思想家会十分重视宗教哲学思考呢？而承接中国文化和思想史之深厚学统的宗教哲学研究，自改革开放后为什么又会形成中国大陆宗教学界的鲜明特色，并发挥引领性的重要作用呢？这里的问题要追究起来，显然说来话长，难以详细解答。所以，我们还是提纲挈领，接着"中国文化和思想史的深厚学统"这个关键话题，看看能否在研讨思路上从中国哲学史的学科创建人之一冯友兰先生那里得到一些启发。

哲学在中国文明里所占据的地位，一向可跟宗教在其他诸多文明里的地位相比。在中国，哲学一向为每个受过教育的人所关注。从前，只要一个人接受教育，首先传授给他的就是哲学。儿童一入学，首先要教他们念《四书》，即《论语》、《孟子》、《大学》和《中庸》。《四书》曾是新儒家哲学的最重要的读本。有的时候，小孩子刚开始认字，就让他们来念一种教材，这就是有名的《三字经》……这本书实际上是个识字课本，它的头一句话便是"人之初，性本善"。这句话是孟子哲学的基本观念之一。①

这段引文是冯友兰先生的名著《中国哲学简史》的开场白。该书原为英文版，是依照冯先生 1946—1947 学年在美国宾夕法尼亚大学教授中国哲学史课程的讲稿整理而成的。从时间上推断，该书可以说是中国学者首次应邀在西方大学系统地讲授中国哲学史的记录。从此学术背景来阅读这部名著的话，我们可以体会到，当一位中国学者初次向西方听众来讲解中国哲学史时，冯先生一开口想说的就是，以儒家思想为主要源流的中国古典哲学，在我们这个历史悠久的文明古国的文化传统，特别是教育和学术传统里占有多么重要的地位。这里尤其值得注意的是，冯先生阐明中国哲学的重要地位时，是相比于"宗教"在其他文明里的重要地位而言的。

接下来，我们再一起看看，冯先生在该书的第一小节——"哲学在中国文明中的地位"里所做的主要解释。鉴于"哲学"和"宗教"两个概念的多义性或歧义性，冯先生首先讲明了他自己的看法。

我所说的哲学，就是关于人生的系统性的、反思性的思想。每一个人，只要还没死，便处于人生。但是，能对人生加以反思性的思想的人并不多见，而其反思性的思想又具有系统性的人就更少见了。作为一个哲学家，是必须"哲学化的"，这就是说，他必须对人生加以反思性的思想，然后系统地表述他的思想。

宗教也与人生相关。各大宗教的核心内容里均有一种哲学。事实上，各大宗教不外是一种哲学加上某些上层建筑，包括迷信、教条、仪式和组织。这就是我所说的宗教。②

正是按照上述看法，冯先生一再强调，儒家思想并非宗教，而是一种哲学。他指出，西方人看到中国人的生活里充满了儒家思想，就以为儒家

---

① Fung Yu-Lan, *A Short History of Chinese Philosophy*, Edited by Derk Bodde, New York, NY: The Free Press, 1976, p. 1.

② Fung Yu-Lan, *A Short History of Chinese Philosophy*, pp. 2—3.

思想也是一种宗教；其实，儒家思想并不比柏拉图或亚里士多德的学说更像宗教；的确，《四书》曾是"中国人的圣经"，但《四书》里并没有创世记，也没有提到天堂或地狱。① 而现在不少西方学者认识到了，与其他民族相比，中国人一向很少关心宗教。譬如，布德（Derk Bodde）教授就撰文指出，对中国人来说，宗教观念和宗教活动并不是生活中最重要的、最吸引人的一部分；为中国文明奠定精神基础的并非宗教，而是伦理，特别是儒家的伦理；这一切标志着中国文明在根本上不同于其他大多数的主要文明，因为在那些文明里都是由教会寺庙和教士僧侣来扮演统治角色的。

为进一步论证上述观点，冯先生回应了下列一连串不可回避的问题：为什么中国文明竟会如此呢？假若"超越现世"（the craving for what is beyond the present actual world）并非人类的先天欲求之一，为什么宗教观念和宗教活动在世界上大多数民族的生活中竟会成为最重要、最吸引人的一部分呢？假若不否认"超越现世"是人类的先天欲求之一，为什么中国人竟会例外呢？如果说中国文明的精神基础在于伦理而非宗教，这是否意味着中国人没有意识到"那些高于道德价值的价值观念"呢？

> 对于上列问题，我愿回答如下："超越现世"是人类的先天欲求之一，而就这一规则来说，中国人民并非例外。他们之所以一向不大关心宗教，是因为他们一直非常关心哲学。他们之所以不属于"宗教的"，是因为他们属于"哲学的"。他们靠哲学里满足了自己超越于现世的欲求；他们也用哲学表达了自己所赏识的"超道德的价值"（the super-moral values），而且他们遵循哲学来生活，也体验到了这些"超道德的价值"②。

尽管冯先生的上述言论发表于半个多世纪以前，或许其中的有些说法，尤其是关于宗教的简单定义，已不能为当今学者所认同，但总的来看，他对于"中国哲学精神"的深刻把握和精辟阐释，至今仍对我们理解

① 此外，冯先生在这本书里关于"作为哲学的道家"与"作为宗教的道教"、"作为哲学的佛学"与"作为宗教的佛教"的简要解释，至今仍有参考价值。可参见该书英文版第 3 页，或中译本（北京大学出版社 1985 年版）第 3—4 页。

② Fung Yu-Lan, *A Short History of Chinese Philosophy*, pp. 4—5.

中国文化、思想和学术传统的主旨要义不失理论导向意义，并可继续引导我们反省中国文化传统、特别是学术传统与西方世界的重大差异。

说到中国学术传统与西方学术传统的重大差异，我们可接着冯先生的前述思路来参照傅乐安先生的研究心得。傅乐安先生（1930—2002）是我国著名的托马斯·阿奎那研究专家，在其生前出版的最后一部专著《托马斯·阿奎那传》里，他一下笔也发表了一段耐人寻味的议论，不过跟冯先生的前述授课对象不一样，他是对中国读者来说的，是从西方的学术传统说起的：

> 在基督教世界的学术领域里，神学为学问之最，神学支配着包括哲学在内的一切学问，哲学融合于神学，哲学与神学常常浑为一体。基督教的学者因而常常把神学与哲学合并为一个学科，简称为"神哲学"，借以显示其与众不同的特性。①

如果将以上两位先生的说法相互参照，恰好能起到互补的启发作用。冯先生的精辟见解可把我们的思路引向"中国文化传统的根本特点"，特别是"学术传统的重中之重"，而傅先生的研究心得则可使我们由"西方传统学术之最"想到"西方文化传统的基本特征"。综合这两位先生给我们的启发，或许可以这么来看：正因为在长达数千年的中国文化、思想和学术史上从未出现过某种宗教及其神学"一统天下"或"登峰造极"的局面，而以儒家思想为主要源流的中国传统哲学又在整个文化、思想和学术活动中占有不可取代的重要地位，"哲学思维方式"才会成为中国学者认识世界上的其他文化和宗教传统，并与它们进行比较与对话的一条"深层渠道"或"根本途径"；反之亦然，外来的文化或宗教要与中国的文化、思想和学术传统进行交流与对话，也非得深入到哲学的层面，佛教、基督教和伊斯兰教等传入中国的历史都可以印证这一点。

这一节的概要研讨表明，宗教哲学之于中国的文化、思想和学术背景确有特殊的重要意义。那么，我们在当今的国情下应当如何推进并深化宗教哲学研究呢？笔者以为，至少有这样三方面的基础性研究工作是不可忽视的：继续加强马克思主义的宗教哲学思想研究，批判借鉴国际宗教哲学

---

① 参见傅乐安《托马斯·阿奎那传》，河北人民出版社 1997 年版，第 1 页。

界的先进学术成果，深入阐发中国文化传统、包括宗教文化传统的丰富思想资源；只有将这三方面的基础性研究工作结合起来，我们才能立足中国国情，跨入国际学术前沿，创建有中国特色的宗教哲学体系。下面，笔者略陈己见，以期抛砖引玉。

第三节　关于加强马克思主义宗教观研究

本章第一小节就做出了一个基本判断：从新中国成立以来的宗教研究来看，马克思主义的宗教哲学思想自始至今都占有主流的或主导性的学术地位；这对中国研究者来说可谓"首要的宗教学国情"。问题在于，我们今天是否仍有必要加强并深化马克思主义宗教哲学思想研究呢？

上述问题的提出，主要是有感于这样一种理论现象：在以往的马克思主义宗教哲学思想研究中，我们对"经典论断"的重视程度往往超过了对"方法论观念"的重视程度。"宗教鸦片论之争"就是一个值得反省的学术史例证。回顾这场争论，我们无疑要首先肯定，它是改革开放后恢复重建中国宗教学的序幕或开端——没有它，就没有中国宗教学界的思想解放、学科重建以及现有成就。然而，重读有关文献，不禁令人深思：为什么马克思经典著作中的一个论断，会在百余年后的中国宗教学界引起激烈的争论呢？尽管争论双方都引经据典并旁征博引，可为什么没能达成共识呢？争论双方当年是否过于重视这个论断的"直接含义"或"定论性质"，而轻视了其方法论意义呢？

一　"宗教鸦片说"文本考释

国内外学术同行熟知，"宗教是人民的鸦片"一语，见于马克思的《〈黑格尔法哲学批判〉导言》（以下简称《导言》）。这篇名著开宗明义：

> 就德国来说，**对宗教的批判**基本上已经结束；而对宗教的批判是其他一切批判的前提。
>
> 反宗教的批判的根据是：**人创造了宗教**，而不是宗教创造了人……但是，人不是抽象的蛰居于世界之外的存在物。人就是人的世界，就是国家，社会。这个国家、这个社会产生了宗教，一种**颠倒的世界意识**，因为它们就是颠倒的世界……因此，反宗教的斗争间接地

就是反对以宗教为精神**抚慰**的**那个世界**的斗争。

正是据此，马克思断定：

> **宗教里的**苦难既是现实的苦难的**表现**，又是对这种现实的苦难的抗议。宗教是被压迫生灵的叹息，是无情世界的心境，正像它是无精神活力的制度的精神一样。宗教是人民的**鸦片**。①

从前引几段相对完整、逻辑严谨的文字来看，马克思首先点明了该文的写作背景：就德国来说，对宗教的批判是其他一切批判的前提。为什么宗教批判在当时的德国显得如此重要呢？研读全文可得到诸多提示。

例如，（在当时欧洲的社会和文化背景下）宗教可谓"苦难尘世的神圣光环"；因而，消除"真理的彼岸世界"，确立"此岸世界的真理"，乃是（当时的）历史任务；于是，"对天国的批判"变成了"对尘世的批判"，"对宗教的批判"变成了"对法（指法哲学和国家哲学）的批判"，"对神学的批判"变成了"对政治的批判"。

又如，（当时）德国的法哲学和国家哲学在黑格尔的著作中得到了最系统、最丰富和最终的表述，因此，对黑格尔法哲学的批判就是对现代国家及其现实的批判。

再如，（当时的）德国理论是从积极废除宗教出发的，而对宗教的批判最后（在费尔巴哈那里）归结为"人是人的最高本质"这样一个学说，从而也归结为这样一种绝对命令：必须推翻那些使人成为被侮辱、被奴

---

① 上列三段引文，依次参见马克思《〈黑格尔法哲学批判〉导言》，《马克思恩格斯选集》第 1 卷，人民出版社 1995 年第 2 版，第 1、1—2、2 页。顺便需要说明的是，《马克思恩格斯选集》（四卷）在我国首版于 1972 年，主要是依据俄文版编译的，而 1995 年发行的第 2 版则参照权威性的国际版《马克思恩格斯全集》进行了严格的校订。对比这前后两个版本，可发现上列三段引文也做了多处修改，比较重要的改动有两处：一是，"对宗教的批判基本上已经结束"，原为"对宗教的批判实际上已经结束"；二是，"这个国家、这个社会产生了宗教"，原为"国家、社会产生了宗教"。后一处修改尤为值得探讨，从这篇名著的写作背景和前后文来看，加上了定冠词的"国家"和"社会"，显然不是泛指所有的国家和社会，而是特指马克思所要批判和改造的"旧世界"。

役、被遗弃和被蔑视的东西的一切关系。①

凭借上列几段重要提示，我们应能做出两点相对明确的文本解释：首先，"宗教是人民的鸦片"这个论断，是马克思针对当时欧洲的社会现状而得出的"一个批判性的结论"，其深刻的批判性就在于，通过深思宗教现象的现实社会根源——"一个颠倒的世界所产生的一种颠倒的世界意识"，犀利地揭露了宗教信仰在贫苦大众当中所发挥的消极作用或负面功能——"是对现实苦难的抗议，是被压迫生灵的叹息，是（被压迫）人民的鸦片"；其次，这个论断又是马克思着眼于当时德国的理论背景而得出的"一个批判性的结论"，因而其重要理论意义并不限于"宗教社会功能批判"，这是接下来要谈的。

二 哲学方法论意蕴探析

写作《导言》时，理论创新是摆在青年马克思面前的首要任务，而在当时德国的社会和思想背景下，宗教批判可谓"理论界的制高点"和"学术更新的突破口"。正因如此，青年马克思通过宗教批判，力求扬弃德国古典哲学的集大成者和终结者黑格尔、费尔巴哈等人的思想观点，阐发一种新的哲学思维方式。在《导言》里，这种新的哲学思维方式主要表述如下：

> **人创造了宗教**，而不是宗教创造了人。
> 但是，人不是抽象的蛰居于世界之外的存在物。人就是人的世界，就是国家，社会。这个国家、这个社会产生了宗教，一种**颠倒的世界意识**，因为它们就是**颠倒的世界**。

我们可把以上原文所表述的哲学思维方式理解为：是人创造了宗教，而并非相反；是人类社会产生了宗教，而并非相反。这也就是说，我们理应通过"现实的人及其社会来解释宗教现象及其问题"。在马克思同一时期写的《论犹太人问题》里，这种逻辑思路表达得更为明确，也更加具

---

① 以上三个作为"写作背景提示"的例证，基本上是按马克思的原话概括出来的，括号里的文字则是笔者为强调其"背景提示意义"而加上的。这三个例证，依次参见《马克思恩格斯选集》第1卷，人民出版社1995年第2版，第2、8、9—10页。

体了。

> 我们不是到犹太人的宗教里去寻找犹太人的秘密,而是到现实的犹太人里去寻找犹太教的秘密。
> 我们不把世俗问题化为神学问题。我们要把神学问题化为世俗问题。相当长的时期以来,人们一直用迷信来说明历史,而我们现在是用历史来说明迷信。①

从马克思的思想形成过程来看,上述哲学思维方式不仅为当时德国理论界的宗教批判提供了一种新的逻辑思路,而且为日后成熟的马克思主义方法论——唯物史观奠定了理论基调。关于这一点,我们通过对照如下经典论断便可大致了然。

那种使人们满足于这类精神史的观点,本身就是宗教的观点,因为人们抱着这种观点,就会安于宗教,就会认为宗教是 Causa Sui〔自身原因〕(因为"自我意识"和"人"也还是宗教的),而不去从经验条件解释宗教,不去说明:一定的工业关系和交往关系如何必然地和一定的社会形式,从而和一定的国家形式以及一定的宗教意识形式相联系。

> 宗教**本身**既无本质也无王国。在宗教中,人们把自己的经验世界变成一种只是在思想中的、想像中的本质,这个本质作为某种异物与人们对立着。这决不是又可以用其他概念,用"**自我意识**"以及诸如此类的胡言乱语来解释的,而是应该用一向存在的生产和交往的方式来解释的。这种生产和交往的方式也是不以纯粹概念为转移的,就像自动纺机的发明和铁路的使用不以黑格尔哲学为转移一样。如果他真的想谈宗教的"**本质**",即谈这一虚构的本质的物质基础,那末,他就应该既不在"**人的本质**"中,也不在上帝的宾词中去寻找这个本质,而只有到宗教的每个发展阶段的现成物质世界中去寻找这个本质……②

---

① 《马克思恩格斯全集》第1卷,第446、425页。
② 《马克思恩格斯全集》第3卷,第162、170页。

　　上述论述引自马克思和恩格斯合著的《德意志意识形态》，这部哲学名著一般被看做唯物史观形成的主要标志。从《〈黑格尔法哲学批判〉导言》到《德意志意识形态》，如此系统地研读马克思主义创始人的原著，不但可使我们重温马克思主义理论及其宗教观的形成过程和基本原理，更为重要的是，让我们学会如何思考，如何用其科学的方法论观念来研究我国现阶段所存在的宗教现象及其重大现实问题。

三　观念转变和理论选择

　　关于刚才提到的问题，我们可从前引几段经典论述中得到诸多思想深刻的学术启发，譬如，要从现实的社会或国家出发来解释宗教现象及其问题；又如，要把宗教问题转化为社会问题，要用历史来说明宗教；再如，要以经验条件来解释宗教现象及其本质，因为宗教意识形式总是与特定的国家形式、社会形式相联系的，并由特定的社会关系和生产关系所决定的……

　　按笔者理解，上述一系列学术启发的方法论意义可归结为一句话：要实事求是，以唯物史观的科学态度，与时与地俱进地研究宗教现象的本质与作用。这里在"与时俱进"一词上复加"与地俱进"的意思，就是想强调，我们的宗教研究也要像经济学、政治学、法学和社会学等领域一样，立足中国国情，紧随中国社会不断改革开放、走向繁荣富强的前进步伐。就此而言，我们是否应当反省：我国宗教学界的哲学方法论观念还不够开放，我们的研究成果还不能适应国家的发展战略呢？

　　因此，我们的马克思主义宗教哲学思想研究，迫切需要在学术观念上实现两个转变：从"注重经典论断注释"转向"注重方法论观念的继承发扬"；从"批判性的研究倾向及其结论"转向"建设性的研究取向及其结论"。众所周知，马克思主义产生于无产阶级革命时期，其历史使命就在于，批判旧世界，建设新世界。这就决定了马克思主义形成时期的宗教理论主要是以批判当时欧洲的资本主义社会为目的的，"宗教是人民的鸦片"等经典论断便是由此而来的深刻结论。如果这种理论背景诠释没有违背历史的话，我们今天便不能不慎思两种不同的理论选择了：既然我们所处的历史、文化和社会背景均已不同于马克思主义创始人的生活时代，我们的宗教研究应该坚持马克思和恩格斯当年的批判性倾向及其具体结论，还是理应继承发扬马克思主义宗教哲学思想的方法论精神，广泛借鉴国际学术界的新近成果，着眼于当代中国国情，服务于国家发展战略，在正视宗教现象及其正负两方面功能的前提下，为构建和谐社会与和谐世界多提供具有建设性的积极结论呢？笔者以为，我们对于后一种理论选择的回答应当是明确的。

第四节 关于批判借鉴国际先进学术成果

在当今的中国国情和学术条件下，若要推进宗教哲学研究，无疑应向"国际先进水平"看齐。这本是一个简单的道理，但为了消除常见的误解，有必要讲明两点：第一，这么做并非"屈从某种理论上的话语霸权"，而是"遵从最起码的学术规范"，因为从事创新性的学术研究，特别是涉足某个"既古老又新兴的研究领域"①，总要事先了解"前人或先进者"探索过什么，研讨到何种程度，这样才能心中有数："我们"还能做些什么，应朝哪里努力。就此而论，"闭门造车"或"自说自话"最不符合学术规范，要比"照搬照抄"更差劲儿，更需要予以批评。第二，这么做更非"西化"，科学（不单指自然科学，而且包括社会科学和人文科学）是没有"西化"或"中化"可言的，正如没人提过"数学或物理学是西方的"，没人强调"法学或经济学是西方的"，宗教哲学研究也是如此。

从近三四十年的专业文献来看，相对于广义的或传统的宗教哲学思考，现已形成了一种"当代形态的宗教哲学"，其学术理念就在于，以相对客观的理性批判精神来反思世界上所有的、起码是主要的宗教现象的"共相或本质"；其理论目标则在于，深入发掘东西方哲学与宗教传统的思想资源，广泛借鉴当代哲学和宗教学的理论和方法，将宗教哲学建设成为一个横跨哲学与宗教学两大领域的、同时又相对独立或专业化的研究分支。限于本章篇幅，我们主要从学术观念和现有成果两个方面来考察此种宗教哲学形态的批判借鉴意义。

一 当代宗教哲学观念的学术启发

如果说有一种当代形态的宗教哲学，那么，其理论标志应首先体现于"学术观念"的转变或更新，即重新反思这样两个关乎学科建设的基本问

---

① 笔者以为，当代宗教哲学研究的日趋专业化便体现了这样一个特点。

题：何谓宗教哲学？如何从事宗教哲学研究？

　　直到最近，大多数人还把宗教哲学理解为"宗教的哲理化"（religious philosophizing），误以为宗教哲学仍沿袭"自然神学"（natural theology）的思路，用哲学来为宗教信念辩护，靠理性来证明神或上帝存在。其实，所谓的宗教哲学并非"教义的喉舌"，它不属于神学，而是如同法哲学、科学哲学、艺术哲学等，属于哲学研究的一个门类。所以，宗教哲学研究根本无须从任何一种宗教立场出发，无神论者、不可知论者和有神论者都可以对宗教现象进行哲学思考。[①]

　　此话引自希克（John Hick）的名著《宗教哲学》。该书首版于 1963 年，但作者在 10 年后的第 2 版里仍强调"直到最近"这个时间概念。这就耐人寻味了。众所周知，科学哲学、历史哲学、政治哲学、法哲学、伦理学、逻辑学、美学等哲学分支早就专业化了，为什么直到 20 世纪六七十年代还不得不为"宗教哲学"争取独立地位呢？这是否意味着，在西方学术界，传统意义上的宗教哲学是神学家所把持的"最后一块哲学领地"呢？如果说神学与哲学的融合在几大世界性宗教的形成过程中曾起过至关重要的作用——不利用哲学便无法建立教义或神学体系，那么，通过发掘宗教哲学的丰富资源，使其恢复或重建"理性批判"的自主性和客观性，是否有助于从根本上反思"诸种宗教的共相或本质"呢……

　　关于宗教哲学研究理应具备的独立学术品格，当代著名的美国宗教哲学家弗里（Frederick Ferré）认同希克的看法，他也强调指出：所谓的宗教哲学并非"宗教信仰的组成部分"，而是"关于宗教的一种研究"；这种研究和历史哲学、科学哲学等哲学分支一样，也是从"元水平"（Matalevel）来探究研究对象的；因而，我们可参照科学哲学的一个新名称——"元科学"（Matascience），也把宗教哲学看成"元宗教学"（Matareligious studies）。[②]

　　弗里在此所用的"元宗教学"一词可谓精辟到位，可使我们更好地理

---

　　① See John H. Hick, *Philosophy of Religion*, second edition, Englewood Cliffs, NJ: Prentice-Hall, INC., 1973, pp. 1—2.
　　② See Frederick Ferré, *Basic Modern Philosophy of Religion*, New York: Charles Scribner's Sons, 1967, pp. 9—11.

解前一段提出的问题，即"从根本上"，也就是"元水平上"来反思宗教学的研究对象——世界宗教现象的共相或本质。就此而论，古老而常新的宗教哲学在整个宗教学大家族里的确占有非同一般的重要地位。如果说晚近兴起的其他几大宗教学理论分支，像宗教人类学、宗教社会学、宗教心理学等，其主要特征或明显长处在于"经验性"或"实证性"，那么，我们是否可以认为，宗教哲学观念对于这些分支具有"理论导向"或"学术定位"的特殊重要意义呢？这也就是说，任何一种经验性的或实证性的宗教研究，若不首先深刻把握，甚至忽视或轻视研究对象的共相或本质的话，其观点和结论是否将偏于个别或流于现象呢？

二　《宗教哲学研究指南》的批判借鉴意义

上述当代宗教哲学观念萌发于英语学术界，目前也主要实践于其理论策源地——英美宗教哲学界。为了具体表明其批判借鉴意义，我们来考察一项具有标志性的研究成果，这就是在英美宗教哲学界广受重视与好评的《宗教哲学指南》（*A Companion to Philosophy of Religion*，精装本 1997 年，简装版 1999 年，以下简称《指南》）。

这部《指南》厚达 600 多页，撰稿者多达 77 位，几乎包括了绝大多数当今英美宗教哲学领域的顶尖人物或一流学者。全书共分十一个部分，78 个专题，相当全面地评介了英美宗教哲学界的研究现状。这十一个部分为："世界宗教里的哲学问题"、"西方历史上的哲理性神学和宗教哲学"、"20 世纪宗教哲学倾向"、"有神论与语言学转向"、"有神论的上帝概念"、"有神论信念的证明问题"、"对有神论信念合理性的挑战"、"有神论与现代科学"、"有神论与价值观"、"对基督教信仰的哲学反思"和"宗教哲学里的新研究方向"。总的来看，笔者认为以下两方面颇有批判借鉴意义。

（一）学术观念的开放性和包容性

国内同行大都了解，英美宗教哲学界的大多数学者是信基督教的，而且分属天主教和新教的诸多宗派。可是，《指南》的作者群里不仅有做过美国基督教哲学家学会（The Society of Christian Philosophers）主席的多位著名教授，像马弗路德斯（George I. Mavrodes）、普兰丁格（Alvin Plantinga）、沃尔特斯托夫（Nicholas Wolterstorff）、斯顿普（Eleonore Stump）、埃万斯（C. Stephen Evans）等，也不但有多位既是基督教徒甚至神学家又积极倡导客观学术立场的著名宗教哲学家，像希克、弗里、米切尔（Basil Mitchell）、斯马特（Ninian Smart）等，而且还有当今英美宗教哲学界最有名的无神论者弗卢（Antony Flew）。如果没有兼容并包的学术氛围，很难想象这样一些在信仰和理论上有重大分歧的代表人物会应邀合写一部《指南》。

所以，只要浏览一下《指南》的篇章结构，学界内行便可明显地感到其学术观念的开放性和包容性。例如，该书不仅深入地探讨了西方文化背景下最有影响的基督教传统（像第十部分），而且广泛地发掘了其他诸种宗教传统里的哲学问题（第一部分包括 7 篇专论，除了基督教，其他 6 篇为：印度教、佛教、中国儒家和道教、非洲宗教、犹太教和伊斯兰教）；又如，书中一方面系统地梳理了"哲理性神学"（Philosophical theology）和"宗教哲学"（Philosophy of religion）在西方思想史上的形成演变过程（第二部分里的 6 篇专论，从"西方古代的哲理性神学"、"基督教对西方中世纪哲理性神学的贡献"、"伊斯兰教对西方中世纪哲理性神学的贡献"和"犹太教对西方中世纪哲理性神学的贡献"，一直谈到"现代早期的哲理性神学"和"现代宗教哲学的萌发"），另一方面又非常重视现当代的理论思潮或学术流派、包括那些非主流的或有争议的学术动向（像第三部分里的"美国实用主义"、"人格主义"、"过程神学"、"宗教现象学"、"维特根斯坦学说"、"托马斯主义"、"改革宗传统"、"英国国教传统"、"犹太教传统"和"东正教传统"，第十一部分里的"女性主义"、"宗教多元论"和"比较宗教哲学"）；再如，该书还力求从正反两方面来相对客观地批判有神论的诸多基本信念，既较为全面地反省了古往今来的有神论思想家所提出的多种论证形式，又比较中肯地评介了这些论证形式在现当代文化与学术背景下所遭到的严峻挑战，特别是那些具有无神论倾向的著名学者所提出来的理论质疑……

（二）理论成果的差距性与局限性

这里讲的"差距性"与"局限性"主要是指，与前述当代形态的宗教哲学所追求的学术理念和理论目标相比，英美学者的现有研究成果不但仍有很大的距离，而且深受"西方眼光"的限制。这两点在《指南》里都有或明显或间接的反映。

例如，两位主编告诉读者，该《指南》的前三部分旨在表明，英语世界里的宗教哲学研究既是在西方哲学所形成的条件下进行的，又是在相当复杂的理论背景下展开的，其中的两个重要因素就是"宗教的多样性"和"哲学的多元化"①。可实际上，由近三分之一（23 篇）专论构成的这三部分不但是"前后脱节的"，而且第三部分里用来考察"20 世纪宗教哲学倾向"的 10 篇专论，几乎都是关于"西方哲学或宗教的"。这种做法显然既没有呼应第一部分的丰富内容，也不能展现两位主编所强调的"宗教的多样性"和"哲学的多元化"，更无法论证萌发于英语学术界的"当代宗教哲学观念"的理论成因，尤其是"学术精神"。

又如，按照两位主编的说明，《指南》的其余八个部分具体地回答了一个问题：英美宗教哲学家是怎么在前述"哲学条件"和"理论背景"下展开研究的？或简单地说，他们正在做些什么，做到了哪里？参阅这八个部分的研究成果，可让人明显认识到：近几十年来，英美宗教哲学家主要是用当代西方哲学观念，特别是目前仍在英美哲学界占主流的分析方法，来研讨基督教所涉及的大量哲学问题。这在该书的第五部分反映得尤为明显。这一部分所考察的是宗教哲学的争论焦点之一，即"神或上帝"的概念问题，共有 14 篇专论："存在"、"全能"、"全知"、"仁慈"、"单一性"、"永恒性"、"必然性"、"非实体性"、"优美性"、"无所不在"、"神的预知与人的自由"、"神圣行为"、"创造与维持"、"不变性与不可变性"（Immutability and Impassibility）。行家一看这些标题便明白，这部分内容主要是用西方哲学观点来分析基督教的上帝概念里所存在的大量哲学问题的。

目前看来，英美宗教哲学家所取得的研究成果，尽管与其学术理念和理论目标相比还存在很大的距离或明显的不足，但其他文化或学术背景下的学术同行理应予以关注和重视，因为就宗教现象及其问题的广泛性、重要性和复杂性而言，这种当代形态的宗教哲学所追求的学术理念和理论目标可谓"一项共同的学术事业"，只有靠全球学术同行的集思广益，携手努力，才有可能逐步得以实现。

第五节　关于阐发中国文化传统思想资源

这是一个大话题。为了紧扣本文的主题，我们的探讨将着眼于中国宗

---

① See *A Companion to Philosophy of Religion*, edited by Philip L. Quinn and Charles Taliaferro, Malden, MA: Blackwell Publishers Inc., 1999, pp. 1—2.

教文化的优良传统。选取这一着眼点，主要出于两点考虑：其一，"中国宗教文化"这个概念很适于表达中国宗教传统与中国文化传统之间的密切联系，这也是我国学者自改革开放以来越来越注重宗教文化研究的主要原因之一，因而由此入手，必会涉及整个中国文化传统及其核心成分——哲学思想传统；其二，鉴于我们的目的在于创建有中国特色的宗教哲学体系，自然要着重阐发中国宗教文化传统中的优良思想资源。

中国宗教文化传统有哪些显著的特点、有哪些值得继承发扬的优良传统呢？这是我国宗教学界近些年来十分关注的一个重要课题。笔者在此主要综述一下两位资深专家的研究成果给予我们的学术启发。这两位资深专家就是方立天先生和牟钟鉴先生，他们有相同的学术背景，即都精通中国哲学史和中国宗教史。

国内同行知道，自改革开放后，擅长哲学思维的牟先生就潜心于中国宗教史的学科建设，他和张践教授合作完成了厚重的《中国宗教通史》（上、下卷，2000）。牟先生基于全面而深入的中国宗教史研究，将中国宗教文化的优良传统概括为如下五点。

（一）多样性与和谐性，即和而不同，多元一体，这是中国宗教文化的一个显著历史特点。

> 中国是一个多民族多信仰多宗教的大国，但这"三多"并没有使它困扰于对抗和分裂之中；相反，民族在差异之中走向和谐，信仰在交流中走向理性，多宗教在互动中走向丰富。[①]

首先，中国是一个多民族的国家，现有 56 个民族，在古代民族数量更多，但能共同组成中华民族。中华民族作为东方古老文明的共同体，在文化上有巨大的凝聚力，中国作为一个多民族的统一国家已有数千年历史，并正在复兴之中，这在世界上是绝无仅有的。

其次，中国是一个多信仰的国家，既有以人文理性为特征的儒家仁礼之学，也有以神道崇拜为特征的诸多宗教信仰。哲学与宗教、人学与神道交织互动，使得中国的哲学多少带有宗教的神圣性和神秘性，也使中国的

---

① 牟钟鉴：《继承和发扬中国宗教文化的优良传统》，《探索宗教》，宗教文化出版社 2008 年版，第 86—87 页。

宗教具有较强的人文理性。因此，中国历史上没出现强大的禁绝宗教的社会思潮，也没出现浩荡的宗教狂热。

最后，中国是一个多宗教的国家，历史上有祭天祭祖祭社稷的国家民族宗教，有土生土长的道教，有诸多民间信仰和民族传统宗教，有外来的佛教、基督教和伊斯兰教，还传入过犹太教、摩尼教、琐罗亚士德教等。可以说，中国犹如一个"宗教百花苑"，从原始宗教到世界宗教都能在这片大地上共同生存、和平相处。各教之间没有发生过大规模的武力流血冲突，更没有发生过西方宗教史上那样的残酷而长期的宗教战争。

这样的文明大国在世界上是罕见的。时至今日，中国五大合法宗教中，竟有四种是在不同历史阶段从国外传入的，其中佛教是从印度请来的，与中国传统文化相交融，成为世界上异质文化互动与对话的典范。于此可见中国文化兼容并蓄的博大气度。①

（二）重视行善积德和道德教化，把去恶为善放在教义与宗教活动的首位，作为宗教的主要精神方向，这是中国宗教文化的又一个突出的历史特点。

例如，佛教讲慈悲，而且是"无缘大慈，同体大悲"，怜悯一切有情众生。道教受老子"尊道贵德"和"报怨以德"的思想影响，十分重视道德善行在修道中的关键作用。南北朝时期有儒、佛、道三教之争，最后达成共识，便是三教虽异，同归于劝善。所谓"三教"，实质是指三种道德教化之道。所以，中国传统宗教，其本质特征是道德宗教，所谓"神道设教"，目的在于淳厚社会道德风气。这种道德宗教传统也影响到中国的伊斯兰教和基督教（包括新老教），使其教义中的道德内涵逐渐得到充实和凸显，从而强化了它们的社会道德教化功能。

在中国，各种宗教必须具有良好的道德形象，才能生存和发展；提倡仇杀和诱人为恶的教门被视为邪教，是无法在光天化日之下流行

---

① 牟钟鉴：《继承和发扬中国宗教文化的优良传统》，《探索宗教》，第87页。以上三点解释综合参考了《探索宗教》第86—87页，和《中国宗教通史》（下）第1216—1217页（牟钟鉴、张践著，社会科学文献出版社2000年版）。

的。这种深厚的道德性传统使中国宗教不容易产生极端主义，而拥有较多的道义上的力量。①

（三）善于把爱教与爱国统一起来，这是中国宗教文化的另一个优良传统。

鸦片战争后，中国沦为西方列强的附庸，饱受殖民主义的压榨欺凌；日本帝国主义侵略中国，中国人面临着亡国灭种的危险。在争取民族独立和解放的斗争中，我国各大宗教的人士，主流是爱国的，他们积极投身于抗外侮、救国家的社会运动。佛教有"利乐有情，庄严国土"的教义。弘一法师提出"念佛不忘救国"的号召，动员僧人奋起抵抗日寇侵略。道教大师陈撄宁明确主张，"信仰道教，即所以保身；弘扬道教，即所以救国"。中国伊斯兰教界成立了"中国回民救国协会"，著名伊斯兰经学家虎嵩山提出了"国家兴亡，穆民有责"的口号，回族英雄马本斋组织了"回民支队"，宣誓"为国为民，讨还血债"。

> 在中国，爱教必须与爱国相结合，不爱国的教徒无法立足。帮助帝国主义欺负中国的教徒不齿于人群……同时中国宗教界主流又不是狭隘的民族主义者，他们努力争取的是国家的复兴和民族的平等，反对的是以强凌弱，以暴欺善，他们愿意与世界上一切民族和宗教平等往来，友好相处，消解仇恨，反对战争，保卫世界和平与安宁。②

（四）中国宗教文化还具有与时俱进、勇于改革的优良传统。

例如，印度佛教进入中国后，在理论上不断创新，形成了具有鲜明中国特色的新宗派——禅宗。近代则随着时代的变迁而创建了"人间佛教"，从太虚法师到赵朴初居士，"人间佛教"薪火相传，不断丰富深化，为净化人心、改良社会作出了重要贡献。道教也是在不断的理论创新中续写历史的，从"外丹道的肉体长生说"到"全真内丹学的性命双修说"，从"新仙学"到"生活道教"，都表明了这一点。中国伊斯兰教在教义教理与教法礼仪上都不断有所创造，特别是淡化"圣战"的理念，强化和平、

---

① 牟钟鉴：《继承和发扬中国宗教文化的优良传统》，《探索宗教》，第89页。
② 同上书，第90页。

仁慈的精神，与中华文化相结合，开创出中国伊斯兰教的新天地。天主教和基督教传入中国后，一直面临本土化问题。明末清初，利玛窦及耶稣会采取尊礼俗融儒学的方针，得到中国人的好评；而多明我、方济各等教会欲用教皇神权限禁中国教民的宗教礼俗则遭驱逐。民国年间，社会上发生"非基督教运动"，基督教方面则提出了"中国本色化教会"，声明其宗旨为"一方面求使中国信徒担负责任，一方面发扬东方固有的文明，使基督教消除洋教的丑号"。20世纪50年代以来中国基督教的"三自"爱国运动，90年代以来的神学思想建设，也是不断改革创新的表现。

（五）注重自身人文素质的提高，为繁荣社会文化多作贡献，这也是中国宗教文化的一个优良传统。

以佛、道二教为例，它们各有博大丰厚的文化体系，对于中国的哲学、道德、文学、艺术、科技、民俗和中外文化交流都产生了广泛而深远的影响，成为中国优秀文化的重要组成部分。在哲学上，佛教的体悟智慧和道教的性命之学各有特色，对于中国哲学宇宙论的扩展，本体论的深化，心性论的开拓，人生论的提升，认识论的推进，修养论的丰富和辩证法的发展，都起过重要作用。中国哲学史上有三个理论高峰：一是佛教的禅宗哲学，二是儒家道学，三是道教内丹学，佛、道有其二，而宋明儒学是融摄了佛、道二教的思想营养才得以创新的。在道德上，佛教的三报论、众生论、五戒十善论，道教的清静论、重生论、苦己利人论，都补充和丰富了儒家所弘扬的传统道德。在文学上，唐诗、宋词、元曲、明清小说，都深受佛、道二教的影响。在艺术上，佛、道二教对于中国的建筑、雕塑、绘画、书法、音乐等也起过巨大的推动作用。此外，佛教对于中印、中韩日的文化交流，道教对于中医药学和养生文化的发展，都发挥了积极而重大的推动作用。①

牟先生的上述看法并非一家之言，而可以说是我国老一代专家学者的共同见解。享誉国内外哲学界和宗教学界的方立天先生，在谈到宗教对于构建和谐社会的重要作用时，把中国宗教的优良传统概括为如下四点：

1. 宗教间互相包容的传统。中国宗教史表明，各宗教之间虽有对立的一面，但也有融合的一面，如佛教与道教就由冲突走向融合，道教与民间

---

① 关于中国宗教对于中国文化和社会的历史贡献，牟先生在《中国宗教通史》（下）的总结部分有全面的论述，详见该书第十三章的《中国宗教的历史作用》一节。

宗教也长期处于融合的状态。中国宗教并没有因为信仰价值的差异而导致长期冲突，更没有宗教之间的战争，相反是在长期的和睦共处中各得其所。

2. 爱人利他的传统。如佛教的平等慈悲，容忍布施的理念；道教的"齐同慈爱，异骨成亲"思想；基督教和伊斯兰教的爱人仁慈、慈善公益的主张，都有助于人与他人、人与社会的和谐。

3. 爱国爱教的传统。历史与现实都表明，中国宗教都主张把爱教与爱国统一起来，积极维护国家的主权、独立、荣誉和根本利益。如佛教提倡的"庄严国土，利乐有情"；道教的"弘扬道教，即所以救国"；伊斯兰教的"国家兴亡，穆民有责"等主张，都体现了中国宗教的爱国、护国的崇高精神。

4. 关爱自然的传统。例如，佛教的缘起共生论认为，人与自然万物都是由各种原因、条件而相待相成的；又如，道教视天、地、人为一个统一的整体，都十分尊重自然，主张善待万物，提倡人与自然的和谐。①

比较牟先生和方先生所做的概括总结，可留下两方面的深刻印象：一方面，虽然两位先生各自把中国宗教的优良传统总结为五点或四点，但显而易见，他们关于前三点的概括与论证是基本一致的，综合他们的提法，我们可把这三点优良传统称为"提倡兼容并包"、"注重道德伦理"和"力主爱国爱教"；另一方面，两位先生分别讲的其他三点尽管不同，但它们因视角不同而各有道理，互为补充，可使我们更全面地认识与阐发中国宗教文化的优良传统。关于此项研究工作的重大现实意义，牟先生是这样解释的：

> 用跨文化的眼光和比较宗教学的视野来回顾和观察中国宗教文化的历程，我们就会发现，中国宗教文化有着与西方宗教文化很不相同的轨迹和特点，它的传统在许多方面都是很可贵的。尤其是在当今国际上民族宗教冲突日益加剧，以基督教为背景的美国与以伊斯兰教为背景的阿拉伯国家之间的对抗日趋激烈的今天，中国宗教文化的优良传统更显示出它特有的价值和长处，既值得我们自豪，更需要我们认

---

① 以上四点概括，详见方立天《和谐社会的构建与宗教的作用》，《中国宗教》2005 年第 7 期。

真去继承发扬，这对于推动中国社会的稳定和繁荣，对于促进世界的和平与发展，都是非常重要的。[1]

笔者愿追随前辈学者的此种学术使命感来表达本章的立意：如果我们能把前述三方面的基础性研究工作结合起来，我们便能扎根中国文化传统，立足当今中国国情，跨入国际学术前沿，创建有中国特色的宗教哲学体系，为推动中国社会的稳定和繁荣，为促进世界的和平与发展，作出我们中华学子应有的学术贡献。

（张志刚，北京大学哲学系、宗教学系教授、博士生导师，北京大学外国哲学研究所教授，北京大学宗教文化研究院院长。）

---

① 牟钟鉴：《继承和发扬中国宗教文化的优良传统》，《探索宗教》，第86页。

第四章　当代宗教研究

罗伟虹

第一节　当代宗教研究概况

当代宗教研究以研究中国社会主义时期的宗教为重点，力图以实事求是的态度和方法科学地、全面、准确地认识已有千年以上历史并且至今仍有巨大影响的宗教现象。新中国成立以后，由于种种原因，在前 30 年内，宗教研究有许多禁区，宗教研究也处于空白。

我国的当代宗教研究起步于 20 世纪 70 年代末，1979 年 2 月，全国宗教学研究规划会议在昆明召开时，罗竹风提出要研究社会主义时期的宗教，认为这是一个新的课题，要靠我们做系统的实事求是的研究。[①] 他的意见得到部分代表的支持，郑建业提交了论文《建设我国自己的马列主义宗教学》。会议期间，上海、南京等地代表在进行座谈时，都认为不能抽象、教条地理解马克思主义宗教理论，而要以实事求是的态度，对中国宗教实际，中国宗教发展的特点和规律，尤其是社会主义社会中宗教存在的根源，宗教的社会功能，宗教与社会的关系等问题作出回答，提出要强调理论联系实际，实事求是的研究精神。这次会议孕育了上海社会科学院宗教研究所的成立（1981 年）以及对我国社会主义时期宗教问题研究的注重。

20 世纪 80 年代初，罗竹风首先要求上海宗教所研究人员走出书斋，深入实际，到全国十多个省市的农村和城市，进行广泛的社会调查，他提出要掌握 500 个宗教信仰者的实例，对他们的信仰动机、思想活动、宗教感情

---

① 参见萧志恬《理论与实际结合之树常青——学习罗竹风在宗教研究方面的治学精神》，载《当代中国宗教问题的思考》（1994 年版，内部出版），第 88 页。

以及从宗教角度对客观世界、对现实社会、对人生价值的态度有所了解，窥豹一斑，然后分析研究，上升到理论高度。在 1982 年上海市宗教学会成立大会上，罗竹风提出：从实际出发，联系中国的现状，研究社会主义新中国的宗教问题，是当务之急，也是时代赋予我们的紧迫任务。为了说明这一点，他列举了一些富有启发性的问题，例如：在社会主义社会，为什么还有人信仰宗教呢？宗教存在的社会基础是什么？如果以宗教教义为动力，使助教信徒为社会主义四化建设做好事，面对这一现实，不信宗教的多数人应当抱什么态度？在当前，爱国主义具有哪些新的内容，它对宗教信仰者会发生什么影响？作为意识形态的宗教信仰，对社会主义新中国将起什么作用？等等，这些都是值得认真研究的新课题。他还说，在马克思、恩格斯、列宁所处的时代，还没有建成社会主义，作为一种社会历史现象，根本就不存在社会主义社会的宗教问题，而现在，这却是一个实实在在的、经常接触到的现实问题。必须依靠我们根据理论联系实际的原则，深入实际进行调查，掌握大量第一手材料以后，以马克思主义为指导，加以分析、归纳，才能探索其自身固有的规律，建立中国自己的宗教学体系。[①]

　　在 20 世纪 80 年代初期，宗教研究中"鸦片"论还有很大市场，宗教政策的落实阻力重重，当代宗教研究突破固有的传统思维模式和僵化的教条，把宗教作为多层次多要素的社会实体进行研究，从一开始就有很强的针对性和现实关怀，既注重学术价值，也关注政策走向。在研究方法上，既强调理论联系实际，又强调深入调查研究，从实际中总结提升理论。在研究队伍的组成方面，强调党政机关干部、学术机构研究人员、宗教信仰者三支队伍相互取长补短，共同研究。

　　罗竹风主编的《中国社会主义时期的宗教问题》（1987）经上海宗教研究所全体研究人员长达 5 年深入全国城乡的社会调查以及反复思考讨论，多方听取意见，集思广益而成，这是我国当代第一部从社会角度研究宗教的著作，具有开创性意义。以后出版的同类著作还有《社会主义与中国宗教》（戴康生、彭耀，1994）、《当代中国宗教问题的思考》（萧志恬，1994）等。20 世纪 90 年代，学术界普遍开展对当代宗教现状的研究，其中上海宗教研究所对上海、福建等地宗教现状，世界宗教研究所对天津、

---

　　①　参见萧志恬《理论与实际结合之树常青——学习罗竹风在宗教研究方面的治学精神》，载《当代中国宗教问题的思考》（1994 年版，内部发行）第 89 页。

河南南阳等地宗教现状的调查研究，用了数量统计、问卷调查、个别访谈等方法，对各地宗教发展特点、信徒心理等都有较准确的把握和深入分析。在这一阶段中，虽然当代宗教研究刚刚起步，所运用的理论和方法都不成熟，但还是对一些传统的观点和政策有所突破。

经过30年的发展，当代宗教研究领域不断拓展，除了传统宗教外，新兴宗教研究也被纳入宗教研究视野。在理论和方法上更具科学性、客观性、学术性，不少学者，尤其是青年学者的知识背景丰富，田野调查中采访技术、观察能力都有很大提高，有的研究与历史学、人类学相结合，颇有理论深度，主要成果有著作《麦芒上的圣言——一个乡村天主教群体中的信仰和生活》（吴飞，2001）、《中国人的宗教心理——宗教认同的理论分析与实证研究》（梁丽萍，2004）、《当代北京的基督教与基督徒——宗教社会学个案研究》（高师宁，2005）、《转型期的中国基督教——浙江基督教个案研究》（陈村富，2005）、《乡村基督教的组织特征及其社会结构性位秩——华南 Y 县 X 镇基督教会组织研究》（李峰，2006）、《中国当代宗教的社会学诠释》（李向平，2006）、《边际的共融——全球地域化视角下的中国城市基督教研究》（吴梓明、李向平、黄剑波、何心平等，2009）等。还有一批研究报告和论文，内容涉及各地区佛教、道教、伊斯兰教、天主教、基督教等各宗教发展趋势，各地民间信仰、民间宗教活动情况，以及各阶层人士的信教状况，等等。

第二节　对马克思主义宗教理论的再认识

当代宗教研究应以马克思主义宗教理论为指导，但是在如何理解马克思主义宗教理论问题上，我们国家曾经走过一段弯路。长期以来，人们把马克思主义对宗教的看法归结为一句话，即"宗教是人民的鸦片"，有人认为，马克思的这一论断，深刻地反映了宗教的本质，而且是永远不变的，"在社会主义制度下，宗教本质并未改变，宗教作为颠倒世界观的本质没有变，谬误不会变为真理；天国的幻想永远是对人民意志的麻醉，对人民建设社会主义，改造客观世界的自觉性和积极性产生消极的影响"[1]。这种观点对宗教的评价是完全否定的，并由此认为宗教是社会主义社会的

---

① 吕大吉：《正确认识宗教问题的科学指南》，《世界宗教研究》1981 年第 3 集，第 4 页。

对立物，对社会是有害的，在这样的思想指导下，研究宗教只能从批判角度出发，限制、消灭宗教就有了理论根据。

党的十一届三中全会提出了"解放思想，实事求是"的思想路线，中国的理论工作和其他各部门、各领域一样，都开始拨乱反正。在宗教研究领域，如何准确理解马克思主义宗教理论，摆脱固有意识形态的禁锢和传统教条的束缚，关系到宗教研究能否正常开展，宗教政策能否真正落实，是重大的理论问题。自20世纪70年代末至80年代中，国内学术界开展了一场关于宗教本质的争论，争论的根本分歧和争论焦点是：如何理解马克思关于"宗教是人民的鸦片"这一论断：这是宗教永远不变的、最深刻的本质，还是宗教局部的社会功能，或某一方面的属性。

在这场争论中，上海、南京等地的学者反对抽象、教条、僵化地理解马克思的论述，而主张联系具体的社会历史状况来进行研究，罗竹风说："宗教研究工作者，一开头如果就以'宗教是鸦片'作为指导思想，那么文章就没有什么好做的了。问题绝不会这样简单。马克思主义对宗教的论断，是离不开社会现实，离不开政治斗争，离不开特定的历史背景和各国国情的。"[1] 他认为，"宗教作为一种极其复杂的社会历史现象，必须从它的实体及其相关联的许多具体条件，例如人们的价值观念、思维方式、心理特征、社会关系等方面着眼，加以考察，才能作出比较明晰的论证和结论。如果泛泛而谈，撇开特定的地点、时间和条件，只想寻求现成的药方，那是无济于事的。""马克思、列宁的具体论述在当时的历史条件下是正确的，符合当时的实际情况，有些论述也适合于现在，但是不能生搬硬套，不能抱教条主义的态度，如果抓住经典著作的片言只语，关在书斋里大做文章，肯定不符合现在的实际情况。"[2]

郑建业指出："马克思这句名言中所说的'鸦片'，只是指宗教在一个方面的属性而言，而且是比喻式的说法。若不然，他在许多其他别的篇章关于宗教其他方面的许多不同论述就完全无法理解了。就连出现在该句名言的那一段中，也不是只讲了'鸦片'而已，不是还讲了'抗议'吗?"[3]

———————

① 罗竹风：《关于中国社会主义时期宗教的几个问题》，《宗教问题探索》1983年文集，第5页。

② 参见萧志恬《理论与实际结合之树常青——学习罗竹风在宗教研究方面的治学精神》，载《罗竹风纪念文集》，上海辞书出版社1997年版，第109页。

③ 谦学：《从宗教与鸦片谈起》，《宗教》1980年第1期，第13页。

赵复三在《究竟怎样认识宗教的本质》一文中，首先对"宗教是人民的鸦片"的出处进行考察，认为在马克思之前的几十年间，在德国至少有十位学者、作家发表过类似观点，马克思不过是援引前人的话并注入新的内容。联系该话的前言后语，只不过说明宗教对无法解脱现实苦难的劳动人民所起作用的评价，而非宗教的本质。他还考察了列宁引用这句话的原文，认为其中的"麻醉"两字是中文译者所加。他认为，马克思只是把宗教比喻为不能治病的镇痛剂，并不能真正使人民从阶级社会的苦难中解脱出来，仅此而已。赵复三认为，宗教的社会作用是复杂的，要做具体分析，不能一概而论。他同时还指出对方逻辑的混乱和自相矛盾："如果把宗教的本质简单的说成是'鸦片'，就会认定它对人们只有'麻醉作用'，从而闭眼不看它在历史上起了各种不同作用的复杂情况，也不看今日我国各民族绝大多数宗教徒，在中国共产党领导下，和广大人民一道建设社会主义的事实。如果坚持宗教是'鸦片'而又承认我国各民族宗教徒的现实情况，那就会在理论上陷入这样的困境：说宗教没有麻醉作用吧，在理论上自相矛盾；说它同阶级社会中起同样的麻醉作用吧，也说不通。那么到底该怎样理解呢？是否同一个'鸦片'，在社会主义社会的麻醉作用不同于在阶级社会中的麻醉作用呢？这在理论上也是很难自圆其说的。"①

萧志恬在《再谈对"宗教是人民的鸦片"的认识》②一文中，从三方面论述对马克思这句名言的理解：首先，"鸦片"是对宗教在阶级社会一定条件下所起消极作用的形象化的比喻；其次，历史上宗教的作用因时代、社会条件的不同而不同，不能一律用"鸦片"来概括；最后，社会主义社会里宗教的作用更不能用"鸦片"来说明。他还认为，如果说鸦片是泛指人们陷于现实苦难的困境不能自拔而向宗教寻求暂时的慰藉，这种作用是存在的，但是与旧社会剥削阶级利用宗教麻醉人民以维护自己的统治，是不可同日而语的。它们之间谈不到"共同性"。

对如何理解马克思的这句名言而引发的南北争论，是在学术层面上展开的，双方在理解上产生的差异，与各自的学术背景有很大关系，北方学者多是科班出身，理论功底深厚，但对中国宗教状况了解不多，与宗教信

---

① 赵复三：《究竟怎样认识宗教的本质》，《世界宗教研究》1986年第3集，《宗教》1986年第1期，第15页。

② 萧志恬：《当代中国宗教问题的思考》（1994年版，内部出版），第104—109页。

徒少有接触①，容易从概念到概念，书本知识丰富，对宗教实际的研究却明显欠缺。而南方学者中罗竹风、萧志恬等曾是宗教工作干部，丁光训、郑建业等均为基督教界人士，曾在南方学习工作的赵复三也有基督教信仰背景，他们都于新中国成立初期领导或参加了宗教界爱国主义运动，对中国宗教政治面目的变化，对宗教信徒的信仰心理、思想感情有深切了解，对宗教政策执行中正反两方面的经验教训有深切体会。"文化大革命"结束后，他们开始对宗教问题上极"左"路线所造成的危害进行反思，对宗教理论问题上一些传统的提法提出质疑，他们更多的是联系中国宗教的实际来理解名言，主张坚持马克思主义的精髓——实事求是的原则。马克思主义经典作家对宗教的本质和产生的根源做了许多精辟论述，这些论述对进行宗教研究具有深刻的指导作用，但如果不是结合实际，准确地和全面地来加以理解和运用，就可能产生歪曲，至少是误解原意，并造成现实危险，"这一口号特别在我国大大助长了极左路线在宗教工作方面的推行"②。林彪、"四人帮"横行时，其帮派爪牙们曾经引证马克思的话说，神父都是"地上警察的涂了圣油的警犬"，还有人把所有相信宗教的人都骂成"吸毒犯"，宗教界人士更是罪恶滔天的"毒品贩子"。"那条错误路线在宗教问题上的表现，很大程度上就在于但知鸦片二字，不问其他，把宗教的危害估计得太过头了，而且把危害的性质搞错了，即把世界观性质的是非同政治性质的是非严重地混淆在一起去了。对马克思这句名言的误解正好给极左路线提供理论根据。"③ 在拨乱反正，落实宗教信仰自由政策初期，因坚持"鸦片"论而阻挠落实政策的力量还非常大，对极"左"路线流毒的肃清十分不利，因此，理论上的澄清就不仅仅是学术问题，还关系到能否落实宗教信仰自由政策，能否团结广大宗教信徒共同建设国家的重大实际问题。

经过近10年的"鸦片"之争，国内学术界深化了对马克思主义宗教理论的认识，达到了解放思想，拨乱反正的目的。这是中国宗教学理论的

---

① 丁光训曾批评说，有些人"甚至连一名宗教信徒都不认识，更不用说进入他们的感情世界"，全凭主观想象，"把宗教徒用漫画的手笔勾勒成'浑浑噩噩，目不敢视五色，耳不敢听五声'的钟楼怪人"。《丁光训文集》，译林出版社1998年版，第419、420页。

② 丁光训：《与教外友人谈"鸦片"问题》，《丁光训文集》，译林出版社1998年版，第407页。

③ 谦学：《从宗教与鸦片谈起》，《宗教》1980年第1期，第13页。

重大突破，标志着宗教研究旧传统的结束和新思维的开始。有学者指出这场论争的根本意义在于，"它开辟了或标志着我国宗教哲学发展的一个新的时代的开始，即我国宗教研究和宗教哲学研究开始从根本上跳出了政治化和意识形态化的藩篱，开始驶入了学术化的发展轨道"①。马克思主义宗教理论的拨乱反正，为当代宗教研究的繁荣发展奠定了良好的基础。

第三节　改革开放以来宗教发展状况研究

中国宗教发展现状，是当代宗教研究关注的重点课题。

中华人民共和国成立以来，宗教发展走过一条曲折的道路。自 20 世纪 50 年代末到 60 年代，由于行政手段的干预，宗教徒数量下降，1966—1976 年期间宗教活动完全停止。1978 年以后，随着宗教信仰自由政策的贯彻落实，各地陆续开放宗教活动场所，恢复宗教活动，各宗教信教人数有增无减，宗教场所拥挤不堪，宗教在新的形势下开始发展。

从 20 世纪 70 年代中到 90 年代初，我国的五大宗教开始复苏，信教人数不断增长。这一时期宗教发展总体上是平稳的，但地区间不平衡，各教间不平衡。宗教发展较快的主要是在一些宗教历史悠久、传统深厚而又管理比较宽松的地区，以及经济比较落后的贫困地区，如温州、河南、福建等地。如河南基督教信徒在新中国成立初期仅 12 万，"文化大革命"前下降到 7 万多，但到 90 年代初，已达到 120 万人，其中有 90% 的信徒是在 1985—1994 年信教的，并且主要集中在农村地区。② 再以福建为例，福建五大宗教都有悠久的历史和传统，此外还有一些地方性民间宗教和种类繁多的民间信仰，改革开放以来宗教政策比较宽松，各宗教都有较大发展，据 1990 年统计，与 1949 年相比，佛教僧尼人数略有减少，居士人数则增加很多，天主教从 9 万增加到 20 万，是增长最快的省份之一，基督教从 12 万增加 48 万，民间信仰普遍兴旺。③ 而在城市或经济比较发达地区，宗教发展比较平稳，上海 1993 年与 1949 年相比，各宗教发展为：佛教僧尼仅为新中国成立初的 14%，天主教从 12 万增加到 14 万，基督教从 4.3 万

---

① 段德智：《关于"宗教鸦片论"的"南北战争"及其学术贡献》，http：//www.tecn.cn/data/detail.php？id=21038。

② 参见樊化江《对河南近年来基督教发展的思考》，《宗教》1995 年第 3—4 期，第 86 页。

③ 《对福建宗教现状的调查和思考》，《当代宗教研究》1992 年第 2 期，第 3 页。

增加到 12 万，发展比较平稳有序。① 就全国而言，1949 年我国有天主教徒 270 万，基督教徒 70 万，伊斯兰教徒 800 多万，佛道教人数难以统计，估计信教人数 1 亿多。据 1992 年我国政府《宗教白皮书》公布，全国共有天主教徒 350 万，基督教徒 550 万，伊斯兰教徒 1 千多万，估计信教人数仍为 1 亿多。如果考虑到人口增长因素，宗教信徒的比例反而有所下降。

这一时期宗教发展主要在农村，信徒中妇女、老人、文盲半文盲所占比例很高，大多属社会边缘群体。因病、因贫、医治心灵创伤、寻求人生价值是主要信教原因。

从 20 世纪 90 年代中到 21 世纪末，中国的改革开放进入新的阶段，社会从封闭转向开放，宗教政策更加宽松，社会对宗教信仰更为宽容。进入 21 世纪以后，各宗教快速发展，且宗教信徒结构也有很大变化，主要表现为中青年和知识分子增多，信徒的年龄下降，学历提高，有许多是事业有成、经济富裕的中产阶级和企业家，宗教的影响在社会开始显现，并向各层面扩散，有学者指出，现在已经形成"精英宗教性"、"大众宗教性"和"民俗宗教性"的多元景观和强烈反差。②、

据 1997 年我国政府《中国的宗教信仰自由状况》白皮书公布，中国各宗教信徒 1 亿多人，其中佛教僧尼约 20 万，道教乾道、坤道 2.5 万，伊斯兰教徒 1800 万，天主教徒约 400 万，基督教徒 1000 万。

长期以来，对我国宗教信仰者人数的统计主要依据各宗教团体所掌握的数字，社会学统计一直缺位。2005 年华东师大童世骏教授主持的《当代中国人精神生活调查研究》课题，③ 在全国所作 5000 人的抽样问卷调查（实际收回 4568 份）结果显示：中国的宗教信仰者占 16 岁以上人口的 31.4%，约 3 亿人，是新中国成立初期 1 亿宗教徒的 3 倍。其中信仰佛教人数占宗教信徒总数 33.1%，信仰道教为 6.4%，信仰民间俗神和祖先保佑者占 26.6%，以上 3 项可归为中国传统宗教及文化的信仰者，共有 66.1%，约三分之二即 2 亿人；基督教徒为 12%，天主教徒 6.1%，伊斯兰教徒为 9.8%，另有其他宗教信仰者 6%。该项调查与以往公布的数据

① 《上海宗教问题研究》，《当代宗教研究》1996 年第 4 期，第 21 页。

② 参见卓新平《全球化进程与宗教问题》，中央党校课题组编：《现阶段我国民族与宗教问题研究》，宗教文化出版社 2002 年版，第 56 页。

③ 该项调查部分成果发表于《瞭望东方周刊》2007 年第 6 期。http://www.cnfxj.org/Html/liluntantao/2007—5—15—152345702_ 4.html。

相比，有很明显的差异，因而在海内外引起很大反响。作为第一次大规模社会学调查的成果，虽然它的准确性受到一些学者的质疑，但学术界普遍认为这些数据在一定程度上反映了我国宗教的发展状况，希望今后有更多的社会学调查对此进行补充或修正。

在五大宗教中，佛教、道教及民间信仰等中国传统宗教与信仰仍然是大多数中国人的精神归宿，各地烧香拜佛，塑像建庙，供财神，有愈演愈烈之势；祭祖、敬鬼、求签、算命等普遍被民间接受。近年来学术界对中国人信仰特点和民间宗教民间信仰的研究有所加强，并促进了相关的政策研究。

基督教是五大宗教中信徒增长最快的宗教，基督教 1807 年传入中国，到 1949 年的 150 年间，仅有 70 万信徒，新中国成立以后因各种原因，信教人数不断下降。但 1978 年以来增长迅速，据中国基督教两会和中国政府方面统计，1985 年全国基督教徒为 300 万，1990 年为 500 万，1996 年为 1000 万，2006 年为 1600 万，是新中国成立初期的 20 多倍。而据"当代中国人宗教信仰调查"显示，基督教徒占 12%，约 4000 万人，可以说，自 20 世纪 70 年代末以来的 30 年中，中国基督教经历了快速发展，持续增长。

改革开放以来的宗教发展虽然与全球化的国际影响有关，但主要原因还在中国的社会变革，首先，政治环境的宽松和宗教信仰自由政策的全面落实，使宗教成为人们可以自由选择的信仰，体现了社会的进步。其次，社会主义市场经济体制的建立，使社会结构和社会利益格局发生复杂变化，产生许多新的矛盾和问题，如在社会转型过程中，由于体制不健全，法律不完备，会出现许多社会问题，如分配不公、官员腐败、贫富悬殊等，加剧了民众的心理不平衡感；经济高速发展把人们带入竞争时代，风险与机遇并存，人们普遍感到不能掌握自己的命运，心理的不安全感增加；城市化快速发展，人与人关系淡漠，产生了大批孤独人群；现代化发展过程中，传统的价值观和道德观失落，人的行为失范，原有的社会权威失效，出现了信仰危机。人们在生活水平提高，享受现代高科技带来的各种便利和时尚的同时，也会因不适应而感到压力增大，精神紧张，需要得到释放。再次，宗教作为传统文化和意识形态，通过其所特有的心理安慰、心理调节、道德约束、群体交往等功能，发挥了积极作用，重新成为人们寻找的精神家园。最后，我国仍处于社会主义初级阶段，宗教存在的自然、社会、认识、心理等根源仍将长期存在，当前民众信仰宗教的主要原因有：祈求身体健康、家庭平安、事业成功等现实功利型；寻求人生意义、终极关怀、死后归宿等精神寄托型；此外还有解脱心理困惑，约束道德行为，寻找群体交往等弥补缺陷型，也有各种原因交叉在一起的。由此可见，当前宗教存在和发展是一种正常的社会现象，既是社会现实的反映，也是宗教信仰自由，社会多元价值观的表现。

　　改革开放时期市场经济发展对宗教的影响，是近年来当代宗教研究关注较多的课题。刘仲宇认为，市场经济使民众的宗教需求有所提高，20年来接财神活动的趋热，是与市场经济发展同步的，市场经济在带来经济上成功或曲折动荡的同时，对人们的心理影响也显著表现出来，"在市场经济条件下，信众门向着财神祈求，从正面说，是要求神灵的佑护，使自己心想事成，而从另一方面说，也是为投资行为的可能失利，预设了一种神保佑我的假定"①。陈村富及杭州大学基督教研究中心对市场经济发达的浙江地区各宗教作大规模社会调查，认为社会现代化和市场经济中虽有少部分寺庙的出家人更加注重宗教修养，但佛道二教的大部分场所向商业化和世俗生活靠拢，使其宗教内涵和教职人员灵修削弱，因此，相当一个时期内难有数十年如一日，潜心修炼的高超法师和道士。② 他还通过问卷方法考察了被誉为中国"耶路撒冷"的温州基督教，认为在市场经济环境中基督教发生了许多变化，如教徒的经济地位和职业身份有很大改变，许多人从农民成为私营企业主，经济地位、经济收入、社会地位都有提高；教会资产大幅度增长，新教堂一个个拔地而起；出现了一个以"老板教徒"为主的新型教徒群体；教徒素质提高，在社会观念方面发生适应世俗社会的变化。③ 温州基督教的变化只是一个个案，就全国而言，基督教发展总是与当地经济社会发展状况，与原有的宗教和文化传统相关，各地情况并不相同，有的更世俗，有的更保守，有的趋理性，有的显狂热，总体呈现多样状态。

　　此外，还有很多学者对近年来比较活跃的城市大学生和知识分子信仰

---

① 刘仲宇：《接财神不断趋热的原因与趋势分析》，《宗教问题探索》2005年文集，上海辞书出版社2006年版，第151页。

② 参见陈村富《市场经济条件下当代中国各宗教的走向》，http：//www. fass. net. cn/fass-news/erji01. asp？ NewsID = 1813。

③ 参见陈村富《转型期的中国基督教——浙江基督教个案研究》，东方出版社2005年版，第46—64页。

宗教的状况进行调查，较多集中于他们的信教原因，宗教信仰对他们个人生活的影响，宗教信仰者的政治态度、道德追求、价值观念等方面。通过对各地、各宗教、各层次宗教现状的研究，大大丰富了当代宗教研究的内涵，使当代宗教研究与时代同步发展。

第四节　宗教与社会主义社会相协调相适应问题

宗教与社会主义社会的关系问题，是一个全新的课题，"马克思、恩格斯、列宁没有提到过，我国老一辈无产阶级革命家也没有提出过，它是马克思主义宗教观运用于中国特色社会主义伟大实践得出的新论断"[①]。

我国社会科学界首先提出要研究宗教与社会主义关系问题的是胡乔木，在 1982 年 10 月召开的全国哲学社会科学"六五"规划座谈会上，胡乔木提出，要研究宗教现象在中国产生、存在、发展的根据是什么？在中国社会主义社会里，宗教怎样才能同社会主义社会相协调，起它应起的作用？当时参加会议的罗竹风敏锐地抓住这一课题，认为这是在新形势下需要突破传统观念才能阐述的理论课题，他于当年承接了国家社科基金"六五"课题《中国社会主义时期的宗教问题》，领导上海社科院宗教研究所展开研究，着重对宗教与社会主义社会的关系问题进行深入探讨。

新中国成立以后，宗教与社会主义社会的关系曾遇到过重大考验。新中国成立初期，国内外局势非常复杂，天主教、基督教中部分教职人员和信教群众，在宗教内帝国主义势力和反动分子煽动下，对中国共产党的领导产生怀疑甚至抵制。这个时期党和政府依照马克思主义的宗教理论，并根据中国的具体实际认真处理宗教问题，坚持把政治与宗教信仰相分离，既要求基督教与帝国主义划清界限，又坚决落实宗教信仰自由政策，团结广大信教群众开展反帝爱国运动，摆脱帝国主义势力对宗教团体的控制，取得了很大成绩。宗教界人士拥护中国共产党领导，信教群众积极参加社会主义建设。遗憾的是，1957 年以后由于"左"的思想逐渐增长，有些马克思主义者强调马克思主义世界观和宗教世界观的对立，视宗教为建设社会主义的障碍，党的宗教工作受到干扰，信仰自由政策遭到破坏，宗教界爱国力量被削弱，宗教界人士对党的宗教政策产生怀疑。新中国宗教工

---

① 王作安：《中国的宗教问题和宗教政策》，宗教文化出版社 2002 年版，第 142 页。

作正反两方面的经验证明，宗教与社会主义社会相协调相适应，不仅是必要的，而且是可能的，如果宗教与所处社会相协调相适应，可以发挥维护社会稳定的功能，反之，宗教也可能成为社会不稳定因素。

1985 年，萧志恬在《上海社会科学院学术期刊》上发表《试论我国宗教与社会主义社会相协调问题》，首次对相适应相协调问题进行论证，此文经修改后作为 1987 年罗竹风主编的《中国社会主义时期的宗教问题》中的一章，《中国社会主义时期的宗教问题》一书详细论述了新中国成立以后我国宗教在政治、思想等方面的根本变化，以及宗教长期存在的原因，其中关于"宗教和社会主义社会相协调"论证的主要观点为：①

一、宗教与社会主义社会相协调的根据：从历史上看，宗教不是一成不变的，而是在适应社会的发展变化中不断变化的，不断调整其教义、组织和仪式等内容，发挥宗教在社会生活中的作用。进入社会主义时期以后，随着剥削制度和剥削阶级的消灭，我国宗教存在的阶级根源已经消失，宗教思想、组织和仪式、规诫等都相继发生且正在发生着适应社会的根本变化，宗教徒与非宗教徒之间的关系可能达到十分融洽的程度，为宗教可能和社会基本方面相协调奠定了基础。

二、协调的含义是指各不相同的因素之间互相适当的配合，而不是要求各方放弃自身特点。宗教与社会主义社会相协调是以爱国主义和社会主义为基础，以宪法为准绳，而不是以唯物主义为标准，也不是以"消灭"或发扬宗教为目的。是政治上团结合作，信仰上互相尊重。

三、协调的具体内容：宗教徒和非宗教徒在党的领导下结成广泛的爱国统一战线，为社会主义现代化建设服务；宗教界在坚持爱国主义、社会主义的共同基础上，使宗教的某些思想、信仰、道德和行为适应于新的社会要求，宗教徒在日常生活中爱国守法，服务人群，造福社会；宗教界在宗教学术研究和国际交往等领域发挥自己的专长和特点，为继承优秀民族文化遗产、丰富社会主义文化，为增进各国人民友谊、维护世界和平作出贡献；党和国家以及整个社会正确对待宗教问题，在法律上、政策上和实际生活中尊重和保护公民宗教信仰自由的权利。

四、协调是双方的，既牵涉宗教如何适应社会主义社会的问题，也牵

---

① 参见罗竹风主编《中国社会主义时期的宗教问题》，上海社会科学院出版社 1987 年版，第 128—145 页。

涉国家和社会如何对待宗教的问题。协调是有条件的，从宗教方面，是宗教徒爱国守法，积极为社会主义物质文明和精神文明建设而努力，尤其要发扬宗教道德的积极作用，引导信徒弃恶从善，维护社会安定团结；从党和政府方面，基本条件是坚决实行宗教信仰自由政策。

五、协调是一个长期的过程，宗教的变化总是落后于社会的政治经济条件的变化，事实上也存在各种与社会不相适应的现象，因此，克服不协调也是一个长期的过程。

这是我国学术界首次从理论上对宗教与社会主义社会的关系问题进行系统论述，文章肯定宗教与社会主义社会的关系"以互相协调代替互相消灭"，尤其肯定宗教教义，宗教道德中的积极因素可以与社会主义精神文明相适应，肯定宗教在政治、思想、组织、教义、道德等各个层面均可以与当今的社会相协调相适应，无疑是重大的理论突破。

但是，相协调观点发表后曾遭到一些人的质疑，尤其在东欧剧变、苏联解体以后，有些人认为宗教是和平演变的基础，把宗教与社会主义社会对立起来，有些地区甚至在社会主义教育运动中动员信教群众退教。对此，萧志恬指出，"我们一向不赞成笼统地把我国宗教说成是和平演变的基础，主张划清政治渗透与宗教传播的界限。我们认为，肯定广大信教群众是拥护党拥护社会主义的，这一点不能动摇"。他在学习邓小平南方谈话精神后提出"宗教不信'社'也不信'资'，关键在于广大信教群众对社会主义社会采取拥护还是反对的态度，如果采取拥护的态度，宗教就可以和社会主义社会相适应、相协调，相反则不然"。他认为，周恩来在20世纪50年代提出的"让宗教还它个宗教的本来面目"，以及十九号文件强调的"信教群众和不信教群众在政治上、经济上的改变利益是一致的，思想信仰上的差异是比较次要的差异"，这些观点就是把政治问题和思想世界观问题严格区别开来，为宗教与社会主义社会相协调奠定了理论基础。①

学界、政界、教界对宗教与社会主义社会相协调相适应观点有不少正面回应，该课题成为当代宗教研究的热点问题之一。戴康生、彭耀在其著作《社会主义与中国宗教》中说："我们讲协调，指的是具有不同特质的事物在一定条件下为达到或实现共同的目标，相互间得当的配合、调适、

---

① 参见萧志恬《当代中国宗教问题的思考》，(1994 年版，内部出版)，第 114—116 页。

合作。这里，条件是前提，共同的目标是基础。协调本身就是一种双向关系，是互动的结果。同时协调也就意味着有不协调的地方，如果完全一致，也就无需协调了，协调是不断克服不协调才获得的，协调不协调是个矛盾的运动过程，是辩证的关系。当然，协调并不等于融合或合一，不是要求放弃各自的本质属性而趋同，是在求同存异的情况下达到共同的目标。"① 钟国发认为："宗教作为一种社会意识形式，可以承载各种不同的内容，表现为各种不同的具体性状。历史上各大宗教，总是能够变换自身性状以适应社会发展不同阶段的需要；这种变换不免会有些滞后，但迟早总会发生；只要一种社会制度足够稳定，前代遗留的宗教就一定会来与它相适应。宗教本身既不姓'资'也不姓'社'，没有与社会主义社会不相适应的必然性。既然社会主义社会的存在是长期的，社会主义社会里部分群众的宗教需求是不可避免的，宗教在社会主义社会的长期存在是必然的，而宗教必须在自己的生存环境中扎根、吸取营养，才能保持活力不减，那么它怎么可能不走上与社会主义社会相适应的道路呢？共产党人只有积极引导这一过程，以减少适应过程中的摩擦成本和事故消耗，才更有利于社会主义社会的发展。"② 国家宗教局副局长王作安认为，宗教与社会主义社会相适应这一提法的理论依据为："一是宗教发展对社会发展的适应性；二是基于宗教长期存在的客观事实；三是基于求同存异的思想；四是基于我国具备的政治基础和宗教实践基础。……实践证明，宗教与社会主义社会相适应，是社会发展对宗教发展的客观要求，是宗教自身发展的客观要求，有着历史的缘由和现实基础，是我国宗教在社会主义历史条件下发展的正确发现和必由之路。"③

　　经过学术界、宗教界和政府工作部门的不断研究、完善，宗教与社会主义社会相适应理论终被中央采纳。江泽民总书记在1993年全国统战工作会议上，在宗教问题上强调三句话：一是全面、正确地执行党的宗教政策，二是依法加强对宗教事务的管理，三是积极引导宗教与社会主义社会相适应。④ 在"三句话"的关系上，他指出："贯彻党的宗教信仰自由也

① 戴康生、彭耀：《社会主义与中国宗教》，江西人民出版社1994年版，第49页。
② 钟国发：《邓小平理论与社会主义时期的宗教工作问题》，上海市宗教学会编：《宗教问题探索》1997年文集（内刊），第60页。
③ 王作安：《中国的宗教问题和宗教政策》，宗教文化出版社2002年版，第142—144页。
④ 参见《新时期宗教工作文献选编》，宗教文化出版社1995年版，第253页。

好，依法加强对宗教事务的管理也好，目的都是要引导宗教与社会主义社会相适应。"把宗教与社会主义社会相适应作为做好宗教工作的最重要目标。他对相适应的解释是："这种适应，并不要求宗教信徒放弃有神论的思想和宗教信仰，而是要求他们在政治上热爱祖国，拥护社会主义制度，拥护中国共产党的领导；同时，改革不适应社会主义的宗教制度和宗教教条，利用宗教教义、宗教教规和宗教道德中的某些积极因素为社会主义服务。""广大宗教信徒是拥护社会主义制度的，同全国人民在根本利益上是一致的，这是宗教能够与社会主义社会相适应的政治基础。"① 经过将近 20 年的论证和实践，宗教与社会主义社会相适应命题，已经成为学界、政界、教界的共识和共同努力的目标。

第五节　新兴宗教研究

新兴宗教是指当代新发生的独立于传统宗教以外的教派（Sect）、膜拜团体（Cult）等"另类"宗教。虽然教派和膜拜团体的产生发展在任何历史时期都存在，但在世界范围内，20 世纪 50 年代以后，教派和膜拜团体大量涌现并成为突出的社会现象，引起社会和学术界广泛关注。西方学术界对新兴宗教的研究开始于 20 世纪 60 年代。近半个世纪来，海外学者对新兴宗教的研究已取得丰硕成果，尤以美国的研究处于领先地位。

我国学术界对新兴宗教的研究起步较晚，于 20 世纪 80 年代才有所重视，至今约 20 年时间，大约可分为两个阶段，从 20 世纪 80 年代初到 90 年代中期为第一阶段；90 年代中期以后则为第二阶段。

自 1980 年代开始，国内有学者开始陆续介绍世界范围的新兴宗教及其活动，如巴哈伊教、摩门教、创价学会、统一教、灵仙真佛宗等新兴宗教，这些新兴宗教大多成立时间较早，信徒较多，社会影响较大，且已经与社会相融合，世俗化程度较高，热心社会服务事业，是新兴宗教中比较成功的教派。这一时期主要关注新兴宗教的特点和活动，在地域上集中于美国和日本，文章显得较为零碎和分散，社会影响较小。

从 20 世纪 80 年代中期到新千年到来之际，世界范围内新兴宗教活动达到高潮，尤其是邪教活动增多，人民圣殿教、上帝儿女、统一教会、科

---

① 《新时期宗教工作文献选编》，宗教文化出版社 1995 年版，第 254、255 页。

学教派、奥姆真理教、大卫教派、太阳圣殿教等邪教引起广泛关注，1999年以后，由于国内形势需要，对新兴宗教尤其是其中极端派别——邪教的研究达到高潮，有关的文章和书籍大量出版，形成新兴宗教研究高潮，但除了一些学者的研究外，真正有学术分量的东西不多。

国内开展新兴宗教研究较早，且研究较深入的是中国社会科学院世界宗教研究所和上海社会科学院宗教研究所，这两个所都成立了新兴宗教研究课题组，分别获得国家社科基金和院内的重点课题基金资助。1998年8月，两个单位的研究人员在上海召开了"新兴宗教问题研讨会"，就有关问题进行讨论。①

到目前为止，学术界对新兴宗教研究的问题主要集中在新兴宗教的定义、特点、社会背景，新兴宗教与传统宗教、邪教的关系，新兴宗教的发展趋势等方面。

关于新兴宗教的定义与特点，戴康生主编的《当代新兴宗教》一书中，对新兴宗教提出了三个划分标准，第一是时间划分的起点，第二是地域涉及的范围，第三是不同于传统宗教的标准。根据这些标准，作者认为，"新兴宗教是一些随着世界现代化进程而出现的，脱离传统宗教的常规并提出了某些新的教义或礼仪的宗教运动和宗教团体"②。

罗伟虹认为，"新宗教这一概念含义很广，一般指19世纪末以来出现的一批与传统宗教不同的宗教派别，至今共有三次高潮，当前人们较多关注的是20世纪60—70年代出现的新宗教派别，其特点是小型的宗教团体剧增，且价值观与主流社会和传统宗教相距较远，有许多是以反传统反社会的旗号吸引信众，其中有不少保守狂热的宗教组织。"③ 她还认为，"处于'发生期'的新宗教，大约有以下几个特征：（一）有一个卡里斯玛式的教主，信徒相信他是救世主；（二）教义体系的混杂，吸收主流宗教以外的各种信仰；（三）强调超自然元素和对宗教的神秘体验，制造神圣和神秘的氛围，激发信徒的宗教狂热情绪；（四）强调个人的宗教经验，和内在意义的寻求；（五）强调宗教的现世效用，追求快乐、健康、财富，

---

① 参见吴亚魁《新兴宗教问题纵横谈——新兴宗教问题研讨会纪要》，《当代宗教研究》1998年第4期，第47页。

② 戴康生主编：《当代新兴宗教》，东方出版社1999年版，第2—3、9页。

③ 罗伟虹：《末世邪教——世界新宗教热剖析》，《东方》1996年第3期，第32页。

入世性强"①。

卢云枫认为,"作为一个社会学术语,'新兴宗教'刚开始体现了价值中立的立场,避免了'教派'或'膜拜团体'所带来的贬损色彩,但是随着时间的流逝,'新兴宗教'一词中立的意味逐渐消失了,因为媒体总是把它与'洗脑'、自杀、非理性、狂热等词汇联手起来,特别是'人民圣殿教'集体自杀以后,'新兴宗教'一词变得臭名昭著,于是有人提出,'新兴宗教'这个词本质上是论战性的,不能作为中性修饰词,它或许企图贬损某个宗教运动主张的严肃性。这种词性转变一方面可能反映了主流对边缘的拒斥和侮蔑,另一方面可能是由于,'新兴宗教'一词从一开始就并不具有很明确的定义,人们在使用它时随意性很大"②。

晏可佳认为,"我们所讲的新兴宗教是有特定范围的,它是一个中性的不带贬抑性质的术语……另外一个值得我们注意的事实是,新兴宗教这一术语主要流行于西方社会学家,因而人们往往把新兴宗教当做一种社会现象,用社会学的方法加以研究的。……第三点值得我们注意的是,在大多数情况下,新兴宗教这一术语乃是一个集合名词,其内涵甚广,包含了各种性质上几乎完全不同的宗教现象,不可一概而论。正是由于新兴宗教这个术语的歧义性,有些新产生的宗教并不承认自己是新兴宗教。如巴哈伊教,它更喜欢被称做世界宗教而不是新兴宗教"③。

关于新兴宗教与传统宗教、邪教的区别,吴云贵认为,传统宗教通常指那些在时间上产生很早、具有悠久、厚重的历史文化传统的宗教。传统宗教还有一个显著的特征,就是经过漫长的历史沉淀、社会整合,它们事实上已成为社会上层建筑的一部分,其主导方面与社会发展潮流是同一的,相吻合的,它们的生存和健康发展有益于社会的和谐、稳定和社会伦理道德的提升。新兴宗教是相对于传统宗教而言的,一般指那些较之传统宗教晚出并具有某些新的形态和特点的宗教。新兴宗教大多是从传统宗教中分化而出,作为独立的宗教信仰、派别组织和社会群体兴起后,一般都对原有的、母体的传统宗教采取某种批判、疏离或融合的态度。邪教是一个邪恶的、极端的派别。邪教与其他许多新兴宗教派别之间有某些共同之

① 罗伟虹:《世界邪教与反邪教研究》,宗教文化出版社 2002 年版,第 29 页。
② 卢云枫:《新兴宗教析论》,《当代宗教研究》2000 年第 3 期,第 43 页。
③ 上海社会科学院宗教研究所编《世界新兴宗教 100 种》,第 14—15 页。

处，如产生时间较晚，借用和修改传统宗教的某些词语概念、教义思想（如末世论），以某些新奇的形式和内容招引信徒，带有强烈的功利主义目的性等。较之传统宗教，邪教以三大特征更加引人注目：其一，邪教所崇拜的对象是能施行各种"神迹"、近在身边、至高无上的教主；其二，邪教类似于帮会、黑社会性质的秘密组织系统；其三，邪教组织所宣传的歪理邪说是以反科学、反文明、反社会为本质特征和根本目的。①

高师宁认为，传统宗教都有上千年的历史，历经了制度化、模式化过程。新兴宗教的历史比较短，大多兴起于 20 世纪 60 年代后。从发展规模上说，也比较小，很难与传统宗教相比。但新兴宗教一般较之传统宗教包袱小，灵活性大，较有活力，发展迅速，变化也快。她还认为，新兴宗教的绝大部分是处于正常状态之中，邪教事件在新兴宗教运动中只是非常态的极端现象。②

戴康生主编的《当代新兴宗教》是国家社会科学基金"九五"规划重点课题的成果，该书就新兴宗教的一些基本理论问题如新兴宗教的界定、特点、类型、产生的时代背景、未来走向等做了分析，并对世界主要的新兴宗教做了介绍，从时间上分为 19 世纪、第二次世界大战前、第二次世界大战后，从地域上主要为美国、日本，及各类本土的新兴宗教，并有专门一章介绍了当代邪教的主要教派。该书资料比较详细，并对一些典型的组织及事件做了剖析，帮助人们较全面地了解新兴宗教。

高师宁所著《新兴宗教初探》（香港道风书社，2001 年）一书是一本对新兴宗教进行理论探索的专著，该书从宗教社会学角度，对新兴宗教做了较全面的理论分析，除了新兴宗教的定义、特征、类型外，详细分析了现代化、世俗化的社会环境对新兴宗教的影响，还分析了新兴宗教教主、成员的构成及其社会心理需要，等等。

新兴宗教的发展趋势是多元且不确定的。新宗教在产生初期，因为它的反叛精神和对传统神圣信仰的亵渎，往往与周围的社会组织和已有的传统宗教或意识形态形成一种张力，受到主流社会的指责。但是，新宗教在发展过程中却并非朝着一个方向，而是出现分化，呈现出不同的甚至截然相反的结局。"大致来说，新宗教的发展有三个方向：大部分新宗教规模

① 参见吴云贵《传统宗教·新兴宗教·邪教》，《光明日报》1999 年 11 月 5 日。
② 参见于光《新兴宗教?!》，《世界宗教文化》1998 年夏季号，第 29 页。

很小，影响不大，不为社会所知，当教主去世或内部发生分裂后，便趋向消亡；一部分新宗教逐渐放弃或调整了自己的价值观和对社会的态度，向传统宗教靠拢，与社会相适应，不断发展壮大，现已成为拥有千百万信徒的中型教会；还有极少数的新宗教坚持其极端的教义和活动方式，不断爆发丑闻，引发事端，制造狂热，与社会的关系越来越紧张，最后发展到严重摧残信徒的身心健康，与社会为敌，酿成重大的集体自杀，或危害社会的邪教事件，这类邪教组织，是新宗教的极端产物，是新宗教恶性发展的结果。"①

对新兴宗教之少数极端教派——邪教的研究，虽然声势很大，但真正进行理论研究的著作并不多，罗伟虹著《世界邪教与反邪教研究》是一本理论研究专著。该书从各个角度对"邪教"做了界定，对邪教与新兴宗教的关系进行了探讨，并对卡里斯玛教主崇拜的形成、邪教与传统宗教有关"末世论"的区别做了分析，特别对邪教发生发展的社会、心理原因进行剖析，还介绍了各国各界的反邪教举措，对其中的得失做了探讨。该书力求多方位、多视角地把握当代邪教的发展特点和趋势，为反邪教提供一种经验和思路。

目前国内学者研究新兴宗教主要集中于海外的新兴宗教及其理论，由于条件限制，对本土的新兴宗教和邪教的研究还处于起步阶段，没有专门队伍，没有系统研究，只是个别学者根据自身掌握的材料进行研究，如《气功与特异功能解析》（钟科文，1996）中，专门有一章《新宗教在当代中国的存在是可能的吗?》对国内的某些气功活动进行质疑。此外研究国内新兴宗教的论文还有：方瑞志：《"观音法门"是披着新兴宗教外衣的邪教》（《当代宗教研究》1997 年第 1 期），卢云枫：《有关非法组织"门徒会"的调查报告》（《当代宗教研究》1997 年第 4 期），罗伟虹：《巫医神汉活动会不会发展成为新宗教?》（《当代宗教研究》1997 年第 2 期），《"被立王"邪教组织活动真相》（《当代宗教研究》1998 年第 1 期），刘元春：《"观音法门"信仰体系初探》（《当代宗教研究》1998 年第 3 期），等等。

总体而言，我国学术界对新兴宗教的研究还处于起步阶段，所掌握的信息严重不足，缺少符合中国国情的原创理论，这是因为一方面，新兴宗

---

① 罗伟虹：《世界邪教与反邪教研究》，宗教文化出版社 2002 年版，第 33 页。

教的大量出现不到 50 年时间，这是一个新开拓的研究领域，有许多问题还未解决；另一方面，由于新兴宗教种类繁多，形式不一，且有不少处于隐秘状态，目前还处在动态的发展阶段，增加了研究的难度。同时，新兴宗教研究涉及宗教学、社会学、政治学、法学等各个领域，需要学术界，宗教界，及社会各方人士的共同努力，建立一支新兴宗教的研究队伍，加大资金投入，推动研究逐渐深入。

第五章 宗教与当代国际关系——趋势与研究[①]

徐以骅

第一节 宗教在当代国际政治及国际关系中的作用

在当今国际政治和国际关系中，宗教的作用越来越从隐性转为显性，而全球化的趋势更放大了宗教对国际关系和各国政治的影响。冷战结束以来，世界上几乎所有的重大事件如巴以冲突、9·11事件、国际反恐、科索沃冲突等，或多或少均有宗教的背景和动因。宗教被宣称从"威斯特伐利亚的放逐"回归"国际舞台的中心"，以至有国际关系学者断言，如"不重视宗教就无法理解国际关系"。[②] 宗教甚至成了国际舞台上各方争抢的资源（当代某些最引人注目的政治动员的资源、全球范围重大政治冲突的资源、抗衡国家的资源以及国际政治的资源[③]），而宗教与国际关系研究也已成为国际关系/政治学科的"新边疆"。

---

① 本文为国家社科基金重大项目"宗教对当代国际关系的影响"（05&ZD013）、教育部哲学社会科学重大课题攻关项目"宗教与中国国家安全研究"（06JZD0005），以及复旦大学美国研究国家哲学社会科学创新基地项目"后冷战时期的宗教与美国外交"（05FCZD0015）的中期成果。

② Jonathan Fox and Shmuel Sandler, *Brining Religion into International Relations* (New York: Palgrave MacMillan, 2004), p. 7. 另一美国政治学者艾伦·D. 赫茨克同样认为，如"不了解宗教和以信仰为基础的运动，人们就根本无法了解当前的国际关系"。参见 Allen D. Hertzke, *Freeing God's Children: The Unlikely Alliance on Global Human Rights* (Lanham, Maryland: Rowman & Littlefield Publishers, 2004), p. 3。

③ 参见 Ted Gerard Jelen and Clyde Wilcox, "Religion: The One, the Few, and the Many", in Ted Gerard Jelen and Clyde Wilcox, eds., *Religion and Politics in Comparative Perspective: The One, the Few, and the Many* (New York: Cambridge University Press, 2002), pp. 1—3。

　　从20世纪60年代尤其是冷战结束以来，宗教在全世界范围迅速增长。大规模宗教复兴主要发生于大部分宗教，尤其是基督宗教（尤其是五旬节派）、伊斯兰教以及民间宗教等，而基督教和伊斯兰教保守派的持续增长和政治觉醒，则是20世纪下半叶以来世界宗教领域最引人注目的两大趋势。全球化的发展造成和加剧了宗教基要主义、政治伊斯兰、种族/宗教散居社会、传教运动、宗教非政府组织、宗教恐怖主义、宗教人权运动等跨国宗教现象，大大改变了世界宗教格局并对现行的以国家为中心、以主权为原则、以世界政治世俗化为支柱的国际关系体系提出了挑战。鉴于宗教复兴的全球趋势以及由此推动的将神明与特定文化、国家和文明联系在一起的国际性趋势，有学者甚至称"争夺新世界秩序灵魂的斗争已经发生，并且认真看待文化和宗教多元主义目前已成为21世纪最重要的外交政策挑战之一"。[1]

　　全球宗教复兴最重要的标志之一，就是世界范围各种宗教尤其是基督宗教和伊斯兰教传教运动的复苏和发展，西方主导宗教的南下和东方主导宗教的北上互相交叉，使宗教进一步成为跨国流动现象，并改写和扩充了世界性宗教的花名册。[2] 如基督教传教运动不仅结束了传教运动史学家赖德烈（Kenneth Scott Latourette）所称的"传教运动伟大世纪"（19世纪）后相对沉寂停滞的状况而进入所谓的"更伟大世纪"，而且还推动了基督教人口重心向全球南部的结构性和战略性转移。20世纪末一位典型的基督徒已不再是欧洲人，而是拉美人或非洲妇女。[3] 而"第三教会崛起"、"传教士肤色改变"、"反（逆）向传教"、"黑人将军白人士兵"、"下一个基督教王国"等，也正在成为"基督教新面孔"的基本内容。[4] 五旬节派在长达一个

---

　　[1]　Scott M. Thomas, *The Global Resurgence of Religion and the Transformation of International Relations: Struggle for Soul of the Twenty-First Century* (New York: Palgrave MaCmillan, 2005), p. 16.

　　[2]　关于当代国际传教运动的研究，可参见徐以骅《国际视野、当地关怀——宗教与当代国际关系》，载徐以骅、章远、朱晓黎主编《宗教与美国社会——当代传教运动》，时事出版社2009年版。

　　[3]　参见达纳·L.罗伯特（Dana L. Robert）《向南移动：1945年以来的全球基督教》，徐以骅译，载徐以骅、张庆熊主编《基督教学术》（第7辑），上海古籍出版社2009年版，第211页。

　　[4]　可参见 Philip Jenkins, *The Next Christendom: The Coming of Global Christianity* (New York: Oxford University Press, 2002)，该书有题为《下一个基督教王国》（台湾立绪文化）的中译本；Philip Jenkins, *The New Faces of Christianity: Believing the Bible in the Global South* (Oxford: Oxford University Press, 2006)。需要指出的是，尽管基督教人口重心南移，但神学、机构、经济资源的重点仍在"全球北部"。美国普林斯顿大学的著名宗教学者罗伯特·伍斯诺（Robert Wuthnow）在考察了关于"新传教运动"的所有文献资料后认为，基督教传教运动的格局并无重大改观，美国基督教会在提供传教人员、资金和人道主义援助方案在世界范围内不仅独占鳌头，而且比以往任何时期都更为积极。参见笔者在2008年2月间对伍斯诺教授演讲所做的记录。

世纪的时间里积蓄力量，以其本土化、自发性、包容性、草根性、跨国性、多中心为特点的发展路线一举成为当前基督宗教的第三支力量，其在全球范围信徒人数据估计至少达2亿以上。照英国著名宗教社会学者、伦敦经济学院荣休教授戴维·马丁（David Martin）的说法，具有自发性的五旬节派的崛起"标志着传教时代的终结，而不是新篇章的开端"。① 上述基督教新传教运动或传教运动的新局面在很大程度上颠覆了传教运动和传教士的传统形象，对人们理解传教运动对国内政治和国际关系的影响提出了新的挑战。由于基督宗教的重心南移，"基督宗教作为欧洲殖民压迫者宗教的年代正在更迅速地成为与我们渐行渐远的过去"，② 全球基督教徒也越来越具有所谓宗教迫害的"受害者"而非"施害者"身份，这在很大程度上推动了由西方国家尤其是美国发端的所谓国际宗教自由运动。

　　如果说全球化助推了宗教的跨国流动，那么互联网则造成自宗教改革时期以来媒体与宗教的第二次具有重大意义的结合，故网络宗教所带来的变革甚至有"第二次宗教改革"之称。与继纸面（平面）传媒出现的其他新型媒体如广播和电视不同，网络媒体具有"三最"（最快、最广、最直接）、"三无"（无法律、无国界、无法管制）以及低门槛、低成本、即时性等革命性特征，这便大大提高了宗教团体基层动员、影响政治议程、直接宣教和参与全球事务的能力，可使世界各地的任何宗教问题迅速透明化、国际性和政治化，同时也为新兴和弱势宗教或信仰团体提供了较大发展空间，从而对传统建制教会形成冲击。事实上，网络的无国界性有助于塑造超宗派、跨国界的社会组织认同，这是宗教参与全球议程、形成全球动员的前提条件。与其他网络媒体一样，宗教网络作为信息的"简化器"或"放大器"，也造成和加剧负面宗教信息的流动和宗教领域的媒体/国际偏见，成为某些国家攻击他国人权状况或贬损他国国际形象的手段，在一些情况下更成为宗教恐怖主义的工作平台。③

----

① David Martin, "Another Kind of Cultural Revolution?" 此文撰于2008年，未正式发表，第5页。译文载《宗教与美国社会——当代传教运动》。
② 《向南移动：1945年以来的全球基督教》，第221页。
③ 可参见徐以骅主编《宗教与美国社会——网络时代的宗教》（第3辑），北京时事出版社2005年版。

在国际关系领域，宗教其实从来就不是单独起作用的。①比如宗教与民族均具有跨国属性，宗教对世界大多数民族认同的建构有着基础性作用。全球化造成国际散居社会的形成，各种宗教和民族大杂居、小聚居，互相渗透，彼此掺和，出现双重或多重身份认同问题，对世界各国尤其是西方移民接受国如英、法、德等国的传统宗教/民族融合模式造成巨大冲击。移民潮和国际散居社会把宗教与民族冲突带入西方世界的腹地，使"恐伊（斯兰教）症"成为欧洲各国的普遍现象和处理当前东西方关系的棘手问题。暴力型宗教极端主义与民族主义尤其是民族分裂主义的结合，更成为各种类型恐怖主义滋生的温床。②跨国宗教与领土争端也有密切关系，宗教边界与政治边界的交错、宗教圣地归属主张的重叠、因宗教问题引起的邻国间的敌视等，都增加了地区乃至国际冲突的可能性以及冲突的强烈程度，"国内宗教问题外溢"和"强国弱宗教"等现象已成为许多发展中国家的特征和国际关系的新景观。自冷战结束以来，世界范围的冲突大多为国内冲突，而这些国内冲突往往呈现国际化趋势。尽管国内冲突国际化并不限于宗教，但宗教冲突因其跨国属性较易演变为国际冲突。目前宗教冲突或与宗教有关的冲突已取代意识形态冲突成为国际冲突的主因。③

第二节　宗教政治化和政治宗教化趋势

与国际冲突相关的，是世界范围的宗教政治化或政治宗教化趋势。这首先表现为宗教极端主义和基要主义（所谓强宗教）的普世化和政治化，有学者曾归纳了宗教基要派与外部世界互动的四种模式，即作为世

---

①　美国乔治敦大学柏克利宗教、和平及世界事务中心主任托马斯·班乔夫（Thomas Banchoff）就曾指出："宗教从来不是暴力的唯一原因。它以爆发性的方式与领土争端，不稳定和压迫性制度，经济和社会不平等，种族、文化和语言上的分裂等交织在一起。但是，与以往的时代一样，在当下狂热的宗教认同和参与通常起到了加剧紧张局势和引发流血事件的作用。"Thomas Banchoff, "Introduction: Religious Pluralism in World Affairs," in Thomas Banchoff, ed., *Religious Pluralism, Globalization, and World Politics* (New York: Oxford University Press, 2008), p. 3.

②　可参见徐珏《试析穆斯林移民在欧洲社会整合的困境——以法国为例》，载徐以骅主编《宗教与美国社会——宗教与国际关系》（上）（第4辑），第314—379页；Joel Fetzer and Christtopher Soper, *Muslins and the State in Britain, France, and Germany* (New York: Cambridge University Press, 2005)。

③　*Brining Religion into International Relations*, p. 63.

界的征服者、改造者、创造者和摒弃者，来描述"强宗教"与外部世界之间的张力；① 或以五个"战"（fight）字（即 fight back，fight for，fight with，fight against，fight under）来形容宗教基要主义激进好斗的基本特征；② 其次可指宗教团体大规模介入各国政治尤其是外交政策领域，如美国宗教右翼势力的"政治觉醒"和"政治崛起"，就被普遍认为是近30年来美国政坛最引人注目的事件之一，甚至被描述为宗教势力复辟的美国式"神权政治"和决定美国社会文化走向的"文化战争"。③ 在左右两翼宗教团体的影响下，目前宗教对美国外交政策的影响已呈现立法化、机构化、国际化、草根化、联合化、媒体化、安全化等趋势；④ 再次是以宗教或信仰为基础的非政府组织在国际政治舞台上扮演着日益重要的角色，尤其是那些以人权和宗教为议题的宗教或世俗非政府组织往往充当西方外交政策非正式执行者的角色，成为在西方国家具有广泛群众基础的国际宗教自由运动即新人权运动的主要领导者和组织者，并推动了跨国宗教倡议网络和宗教国际人权机制的形成。国际宗教非政府组织与主权国家、政府间国际组织以及其他非政府组织之间的互动，也已成为全球治理和国际政治现实的重要因素；⑤ 最后是"国际恐怖主义第四次

---

① 宗教基要主义有广泛的世界性分布，由美国人文与科学院资助的一项包括五部论著的关于全球宗教基要主义的项目，就通过历史学、人类学、社会学和政治学等不同的视角，考察了全世界范围内75种不同的"强宗教"或宗教基要派运动。此五部著作由马蒂（Martin E. Marty）和阿普尔比（R. Scott Appleby）教授主编，在1991—1995年间由芝加哥大学出版社出版，分别为：*Fundamentalism Observed*（1991）；*Fundamentalisms and Society*：*Reclaiming the Sciences*，*the Family*，*and Education*（1993）；*Fundamentalisms and the State*：*Remaking Politics*，*Economics and Militance*（1993）；*Accounting for Fundamentalism*：*the Dynamic Character of Movements*（1994）；*Fundamentalisms Comprehended*（1995）。另参见 Gabriel A. Almond, R. Scott Appleby, and Emmanuel Sivan：*Strong Religion*：*The Rise of Fundamentalisms Around the World*（Chicago and London：University of Chicago Press, 2003）；David Aikman, "The Great Revival：Understanding Religious Fundamentalism", in *Foreign Affairs*（July/August 2003）, pp. 188—193。

② *Strong Religion*：*The Rise of Fundamentalisms Around the World*.

③ 可参见 Kevin Philips, *American Theocracy*（New York：Viking, 2006）；James Davison Hunter, *Culture Wars*：*The Struggle to Define America*（New York：Basic Books, 1991），该书有中国社会科学出版社2000年出版的由安荻等校译的中译本；James Davison Hunter, *Searching for Democracy in America's Culture War*（New York：Free Press, 1994）。

④ 参见徐以骅《宗教在当前美国政治与外交中的影响》，载《国际问题研究》2009年第2期，第33—38、44页。

⑤ 可参见徐以骅、秦倩、范丽珠主编《宗教与美国社会——宗教非政府组织》，时事出版社2008年版。

浪潮"① 的来临，把宗教问题演化为世界各国的"政权维护"和"国土安全"问题，同时亦将宗教安全提上相关国家的国家安全甚至军事反恐的议事日程，② 目前宗教恐怖主义已经成为国际制度中具有主导性的恐怖主义，而"宗教极端势力与大规模杀伤性武器预期之结合"被西方学界认为是"当今世界所面临的最大威胁"。③

　　正如宗教不是伦理道德的同义语一样，宗教也绝非恐怖主义的代名词。在国际关系领域，宗教既是"动乱根源"又是"和平使者"，人们通常所说宗教所具有的正反两面性或互相抵触的多面性的"变脸"特征，表现得十分明显。目前，以信仰为基础的组织或宗教非政府组织在世界范围内扶贫济困、在国际和地区冲突中斡旋调停，在多轨道或"第七轨道"外交中的积极作用、在国际论坛上的道德倡议、在应对全球性环境问题方面的独特功能等，都显示了宗教对促进世界和平、进步和正义事业的贡献。④ 因此在学术界我们一方面有《新冷战：宗教民族主义对峙世俗国家》（1993 年）⑤、《圣战对麦当劳世界》（1995 年）⑥ 和《文明的冲突》

---

　　① 学界认为，自 19 世纪末以来，国际社会经历了四次恐怖主义浪潮，分别为 19 世纪末至 20 世纪初的无政府主义浪潮、20 世纪 20 年代至 60 年代的反殖民主义浪潮、20 世纪 70 至 80 年代的意识形态浪潮和开始于 20 世纪 80 年代的宗教极端主义浪潮。可参见张家栋《现代恐怖主义的四次浪潮》，载《国际观察》2007 年第 6 期。

　　② 主要指美国外交和安全权力建制已开始从国家安全和战略的高度来看待宗教问题，不仅把宗教自由看成是人权问题，而且视为"国家安全的界定因素"，或是某种"硬性"的地缘政治和"国土安全"问题。用波士顿大学的国际关系学者普罗乔诺（Elizabeth H. Prodronou）的话来说，在"1998 年国际宗教自由法"和 2001 年 9·11 恐怖主义袭击的背景下，"华盛顿制定和实施外交政策的宗教因素已被安全化"。参见 Elizabeth H. Prodronou, "U. S. Foreign Policy and Global Religious Pluralism", in Thomas Banchoff, ed. , *Religious Pluralism, Globalization, and World Politics*, p. 298。

　　③ Douglas Johnston, "Introduction: Realpolitik Expanded", in Douglas Johnston, ed. , *Faith-Based Diplomacy: Trumping Reapolitik* (Oxford and New York: Oxford University Press, 2003), pp. 3—5.

　　④ 比如世界性的传教运动在跨越地区、种族、肤色和文化界限，以及在促进经济赋能、社会改良、认知解放、政治民主、信仰自由、跨国救援、国际交流、全球治理和世界和平等方面，过去和现在都一直在起十分积极的作用。可参见《宗教与美国社会——当代传教运动》，时事出版社 2009 年版。

　　⑤ Mark Juergensmeyer, *The New Cold War? Religious Nationalism Confronts the Secular State* (Berkley: University of California Press, 1993). 另参见该作者的近著《全球性造反：对世俗国家的宗教挑战，从基督教民兵组织到基地组织》*Global Rebellion: Religious Challenges to the Secular State, from Christian Militias to al Qaeda* (Berleley: University of California Press, 2008)。

　　⑥ Benjamin R. Barber, *Jihad vs. McWorld* (New York: Times Books, 1995).

（1996 年）① 等论著力陈宗教冲突和认同政治将取代基于意识形态的冷战；另一方面又有《宗教，遗失的治国术》（1994 年）② 和《以信仰为基础的外交》（2003 年）③ 等论著把宗教视为防止和解决国际冲突的最有效的途径之一。宗教介入大大拓宽了当前国际事务的参与性和代表性。宗教因其道德权威、中立地位、国际联系、丰富经验和动员能力而被视为防止和解决国际问题／冲突的有效手段之一，其对各国外交政策的作用也被作为"遗失的治国术"而重新发掘。与理性行为者决策模式不同的"以信仰为基础的外交"或"新外交"，目前在世界上已逐步发展到可具体操作的程度。④

　　总之，当前宗教与国际关系的关系，完全可以用"颠覆性"来加以形容。然而长期以来，植根于启蒙运动以来西方经验的社会科学理论均视宗教为可有可无的附带现象。宗教的"威斯特伐利亚放逐"，不仅存在于西方主导的国际关系体系内，也存在于西方社会科学理论中。当前国际关系理论研究的三大主流学派，即新现实主义、新自由主义和建构主义，均在不同程度上忽视宗教在国际关系中的作用，对宗教的排斥"似乎被记录在国际关系学科的基因密码之中"，⑤ 因此笔者曾戏言国际关系学是"宗教无用论"的"重灾区"。⑥ 全球性宗教复兴，尤其是当代影响国际关系的三大宗教性运动（政治伊斯兰的兴起、美国宗教右翼的"政

　　① 参见 Samuel P. Huntington, *The Clash of Civilizations and the Remaking of the World Order*。

　　② Douglas Johnson and Cynthia Sampson, eds., *Religion, The Mission Dimension of Statecraft*（New York：Oxford University Press, 1994）.

　　③ Douglas Johnson, ed., *Faith-Based Diplomacy：Trumping Realpolitik*.

　　④ 可参见 Douglas Johnston and Cynthia Sampson, eds., *Religion, The Mission Dimension of Statecraft*（New York：Oxford University Press, 1994），以及 *Faith-Based Diplomacy：Trumping Realpolitik*。有学者区分了九种轨道的外交活动，即政府，非政府组织和专业组织，企业界，公民，研究、培训和教育机构，活动家，宗教界，提供资金的组织，传媒九种轨道。参见 Louse Diamond and John McDonald, *Multi-Track Diplomacy：A Systems Approach to Peace*（West Hartford, Conn.：Kumarian Press, 3rd edition, 1996）。该书中译本为路易丝·戴蒙德、约翰·麦克唐纳著，李永辉等译：《多轨外交》，北京大学出版社 2006 年版。

　　⑤ Pavlos Hatzopoulos and Fabio Petito, "The Return from Exile：An Introduction", in Pavlos Hatzopoulos and Fabio Petito, eds., *Religion in International Relations：The Return from Exile*（New York：Palgrave Macmillian, 2003），p. 1. 该书有张新樟等名为《国际关系中的宗教》的中译本，2009 年由浙江大学出版社出版。

　　⑥ 徐以骅：《当前国际关系中的"宗教回归"》，载《宗教与美国社会——宗教与国际关系》（上）（第 4 辑），第 16 页。

治觉醒"和拉美解放神学的发展)以及极具宗教性的三大事件(伊朗革命、波兰变局及其所引起的东欧剧变和震惊世界的 9·11 事件),给予忽视宗教的国际关系理论以当头棒喝,而那种认为宗教将日益个人化、边缘化和世俗化的西方现代化理论亦像纽约的世贸大厦那样轰然倒塌。"全球宗教复兴"、"世界的复魅"、"宗教跨国与国家式微"、"宗教民族主义对抗世俗国家"、"宗教冲突取代意识形态冲突的新冷战"等说法不胫而走,开始充斥于世界各国的新闻报道和学术出版物,几乎完全取代了 50 年前曾风靡一时的"基督教王国衰退"、"上帝已死"、"后基督教甚至后宗教时代的来临"等话语而成为时代的标签,各种"非世俗化"、"反世俗化"、"后世俗化"和"神圣化"理论纷纷出台,俨然成为各国学界宗教研究的主流。

　　在宗教从"被放逐"到回归国际关系中心舞台的背景下,西方国际关系学界也开始卸下现代化神话的有色眼镜来正视宗教在国际关系中的作用。目前在欧美,新闻媒体已对国际宗教问题日益关注,各高校争相开设宗教与对外政策和国际关系的研究生课程,举办关于该课题的国际学术会议,有关学术论著和博士论文也层出不穷,① 西方的国际关系科研教学领域在某种程度上发生了"宗教觉醒"或"宗教反省",把宗教因素融入对国际关系的研究,从而扩大国际关系理论的内涵和外延,已经开始成为国

---

① 目前西方推出的宗教与国际关系/政治的系列丛书主要有两套:其一是 Palgrave Macmillan 出版社推出的"国际关系中的文化与宗教系列丛书",该丛书已出版的著作除上引之 *The Global Resurgence of Religion and the Transformation of International Relations*: *Struggle for Soul of the Twenty-First Century*, *Brining Religion into International Relations* 和 *Religion in International Relations*: *The Return from Exile* 外,尚有 *Dialogue Among Civilizations*: *Some Exemplary Voices* (by Fred Dallmayr); *Identity and Global Politics*: *Empirical and Theoretical Elaborations* (edited by Patricia M. Goff and Kevin C. Dunn), *Reason*, *Culture*, *Religion*: *The Metaphysics of World Politics* (by David J. Wellman)。其二是剑桥大学出版社推出的"剑桥社会理论、宗教与政治研究系列丛书",目前已出版的著作有 *Muslins and the State in Britain*, *France*, *and Germany* (by Joel S. Fetzer and J. Christopher Soper, 2004); *Sacred and Secular*: *Religion and Politics Worldwide* (by Pippa Norris, Ronald Inglehart, 2004); *The Political Origins of Religious Liberty* (by Anthony Gill, 2007); *The Political Influence of Churches* (by Paul A. Djupe and Christopher P. Gilbert, 2008); *A World Survey of Religion and the State* (by Jonathan Fox, 2008); *Secularism and State Politics toward Religion*: *The United States*, *France*, *and Turkey* (by Ahmet T. Kuru, 2009); *Religion*, *Class Coalitions*, *and Welfare States* (edited by Kees van Kersbergen and Philip Manow, 2009)。博士论文中, William Charles Inboden III, The Soul of American Diplomacy: Religion and Foreign Policy, 1945—1960 (Ph. D. Dissertation, Yale University, 2003) 就是显例。该博士论文 2008 年已由剑桥大学出版社出版,书名为 *Religion and American Foreign Policy*, 1945—1960: *The Soul of Containment*。

际关系学界的新尝试和新共识。有的西方学者甚至倡议在国际关系学中建立国际政治神学（International political theology），认为国际政治经济学的建立是要纠正国际关系学科对经济因素的轻视，而国际政治神学的建立则是要纠正国际关系学在对世界事务进行"社会科学"研究时对宗教、文化、观念或意识形态的有系统的忽略。①尽管目前国际关系学界对能否完全"收编"宗教尚有争议，宗教研究对国际关系学科的影响仍相当有限，实现国际关系理论领域由宗教研究推动的"范式转移"更是遥遥无期，但宗教对现有国际关系理论体系的挑战、修正乃至革新显然已被列入国际关系理论的研究议程。②

关于宗教在当前国际关系中的作用，西方学者尤其是国际关系学者的理解和分析虽有不同但大致接近。宗教与国际关系的关联性与宗教所具有的世界观、身份认同、合法性来源以及作为民众运动和正式组织机构的属性有关。学界一般认为，宗教主要通过以下路径影响国际关系：第一，宗教观念和信仰通过影响决策者、社会舆论和普通民众作用于外交政策，这也是宗教影响国际关系和制度的最重要的方式；第二，宗教是可被国际体制内各种行为体利用的合法来源之一，如"圣战"使战争行为合法化，而当代"正义战争"观念和"人道主义干预论"也具有宗教和神学渊源；第三，"与国家有关的宗教行为体"和"非国家宗教行为体"直接或间接地介入国际事务，与此同时某些宗教领袖在国际政治舞台上发挥重要影响力；第四，宗教是国际关系中跨国群体认同或身份建构的最主要方式之一，在许多情况下，宗教认同比种族、阶级和性别认同更为重要，用亨廷顿的话来说，"宗教在划分异己方面其严厉性和排他性更甚于种族"③；第五，宗教成为国际关系中与军事和经济力量等"硬实力"相对应的"软实力"，宗教价值观念和准则以不同方式影响国际舆论和制度，而运用"软

---

① Vendulka Kubalkova, "Toward an International Political Theology", in *Religion in International Relations: The Return from Exile*, pp. 79—105.

② 英文世界有关宗教与政治（包括国际关系）研究发展的新趋势，可参见 Eva Bellin, "Faith in Politics, New Trends in the Study of Religion and Politics", in *World Politics*, Vol. 60, no. 2（Jan. 2008）, pp. 315—347。

③ 在回答其批评者时，亨廷顿强调指出："在现代社会，宗教是激发和动员民众的重要或也许是最重要的力量……对民众而言最重要的不是政治意识形态或经济利益，教义和家庭，血缘和信仰才是民众所与之认同并为之战斗和牺牲的东西。"参见 Scott Thomas, "Religion and International Conflict", p. 4。

实力"也是宗教团体影响所在国外交政策的最重要如非唯一的方式；第六，通过跨国/跨界宗教现象和运动，如宗教冲突、传教运动、宗教恐怖主义以及人权问题、人口增长和堕胎等与宗教有关的问题作用于国际关系和安全。[1] 对上述关联性，英国国际关系学者海恩斯（Jeffrey Haynes）指出，国际宗教行为体一直被视为在国际政治中与影响国家和国家权力的关键问题还扯不上边的"有趣现象"，"但如今不同宗教行为体不仅能直接影响国家的内政从而对国家权力有所牵制……而且也对国际关系有着意义重大的影响"[2]。

第三节　中国对宗教与当代国际关系的研究

在我国，从 1949 年后到"文化大革命"结束前的近 30 年的时间内，宗教学术研究基本陷于瘫痪局面。在只有宗教批判而无宗教研究的时代背景下，[3] 意识形态化的宗教策论便占据了宗教出版领域的主导地位。这些论述一般具有以下几个特点：有强烈的政策性或对策性、有鲜明的敌情观念和反境外宗教渗透立场，把具有西方背景的基督宗教作为主要防范对象、把宗教问题与安全问题挂钩或等同起来的安全化倾向，以及把宗教问题视为传统安全问题（这不仅指宗教安全问题在中华人民共和国成立后由来已久，而且指将宗教问题与国家主权以及意识形态和政权安全等量齐观）等。事实上，"反宗教渗透"甚至成为讨论一般宗教问题的基调之一，

---

[1] 可参见 Brining Religion into International Relations, pp. 3, 163—168; Scott Thomas, "Religion and International Conflict", in K. R. Dark, ed., Religion and International Relations (Bashingstoke, Hampshire: Palgrave, 2000), pp. 4—14; Jonathan Fox, "Religion as an Overlooked Element of International Relations", pp. 59—67; Jeffrey Haynes, An Introduction to International Relations and Religion, pp. 44—56; 徐以骅：《当前国际关系中的"宗教回归"》，第 17—20 页；徐以骅、刘骞：《宗教对国际安全的影响及其对中国的启示》，载金泽、邱永辉主编《宗教蓝皮书：中国宗教报告(2008)》，社会科学文献出版社 2008 年版，第 214—215 页。

[2] Jeffrey Haynes, An Introduction to International Relations and Religion, pp. 44—45.

[3] 如在 1949 年后的 20 年间，在基督教研究领域带有学术性的论著只有杨真（赵复三）所著《基督教史纲》（上册，北京三联书店 1979 年版）。其他如中国基督教会史领域"较有影响"的论著大多关于"反洋教运动"。可参见徐以骅《大陆中国基督教会史研究之再评介》，载林治平主编《从险学到显学：中原大学 2001 年海峡两岸三地教会史研究现状研讨会论文集》，台北，宇宙光全人关怀机构 2002 年版，第 65—86 页；徐以骅：《两岸三地中国基督教史研究之比较及其重心转移》，载徐以骅、张庆熊主编《基督教学术》（第 7 辑），上海古籍出版社 2008 年版，第 1—10 页。

而这些关于境外宗教问题以及宗教与我国国家安全的论述便构成了具有中国特色的"反渗透学"。① 目前，与涉及如何评价宗教的"鸦片论"一样，"反渗透学"在我国学术界已有所淡化，但其作为在宗教对策领域官方话语体系的一部分仍保持着重要的影响力。

自 20 世纪 70 年代末和 80 年代初以来，国内的宗教研究逐步复苏并呈现较强劲的发展势头和极清晰的学术转向。不过，与其他学科如哲学、历史学、宗教学、社会学等领域相比，国内的国际关系学界对宗教与国际关系/问题的研究相对滞后，甚至连对国际宗教问题较全面的介绍，也是到21 世纪初才陆续问世的，并且还不都出自国际关系学者之手。② 不过，在上述全球宗教复兴、国际关系的宗教回归、西方国际关系学界的宗教转向尤其是非传统安全研究趋热的影响下，国内的国际关系学界已开始关注宗教与国际关系/政治问题，各种有关非传统安全的研究机构和研究项目应运而生，宗教和文化作为非传统安全问题被列入研究议程，出现一系列有关论著。③ 文化和宗教在中国国家战略和安全中的作用和影响也开始进入

① 此类"反宗教渗透"的著述为数众多，可查中文期刊全文数据库；另可参见郭培清《反宗教渗透综论》，载《中央社会主义学院学报》2007 年第 6 期。又如由宗教文化出版社出版的《宗教工作的理论与实践——2003 年全国宗教工作理论务虚会论文集》中，文章题目涉及反宗教渗透的就有《认清形势　常抓不懈　积极抵御境外宗教渗透》、《抵御利用宗教渗透辨析》、《境外宗教渗透的渠道、特点与对策探讨》和《试论抵御渗透与扩大开放的关系》等多篇。境外宗教渗透被描述为"境外团体、组织和个人利用宗教从事的各种违反我国宪法、法律、法规和政策的活动和宣传。主要有两方面的情况：一是境外敌对势力利用宗教作为渗透的工具，打着宗教旗号颠覆我国政权和社会主义制度，破坏国家统一和民族团结；二是企图控制我国的宗教团体和干涉我国宗教事务，在我国境内建立宗教组织和活动据点、发展教徒。……渗透的实质是要颠覆中华人民共和国政权和社会主义制度、破坏我国统一的事业，控制我国的宗教团体和宗教事务"。参见张夏《新时期抵御境外宗教渗透的几点思考》，载《科学与无神论》2006 年第 4 期，第 48 页。

② 如中国现代国际关系研究所民族与宗教问题研究中心编著《世界宗教问题大聚焦》，时事出版社 2002 年版；黄心川主编：《当代亚太地区宗教》，宗教文化出版社 2003 年版；国家宗教事务局宗教研究中心：《当代世界宗教问题》，宗教文化出版社 2007 年版。

③ 其中著作类就有陆忠伟主编的《非传统安全论》，时事出版社 2003 年版；潘一禾：《文化与国际关系》，浙江大学出版社 2005 年版；刘跃进：《国家安全学》，中国政法大学出版社 2004 年版；张骥、刘中民等：《文化与当代国际政治》，人民出版社 2003 年版；张骥等：《国际政治文化学导论》，世界知识出版社 2005 年版；秦亚青：《文化与国际社会：建构主义国际关系理论研究》，世界知识出版社 2007 年版；俞新天：《国际关系中的文化》，上海社会科学院出版社 2006 年版；俞新天等：《强大的无形力量：文化对当代国际关系的作用》，上海人民出版社 2007 年版；余潇枫等：《非传统安全概论》；李祖发、唐复全、李国庆编著：《宗教与战争》，四川人民出版社 2003 年版等。

学界的视野，① 并且成为多项国家社科基金和有关部委和省市资助项目以及博士学位论文的研究课题。在此基础上，复旦大学国际关系与公共事务学院于 2004 年 5 月成立宗教与国际关系研究中心。② 在上述研究机构、项目和成果的推动下，国内宗教与国际关系/政治的讨论已进入学术化的新阶段。

目前国内学术化的宗教与国际关系/政治研究，似具有以下特点及问题：第一，"重文化轻宗教"，宗教现象通常被作为文化之一部分来加以讨论。这固然体现了国内宗教研究尤其是宗教与国际关系研究的相对滞后，也反映出国内学界在一般宗教研究问题上"乍暖还寒"、"下笔如有神"、"犹抱琵琶半遮面"的羞涩局面；第二，对各种宗教极端主义、民族分裂主义和恐怖主义，③ 尤其是对伊斯兰恐怖主义、宗教冲突和民族宗教问题等特定议题的专门研究相对发达，这自然与我国国家安全的现实

---

① 此类著作和博士论文包括：刘跃进：《国家安全学》，中国政法大学出版社 2004 年版；胡慧林：《中国国家文化安全论》，上海人民出版社 2005 年版；于炳贵、郝良华：《中国国家文化安全研究》，山东人民出版社 2007 年版；刘静波主编：《21 世纪初中国国家安全战略》，时事出版社 2006 年版；龚学增、胡岩编著：《中国和平发展中的民族宗教问题》，中共中央党校出版社 2007 年版；盖世金主编：《当代中国民族宗教问题与国家军事安全》，中国社会科学出版社 2007 年版；傅勇：《非传统安全与中国》，上海人民出版社 2007 年版；巴忠倓主编：《文化建设与国家安全——第五届中国国家安全论坛论文集》，时事出版社 2007 年版；社会问题研究丛书编辑委员会编：《文化安全与社会和谐》，知识产权出版社 2008 年版等。另参见徐以骅、章远《试论宗教影响中国国家安全的路径和范式》，载《复旦大学学报》2009 年第 4 期。博士学位论文较有代表性的有刘骞《后冷战时期宗教与国家安全的关联性研究——简论宗教对中国国家安全的影响》，复旦大学国际关系与公共事务学院 2009 年博士学位论文。

② 该中心成立后即开始招收宗教与国际关系研究方向的博士与博士后研究生，举办全国性和国际学术研讨会，开设宗教与国际关系的相关课程，出版《宗教与美国社会》和《基督教学术》等刊物，并计划在年内推出合多部研究专著的《宗教与当代国际关系论丛》，其中包括涂怡超博士的《美国基督教福音派及其对国际关系的影响——以葛培理为中心的考察》、秦倩博士的《宗教非政府组织与国际法研究》、李峰博士的《国际社会中的国际宗教非政府组织》、刘军博士的《民族精神与美国犹太人的崛起》、章远的《宗教功能单元与地区暴力冲突——以科索沃十年冲突中的德卡尼修道院和希南帕夏清真寺为个案（1999—2009）》等。

③ 应该指出，宗教极端主义、民族分裂主义、（国际）恐怖主义三股势力的提法不够严谨，这是因为"宗教极端主义"并不一定是暴力性的，如宗教学者周燮潘所言，长期以来宗教极端主义"主要表现为禁欲苦行而不是恐怖主义"。（参见王逸舟主编《恐怖主义溯源》，社会科学文献出版社 2002 年版，第 248 页）事实上"宗教极端主义"还可指有些宗教组织如公谊会（贵格会）所奉行的反对一切暴力和战争的极端和平主义思想和实践。因此，准确的提法应是"暴力型宗教极端主义"。

处境有关，① 不过在西方学界也有同样情况，以至有西方学者认为"在国际事务领域问题不在宗教议题被忽视，而在宗教议题缺乏理论"。② 对当前宗教作为安全威胁的关注，或宗教研究的新的"安全化"取向，亦有使宗教与国际关系研究降至"短、平、快"时事报道和分析水准的隐忧；第三，尚存在宏观叙事和时事分析有余、实证和比较研究不足、宗教学、社会学、哲学和政治学外的其他学科较少介入、尚未建立较为完整的文献资料库和较为系统的理论分析架构等缺陷。某学科或某研究方向业已成熟的主要标志，是其研究范式的建立与研究专著/项目的数量与质量。目前国内的国际关系学界在宗教与国际关系研究领域成果甚少，且无标志性成果；③ 第四，对国外相关研究的现状和动态掌握不够，缺乏对国外

---

① 此三类论著不胜枚举，其中著作（博士论文）类有：杨灏城、朱克柔主编：《当代中东热点问题的历史探源——宗教与世俗》，人民出版社 2000 年版；曲洪：《当代政治伊斯兰：观察与思考》，中国社会科学出版社 2001 年版；高祖贵：《美国与伊斯兰世界》，时事出版社 2004 年版；李琪：《东突分裂主义势力研究》，中国社会科学出版社 2004 年版；马大正、许建英：《"东突厥斯坦国"迷梦的幻灭》，新疆人民出版社 2006 年版；闫文虎：《当代伊斯兰复兴运动与中国国家安全研究》，西北大学世界史专业 2006 年博士学位论文；杨恕：《世界分裂主义论》，时事出版社 2008 年版；张金平：《中东恐怖主义的历史演进》，云南大学出版社 2008 年版；陈敏华：《冷战后中东极端组织行动研究》，时事出版社 2008 年版；金宜久主编、吴云贵副主编：《当代宗教与极端主义》，中国社会科学出版社 2008 年版；潘志平、王鸣野、石岚：《"东突"的历史与现状》，民族出版社 2008 年版等。论文类有：龚学增：《宗教纷争与国际地区冲突》，载《中国宗教》1999 年第 4 期；周燮潘：《恐怖主义与宗教问题》，载《西亚非洲》2002 年第 1 期；吴云贵：《宗教极端主义的成因与态势》，《中国宗教》2004 年第 2 期；金宜久：《宗教极端主义的基本特征》，载《中国宗教》2004 年第 2 期；高学民：《浅析当代国际社会中的宗教极端主义》，载《实事求是》2004 年第 2 期；吴云贵：《伊斯兰原教旨主义、宗教极端主义与国际恐怖主义辨析》，载《国外社会科学》2002 年第 1 期；李兴华：《宗教极端主义研究概要》，载《西北民族研究》2002 年第 1 期；余建华、晏可佳：《恐怖主义与民族、宗教问题论析》，载《国际问题研究》2003 年第 3 期；陈杰军、徐晓天：《析宗教极端主义及其对国家安全的危害》，载《江南社会学院学报》2006 年第 3 期。徐以骅、刘骞：《宗教对国际安全的影响及其对中国的启示》，载金泽、邱永辉主编《宗教蓝皮书：中国宗教报告（2008）》，社会科学文献出版社 2008 年版等。

② Eva Bellin, "Faith in Politics, New Trends in the Study of Religion and Politics", p. 339.

③ 对包括中国学术文献网络出版总库等国内各大学术网站的检索显示即使从国际关系视角讨论国际宗教问题的学术论文也为数甚少。国内国际关系专业类主要期刊所载有关宗教与国际关系论文寥寥无几，如胡祥云：《宗教的社会功用及其对国际关系的影响初探》，载《国际关系学院学报》1998 年第 3 期；金鑫、徐晓萍：《冷战后的世界民族、宗教问题及对我国的影响》，载《世界经济与政治》1998 年第 12 期；刘中民：《论宗教对国际政治的影响》，载《欧洲》1997 年第 5 期；梁丽萍：《宗教因素与国际政治》，载《国际问题研究》2003 年第 5 期；《当代国际冲突中的宗教因素》，载《现代国际关系》2003 年第 6 期；涂怡超、赵可金：《宗教外交及其运行机制》，载《世界政治与经济》2009 年第 2 期等，其余可参见本文其他注释以及本人主编《宗教与美国社会》第 1—6 辑有关论文。

有关成果较为全面的介绍、翻译和批评机制，而这种机制目前在国内的
国际关系学界已相当成熟；第五，宗教与国际关系和国际问题研究，主
要应是国际关系与宗教学两大学科的结合，而国内普遍存在着国际关系
学者不通宗教，而宗教学者不谙国际关系的知识结构缝隙和学科脱节现
象，国际关系学与宗教学基本上仍是"两股道上跑的车"。具有讽刺意味
的是，国际关系学和宗教学是目前国内两大热门学科。① 因此目前就整体
而言，除涉华课题外，在宗教与国际关系研究领域国内学界还处于介绍、
积累和起步的阶段。

不过尽管在宗教与国际关系研究领域目前国内学界尚难与国际学界一
争短长，尤其在对跨国宗教和宗教现象（如宗教与地区和暴力冲突）的数
据处理、量化分析和实证考察等西方有关研究的特点和强项领域，但国内
学界还是可以通过借鉴宗教学、政治学、国际关系、社会学等学科，局部
性的实证研究以及以中国宗教和国际关系实情为基础的研究，对该领域的
学术演进作出有创新性的贡献。目前，这些研究有结合当代中国国情的对
宗教全球化的讨论；有从国际关系视角对美国与伊斯兰世界关系的宏观考
察；有采用社会资本理论对葛培理布道会和基督教福音派全球网络的形成
以及对当代国际关系的影响的考察；有借鉴政治学理性主义和建构主义理
论的对后冷战时期宗教与国家安全关联性的研究；有以结合地缘因素和文
化表象的、有别于传统宗教团体和个人的"宗教功能单位"② 来考察科索
沃冲突的个案研究等。③ 目前国内的宗教学研究和国际关系研究均出现相

---

① 其实在国外学界此两大学科的脱钩现象也十分严重，这在其他相关领域也是如此。如美
国外交史学者安德鲁·普雷斯顿（Andrew Preston）就指出，宗教和对外关系是美国历史上最重要
并且研究得最为充分的两个领域，但两大学科领域之间却少有全面和有力的交叉连接。参见 An-
drew Preston, "Bridging the Gap between the Sacred and the Secular in the History of American Foreign Re-
lations," in *Diplomatic History*, Vol. 30, no. 5 (November 2006), p. 786。

② 复旦大学国际关系与公共事务学院的章远对"宗教功能单位"做了以下界定：信仰超自
然实体、凭借固定的实体膜拜与静修处所，在自身生存安全的前提下，以传播信仰文化为基本职
能，以宗教仪式为主要行为表达方式，参与世俗国际交往，并对国际政治进程产生影响的开放性
相对独立行为体。其基本组成要素包括精神信仰、伦理价值观、宗教建筑、宗教仪式、常驻神职
人员以及影响力可辐射人群。参见章远《宗教功能单元与地区暴力冲突——以科索沃十年冲突中
的德卡尼修道院和希南帕夏清真寺为个案（1999—2009）》，复旦大学国际关系与公共事务学院
2009 年博士学位论文。

③ 可参见卓新平《"全球化"的宗教与当代中国》，社会科学文献出版社 2008 年版；高祖
贵：《美国与伊斯兰世界》，徐以骅主编：《宗教与美国社会》（第1至6辑），时事出版社 2004 至
2009 年版，以及本套《宗教与当代国际关系论丛》。

互结合甚至相互转向的端倪。假以时日，我国的宗教与国际关系研究将会有长足的发展。

国际关系学科尤其是安全理论的介入，无疑是国内宗教与国际关系讨论深入开展和学术转向的重要因素。一般说来，宗教与国际关系或国际问题研究有狭义和广义之分：狭义的宗教与国际关系或国际问题研究可单指基于国际关系或政治学学科对国际宗教问题的研究；而广义的宗教与国际关系或国际问题研究则泛指国际关系学科以外的其他学科对国际宗教问题的研究。就议题而言，上述领域还可有"主议题"与"共议题"之分。①作此类区分有武断的成分，因为在具体研究中此两类研究在方法、议题和目的上不仅密切相关而且互相借鉴，而笔者的主要研究主张就是此两种研究路径之结合。但作此种区分却有助于了解国内的宗教与国际关系或国际问题研究的现状和前景。总的来说，前者即狭义宗教与国际关系/问题研究无论在国内外都开展较晚，只是在 20 世纪末尤其是 9·11 事件以来，这种滞后局面才有所改观；后者即广义的宗教与国际关系/问题研究在国内则开展较早且相对发达，这主要归功于神/哲学、宗教学、社会学、历史学、外交学等学科的贡献。在西方，目前上述狭义和广义两类研究可说是平分秋色，②事实上许多有关论著为此两类研究的共同结晶。在我国，学界已有较好的世界宗教及西方神/哲学研究基础，近年来不少学者尤其是宗教学者更是积极介入对宗教与国际关系的讨论，③而国际关系学界对宗教问题从完全忽略发展到逐渐关注，广、狭两义的研究也开始取得某种

---

①　在上述领域国际关系学的"主议题"包括宗教与当代国际制度、国际体系、国家/国际安全、各国外交、地缘政治等；其他学科有充分介入甚至作为主导的"共议题"包括宗教与全球治理、国际组织、全球化、国际法、国际冲突和对话等议题。

②　主要从神/哲学视角研究全球化和宗教与国际事务的论著可参见由位于美国新泽西普林斯顿的神学研究中心资助、由马克斯·L. 斯塔克豪斯（Max L. Stackhouse）主编，并于 2002 至 2007 年间由 Trinity Press International 出版的《造物主与全球化：神学伦理与生活领域》（*God and Globalization: Theological Ethics and the Spheres of Life*）四卷本丛书，不过其中亦收入国际关系学者如斯科特·托马斯（Scott Thomas）等的论文。

③　其中的主要研究成果包括：卓新平：《"全球化"的宗教与当代中国》；卓新平主编：《当代基督宗教教会发展》，上海三联书店 2007 年版；卓新平：《全球化与当代宗教》，载《世界宗教研究》2002 年第 3 期，第 1—15 页；金宜久：《国际政治中的"宗教因素"》，载《世界经济与政治》2002 年第 9 期，第 17—22 页，以及张志刚《宗教与国际热点问题——宗教因素对冷战后国际热点问题和重大冲突的深层影响》，载《北京大学学报》2008 年第 4 期，第 42—54 页等。博士学位论文较为代表性的有刘义《全球宗教政治及宗教治理：一个宗教社会学的理论考察》，香港中文大学 2008 年博士学位论文。

平衡。

　　鉴于上述情况，目前国内学界对宗教与国际关系或国际问题研究的深入开展，似更有赖于宗教研究在国际关系学或政治学领域的"主流化"。国际关系/政治学虽完全不能包揽该领域的研究，但宗教与国际关系研究只有完全融入国际关系/政治学科才能获得不可或缺且更为有力的分析工具，尤其在上述"主议题"方面。宗教在当今国际关系和各国外交事务中的作用日益显著，以及"传统安全和非传统安全威胁相互交织"[①]的局面，要求国内的国际关系理论界涉足宗教领域并对之作出理论上的回应。宗教学和国际关系学都是各种学科均可染指的门槛较低的学科，宗教与国际关系研究也是如此。从目前国内外研究现状来看，跨学科实证研究、国际关系学界的"宗教介入"以及超越描述性个案研究而建立宗教作为自变和因变量影响国际事务的理论框架应是宗教与国际关系研究学术转向的后续发展。

---

　　① 胡锦涛总书记在十七大报告中指出，"传统安全和非传统安全威胁相互交织"是我国当前面临的和平和发展难题之一。参见胡锦涛《高举中国特色社会主义伟大旗帜，为夺取全面建设小康社会新胜利而奋斗——在中国共产党第十七次全国代表大会上的报告（2007 年 10 月 15 日）》，人民出版社 2007 年版，第 46 页。

第六章 古代基督教思想文化背景及其历史影响研究

王晓朝

"古代基督教研究"在学科分类中属于宗教学中的基督教研究的一个组成部分，它的研究对象是基督教的古代阶段，而其思想文化渊源及其历史影响则涉及更多的领域及学科。从基督教的创始人耶稣创教、传教开始算起，基督教已经有了近两千年的发展历程。时至今日，基督教是世界三大宗教之一，信徒人数占全球总人口的三分之一。从宗教与文化的关系来看，基督教是当代西方文化的底蕴，是构成未来世界文化的重要因素，当代基督教（包括中国基督教）思想的种种要素都可以追溯到它的古代阶段中去。这一研究对象的重要性决定了中国学术界必须加强对古代基督教的研究。在纪念改革开放 30 周年（1978—2008 年）的时候，已有学者对此做了系统的总结，[①] 然而，时值下一个 30 年的新起点，回顾以往 60 年的研究成果，我们仍有必要对中国学术界古代基督教研究的发展状况作一些理论反思。

与宗教学研究的其他学科和基督教研究中的其他领域相呼应，中国学术界的古代基督教研究成功地实现了范式转换，从"以阶级斗争为纲"的研究模式转变为"宗教是文化的核心"、"基督教是西方文化的核心"的研究模式，从而使一系列重要理论问题有了新的阐释，并在该领域中有了自己的建树。

在这 60 年中，前 30 年的学术建树不多，而在后 30 年的历程中，中国学者在该领域把研究重点放在两个方面：一是古代基督教的历史；二是古

---

① 参见卓新平主编《中国宗教学 30 年》，中国社会科学出版社 2008 年版。

代基督教的神学和哲学。与这两个重点相呼应，也涌现出一些从社会学、政治学、神话学、语言学、诠释学等角度切入该领域研究的论著。从已有成果来看，属于基督教历史方面的专著有 4 部，属于古代基督教神学与哲学的专著有 17 部。而同期中国学者翻译的基督教历史著作有 6 部，古代基督教神学与哲学著作有 11 部。① 由于著作分类的困难，上述统计数字不一定准确，但从中仍可看出中国学术界的研究路径是翻译与著述并重。中国学术界经过长期的努力，已经拥有了自己对古代基督教的阐释、理解和理论，与国外同行相比，亦有理论创新之处。

第一节　取得实质性进展的研究领域

在对历史研究的新发现和对重大理论问题的新阐释上，中国学术界的古代基督教研究在下列重大问题上取得了实质性的进展。

一　对耶稣生平及其历史真伪问题的研究

改革开放之初，19 世纪德国的青年黑格尔派的相关论点对中国学术界影响最大。其代表人物大卫·弗里德里希·施特劳斯的《耶稣传》中译本虽然迟至 1981 年才出版，② 但它的影响可以从后来的一些中国学者的著作中看出来。"耶稣基督究竟是历史人物，还是宗教的幻想？十九世纪三十至四十年代，德国青年黑格尔派施特劳斯和布鲁诺·鲍威尔对圣经福音故事的批判，事实上就是对基督教神迹信仰的批判。施特劳斯认为福音书中记载的神话故事（神迹）绝不是历史事实，而是由于救世主观念在早期基督教社团中的流行而自然发生的结果，它是人的创造，但不是故事作者的故意捏造。"③

英国神话学派对中国学术界的影响也很大。英国学者罗伯逊所著的《基督教的起源》在中国较早就被译成中文出版。作者关于基督教创始人耶稣的基本看法是："与其说耶稣创立基督教，不如说是基督教描绘出一个耶稣，还较符合历史的真实。"④ 在英国神话学派的影响下，日本学者幸

---

① 参见卓新平主编《中国宗教学 30 年》，中国社会科学出版社 2008 年版，第 258、269 页。

② 参见［德］施特劳斯：《耶稣传》，吴永泉译，商务印书馆 1981 年版。

③ 吕大吉主编：《宗教学通论》，中国社会科学出版社 1989 年版，第 201 页。

④ ［英］罗伯逊：《基督教的起源》，宋桂煌译，三联书店 1958 年版，第 29 页。

德秋水（1871—1911 年）写成《基督何许人也——基督抹杀论》。该书列举福音书中的大量矛盾，提出它所记载的耶稣事迹只能"看做神话小说"，而不能"径直信为历史事实"。全书最后得出结论："耶稣基督不是历史上的真实人物，而只是以古代神话的糟粕渣滓、残骸断础拼凑起来的一个没有生命的偶像而已。"① 20 世纪 80 年代翻译出版的一些苏联学者的著作进一步强化了这种观点，如克雷维列夫的《宗教史》。该书作者在这个问题上持神话说，认为"基督是一个神话人物"。②

随着学术研究的深入，中国学者开始较为全面地分析这个问题。前杭州大学的胡玉堂先生较早指出："一种意见认为耶稣是真实的历史人物，确有其人，其依据有三：（1）公元一世纪犹太史家约瑟弗斯著作中曾提到耶稣，并说'他是基督'。这句话很可能是改写，不能作为不存在这一历史人物的依据。（2）罗马史家著作中说明了基督教是由一个称为'基督'的人所创立，而对基督徒来说，它是耶稣的专有称号。（3）福音书的资料来源可能包括从耶稣活动时期到成书时期有关耶稣各种传说的记载，故有一定的真实性。据此三方面说明耶稣是一个历史人物，他很可能是当时犹太社会群众运动的领袖，运动失败后，人民长期铭记他，奉为救世主。"③到了 20 世纪 80 年代末，于可先生说："我认为在发掘出新的史料以前，从历史科学的角度，很难确切地说明其有或无。但根据目前的迹象和基督教的传说来看，我赞同证明耶稣无比证明耶稣有更困难。此问题的最终解决，尚有待于新史料的发现。"④ 郭圣铭先生说："我们无法证明历史上究竟有无耶稣基督其人，但有一点可以肯定：历史上的耶稣基督，绝不同于神话传说中的耶稣基督。"⑤

进入 20 世纪 90 年代以后，中国学术界认为耶稣在历史上确有其人的观点逐渐占了上风。唐逸先生指出："拿撒勒人耶稣是个历史上确实存在过的人物，这个'拿撒勒人'反对犹太教祭司贵族的腐化生活，倡议改革，获得了一批追随者，成为犹太教的一个小宗教派——拿撒勒派。后

① ［日］幸德秋水：《基督何许人也——基督抹杀论》，马采译，商务印书馆 1986 年版，第 85 页。

② ［苏］克雷维列夫：《宗教史》上卷，乐峰等译，中国科学出版社 1984 年版，第 137 页。

③ 胡玉堂：《历史上的耶稣》，《历史研究》1981 年第 2 期。

④ 于可：《十年来我国基督教史研究的评估》，《世界史研究动态》1989 年第 7 期。

⑤ 郭圣铭：《世界文明史纲要》，上海译文出版社 1989 年版，第 426 页。

来，他的门徒可能出于虔诚的信仰或宣传上的需要，根据犹太先知们的有关弥赛亚的预言，认定他就是弥赛亚，把他描绘成一个神奇人物，进而逐渐视其为崇拜对象——耶稣基督。"① 90 年代后期翻译出版的两部耶稣更进一步加强了这种观点。1997 年，中国社会科学出版社出版了由高师宁、段琪翻译的美国学者克罗桑的《耶稣传：一部革命性的传记》。作者写作这部书的立场是文化人类学的、历史学的、文献考据学的，而不是护教的。它只涉及作为历史人物的耶稣，而不涉及作为信仰对象的基督，只涉及作为人的耶稣，而不涉及作为神的基督。此书为中国学术界了解西方学术界在基督教起源和耶稣的生平提供了新的材料。由梁工教授翻译的法国学者欧内斯特·勒南的《耶稣的一生》② 虽是 20 世纪的作品，但作者对作为历史人物的耶稣的肯定及对其神性的彻底否定仍有重要影响。由中国学者自己撰写的耶稣传也涌现出来，如孙善玲的《走向神圣——耶稣传》。③

可以看出，自改革开放以来，中国学术界对耶稣的看法经历了一个从全盘否定到部分肯定，从完全不信福音书记载到部分相信福音书记载，从把历史与信仰混为一谈到区分历史与信仰这样一个过程。下一步，如何把二者统一起来，则还需要学术界付出更多的努力。笔者认为，这个问题只要能区分耶稣基督的"历史性的存在"与"精神性的存在"，然后在此基础上做进一步的说明，承认历史上的耶稣与作为基督徒信仰对象的基督的共在，这在理论上是能讲得通的。同时我们要看到，这一问题也仍旧是国际学术界关注的一个焦点。中国学者要及时收集相关信息，反映国际学术界在这一问题上的研究进展，在此过程中提出自己的阐释。

二　对基督教形成的社会历史背景及其思想文化渊源的研究

基督教形成的社会、历史、思想、文化背景就是罗马帝国。基督教的诞生与罗马帝国的建立几乎同步。希腊罗马世界是基督教的播种者耕耘的土地，种子的生长不仅依靠它本身具有的生命力，而且也取决于土壤的适宜与肥沃。对基督教与罗马帝国关系的正确理解，关系到对基督教历史与传统的正确把握。中国学术界在这个问题上受英国近代历史学家爱德华·

---

① 唐逸主编：《基督教史》，中国社会科学出版社 1993 年版，第 25 页。
② 参见［法］勒南《耶稣的一生》，梁工译，商务印书馆 1999 年版。
③ 参见孙善玲《走向神圣——耶稣传》，中国社会科学出版社 2000 年版。

吉本（Edward Gibbon，1737—1794 年）的影响很深，其焦点是罗马帝国衰亡的原因。改革开放以后出版的其他一些译著也涉及罗马帝国衰亡的原因，但影响都没有吉本的著作这么大。①

1997 年，商务印书馆出版了吉本的名著《罗马帝国衰亡史》的中译本。该书的中译本序言除了介绍吉本的简要生平、写作背景、写作动机以外，还介绍了吉本的主要思想。序言作者说："作者（指吉本）一再强调罗马帝国的灭亡实即蛮族与基督教的胜利。"② 从而给读者以强烈印象，以为吉本认为罗马帝国衰亡的原因是基督教。而实际上，吉本对基督教与罗马帝国关系的看法是一回事，吉本的著作在当时出版后在英国遭到来自教会方面的批评是另一回事，但中译本序言把二者混为一谈，说"《罗马帝国衰亡史》原文本在我国流传已久，近年来史学界有一些文章介绍和评论吉本及其巨著，可以吴于廑教授的《吉本的历史批判与理性主义思潮》（载《社会科学战线》1982 年第 1 期）为代表。这些文章的共同看法是'吉本的历史批判精神，与启蒙时代的理性主义思想是一致的，突出表现在对基督教传统教义、信条、教规等所持的批判态度'。这无疑是吉本此书的精华所在"③。

然而，中译本序言作者及大批史学界学者所转述的吉本对基督教的评价与吉本自己的看法差距更远。细读原著，吉本确实"始终相信《福音书》的传播和教会的胜利与罗马帝国的衰落是密切相连的，所以他着重于这一变革的原因和影响，把基督教徒自己的著述和辩解同异教徒投向这一新教派的公正或憎恨的目光加以对照"，④ 但他没有把基督教说成是罗马帝国灭亡的原因，对基督教也没有一笔抹杀，而是用理性主义的笔调描述了罗马帝国与基督教二者之间的复杂关系。这种关系不是简单的因果关系，而是互动关系。即使在中译本译出的由节编者 D. M. Low 所写的引言中也已经指出："吉本对'福音的简单、纯洁的观念'从未进行过攻击，对基督教的道德观念，他也从未像后来的某些不可知论者那样横加指责。他对真诚和勇敢追求理想的态度始终怀着崇敬之心。"⑤ 可见，中译本序言作者

①　参见策勒《希腊哲学史纲》，山东人民出版社 1992 年版，第 222 页。
②　[英] 吉本：《罗马帝国衰亡史》，商务印书馆 1997 年版，第 10 页。
③　同上书，第 13 页。
④　同上书，第 11 页。
⑤　同上书，第 5 页。

的关注点与英文节编者的关注点有巨大差别，而这种关注点的差异也导致对此理论问题认识上的差异。

从 20 世纪 90 年代开始，浙江大学一些从事古代基督教研究的学者结合罗马帝国文化的变迁研究这个问题。他们指出，历史上任何一个大帝国覆灭的主要根源都在于帝国本身，而不能用其他外在的原因来解释，罗马帝国与基督教文化崛起有关联，但若将基督教视为罗马帝国衰亡的原因，认为基督教应当对罗马帝国的衰亡负责，那么既不符合历史事实，又过于狭隘。[①] 这些理论思考的成果对于我们深入理解基督教有积极的作用。

三 对基督教与希腊罗马哲学关系的研究

基督教作为一种起源于东方（近东）的一神教文化，其基本精神确实与以多神崇拜为特征的西方古典文化背道而驰。因此，基督教的兴起与扩张与希腊罗马古典文化发生过激烈的冲突与对抗。西罗马帝国灭亡之后，西方文化出现了低潮。因此，人们理所当然地认为基督教对西欧中古前期的文化低潮负有不可推卸的责任。希腊罗马哲学是西方古典文化的重要组成部分和代表者。看到古希腊哲学随着罗马帝国的灭亡也走向终结，因此基督教与西方古典哲学的关系也引起了中国学者的关注。正确把握这一问题不仅能使我们了解基督教本身的发展，而且也有助于我们认清基督教在整个西方文化中的核心地位。

中国学术界通过对相关史料的详细研究，较为全面地阐述了这个问题。他们指出：基督教与希腊罗马哲学的关系在罗马帝国时期主要表现在基督教思想家对各种希腊罗马哲学所作的有选择的接纳。中国学者们常说："基督教思想家汲取希腊哲学的理解、辩护方式，为基督教的信仰作辩护。"然而，汲取就是有选择的接纳。基督教在其初始阶段并不具备一套抽象的神学理论体系。在与各种希腊罗马哲学思想的交锋中，基督教一方有虔诚的信仰，但无系统的神学理论；而希腊哲学一方有成熟的理性批判能力，但无统一的信仰，而且又在相互攻伐。在这样丰厚的理性批判精神的文化氛围下，基督教神学思想迅速地理论化、体系化，由此构成了罗马帝国精神文化领域内与希腊哲学家对峙的阵营。由基督教教父哲学家们确立的信仰至上原则和包含理解在内的信仰主义导致了希腊罗马哲学的全

---

① 参见王晓朝《希腊化与基督化的世纪之争》，《浙江社会科学》1997 年第 3 期。

面终结。整个西方古代哲学向中世纪哲学过渡。

四 对古代基督教哲学历史地位的评价

古代基督教哲学亦即教父哲学。一些西方当代哲学史家否认有基督教哲学，进而否认早期基督教哲学的地位。比如英国哲学史家柯普斯登说："如果哲学是人类研究和知识的一个合法和自主的领域（自主的意思是哲学爱有自身方法和研究对象），那么，它不是、也不可能是'基督教的'。正如说'基督教生物学'或'基督教数学'是荒谬的一样，一个生物学家或数学家可以是基督教徒，但他的生物学或数学却不是基督教的。同样，一个哲学家可以是基督教徒，但他的哲学却不是基督教的。""基督教哲学一词的合法意义最多只是说符合基督教的哲学"，"我们并不因为一个科学命题符合基督教而称之为基督教命题。"[①]

对于这样的观点，中国学术界提出了自己的看法。有学者指出：柯普斯登的观点貌似有理，实际上钻了牛角尖。因为按照他的逻辑，不仅没有基督教哲学，而且也没有希腊哲学、拉丁哲学、罗马帝国哲学。这种说法混淆了一般的哲学与个别的哲学，混淆了哲学与哲学史的区别。这种观点虽然将由基督徒创造的哲学纳入了哲学发展的总的历史，但却否认了基督教可以有自己的哲学和历史上已经存在的基督教哲学，从而将基督教哲学这个在特定文化环境下由特殊的社会群体创造的哲学肢解了，化作个别基督徒哲学家的观点而从哲学史中淡出了。[②]

柯普斯登提出这样的观点有一个思想上的原因，这就是把宗教与哲学之间的关系视为全然分离的关系，基督教是宗教，因此不能是哲学；而基督教教徒可以有多重身份，可以既是基督徒，又是哲学家，但他们的哲学并不是基督教哲学。对宗教与哲学的关系做这样的理解是比较肤浅的。宗教与哲学的区分讲到底只是学科的界域划分，而它们的研究对象和研究方法则可以是共同的和共通的。在实际的历史中，特别是在古代西方的历史中，各种宗教团体和哲学学派可以具有类似的外观，也可以拥有相近的思想体系，只不过在宗教则为教义，在哲学则为理论学说。如果把宗教与哲

---

① Copleston, F., 1950, *A History of Philosophy*, Vol. II, London, p. 280.
② 参见王晓朝《教父学研究——文化视野下的教父哲学》第 7 章，河北大学出版社 2003 年版。

学完全两分，进而否认基督教哲学的存在，那么我们所得到的思想图景是不完整的，有缺陷的，而且也是有违历史事实的。

第二节　在进一步开拓与发展的研究领域

上述重大理论问题的研究进展和新观点的提出，为中国学术界深入细致地研究古代基督教奠定了基础，开辟了道路。就笔者所掌握的研究动态来看，中国学界对古代基督教的研究将在下列方面有进一步的开拓与发展，乃至于取得重大突破。

一　对古代基督教文化背景的研究将扩展为对整个地中海文化圈的研究

近年来，"文化圈"的概念在中国学术界屡有使用。浙江大学陈村富先生于《中国社会科学》2007 年第 1 期上发表专文《地中海文化圈概念的界定及其意义》。他指出："从公元前五世纪至公元前一世纪，在地中海域逐步形成同长江—黄河文化圈、印度河—恒河文化圈相呼应的环地中海文化圈。这个文化圈的中心首先是在地中海东部的西亚和埃及，尔后西移雅典，再至罗马。经过希腊化和罗马帝国近八百年的地中海域文化间的交融和碰撞，最终形成了地中海文化圈。"将环地中海区域视做一个文化圈，对于中国学术界推进古代基督教研究有重大学术意义。

以往学术界探讨古代基督教产生的文化背景，基本上是在罗马帝国的大框架下进行，思考基督教的诞生和早期发展，着重揭示希伯来与希腊两方面的文化影响。这样的解释虽然较好地说明了基督教诞生与发展的历史过程，但仍有部分现象不能解释。例如，基督教亚历山大里亚学派的形成、诺斯替主义的兴起、新柏拉图主义与基督教的关系，等等。克莱门和奥利金在亚历山大里亚创建了基督教的亚历山大里亚学派，利用希腊哲学制定基督教义的历史，然而亚历山大里亚同时也是犹太教、摩尼教及埃及本土宗教的聚散地。基督教的神学体系同样也受到这些宗教的影响。诺斯替主义的兴起无法在"两希文化"的框架中得到充分合理的解释，而要诉诸更大的文化背景。新柏拉图主义的创始人普罗提诺虽然与基督教没有什么直接的来往，但他的哲学体系却与基督教的创世论不谋而合。深入研究地中海文化圈的形成和发展，将影响我们对古代基督教的认识和理解。如果说我们在改革开放以前对基督教的源起的认识是一元的，即它的希伯来源起，那么在这30年中我们的看法从一元转向了二元，即基督教的希伯来与希腊的源起，随着我们对整个地中海世界的历史、政治、社会、伦理各方面细节的把握，我们可能会在这个问题上提出基督教的多元源起的看法。

二　古代基督教思想家将得到更加普遍的研究

中国学术界的教父学研究尽管已经获得了较多的研究成果，但我们对教父学的研究仍处于初步阶段。在历史上留下其史料的教父有数百人，而迄今为止，我们只研究了一些主要的教父思想家，甚至连对他们的研究也不够完整和深入。由于研究教父学的难度大，所需投入多，因此迄今为止，还有大量的教父学资料没有译成中文，许多研究亟待深入，许多理论问题亟待解决。要把这方面的研究持久深入地开展下去，我们既需要具备全球性的视野，又需要扎实的学术工作。

国际学术界在世纪之交曾对教父学的当代研究作过系统的回顾和总结。查尔斯·坎嫩吉塞尔（Charles Kannengiesser）在《教父学的未来》一文中说："20世纪的这一教父学复兴具有两个主要特征：学科的全然综合性及其扩伸的社会维度。第一个综合性的特征使学者以一个新的方式去规定教父学，这个方式在本质上以学术专业化为标志。第二个社会维度的特征关涉到教父学突破它原来的牧师和神学圈子，并将它的吸引力扩伸至新门类的学者。它步入了同其他学科的合作，并且在世俗的大学中获得了认可。"[1]"这一复兴的基础是对全体古代基督教文献的科学控制，方法论和国际化的组织控制，依照这样的方式，数以千计的古代手稿的缩微胶卷能够得到前所未有的流传。与此同时，所有研究古典著作和古代历史的学生得到了钥匙，进入了古代晚期的文学和文献宝藏，他们现在能够带着新的眼光去审视这些材料。"[2]"教父学被视为一门边缘的和附属的神学学科的时代已经过去了，而且对基督教传统进行彻底的重新诠释的时代又一次到来。"[3]

关于教父学的未来，作者提出三个基本的论题："第一，在我们这个

---

[1]　坎嫩吉塞尔：《教父学的未来》，《基督教文化评论》第28期，道风书社2008年版，第22页。

[2]　同上书，第24页。

[3]　同上书，第26页。

仍在迫切地追寻其自身身份的后现代时代,教父学界首当其冲地参与到西方根基的广泛恢复之中。""第二,在这个后现代时代,教父学似乎不再被适切的现代意识形态所驱动,后者如果不是十足国家主义的,就是宗教的、告解的和欧洲中心主义的。然而,在实际成为非宗教的、多元告解的,并且在逐渐致力于西方和非西方文化相遇的过程中,教父学维持了其被恰当地规定的同一性。简而言之,通过这个真正的一致性,教父学成为诠释的一个根源,为了连续不断地对西方的历史根基进行解释,我们今天迫切需要诠释的根源。""第三,教父学在后现代时代的破晓时刻具有新的地位……"[1] 作者特别指出:"我的态度是乐观的。不像斯宾格勒的悲观的《西方的没落》那样,我期待西方在后现代时代获得重生。并且我相信在这样一个重生的过程中,教父学要发挥长久而积极的作用。"[2] 他所概括的西方教父学的转型为中国教父学研究的发展创造了一个良好的国际环境。

对教父学这个学科的理解和处理上的不同曾经造成中外教父学研究路径上的差异,而且造成了研究成果交流上的障碍,而随着中外学术交流的扩展,这种障碍正在逐渐被打破。教父学在根子上是一门西方的学问,中国学者在研究这门外国学问的时候当然要扬长避短,不必要也不可能跟在西方学者后面亦步亦趋。我们应当找准突破口,花力气,搞出自己的特色来。西方教父学研究注重文献整理,中国的教父学研究应注重翻译,尽可能将经典式的教父学文献翻译出来,以便有更多的学者参与研究;西方教父学的经典式的研究注重学说整理,而中国的教父学研究在掌握了基本材料以后,要加强理论分析与综合,使之为我所用。要做到这一点,扩展研究者的文化视野是一个必要前提。

到目前为止,在教父学研究中,在方法论层面有所总结概括的是浙江大学的王晓朝。他对 21 世纪国际学术界若干种文化研究理论或研究趋势进行了初步综合与提炼,概括出"文化互动转型论"的理论框架。[3] 20 世纪世界性的文化研究热为我们解决中西教父学研究"两张皮"的状况提供了一个契机,文化理论研究的新成果为我们综合西方传统的教父学研究成

---

① 坎嫩吉塞尔:《教父学的未来》,《基督教文化评论》第 28 期,道风书社 2008 年版,第 29 页。

② 同上书,第 36 页。

③ 参见王晓朝《文化互动转型论——新世纪文化研究前瞻》,《浙江社会科学》1999 年第 3 期。笔者在文中提出了文化互动转型论的五条理论前提和五条基本立场。

果和由中国学者从事的西方哲学史范畴下的教父哲学研究成果，并将这些成果置于文化视野下作新的检视提供了理论依据。我们以古代基督教的教父思想家为研究对象。但我们不是从传统的哲学史的研究角度切入教父们的思想，仅仅研究那些属于狭义哲学的本体论、认识论、方法论思想，或者仅仅涉及自然哲学、逻辑学、伦理学的内容，而是将古代教父们的思想纳入其生成、发展的罗马帝国文化的具体环境，视之为基督教文化成形的关键和西方文化转型的标志，由此探讨基督教神学和哲学思想的显现与发展，对其在古代各个重要时期所起的重要作用和文化意义作实事求是的评价。王晓朝指出：我们从文化互动转型论的基本立场作为研究教父学的起点，但并不否定和排斥以往从单一学科角度对教父学进行研究。我们所做的工作也绝不是抄袭和拼凑以往的研究成果，而是新的综合与创造。在下一步的研究中，文化互动转型论本身需要进一步发展完善，而在更加深入细致的具体研究中，相信新的方法论层面的成就也会涌现。

三　古代基督教研究与宗教学其他各分支领域之间交融将进一步强化

与中国改革开放之前学术界对古代基督教的学术研究相比较，这30年的古代基督教研究正趋向于完备、系统、扎实，学术积淀也越来越厚实。然而，古代基督教的情况十分复杂，中国学者要从事这方面的研究，不仅要克服资料关，还要克服语言关。现代学术发展到今天这个地步，中国学者们应当说都具备了较强的跨学科研究的自觉意识，然而要在个体层面全然做到对古代基督教进行跨学科的综合研究仍旧很难实现。一方面，限于个人知识背景和处境，研究者很难做到全面的研究，另一方面，现行学术体制也还存在着许多阻碍跨学科综合研究的地方。因此，加强学术交流仍将在弥补这种不足方面起重要作用。

改革开放30年来，整个中国的基督教研究表现出宗教史学与比较宗教学研究的有机结合。在与其他宗教研究的合作上，基督教研究也最为典型地体现了对外开放、对内沟通的特点，并成为宗教学众多研究领域发展得最快的一个分支学科，并受到国际学术界的关注。古代基督教研究不仅与基督教研究的其他部分关系密切，而且与历史学、政治学、社会学、文献学、圣经批判学有着复杂的关联。由于中国学术界对古代基督教的研究至今仍是由文史哲不同背景的学者从不同的角度分别切入的，加强学术成果交流，吸取其他学科的研究成果就显得更为重要。但就现有成果而言，仍旧显得不够。

　　值得欣慰的是，经过这几十年的努力，中国学术界不仅涌现了大量的基督教研究的成果，而且研究力量大为增强。古代基督教研究虽然难度较大，但近年来以古代基督教为研究对象的博士论文还是呈增长的趋势，论文质量和研究水平有较大提高，青年学者成长迅速。这就为中国学术界的古代基督教研究增添了后备军和新生力量，也为该领域研究的可持续发展提供了基本保障。我相信，在下一个 30 年中，中国的古代基督教研究会在国际学术界占有重要地位，中国学者能在这个研究领域的国际学术讲坛上拥有自己的发言权，中国的古代基督教研究会以其独特的学术语言、独立的学术地位步入国际学术界并产生重要影响。

第七章　基督教发展研究

卓新平

在中华人民共和国成立以来六十年的宗教学术研究历史中，对基督教（亦称"基督宗教"）的研究占有较大比重，亦取得了重要成果。基督教因其在中西文化交流中的影响、在国际关系及国际政治中的作用以及在其自身宗教学术传统发展演变中的积淀而引人注目，吸引许多中国学者对之展开深入而系统的探讨。在新中国成立初期，这些研究主要为不同领域的相关学者所进行的学术引进和独立探索，多以翻译为主，而其侧重则在于翻译、介绍前苏东地区学者的研究成果和学说见解。1964 年，中国科学院建立世界宗教研究所，中国学术界开始尝试对宗教研究力量的整合，并形成以建制性研究机构的系统化、规范化、集体化研究，这对基督教研究亦带来了推动，使同一领域的学者有了更多的交流、沟通，逐渐营造出一种学术讨论的氛围。不过，至 1977 年之前的中国基督教研究主要是政治局面的思考和意识形态上的批判，在史料梳理和学术翻译上有所积累，但在深入研究、提出创见上则罕见高水平的学术著作问世。这种被动局面，随着 1978 年以来中国全面、深入的改革开放而被彻底打破，基督教研究在当代中国呈现出全新的走向，其成果累累、新意迭出已引起国际学术界的关注和评述。在众多学术流派、研究方法并存的当代中国学界多元格局中，强调客观、科学、"纯学术"意义的基督教研究成为其最大特色，也最为引人注目。历史上的基督教研究通常都为传统"神学"之探，主要是在基督教信仰范围之内的"在教言教"、"弘教宣道"，而"悬置"基督教信仰、不以其为前提或传统的基督教研究则如凤毛麟角、非常罕见。改革开放以来的中国学术界突破了这一研究上的传统局限，在整个世界基督教研究领域中独辟蹊径、标新立异，并回溯原初语义而对"神学"表述加以学术层面新的解读和诠释，故而形成了当代中国基督教研究的一枝独秀，体现出"敢为天下先"的气魄。尽管人们对这一研究的意义、作用和效果仍在观察、仍有异议，而且基督教界内外的学者彼此之间实际上也有着密切交流和深入沟通，形成了其研究的共有、共在之"场"，但与国外研究相比较，这一基督教研究突出学术的"中国特色"则已脱颖而出，展示出一种既具有挑战、又促进对话的全新学术发展。

从时间段来看，新中国成立以来的基督教研究恰好始于 20 世纪上半叶之终末和其下半叶之开端，由此产生了研究主体、立场、方法及对象上的重要变换和社会转型。二者之间虽有某种程度的衔接，但基本上是一种全新的发展，形成了其世纪之中上下有别的分水岭。如果说 20 世纪上半叶中国的基督教研究基本上具有神学的特色、主要为教会人士所展开，那么 20 世纪下半叶中国内地的基督教研究则基本上不再具有神学特色，而研究主体也由社会科学、人文学科领域的教育、研究人员来代表，他们基本上没有教会身份和背景，其研究立场、方法也不以基督教信仰为前提。由于百废待兴、重新起步，研究者有一个感觉找寻、处境适应之过程。为此，新中国成立最初的基督教研究以翻译、介绍国外著作为主。此间较有影响的译著包括考茨基著、叶启芳等译《基督教之基础》（1955），罗伯逊著、宋桂煌译《基督教的起源》（1958），孔波罗夫著、哲安译《十字军东征》（1959），恩格斯著、何封译《论原始基督教史》（1961），雅罗斯拉夫斯基著、谭善余译《圣经是怎样一部书》（1963）等。这些译著的挑选或是根据国际共运以来苏联、东欧学界的相关著作，或是从西方学界找出一些对基督教持历史批评、客观研究和独立见解的著作来加以译介，尚不具系统性和学术目的性。而 1949 年之前教会内部的研究在 1949 年之后形成了中国港澳台地区及海外华人的基督教之探，构成了与中国内地学界的明显差别。

与其他研究相同，中国内地学界在这六十年的基督教研究中大致可分为两个阶段，前一阶段截至 1977 年，不足三十年；而后一阶段则真正始于 1978 年，迄今已稍多于三十年。前一阶段的基督教研究基本上为起步、探路、寻找研究感觉，营造学术氛围。从总体来看，这一阶段的研究尚不系统，更谈不上深入，为数不多的研究著述和论文也主要侧重于政治层面，学理性并不突出。而进入"文化大革命"时期，基督教研究与其他研究一样都基本中断。后一阶段的基督教研究则开创了一个全新的时代。这是中国的基督教研究真正走入系统、深入、全面探讨的时期，其特点一是建立起基督教研究的学科体系，并形成了教会史研究、圣经研究、基督教神哲学研究、中国基督教研究、文化及文献研究等分支、分级学科研究；二是体现出跨学科、跨文化研究的意向，既有多学科的整合，亦有宗教研究上的突出。其独特意义则在于中国的基督教研究打破了国际上由基督教会及其神学界一统天下的局面，出现了以宗教学方法为基础、悬置基督教信仰、由教外学者为主体的研究态势。许多传统意义上的基督教神学命题和研究领域，在中国学术界得以从宗教学的立意上来重新考虑、重新探析。由此，当代中国基督教研究可谓另辟蹊径、独树一帜，而其学术成果自然也与众不同，令世界瞩目。在当代中国学术界形成的一些讨论和争辩，已经在国际上引起广泛关注，并导致了各种不同的学术回应和参与。

当代中国基督教研究六十年的历程，是探索、反思、寻求、突破、发展的过程。其研究始于政治性的观察、批判，发展为学术性的分析、梳理，并形成在研究队伍上、研究意向上"宗教学"的基本立场和"悬置信仰"的学术特色。这样，基督教研究的问题意识得以保留，而其传统上的教会"神学"色彩则被扬弃。可以说，在当代世界基督教研究领域中，这种学术立意、宗教学方法的中国基督教研究乃异军突起，开辟了一种前所未有的全新研究局面。

第一节　基督教历史研究

六十年来，中国当代学术界对基督教历史的研究被作为整个基督教研究的基础、前提，因而得到特别的重视。不过，这种历史观和历史研究方法不只是为历史而历史，而是"以史为鉴"，旨在观古洞今，由此体悟、阐释其历史的意义，在其时间的纵向发展之流中寻踪溯源，领会、提炼出精神、文明、社会进程之历史辩证法。

一　早期基督教历史研究及相关思考

关于早期基督教的历史，中国学术界所关注的基本问题一是其社会性质，二是其文化传承，三是其发展演变。从其社会性质来看，早期基督教一般被理解为"被压迫群众的运动"，"是群众创造的"；作为"被压迫者的运动"，早期基督教具有"革命性"和"解放"意义，"它最初是奴隶和被释放的奴隶、穷人和无权者、被罗马征服或驱散的人们的宗教"；这种定位使早期基督教在当时具有"先进性"，"代表着宗教发展的崭新阶段，即行将成为人类精神史中最革命因素之一的阶段"。① 就其具体社会、民族状况而言，早期基督教实际上为"犹太民族争取解放斗争的高潮中出现的一个犹太教新宗派"。不过，刚诞生的基督教作为"犹太教的私生子"在当时受到双重压迫：在社会、政治上，基督教从一产生就处于"地下教会"的地位，没有社会合法性，在政治上受着罗马帝国的严厉打压，有过遭受"十次大迫害"的经历；在民族、宗教上，基督教作为从犹太教之中的分化和异化而不被犹太民族所容纳，不被犹太教所承认，从而在其民族、宗教性上受到犹太民族及其宗教的排挤、否认。于是，早期基督教作为"另类"而异于罗马社会、不同于犹太民族，不得不走向自我发展的全新道路，形成其与众不同的"自我意识"。不过，早期基督教的"革命性"也只能相对而言。它不属于当时犹太民族坚决反抗罗马统治压迫的"激进派"，而是主张消极抵抗或基本放弃抵抗。这就给人们分析早期基督教的社会性质带来困惑和混乱，使一些人认为早期基督教不是革命运动而是具有"保守"、"妥协"等消极性质。其实，从历史唯物论和历史辩证法的角度来分析，早期基督教更多为一种精神运动和精神革命，而不是直接面对罗马帝国并进行反抗的政治运动和社会革命；由于双方力量的悬殊，被压迫者的反抗和起义显得"徒劳"，一次又一次遭到镇压，以至于几乎"没有地方能立十字架，没有十字架能钉人"。正因为代表奴隶反抗的"斯巴达"失败了，所以"基督教"在当时才可能胜利。早期基督教所选择的是另一种"解脱"、另一种"出路"，即以对"此岸"的"绝望"而迎来对"彼岸"的"希望"。从这一意义上，我们在早期基督教身上所看到的是反映"精神"解放和解脱的宗教运动，并不是社会政治运动。因此，不能简单地谈论宗教的"阶级性"或"进步"与"落后"，其真实反映的最基本特征是其"群众性"，而其"阶级"属性则是可能变化、转换的。

从其文化传承来看，早期基督教并不是"西方宗教"，而有着明显的"东方宗教"的根基和起源。作为从犹太教中分化出来的一个"变种"，基督教与犹太教等同属"亚伯拉罕传统宗教"，这一传统的文化遗传和精神基

---

① 恩格斯：《论早期基督教的历史》，《马克思恩格斯全集》第22卷，人民出版社1965年版，第523—552页。

因包括有"绝对一神"的观念，相信"启示"对此岸、彼岸及人间、天上的沟通，从而提供了一种"超然"或"超越"之维度，以及用"先知"的出现来传递这种"启示"，形成"替神代言"、"替天行道"的传统，结果使神人之间的"中介"、"使者"亦被"神圣化"，故而有"神子"的观念涌现。可以说，早在"古希伯来"传统之中，基督教就已形成了其"三位一体"信仰的框架，在保留其"绝对一神"观念对外的排他性的同时，其"圣子"、"圣灵"的观念实际上已在动摇、甚至肢解其"绝对一神"的"超越性"、"统一性"和不可分割性。在"圣父"的观念中，显然已融入了"关系"的元素，有了"多元融合"、"多元一体"的"东方色彩"。然而，仅靠"古希伯来文化"并不足以构成早期基督教的本真。早期基督教之所以被称为是"两希文明"的结晶，就在于其与古希腊文明的不解之缘。古希伯来文化的宗教、伦理因素得到了古希腊文明的哲学、逻辑、思辨体系的补充，由此才使后来的基督教亦宗教亦哲学，东西合璧、珠联璧合、优势互补、相得益彰。当然，这种"两希文明"的融合早在"希腊化时期"的犹太教中就已开始，这为基督教的双基因奠定了基础、创造了条件，促成了其"优生"。由此可见，基督教今天的"普世性"或"普世"因素势必会追溯到"两希文明"的开放性和包容性，而基督教则是其行之有效的实践者。在其基本元素中，可以看到古希伯来文化传承中的"绝对一神"观、"神人立约"的契约论、"神之选民"这种"特殊神宠"论在"教会之外无拯救"观念上的扩大，以及古希腊文化传承中的"逻各斯"概念、"爱智慧"意向、体认人之有限的"自知"意识以及宗教灵修上的神秘主义等。这些因素在今天西方文明中仍依稀可辨。此外，其思想文化传统中的"救赎观"、"受难论"和"末日审判"、"千年王国"等观念，则已超出"西方"之界而以政治、文化理念形式影响到全世界。

从其发展演变来看，早期基督教经历了从"非法"到"合法"、从"东方宗教"到"西方宗教"、从"被压迫者"的宗教到"统治者"的宗教这一复杂、巨大的变化。中国学者分析了德国杜宾根学派按黑格尔辩证理论体系而概括的早期基督教"彼得派"、"保罗派"和"古代公教会"三阶段及其反映的所谓"正命题"、"反命题"和"合命题"三段论，认为早期基督教发展的三个阶段可以划分如下："原始基督教"是其第一阶段，即"初期基督教"或"初期基督教徒社团"的发展时期，以犹太人为主，在一定程度上仍属于犹太教的异端派别。"早期基督教会"是其第二阶段，即基督教完全脱离犹太社团而形成其"自我意识"，发展为"思想上组织上具有独立形态的基督教会"；这两个阶段的基督教乃由"被压迫者"所组成，在政治上仍"不合法"，受到罗马帝国的打压，地域上仍属"东方宗教"，影响范围有限。"教阶制"的教会及其"国教"地位的奠立是其第三阶段，即基督教社会性质、政治地位、区域影响发生重大变化的时期；在这一时期，基督教变成古罗马帝国的国教，从"被打击"的处境转变为"被扶植"的状况，从"被压迫者"的信仰变为"统治者"所用的宗教，从"非法"的宗教不仅变为"合法"，而且一跃而为至高无上、甚至唯一允许存在的"国教"；此外，古罗马帝国此时已扩张为地跨亚、非、欧三洲的帝国，且把基督教定为其官方意识形态和道德价值体系，基督教这时亦发生了从"东方"往"西方"的位移，因为帝国的中心在欧洲而不是在亚洲，这种地域嬗变使基督教在西方的影响逐渐扩大；而随着西罗马帝国的崩塌，作为西欧唯一意识形态和文化价值形态的基督教以其精神信仰来填补西罗马留下的政治、文化真空，结果成为"西方文化"的核心价值观和社会表现形态，由此完成了基督教从"东方宗教"到"西方宗教"的过渡；其"西化"本身乃是以自己的信仰价值体系来影响并支配西方的思想文化构成。从基督教这一发展演变来分析，则可看到宗教的"意识形态"、"价值体系"、"阶级成分"、"社会地位"以及地域、民族特色并非固定不变的，宗教作为一种信仰体系既会以这些因素体现其自我，也有其超越性而不受这些因素之限。基督教所展示的其"超越东西方"的发展，其实已在其早期历史阶段就基本上得以奠定。

　　早期基督教历史研究中的另一重大问题，则是对耶稣生平的评价及对其信仰本质意义的理解。有无耶稣其人，历史上已争论了千年之久，中国当代学术界亦没能避免这类争论。一方面，这种理解指向"神子"、"人子"、"先知"、"创教者"之说，或是从具有"超凡魅力"的宗教领袖这一"人"之意义上来理解、评论耶稣，相信在古代犹太人的历史中确实出了这样一位宗教先知、领袖、创教者，掀起了这场信仰革命运动，因而"耶稣"作为希腊化时期犹太人中间常见的名称体现了世人历史之"常道"，而且也是可以"道"、可以言说的，能够以历史史料、口传来证明；或是从"道成肉身"这一角度来理解这一宗教史上的"神迹奇事"，耶稣的一生则成为人间"奥秘"、神圣"启示"，不可"道"、只可"信"，即成为宗教信仰的特殊表述，不能简单地用历史来说明，靠史料来论证。这样，对耶稣的理解就有了历史理解与信仰理解的分殊，其中最为典型的讨论就是将"历史上的耶稣"与"信仰中的基督"分开来谈，以其信仰上的关联来对照其历史、理性解释上的区别，让"耶稣"成为历史上的"伟人"，而"基督"则成为信仰中的核心价值、信徒崇拜的宗教对象"圣子"或"神子"，具有神圣象征的意义，此即"基督教"的灵魂、根基、核心。

另一方面，"耶稣基督"在中国学术界的宗教理解中还有更为深刻的蕴涵、更有哲理的解说。其一，耶稣基督作为"道成肉身"表现出的是"神圣"进入了"人间"，而其所要揭示、回答的哲学问题则是超然与自然、彼岸与此岸、绝对与相对、无限与有限、永恒与现实等对立范畴之间的关系问题。西方文化看似没有中国文化的模糊整体、一元宇宙的观念，上述对立关系乃"二元分殊"，之间似有鸿沟相隔、难以逾越。然而，"道成肉身"却打破了这种隔绝和界限，使西方"二元世界观"不再是铁板一块，其分割是相对的，"神子"的贯穿使之成为整体，故而不再与东方整体世界观绝对相悖或对立。其实，耶稣基督的这种"中介"意义及作用本乃东方遗产，在此遂成为沟通东西方、超越东西方的桥梁或媒介。西方宗教观念中的"神"与"人"绝对分离在此被相对化、被模糊化，从而又回到了东方宗教中"神""人"一体、"梵""我"如一的大一统境界，这个世界为"一"、"唯一"，可以从"一"来界说"真"、"善"、"美"、"圣"的宗教精神之本。这样，可以对"行走在历史中"的耶稣及其"升天"之超越加以综合性说明、整合性理解，而"圣灵"的"降临"则使所谓"有限世界"不再孤寂，有着更宏大的关联，折射出整体的共在。其二，耶稣的"神性"以其另类解释而说明了其信仰的伦理意义、历史观念、救赎本质。首先，耶稣不是凯旋般的"君临"人世，而是极为卑微的"降生"。其次，耶稣在人间的"为王"不是"统治"而乃"服事"，其"王者"风范及意义表现在"非以役人，乃役于人"之精神上。再次，耶稣在人间的结局为"失败"，被钉十字架而"死后复活"说明彼岸超越之维在现实的履行仍有难度、充满张力，由此来审视故而不能以"成败"来论"英雄"；在历史中"斯巴达"失败了，"耶稣"同样也失败了，这种历史辩证法给我们的"启示"是深刻的、独特的，结果是"启示"成为了"历史"，而"历史"则作为"启示"来存在、来延续，人在"历史"和"启示"中"双重失落"，找不到历史的规律和必然，世人因为耶稣的

"失败"而对历史失望，又在其"复活"的奇迹中燃起信仰意义上的希望。最后，耶稣的"拯救"以"自我牺牲"为"赎价"，用"自我的受难"来表现、实现对"他者"的救赎、解放。这里揭示出的思想是非常深刻的、令人震撼的。做耶稣的门徒则必须付出"门徒的代价"，耶稣牺牲自我，拯救他人的信仰本真会让实用主义、功利主义、自我主义的"信者"汗颜，无地自容。不少人自称信仰耶稣，但并不敢真正"追随"耶稣，而只是相信"基督"作为"神"来对"人"实行拯救、解放。在基督教与马克思主义的对话思潮中，耶稣作为"无产者"的形象曾加深了人们对"无产阶级只有解放全人类才能最后解放自己"这句名言的理解。而其自我牺牲精神在对照中国文化精神时会让人联想起"先天下之忧而忧，后天下之乐而乐"之惊人警示。同样，在比较宗教中，"耶稣"形象也可以在大乘佛教的"菩萨行"中觅其身影、找到共鸣。

二　中世纪教会及其"黑暗时代"辨析

中国当代学术界对欧洲中世纪教会史的研究和评价亦颇为活跃，但长期坚持的观点之一即认为欧洲中世纪乃"黑暗时代"，代表着欧洲发展的一个"低谷"和一种历史"落后"或"倒退"。甚至有不少人也赞同欧洲中世纪有"千年黑暗"之说。不过，肯定这种观点的说法大多为人云亦云，缺少深入尤其是自我独立的研究。除了对中世纪经院哲学有所涉猎之外，20世纪80年代之前的中世纪研究对这段历史基本上承袭了西方近代一些人文主义学者的观点，相关翻译也多为苏联学者的著述。这样，西方近代的发展与进步似乎与中世纪无关，"走出中世纪"的黑暗才有近代西方的复兴和崛起，这种观点几乎是当时学术界的"共识"。

不过，改革开放以来的系统、深入的中世纪历史文化研究，开拓了中国学术界的眼界，了解到国际上相关研究的一些进展和突破，同样中国学者自己也有解放思想、客观求实的研究创新。于是，从对中世纪的全盘否定到重新审视、科学研究，在认识上克服了以往的局限，使中世纪研究出现了不少亮点。从对整个西方基督教文化历史发展的纵览，中国学者指出了西方社会演进的阶段性及其关联性，西方近代的突破不是从古希腊罗马文明一下子跳跃到近代文明，而有着中世纪的丰厚积淀和长久准备，中世纪的兴起在摧毁、破坏古罗马社会的过程中，并没有灭绝其思想文化传承；在经过几百年的混乱、过渡之后，重新确立的中世纪社会秩序、理论体系仍明显反映了西方古典时期的思想传承和精神风貌，而且有着发扬光大的进步和创新。因此，中世纪的"黑暗"主要为中世纪早期社会转型过程中的纷争、战乱，它有几百年的经历却并无上千年的"漫长"。从中世纪欧洲社会的重建来看，"加洛林王朝文化复兴"实际上已标志着欧洲社会走出了其中古早期的"黑暗"，迎来了其全新发展的"黎明"。

中世纪社会重建的过程实际上是基督教会在西方文化中发挥主导作用的时期，因此人们习惯将这一时期的文化称为"崇拜上帝的文化"，视这一时期的政治为"神权统治"。正是由于这种宗教文化的特点，所以中世纪欧洲发生的大事均与宗教相关，其对外关系的大事"十字军东征"乃有着"宗教战争"的性质，其内部的革新、改革亦为"宗教改革"或"宗教复兴"。欧洲中世纪的一切，似乎都浸润在宗教之中。以往对这种"宗教文化"通常只有负面的评价，如对"十字军东征"、"宗教裁判所"、反异端运动等往往是否定意见颇多，几乎不会从正面或积极意义上来论说。这种对整个欧洲中世纪的负面评价，使人们在解释西方历史的连续性、延续性上出现了矛盾，很难自圆其说。其实，如果对欧洲中世纪出现了误解和偏见，就不可能真正揭示西方文明进程的奥秘，也使人们对今天西方社会的迅猛发展、"硬实力"和"软实力"的协调感到一头雾水、百思难解。

改革开放所带来的对实事求是、具体问题具体分析等科学方法的恢复，使中国学术界重新梳理、反思、评说上述史实，从而带来了中世纪研究的新视角和新突破。大致而论，当代中国的"中世纪学"分为历史和哲学这两大层面，二者亦有内在的交织和互渗，如历史研究突出文化历史、有着历史哲学的寓意，而哲学作为神哲学亦有着向文化哲学的扩展，体现出强烈的历史感。应该承认，在对中世纪史料的占有和确认上并无太多新的突破或实质性进展，其学术创新意义乃体现在对这些公认史实的重新分析和评说上。例如，"十字军东征"问题是人们关注中世纪历史上的一个焦点，中国学者对这一"东征"亦常用"东侵"来表述，说明了对其性质的否定，以及对这一历史事件的批判谴责。然而，如果我们再往深层次上追究，则可挖掘出不少新的意蕴、悟出其新的意义："十字军东征"八次的结局乃西欧天主教势力的失败，在其政治、经济、文化、宗教意义上，它既代表着西方天主教世界对当时阿拉伯帝国扩张的反抗和回击，尽管其最终为与穆斯林军队展开宗教战争较量中的"输家", 同时也在其宗教和世俗利益驱动下向东罗马帝国及其同宗教派东正教宣战, 其攻陷君士坦丁堡之举实际上更深层地动摇了东罗马帝国的根基, 并使之最终不敌穆斯林势力而导致帝国的崩塌, 将原有的东正教文化让位给伊斯兰文化。从消极意义上, 这次"东征"成为西方基督教与东方伊斯兰教正面较量的一个象征, 而"东征"的失败给西方人留下了一个心结, 使"十字军东征"之表述积淀而为西方政治家及其文化抗衡的"潜意识", 即潜化为一种文化"情结"或"情绪", 一遇机会则会流露, 如美国前总统小布什在反恐动员时对这一表述的脱口而出, 它演变为美国当今对外军事干涉的代名词。从积极意义上, 中世纪的"十字军东征"间接推动了东西方文化, 尤其是基督教文化与伊斯兰文化的交流、沟通, 西方对这种文化多样性的接受和吸纳实际上为随后的文艺复兴提供了文化准备和思想舆论。与中东阿拉伯世界和犹太文化的再接触, 使西方有机会看到并参与阿拉伯文化和犹太文化对古希腊罗马经典的发掘、翻译和引进, 此即欧洲文艺复兴中的重要精神来源。此外, 这段历史亦对土耳其的古今发展及其文化定位产生了深远影响。15 世纪后, 东罗马帝国的灭亡使君士坦丁堡易名为伊斯坦布尔, 著名的索菲亚大教堂也先后以清真寺、博物馆的方式来存在。东罗马帝国的往昔年华使今天的土耳其对欧洲有着特殊、复杂的关联及情感, 其对欧亚两洲的跨越亦使之有着定位上的模糊和犹豫。不过, 其伊斯兰文化色彩却让欧洲对之有着种种的不放心, 因而虽然欧洲让土耳其加入了作为西方军事联盟的"北约", 却对土耳其申请加入欧盟的要求掂量再三, 一直拖延, 迄今仍未解决。由此可见, 一个以伊斯兰教作为主要信仰的欧亚之国, 在其真想融入以基督教为主的欧洲共同体时会面临政治、经济、文化及宗教上的种种差异和困难, 从而使其融入的"过程"势必缓慢且复杂。

在对中古欧洲"宗教裁判所"和反异端运动的分析、研究中, 当代中国学术界亦克服了过去"简单化"的倾向而提出了新意。不可否认, "宗教裁判所"显露出中世纪欧洲政治上的黑暗和宗教上的高压, 但它同样也折射出当时宗教与科学关系的错综复杂和曲折变化。从哥白尼、伽利略、布鲁诺等人的"公案", 则可看到中世纪的教会并非完全排斥科学的成果和进步, 许多教会神职人员同时也是当时杰出的科学家, 只是当其科学实验和发现出现与教会"核心价值观"相悖、抗衡的情况时, 教会"主流意识形态"及其"核心价值观"尚跟不上这种科学创见和全新发现, 于是就出现了科学与宗教的对抗、对峙，甚至发展为对科学家的打压和迫害。但这段史实并不说明宗教就与科学必然矛盾和水火不容，相反，中世纪教会也会在其局限中注意将社会已公认的科学原理及成就纳入其体系，成为其核心价值观的重要组成部分之一。至于中世纪的反异端运动和镇压女巫运动，则说明在其官方信仰之外也大有民间信仰及其宗教存在，揭示出基层社会的民俗文化及其与主流文化的张力。

引起中国学者更多关注的，则是改变中世纪欧洲历史进程的三次"文化复兴"运动。这种研习和认识大大丰富了以往对 14 世纪前后欧洲文艺复兴运动的了解和论说。这些研究认为，9 世纪加洛林王朝确立，基本上结束了欧洲古代至中古转型之间的约四百年"黑暗时代"，以教会神权及宗教教育为特点的"加洛林王朝文化复兴"标志着西欧社会文化重建走入正轨，由此真正开始"基督教文化"时代。欧洲中世纪的第二次文化复兴即所谓"12 世纪文化复兴"。中国学者在此特别关注美国哈佛大学哈斯金斯等人关于"12 世纪文化复兴"的研究，并再版了中国学者杨昌栋的专著《基督教在中古欧洲的贡献》，对中世纪欧洲发展和教会在其中曾起到的积极作用加以正面阐述。人们的共识是，欧洲中世纪得以复兴主要得力于教育复兴和文化复兴，这使欧洲发展获得了重要的精神底蕴及动力。"12 世纪文化复兴"的一个重要特征即中世纪大学教育的兴起，注重教育带来了实验科学的成熟、哲学思辨的发展以及各类人才的辈出。而这一切都与教会主导的宗教教育有着密切关联，12 世纪的文化复兴进而奠立了13 世纪欧洲经院哲学得以达到鼎盛的重要基础。而作为基督教会核心价值体系的"神学"，也是在这一时期才真正被教会认可、接受，从而由古希腊柏拉图的哲学术语正式转变为基督教会公认的思想理论术语，其正名之后才有了基督教传统的"神哲学"之说。对 12 世纪前后欧洲基督教文化的研究，使中国学者认知哲学、神学、经院哲学和神哲学等精神思想体系的视阈更加开阔，对神学的理解亦更为开放。至于对 14 至 16 世纪欧洲"文艺复兴"的研究，中国学术界研究的深度和广度则在改革开放以来达到空前的发展。与以往观念不同的是，不少学者不再将之视为一种"世俗文化"的复兴，人们在其"回到古典"、"回到古希腊罗马"的口号下仍看出是一场基督教文化内部复兴运动，并不是以"反教会"、"非宗教"的身份来出现。因此，中世纪后期的欧洲文化及其向近代的转型，仍然是基督教文化的运动，留下了非常明显的教会印痕。

三 宗教改革与近代欧洲社会变迁研究

宗教改革被认为是欧洲"走出中世纪"的重大历史事件，受到中国学术界的特别关注。一般认为，欧洲的近代发展和社会进步始于其宗教改革，特别是马丁·路德、加尔文和英国自上而下的宗教改革运动有着独特的历史意义和深远的社会影响。为此，中国学术界对宗教改革运动评价很高，并希望以这种历史借鉴而带来对我们今天社会改革、思想解放的启迪。在西方的社会文化氛围中，中世纪教会地位的显赫及其影响的广远，使任何社会运动都必须以宗教思潮的方式来进行；因此，宗教改革势必与社会变迁相呼应、相关联，即以宗教革新的形式反映社会变革的需求。在中国学者的视线内，对社会转型、变化的考量是其专注宗教改革研究的重中之重。

首先，对马丁·路德宗教改革运动的研究占有突出地位。20 世纪 70 年代之前中国学界的宗教改革研究以马丁·路德为主，70 年代末 80 年代初得以复兴的当代中国学术研究在宗教改革选题下的关注首先也是想到马丁·路德。从马丁·路德"因信称义"的主张上，人们看到其思想在倡导、推动基督教从"神本主义"向"人本主义"、从"教会权威"到"圣经权威"（即依靠自我的经典文本阅读和理解）、从"外在信仰"向"内在体验"以及从"礼仪形式"向"心灵敬虔"的重大转变。这样，路德的改革被视为"人的发现"、"自我的觉醒"、"主体意识的凸显"和"人本主义的萌芽"而得到正面肯定。路德的改革不仅带来了社会政治的发展，而且也促进了语言文化的改进，从而为新的时代提供了新的社会生存方式和新的思想文化形式，表明了向中古社会的全方位告别。不过，中国学术界亦分析、批评了路德与闵采尔的分歧以及路德对德国农民运动的抵触和反对，指出其具有"温和"、"妥协"色彩的宗教改革之历史局限。显然，路德改革正、反两方面的遗产都对近现代基督教会的发展产生了多重影响。

其次，对加尔文宗教改革的研究在改革开放以来的中国学术界获得了显著、重要的定位。人们认为，加尔文的影响涵盖许多方面，对近代西方的发展具有根本性触动和推进。在教会层面，加尔文的平等观念推动了教会的民主改革，形成了"长老"制等新的教会存在形式。在政治层面，加尔文的思想引发了英国"清教革命"，为英国近代资产阶级革命提供了温床。在经济层面，加尔文的"预定论"思想演化为"谋事在人、成事在天"、"天道酬勤"的新教伦理，其"入世禁欲"、"勤奋节俭"的社会实践为正在兴起的资本主义精神提供了最初模式；中国学者在此特别关注西方社会学家马克斯·韦伯在其名著《新教伦理与资本主义精神》中对加尔文革新思想的解读，并在中国社会学界和经济学界引起热议。当然，在宗教与社会互动关系的理解上，不少学者认为不只是应回到韦伯，还更应该回到马克思。在精神层面，加尔文的构思引发人们对社会、经济发展背后"潜在的精神力量"之联想，并进而将"硬实力"与"软实力"有机关联，思考到"精神力量"作为另外一种"看不见的手"对相关社会"可持续发展"的意义与作用。此外，加尔文思想遗产对当代教会"奋兴"发展中"福音"运动、"灵恩"运动的复杂影响，亦引起中国学界的高度重视和相关谈论。当然，在评价加尔文在瑞士日内瓦等地的宗教改革运动时，学者们同样也批评了加尔文在宗教、社会两个方面排斥异己、迫害见解不同的科学家、有貌似"新教教皇"之举等问题，论及其宗教改革仍存有的种种局限。

最后，英国自上而下的宗教改革或"改良"亦被中国学者加以多层面剖析、研究。其"国教"形式触及政教关系、民族关系、教内关系等方面，导致极为复杂的社会后果及影响。在政教关系上，改革产生的英国圣公会具有"国教"地位，国王成为其法定首脑，从而形成英国近代以来颇为独特的政教合一模式，影响到其政教格局及近现代发展。而随着英国殖民扩张和帝国主义侵略，曾作为"日不落国"的英国也在世界范围留下了庞大的、类似天主教的"大一统"圣公会宗教体系及网络。其教义上的保留和保守，与其政治上的强硬和强势形成鲜明对照，也为英梵关系、英国天主教发展等问题的产生埋下了伏笔。在民族关系上，英国宗教改革形成的"国教"体系在英国国内的推行却困难重重，在英格兰、苏格兰、爱尔兰等不同民族和地区中，这种"国教"之实行情况各不相同、差异颇大。苏格兰、爱尔兰等地在抵制圣公会作为国教上甚至引发了民族冲突和政治对抗，留下了种种隐患。例如，今天英国北爱尔兰地区新教与天主教之间的摩擦和冲突，就是这一历史遗产所发生的作用。在教内关系上，英国国教会对其他教派的排斥、对"不从国教者"的打压形成了影响极坏的"宗教迫害"。这直接导致了英国"清教"等向欧陆和北美"新大陆"的移民。以"五月花号"为标志，英国新教弱势教派越洋找寻"宗教自由"的乐土,开辟了另一块天地,形成了今天北美新教发展的传统及特色。这样,对英国宗教改革的研究随之被不断扩大,引发了更新、更广的社会民族、政治、经济、思想文化、全球发展等研究。

与宗教改革运动研究相对应,中国学术界也开展了对天主教"反宗教改革运动"的研究,其中还突出了对其新型传教修会如"耶稣会"等组织及其活动的研究。颇有意义的是,随着研究的不断深入、认识的不断深化,中国学界基本上已不再用"反宗教改革运动"这一表述或直译,而更多倾向于采用"天主教革新运动"这一意译即更贴切的表述,对天主教革新的成效亦有了更为客观的分析、评价。

四　现代基督教发展研究

基督教在现代的发展出现了多元态势,其发展重心也有着明显的位移,呈现出一些新的增长点。从发展阶段来看,20 世纪以来的基督教经历了三次较大的震动,由此导致其分化和重组。第一次震动发生在第一次和第二次世界大战之间,社会的动荡带来了教会存在形式的动摇,在欧洲引起了较大的分化。特别是在纳粹统治下的德国和欧洲其他国家,曾出现了屈服于法西斯淫威的所谓国家教会和主张反抗的"自白教会",教会中形成"抵抗还是服从"的两种声音,直接影响到教会的声誉、形象和生存。二战后德国教会的认罪忏悔,为这一阶段画上了句号。第二次震动发生在20 世纪下半叶的50、60 年代,不少国家、民族的独立和解放,带动了教会的自立运动,出现了教会本土化、地方化的趋势。"普世教会"运动面对这一新的形势而将工作重点转向"第三世界",教会在亚非拉美趋于活跃,但欧美教会则不甘消沉。此间欧美教会发展的亮点有二:一是天主教在 20 世纪 60 年代第二次梵蒂冈大公会议之后所推动的改革,其"跟上时代"的口号带动了教会"走出去"的战略,天主教从此在社会各界的亮相明显增多。二是教会兴起的"与社会主义对话"、"与东方对话"的"对话"思潮,从而使教会人士得以主动接触各种不同的意识形态、宗教信仰和文化体系,开始了解其"对话"伙伴。第三次震动则由原苏东社会剧变所引起,出现在 20 世纪即将结束前的 80 和 90 年代。这一剧变带来的震撼前所未有,东正教在俄罗斯和不少东欧国家得到迅速恢复,基督教各派亦再次卷入社会动荡、重构的风浪之中,其后果、影响迄今尚不能明确定论。但值得关注的是,基督教传统意义上西强东弱、北盛南衰的格局正被改写。而西方学者詹金斯关于"下一个基督王国"将会从南半球崛起的预言亦引起了中国学术界的广泛讨论。

除了保持对传统形态教会的观察之外，中国学者更多地展开了对"基要派"、"福音派"、"灵恩派"、"基督教右翼"的深入研究。在此，人们探究了西方主流教会的"世俗化"、"地域化"、"分化"和"边缘化"，同时开始具体分析非主流教会走向"主流"、扩大影响的"福音派"、五旬节派等"灵恩"运动，观察其在非传统基督教领域的扩展、扩散。在基督教的当代传播中，人们对其在拉美、非洲和亚洲韩国等地的崛起及迅猛发展有着特别的关注，并由此来对照、分析基督教在当代中国的存在、发展及影响。

现代基督教发展对中国学者而言唤起了相应的问题意识。与"世俗化"相呼应、相关联的，则是教会在"全球化"、"互联网时代"的生存与发展。欧美社会正在孕育的"公民宗教"或"公共宗教"面对着"全球化"所带来的考验：基督徒是本国的"好公民"还是不为民族所限、不被国家所累的"全球公民"、"地球村民"？是保持为恪守教会传统、规范的"好教民"还是捕捉多方信息、坚持独立分析的"网民"？互联网的穿透力使国界、教界和堂界不再那样清晰可辨，也不再像以往那样难以逾越，这就使人们对"网络教会"、"网络宗教"的重视格外突出。

从现代教会适应现实与保持传统的张力中，人们察觉到教会存在形式的不同变化。但不同侧重的教会亦会寻求弥补或平衡，因而不能简单、轻率地谈论当今教会究竟哪些保守、哪些激进。例如，亚非拉美的教会在适应本国国情、融入其社会处境时似乎在远离基督教传统，对本土因素有更多的妥协或迁就，但这些教会在保持信仰的纯真、朴实上却远比发达国家的教会认真、执著。这些现代化教会的人士在入乡随俗、返璞归真的第三世界教会中却往往会感受到一种信仰的回归和原汁原味。而在发达国家的现代教会生活中，中国学者亦观察到一种奇特的对照而激发起探测其奥秘的兴趣：即通常被理解为开明、开放、激进的现代教会在力主思想的解放和教义的开明之同时，其宗教礼仪却相对保守，基本上是循规蹈矩而无新意，严格遵守着礼仪传统以示其正统；但一般被认为保守、落后、守旧的福音派、灵恩派教会在坚守、捍卫其传统教义和规范之际在宗教礼仪上却会大胆创新、引入许多现代元素和流行文化，使其礼仪格外生动、活泼，对现代信徒、尤其是年轻信徒有着巨大的吸引力。在这种对比中，抽象的"保守"或"开明"之争则被悬置或扬弃,而其现实生活的处境与场景,则是找到揭开其秘密的钥匙之所在。所以,中国学术界在对现代基督教会发展的研究中强调不仅要有通常哲学意义上的分析、推断,更要有社会学、人类学意义上的田野调查、观察评议。

第二节　基督教思想研究

基督教思想研究主要指对基督教神学和哲学的研究,为当代中国学术界基督教研究中非常重要的领域。1949 年以来,这一研究同样经历了由教会神学家的研究到以研究所和高校为主的学术界相关研究的过渡,而其真正系统、深入、全面的研究则始于 20 世纪 70 年代末中国大陆的改革开放。

在 20 世纪 50、60 年代,相关研究比较零散,对奥古斯丁、托马斯·阿奎那的思想有所触及,他们的一些著述被译为中文。其他研究则主要在基督教思想通史或简史方面的翻译、评论。在 1978 年之前,这一领域最有影响的成就是由香港基督教辅侨出版社(现为基督教文艺出版社)自 1955 年至 1976 年左右推出的"基督教历代名著集成"译丛。这一工程组织了中国教会最知名的学者和神学家担任翻译工作,前后共完成 32 卷基督教名著的汉译和出版。20 世纪下半叶,港台学者在这一领域亦先后推出了台湾天主教辅仁大学编辑的《辅大神学丛书》和《神学论集》,新教方面则有《宋泉盛神学译丛》和《基督教社会思想丛书》等。1978 年以来,中国内地学术界在神学、思想理论方面的系统翻译也迅速发展、规模空前,如中国基督教界的"神学教育丛书",中国天主教界的"光启神学丛书",上海人民出版社推出的"西方学术译丛",三联书店编辑的"历代基督教学术文库",北京大学出版社发行的"基督教文化译丛"和"未名译丛",中国人民大学出版社出版的"历代基督教经典思想文库",中国社会科学出版社编辑的"维真基督教文化丛书"、"宗教学研究文库"和"世界宗教研究译丛",上海三联书店推出的"20 世纪思想家文库"、"基督教学术研究文库"和"当代基督宗教译丛";此外,与基督教思想研究相关联的丛书还包括宗教文化出版社组织的"第二轴心时代文丛",中国致公出版社发行的"西方神秘主义哲学经典",华夏出版社推出的"现代西方思想文库"和浙江人民出版社编辑的"俄罗斯宗教哲学译丛"等。在这些系统译丛中，规模最大、影响最广、出版最多的则属香港汉语基督教文化研究所组织、道风书社出版的"历代基督教思想学术文库"，目前翻译出版的著作已逾百卷，在中国翻译史上亦属重大的翻译项目。

一　古代基督教思想研究

中国大陆学术界对古代基督教思想的研究是以奥古斯丁为重点，由此探究古希腊文明与古希伯来思想结合的方式及结果，以及西方思想文化体系的形成，尤其是基督教在这一形成过程中所发挥的作用，并通过这些历史背景研究来说明或阐述为什么奥古斯丁被视为"第一位西方的思想家"，而且也是基督教思想体系的最早构建者。在 20 世纪 50、60 年代，对奥古斯丁的研究以翻译为主，如 1954 年出版的吴应枫译本《忏悔录》和 1963年出版的周士良重译本《忏悔录》等。尽管基于传统理解，奥古斯丁的"忏悔录"写作方式成为著名的"自传"体，但不少中国学者仍然认为用"忏悔"来翻译奥古斯丁这一名作并不准确，如能译为"敬神自白"则更能传神，体现出奥古斯丁在该著作中所要表达的基本思想。自 20 世纪 80年代以来，对奥古斯丁的研究得以拓展，其重要著作陆续得以翻译出版，其传记和研究著作也不断增多。例如，《忏悔录》的新译本包括 1986 年台北志文出版社出版的徐玉芹译本，2003 年北京华文出版社出版的何云常译本和 2004 年北京出版社推出的任晓晋等人所译的《忏悔录》前 10 卷。其他重要译著还有吴宗文译《天主之城》（台湾商务印书馆，1971）、王晓朝译《上帝之城》（上中下，香港道风书社，2003）、王秀谷译《论自由意志》（台南碧岳学社，1974）、成官泯译《独语录》（上海社会科学院出版社，1997）、石敏敏译《论灵魂及其起源》（中国社会科学出版社，2004）、周伟驰译《论三位一体》（上海世纪出版集团，2005）等。大陆学术界此间对奥古斯丁展开专门研究的著作则包括张荣著《神圣的呼唤——奥古斯丁的宗教人类学研究》（1999）以及周伟驰著《记忆与光照——奥古斯丁神哲学研究》（2001）和《奥古斯丁的基督教思想》（2005）等。研究奥古斯丁之所以被中国学界所重视，乃是奥古斯丁在西方思想史和基督教思想史上都为"里程碑式的人物"，代表着在这两大发展史上出现的重要转型和开拓性创新。奥古斯丁归纳、综合、总结了其之前的"两希文明"思想精华，使之体系化、基督教特色化，从而又开创和迎来了西方思想发展的全新时代，尤其是使"西方思想"真正有了其整体模式和基本框架，使"基督教思想"成为西方社会的主流意识形态和核心价值观。由此而论，研究基督教神学和哲学，了解西方精神的本真，不可能绕过奥古斯丁及其理论体系。

以奥古斯丁为主要代表和标志，在古代基督教思想研究中的重点领域即"教父学"研究。这些"教父"被视为基督教思想界最早具有"自我意识"，作为一个群体而出现的代表人物，他们的思想成为基督教思想体系的最早模式，对于基督教神学和哲学所探究的范围、体现的问题意识，亦基本上由此而奠定了基础。在"教父学"的理论形态中，中国学者认为基督教思想发展的两大传统已大致形成，即理性主义传统和神秘主义传统；前者突出理性之思，强调逻辑、推理、演绎、论证，体现出思之秩序、辩证；后者则突出神秘之感，强调情感、意志、体验、心境，故而突破思想习有的理性秩序以显示内在体验和心醉神迷的越常化境。宗教思维不离神秘主义，从基督教思想早期既有的这两大分殊则可看出其神学内容从其形成起就已涵括了哲学和心理学这两大领域。"教父学"的特点是既"述"又"作"，因此留下了大量文献。他们因地域、文化、语言之别而以其不同文字的写作方式分为"拉丁教父"和"希腊教父"两大流派，并逐渐形成了基督教思想领域的东、西方传统，而且在后来还影响到天主教与东正教的分道扬镳。在《圣经》文献的基础上，"教父学"文献成为基督教思想家释经、论道、构建其理论体系的最早文献。除了奥古斯丁之外，中国学者对古代教父思想的研究还涉及德尔图良、奥利金、亚大纳西、安布罗斯、哲罗姆等人，对整个"教父学"体系也有初步的系统梳理。

二 中世纪基督教思想研究

中世纪基督教思想研究即中世纪神哲学研究。不过，基督教思想界对"神学"的接受和运用直到中世纪中期才基本上尘埃落定，而对"哲学"的应用则主要体现在"经院哲学"的形成及鼎盛上。

长期以来，中国学术界存在一种误解，即认为"神学"是基督教会的"专利"，基督教自古以来就在使用"神学"这一表述，并将之作为基督教思想的标志和招牌。其实，这是一个漫长历史发展过程之后的结果，原初的情况并非人们所想象的那样清楚、简单。在古希腊思想传统中，毕达哥拉斯最早提出了"哲学"这一表述，而柏拉图则是第一个使用"神学"术语者。在基督教形成后，其早期思想家最初都避免使用"神学"一词，而多用"知识"、"智慧"、"学理"等词语来表达其思想内容及体系。4 世纪时希腊教父克里索斯托开始使用"基督教哲学"这一表述，随之亦有拉丁教父奥古斯丁用"基督教哲学"、"基督教教义"来解释基督教世界观及其思想体系。在中世纪初期，最早是承袭神秘主义传统的东方教会基督教思想家于 6 世纪前后开始用"奥秘神学"的表述来讨论"上帝"的"本体"、"本性"，探究人的灵魂与上帝的结合。包括这类术语的《伪丢尼修著作》于 9 世纪被埃里金纳译为拉丁文，教会才开始将"神学"与其思想理论直接挂钩。在此之前，教会思想家只是在论及古希腊罗马思想时偶尔提及"自然神学"，而且是将之作为对古代思想的泛指，并无将之用作基督教思想专指之意。只是到了 12 世纪初，法国思想家阿伯拉尔才率先说明"神学"就是"对全部基督教义作逻辑性及辩证式的探讨"。他为此写有《神学导论》，但此书曾一度遭到教会谴责和禁止。而阿伯拉尔的弟子们仍坚持对"神学"术语的使用和推广。这样，13 世纪时"神学"终于成为基督教思想体系的专指，用以表达基督教的主流意识和信仰体系。

对中世纪基督教思想表达最常用的术语则为"经院哲学"（亦称"士林哲学"），此即"基督教哲学"在中世纪最形象、最普遍的表述。所谓"经院哲学"本指在中世纪兴办的学校中所教授的学问，其用法源自"加洛林文化复兴"时期创办的宫廷学院和教会学院，特别是大教堂学院，由此而演化为专指中世纪基督教学校，尤其是大学中所讲解、流传的神学和哲学思潮。"经院哲学"的特点是用理性形式，逻辑推断来论述基督教信仰，证明上帝的存在，凸显逻辑、思辨的意义。但"经院哲学"又分为唯名和实在两大流派，彼此在共相与个别、理性与信仰等关系上看法不一、争论激烈。对此，中国学术界特别关注其唯名论与实在论的区别，但在对二者的解释以及对各自社会、历史及思想意义的评价上也存有理解的不同，认知的分歧。

中世纪基督教思想研究除了通史性研究之外，集中在其早期、鼎盛时期和晚期的研究。对于中世纪早期的研究比较注重从古代到中古的过渡，为此有学者认为这一时期的思想特色体现为"黑暗时代的哲学"生存和"经院哲学的诞生"两个阶段。在转型时期的"黑暗时代"，研究的重点为鲍埃蒂和"伪丢尼修"。鲍埃蒂被称为"最后的罗马人"和"中世纪第一位哲学家"，其因政治而死于非命，在思想上却留下了"哲学的慰藉"，为中古早期的"黄金宝典"。"伪丢尼修"则为中世纪早期的神秘人物，但其基督教神秘主义思想引起了中国学术界的浓厚兴趣，故而对之多有专论。对"经院哲学的诞生"之研究通常是与对"加洛林文化复兴"的研究相结合。这一"复兴"标志着西方文化形成了其基督教文化的特色，由此中世纪哲学具有了基督教会意识形态的身份，并成为基督教文化精神构建的核心内容。对这一时期基督教思想家的研究，乃主要集中在对埃里金纳的研究。

中世纪鼎盛时期的基督教思想研究为这一领域研究中的重中之重，有着独特的意义。一般认为，安瑟伦代表着中世纪经院哲学的真正奠立，他是其实在论的主要代表，提出了"信仰而理解"的认知原则及顺序，阐述了上帝存在的"本体论证明"，并主张教权应高于王权。对于安瑟伦在经院哲学领域中的奠基作用，人们通常以称他为"最后一名教父和第一名经院哲学家"来评价。中国学术界已将安瑟伦的主要著作《天主为何降生成人》、《独白篇》和《论道篇》译为中文，并对其上帝存在的"本体论证明"有较深入的讨论和评说。在唯名论传统方面，中国学者比较关注阿伯拉尔的思想，其相关研讨还涉及洛色林、索尔兹伯里的约翰、大阿尔伯特等人。必须指出，中国学者在中世纪基督教思想研究中最为关注且研究最多的是托马斯·阿奎那。阿奎那以其代表作《神学大全》、《反异教大全》（亦称《哲学大全》）而成为中世纪经院哲学鼎盛时期最突出、最著名的人物。目前，台湾学者所译《神学大全》已出版发行，大陆由武汉大学和北京大学的学者联合译出的《神学大全》和《哲学大全》也正在编辑出版之中。此外，中国学者研究阿奎那的专著也是在这一领域中最多的。当代大陆学界最早系统研究阿奎那且取得较多成果的学者是傅乐安。他认为，阿奎那在基督教思想史上是继奥古斯丁之后又一里程碑式的人物，为中世纪经院哲学的最突出代表。傅乐安评论说，"在西欧中世纪哲学史上，托马斯虽然不是唯一的最大哲学家，可是他的哲学思想不仅对基督教哲学界起了极大作用，而且对整个中世纪哲学界也产生了巨大影响，他在西欧哲学史上占有一定的位置，他的不少理论迄今为近现代哲学史家和哲学家所评述"①。在基督教思想与西方古典哲学的关系上，中国学者一般认为柏拉图

---

① 傅乐安：《托马斯·阿奎那基督教哲学》，上海人民出版社1990年版，"绪论"，第8—9页。

主义和亚里士多德主义形成了基督教思想扬弃与发展的两条主线，奥古斯丁的成功在一定程度上在于其对柏拉图主义的继承和创造性发挥，而阿奎那对奥古斯丁的继承与超越则在于重新运用亚里士多德主义来构建其经院哲学体系，取得了意想不到的成功和传至今天的影响。不过，中国学者亦强调指出，阿奎那的成功和影响还在于他死后天主教官方教会对他及其思想体系的推崇、提倡，使之获得官方神学和官方哲学的权威。而在阿奎那生活的时代，经院哲学则主要处于百家争鸣的状态之中，至少与阿奎那可以双雄并立，双峰对峙的则还有波纳文图拉。近些年来，中国学术界也加强了对波纳文图拉思想的研究。

对中世纪晚期基督教思想的研究则主要围绕爱克哈特、但丁、邓斯·司各脱、奥卡姆、库萨的尼古拉等人来展开，涉及神秘主义思潮、文艺复兴思潮、后期理性主义、政教分离思想、泛神论和"奥卡姆剃刀"等内容。其中研究较多，亦较深入的则是库萨的尼古拉，对之有"中世纪的最后一位哲学家，新时代的第一位哲学家"的高度评价。不少学者认为，他的思想具有超越其时代的意义，对欧洲近代精神的形成影响深远。其理论贡献一是提出了"对立面的一致"之辩证思想，乃近代"对立统一"观念之始；二是认为宇宙是上帝的"复写"或"缩影"，从而以上帝乃绝对极大、宇宙为相对极大来表述对宇宙无限的认知；三是以"有学识的无知"这一认识途径来开拓从有限认识无限，从相对体悟绝对的思想推理方式及其逻辑进路；四是通过"上帝在万物中，万物在上帝中"而间接达到了近代泛神论的思想；五是以各种宗教都是"一种宗教的多种崇拜方式"而揭示出各宗教平等、宗教间可以比较、对话的开放、开明精神。库萨的尼古拉以其丰富而深邃的思想既为中世纪经院哲学画了一个句号，又开启了欧洲近代思想的全新发展。因此，不少学者认为，从库萨的尼古拉社会生涯及其思想轨迹，可以看到欧洲中古与近代的密切关联，其近代发展的一些重要社会及思想因素已经在中世纪的土壤中酝酿、发育和逐渐成熟，这种转变因而是符合历史发展规律的、渐进的、阶段性的，并不是从古典时期直接跨越千年中世纪的"飞跃"。

三　近代基督教思想研究

近代基督教思想始于马丁·路德等人推动的欧洲宗教改革运动，这就使正在经历社会改革的当代中国学人对宗教改革运动有特别的关注和研究，其范围以德国、瑞士和英国宗教改革为主，但形成了各不相同的侧重。对于马丁·路德的宗教改革运动，中国学术界的关注更多集中在基督教会内部的革新和新的宗教派别基督新教的诞生上。尽管人们也注意到其社会政治、经济环境，将路德的改革与随之发生的闵采尔所领导的德国农民战争相比较，其研究中心仍在于宗教革新、精神解放和人的灵性奋兴。在宗教革新方面，基督新教与天主教的分道扬镳在此显然有着特别的强调，教会结构的变化、教会传统的破裂、教会组织的重建在这一研究中体现出颇为系统性的阐述，并使之达到了一定的深度，由此凸显宗教改革思想所带来的教会本身的巨变。在精神解放方面，中国学者突出了宗教改革中"人的发现"这一主题，重点研究了路德的神学主张从教会权威到圣经权威、从"神本"到"人本"、从外在形式到内在精神等系列转变的历史意义和思想意义。这一视角的研究使宗教改革不再停留在教会内部的改革，而是一场震撼整个欧洲的思想解放运动，从而为欧洲近代的精神生活提供了一个新的生长点。在人的灵性奋兴方面，中国学者则注意到与宗教改革相伴随的敬虔运动、神秘主义在西方近代宗教生活中发展的意义，并从中找出一条从16世纪宗教改革到20世纪普遍兴起的"灵恩运动"之间的连线，述说宗教改革精神遗产对当今教会生存与发展的影响。所以说，对于路德的宗教改革之研究，形成了侧重教会性、精神性、宗教性的特点，主要为一种内涵式研究。

对于加尔文的宗教改革运动，其研究则从教会层面走向社会层面，更多关注其带来的社会变革以及新的经济结构、商贸秩序和伦理精神，从神学、哲学意义上扩大到社会学、经济学的意义。中国学术界在20世纪80、90年代曾一度形成"韦伯热"，受马克斯·韦伯《新教伦理与资本主义精神》一书基本观点的影响，中国学者也习惯性地将加尔文的宗教改革与新教伦理的构建结合起来，并顺着韦伯的思路看到这种新教伦理所孕育的近代西方资本主义精神。不过，中国学术界由此亦引发了一些联想和思考，即从更大的范围，从不同的民族、国度及其文化中来看待社会经济"实力"或"硬实力"与思想文化"软实力"的关系及关联，由此窥探推动一个社会或民族"可持续性发展"的"潜在精神力量"，从而以宗教学、社会学的眼光来审视另一种意义的"看不见的手"。对加尔文宗教改革的研究在当代中国引起了许多讨论，而且其关注具有更广远的社会视阈。相比之下，尽管不少学者也注意到加尔文改革思想给近现代教会发展、神学理论所带来的变化，人们更多的注意力却是社会的、经济的、文化战略的。

对英国自上而下的宗教改革研究则使中国学者主要从政治层面来分析、研究近代政教关系，以及在宗教改革旗帜掩护下所进行的"资产阶级革命"。这一研究大致分为三个方面，一为英国国教会的形成及其较为保守的神学特色，二为英国新教为躲避宗教迫害而横渡大西洋到北美生存发展所导致的宣道神学、处境神学之新动向、基督教思想"全球"意识的萌芽等，三为英国资产阶级革命为近代政治神学的发展所埋下的伏笔。不过，这一方面的研究更多是政治学或政治哲学的，而政治神学的探究则仍不够深入。

对近代宗教改革思想的研究与整个宗教改革史的研究密切关联，因此许多问题意识和研究话语都是相同或相似的。与中世纪神哲学的研究不同，中国学者在研究宗教改革思潮时视阈更加开阔，有更多的政治学、社会学和经济学方面的考量。而与近代欧洲社会发展相关联，对宗教改革思想的研究自然有着与"文艺复兴"思潮研究和政治革命思潮研究的结合。自近代基督教思想研究始，这种思想史与政治史、社会史的联系和交织已越来越密切，从而超出了传统"神学"的范围及意义。

从总体来看，我国对近代基督教思想的研究相对薄弱，尚留有一些空白领域。例如，对欧洲"启蒙"运动、浪漫主义思潮与基督教的思想关联或分歧，近代理性思潮冲击下基督教神学的嬗变与发展，基督教神学领域中宗教学观念的兴起及其与基督教思想研究的分道扬镳，近代欧洲宗教哲学、宗教心理学与基督教思想的联系与脱离，康德的理性神学与实践神学之构思，黑格尔思辨体系在基督教神学中的地位、青年黑格尔派尤其是杜宾根学派的圣经批评理论，以及近代危机思潮的萌生和其促动的近现代基督教思想转型等，都还缺少比较深入、系统、全面的研究。在近代基督教思想家中，比较被中国学者重视并得到一定研究的有笛卡尔、帕斯卡尔、康德、柯勒律治、施莱尔马赫、黑格尔、爱德华滋、克尔凯戈尔、奥托等人。结合近代社会文化思潮，相关研究还触及莱辛、莱布尼茨、费希特等人的思想。这些研究除了与近代社会文化思潮的结合之外，还体现出基督教神学与宗教哲学、宗教学、宗教批评等理论的思想交锋及双向互动。

四　当代基督教思想研究

对当代基督教思想研究是中国改革开放以来基督教研究方面比较活跃的一个领域。而且，自 1949 年以来，中国学术界对当代基督教思想就高度重视。这种研究一般会与对西方当代哲学的研究结合起来，一些当代西方神学家也被视为当代西方哲学家。关于当代基督教思想的分期，一般认为第一次世界大战的爆发为当代基督教思想兴起的早期，体现为"危机神学"的特色。第二次世界大战前后的 20 世纪 40、50 年代则为基督教思想的"现实主义"发展阶段，神学思考与严峻的社会现实处境有着密切关联。而自 20 世纪 60 年代以来，当代基督教思想则走向其多元发展的时代，传统的神学权威受到挑战，思想界则群星灿烂、新秀辈出，形成了当代基督教神学领域的空前繁荣。而 20 世纪基督教思想的发展又与当代国际社会政治、经济、文化的发展有着非常密切的联系。因此，这一领域受到中国学术界的特别关注也是理所当然的。总体来看，对当代基督教思想的研究涉及三大方面，即当代新教思想、当代天主教思想和当代东正教思想的研究。

应该说，对于当代新教思想的研究是当代基督教思想研究领域的重中之重。新教"危机神学"的兴起标志着当代基督教思想的全新开端，中国学界突出对"危机神学"的评价，在于对西方社会"危机"的关注和思考，由此探究这种宗教"危机意识"在当时的社会及精神影响。人们研究较多的是巴特的思想，从其对《圣经》的重新诠释到《教会教义学》的推出，既有着教义思想发展层面的分析，亦有着其社会关联的研究。巴特神学代表着西方精神从自由资本主义时期的"乐观主义"往帝国主义时期的"悲观主义"之蜕变，由此引发了对西方信仰传统、宗教功能的多层面思考。在此，巴特的思想亦代表着自由主义神学时代的结束。人们在"危机"中呈现的思想百态也带来了对西方基督教灵性传统的反思、反省和批判。不过，从思想与社会的关联上，"危机神学"仍以一种悲观的审视、以特别悲愤之情反映出西方思想界和宗教界仍尝试以回归传统、重读经典来为西方社会摆脱"危机"提供其精神资源、宗教智慧。这样，亦引发了中国学术界讨论在资本主义危机时代西方批判理论究竟是为之敲响了"丧钟"还是"警钟"这一问题。巴特的思想在当时很有感染力，但西方思想界对其回应却是多种多样的。在当时，悲观主义逐渐被现实主义所取代，在回归传统中形成了"新正统派"神学主流，中国学者研究当代基督教早期思潮的视线也由巴特而移往朋霍费尔、蒂利希以及北美尼布尔兄弟的神学思想，其讨论的热点包括"现实主义神学"，"存在主义神学"，"抵抗与服从"、"社会世俗化"、"非宗教性解释"、"上帝之死"等命题。当代西方神学从"危机意识"到现实主义态度的过渡，在其"既不悲观、也不乐观"的表述上得到了典型体现。危机神学结束了一个旧的时代，也迎来了多元化的新时代。现代西方神学异彩纷呈，给中国学术界提供了研究当代西方思想的一个极好机会。在其观察中，中国学者特别强调现代神学与现代哲学以及与现代社会批判理论的紧密结合，注意到西方神学家在这种处境中的多重身份、多种形象。在关注20世纪下半叶的新教神学发展上，中国学者的研究课题有更多的涉及。例如，西方当代神学的重建刺激了其系统神学的发展，其中特别引起中国学术界关注的一是蒂利希的系统神学，二是潘能伯格的系统神学；在前者中人们注意到其与文化神学的结合，并对其具有超越意义的"终极关怀"之说多有谈论；在后者中人们也看到了其神学人类学和历史神学的基本构思，更察觉到德国黑格尔唯心主义思辨传统在神学体系中的继承和延续。世界大战结束后东西方世界处于"冷战"时期，但基督教思想界曾尝试打破这种互不往来的僵局，在20世纪60年代曾出现"与马克思主义对话"、"与无神论对话"、"与东方对话"的尝试，其特点一是东西欧的哲学、神学对话，尤其是产生了以布洛赫为代表的"希望哲学"和以莫尔特曼为代表的"希望神学"；二是普世教会运动的发展，"普世神学"的努力使这种"对话"从西方推到了东方，在第三世界引起了反响及回应，并形成了跨宗教、跨文化的"对话神学"。此外，在现代神学与现代哲学的关联上，中国学术界比较关注的有过程哲学与过程神学的交织，尤其对怀特海的研究就有多方审视、不同侧重；而20世纪对语义的重视和语言哲学及哲学解释学的发展则在神学解释学、叙述神学等领域得到充分反映，其触及的问题大都也被中国学者所研究。当代新教神学发展多元化趋势，自然也形成中国学术界的多层次探讨。在与社会关联方面，中国学者系统研究了"世俗化"社会中神学的"祛魅"和重建，其重点有"上帝之死神学"、"公共神学"、"激进的世俗神学"、"女权神学"、"生态神学"等发展。在神学的反思与回应方面，20世纪下半叶的神学对19世纪末20世纪上半叶的神学均有梳理、批判、反省或扬弃，从而形成了"后现代神学"、"后自由主义神学"、"激进正统派神学"等，而对世俗化倾向的批判和"回到传统"的努力则在"福音派神学"、"灵恩运动"及"灵修神学"等发展上得到充分显示。这些新动向、新思潮已都成为中国学者的研究领域，而已出版的众多成果也反映出中国学者相应的观点和思考。洞悉当代新教神学的发展，中国学者认为，这些思潮虽然仍属基督教会各派的思想运动，却有更多、更广的社会涵括，它们既是对当代社会发展的反应、是社会思潮的反射，同样也对社会本身产生广远而深刻的影响。与以往传统不同，基督教思想对现代社会的反应和参与，在其"政治神学"、"革命神学"等"实践"神学上体现出来，神学不再仅为"言述"，而且也以"行动"来表达。而当代基督教对民族、文化等问题的关注，则以"文化神学"、"本土神学"、"处境神学"的构设和提倡而凸显出来。在与传统哲学命题的对应及结合的基础上，基督教思想对语言、语义的侧重使神学的语义解释得以加强，从而使"理解的艺术"更加哲理性、分析性地运用到对"终极实在"或"终极神圣"的解释上来。在现代科学及其方法对传统教会观念的冲击下，科学与宗教、科学与神学成为神学讨论中的重大话题，如"过程神学"所涉及的进化论、宇宙发展观等方面的理论思考和逻辑推理，正是反映出对过去神学命题中缺乏科学因素这种弱点的设法弥补。而方兴未艾的"灵修神学"则显然有着对深蕴心理学、现代心理治疗等理论及手段的吸纳、运用。在对西方新教思想展开系统研究的同时，中国学者亦全面开展了对亚、非、拉美即"第三世界"基督教思想发展的研究，并以其对"自我意识"、"本土处境"、"全球化"态势的考量而注意到当代基督教思想对中国社会复杂、多元的影响及其带来的问题，从而使上述研究不再仅限于书斋之谈，而是结合中国当代社会转型、对外开放的现实来分析、思考、研究。

对当代天主教思想的研究可以从三大重点来分析。其一，中国学者非常关注对 19 世纪与 20 世纪之交兴起的新经院哲学的研究，其中以对新托马斯主义的研究为主。从哲学和神学两个层面，中国学术界对新托马斯主义的主要代表马利坦进行了深入研究。围绕这一研究，中国学者一是从新经院哲学立场、方法对中世纪经院哲学史的代表人物如麦西埃、德·伍尔夫、吉尔松、梵·斯亭贝根、格拉布曼等人展开了分析、研究，以此形成该研究领域的历史视阈和传统反思；二是对新托马斯主义中开放、进步和封闭、保守这两种不同趋势加以分析，指出保守倾向的"古托马斯主义"在新托马斯主义中的地位及影响和其对所谓"永恒哲学"的强调及其对开明天主教思想家的打压；三是对有独特影响的"超验托马斯主义"进行了专门研究，主要探究了马勒夏尔和罗纳根的思想，尤其是罗纳根及其代表著作《洞见》被中国学界所重视。针对新经院哲学的发展，中国学者分析了其兴衰的社会文化背景，并对 20 世纪上半叶较有影响的天主教现代派神学家卢瓦齐、布隆代尔，以及具有创新意识的神学家舍勒、德日进、瓜尔蒂尼等人有相应研究，其中因为德日进在中国参加过"北京猿人"的考古发掘而受到中国学者更多的关注，对其研究也从其宇宙"进化"的理论而扩大到其"新人道主义"、"宇宙基督"论以及地质学、古生物学等自然科学范围的研究，在中国先后专门召开过多次纪念德日进的学术研讨会。其二，中国学者对 20 世纪 60 年代天主教以"梵蒂冈第二届大公会议"（简称"梵二"会议）为标志的现代革新运动进行了系统探讨；除了对会议本身及会议文件的研究之外，中国学者更加关注其以"跟上时代"为口号而带来的教会内部革新和对外形象的改变，指出天主教由此而走向其融入现代社会、参与时代发展的全新之路。在教会内部革新方面，中国学者认为天主教乃体现出内涵式发展与外延式发展的结合，对内推动了神学革新、礼仪革新和教会组织机构革新，对外则调整了自己的形象，从以往的封闭性教会一改而为开放性教会，并积极协调和改善与其他教派或宗教的关系，这表明其改革中"开放"和"对话"的有机关联。在思想观念方面，"梵二"会议制定了新的政治策略和文化战略，如对国际政治的重新关注和相应参与，在国际交往上实施的"走出去"对话方式，在科学问题上的"认错"、纠偏，以及对自然科学研究的肯定、扶持，而在神学理论上也放弃以往保守、僵化之态，有了新的思路、新的举措，如其带来的"上帝"意义的现代探究、基督论的重构、解经释经上的重新思考以及道德神学的推崇和彰显等。"梵二"会议所带来的另一大突破，则是天主教社会学说的崛起。为此，中国学者对天主教的"社会训导"、社会学说及相应的社会实践，也展开了相应研究，并提醒人们高度重视当代天主教在社会领域理论及实践上的突破和动向。其三，对 20 世纪下半叶涌现的天主教多元思潮开始了全面研究，所涉及的当代天主教思想家包括普茨瓦拉、吕巴克、歇努、龚加尔、拉纳尔、巴尔塔萨、马塞尔、麦茨、特雷西、拉辛格（本笃十六世）、孔汉思、施莱比克斯、斯威德勒、毕塞尔、卡斯培、瓦尔登菲尔斯以及拉美"解放神学家"古铁雷斯等人。在这些研究中，应该说对拉纳尔、巴尔塔萨和孔汉思的探究最为深入和系统。不少中国学者认为，拉纳尔在当代天主教思想界是最重要的承前启后者，他以对天主教神学的重新思考而突破了新经院哲学之界；通过对存在主义哲学的深入研究而重新开始对"在"的神学之思，并进而开创了其"先验神学"体系；而在反思近代基督教从"神本主义"到"人本主义"的转型历史时，他则构设了天主教的"神学人类学"体系。尤其被中国学者所探究和评论的，则是拉纳尔所提出的"匿名的基督宗教"及"匿名基督徒"的思想；这在不少中国学者眼中乃是当代天主教的一种"对话"神学体系，即以其传统模式而表示了天主教的现代"开放性"和与其他宗教及文化的对话意向。中国学术界对巴尔塔萨的重视，则主要集中在其"神学美学"的建构及影响，人们从哲学、文学、语言、宗教等不同方面切入，对其"神学美学"有不同阐述，也多有积极评价；与这种"神学美学"相关联，中国学者对巴尔塔萨关于"爱"、"美"、"善"、"真"的系统阐述亦有所探究，由此勾勒出其神学美学、神学戏剧学和神学逻辑学的体系结构。孔汉思最初被中国学界的关注乃是因为他与罗马教廷之间的公开争论和他对教皇"永无谬误"信条的尖锐批评。自 1979 年以来，孔汉思多次访问中国，其著作亦陆续被译为中文；于是他在中国的影响不断扩大。中国学者对孔汉思的研究集中在他对神学新范式的探讨和对全球伦理的倡导，认为其"范式"转变之说受到美国科学家库恩相关理论的启发，用以打破教会中因循守旧的惰性和抵制改革的保守；在此，孔汉思的"范式"说反映出一种历史发展观，强调教会要随时代变迁而相应变化，与时代发展相协调、相吻合；他所言基督教历史发展分为六个时代范式即"第一，早期犹太——基督宗教的启示范式，第二，教父时代希腊化——拜占庭范式，第三，中世纪罗马——天主教范式，第四，宗教改革时期福音派——新教会范式，第五，启蒙时期之现代范式，第六，目前尚在形成中的后启蒙、后现代范式"，① 说明教会不能一成不变，必须与时俱进。他以此来批评天主教自"梵二"会议后进步不大，在有些方面甚至出现倒退。孔汉思被剥夺天主教神学教席后转向"普世宗教"及"普世神学"的研究，随之自 1990 年开始倡导全球伦理，发表"世界伦理构想"，并先后两次来中国组织召开关于全球伦理的研讨会，因而使中国学者也积极参加了全球伦理

---

① 孔汉思："基督教往何处去？——教会和神学的新模式"，《世界宗教资料》1987 年第 3 期，第 20 页。

的讨论。在这种讨论中，也有中国学者批评了孔汉思全球伦理构设中的问题，指出其操作实施中的不现实性。此外，随着拉辛格当选为新一任天主教教皇，成为本笃十六世，中国学术界对其关注和研究也在不断加强。

对当代东正教思想的研究以俄罗斯东正教为主，形成其哲学和神学研究的交织。从总体来看，相关翻译出版已粗具规模，但系统、深入的研究不多。在希腊东正教思想研究方面尚刚刚起步，仅在其思想与文化的关联上有一些初步探讨。中国学者对俄罗斯东正教思想的研究侧重于其宗教哲学、神人类学、宗教神秘主义等思潮或思想流派，并注意到其灵修神学和礼仪神学的独特之处。中国学者研究较多的东正教思想家包括洛斯基、陀思妥耶夫斯基、别尔嘉耶夫、索洛维约夫、舍斯托夫、弗洛罗夫斯基、罗赞诺夫、梅列日科夫斯基、布尔加科夫等人。在近期研究中，中国学者在圣像神学、神人类学和礼拜神学方面的关注较为突出。随着苏东解体，相关研究在俄罗斯神学的民族意义、社会作用以及当代俄罗斯神学之路上显示出强烈的问题意识。东正教思想的发展在当代涉及面较广，中国学者所关注的一为俄罗斯东正教思想，在这一领域已有相应的研究；二为西方社会的东正教思想，这与"十月革命"后一些俄罗斯东正教思想家离开苏联、在欧美发展其思想体系有着直接关系；三为东欧其他国家东正教思想的发展，中国学术界对之有所观察，但谈不上具体研究；四为希腊语世界的东正教思想发展，这一传统历史悠久，今天仍非常活跃，对此，已有少数中国学者开始从拜占庭文化及其思想沿革这种视阈来展开探究。

第三节　圣经等基督教经典及文献研究

《圣经》的翻译和研究在当代中国学术界也受到一定程度的重视。在《圣经》翻译领域以港台学者和海外华人学者为主，如新教所译汉语圣经有 1952 年吕振中的《新约新译修稿》在香港出版，其汉译《旧约》于 1970 年出版；萧铁笛所译《新译新约全书》于 1964 年在香港出版；此后由汉译《活泼真道》而成的《当代福音》新约于 1972 年出版，其新旧约合印的《当代圣经》于 1979 年出版；由许牧世、周联华、骆维仁合译的《现代中文译本圣经》于 1975 年出版新约，1979 年出版新旧约全书；由"中文圣经新译委员会"汉译的《圣经新译本》于 1976 年出版新约，1992

年出版旧约；此外，由《中文标准译本圣经》和《现代标点和合本圣经》对照双排版的《新约圣经》也于 2008 年出版。天主教汉译圣经亦有耶稣会徐汇总修院所译《新译福音初稿》于 1954 年在香港出版；狄宗仁编译的《简明圣经读本》于 1955 年在香港出版；萧静山所译《新经全集》于 1956 年在台湾出版；而天主教著名的《思高圣经译本》也于 1962 年在香港出版新约，1968 年出版新旧约全书；此外，附有灵修注释的《牧灵圣经》也于 1999 年出版。

《圣经》汉译在中国大陆六十多年来也有一定进展。新教方面由丁光训主教出面于 1979 年组织了王神荫、陈泽民、骆振芳等人修订、重译《和合本》圣经，已完成"诗篇"、"四福音"、"使徒行传"、"保罗书信"等。而天主教方面也由金鲁贤主教主持于 1985 年开始根据《耶路撒冷圣经》汉译新约部分经卷。此外，内地学者还进行了对《圣经后典》和《死海古卷》的汉译工作，如 1987 年出版的张久宣译《圣经后典》、1995 年出版的王神荫译《死海古卷》等。

中国学者对《圣经》的研究目前仍处于初始阶段，其涉及的范围大致包括如下一些方面：

一是圣经文学研究和圣经文化解读，这类研究既是对《圣经》本身文化、文学内容的探讨，也是跨文化、比较文学意义上的研习；从研究《圣经》文本内含的意义上，中国学者强调深入到《圣经》的世界之内探赜索隐，读经解经，了解圣经的结构、历史和蕴涵；从跨文化的意义上则是扩大到对《圣经》文本背后的意义之系统探索，并进而研究《圣经》文本在其形成及发展演变过程中所面向的世界、面对的多元文化。在此，中国学者特别关注对《圣经》这类经典的阐释与人类文化传播的关系问题，正如 2002 年"全国'经典阐释与文化传播'学术研讨会"的组织者所言，这类研究"有对经典阐释与文化传播问题的哲理思辨，有对圣经文本的个案剖析，有对圣经的文学观照和文化透视，有对圣经与世界文学和中国现当代文学相互关系的梳理，有对圣经与中西方文化的平行比较，也有对古往今来的释经理论、释经史和译经理论、译经史的探讨。……这种多元跨越式研究的学理根据依存于圣经内容的博大精深和会通百科特质，以及圣经与世界文化交融互渗的复杂多样性"①。围

---

① 梁工、卢龙光编选：《圣经与文学阐释》，人民文学出版社 2003 年版，"前言"，第 3 页。

绕这一主题研究的著述颇丰，但以宏观把握为主，体现出一种"大文化"和"跨文化"的特色。在这种"宏观叙述"的氛围中，相关研究及其出版还包括圣经词典的编纂、圣经概论和导读的撰写、圣经历史及相关民族发展的勾勒等。

二是对圣经语言、经文奥义的深层剖析和追溯还原，这涉及对《圣经》的微观研究和专题研究。为此，中国学者一方面从学习、掌握《圣经》原典语言入手，通过学会希伯来文、希腊文和拉丁文来阅读、研习《圣经》原典，弄清其词义和语义之本真；另一方面则大量翻译、引进海外学者对《圣经》"释义"、"注疏"著作，从章句之考到深层次解读，基于还原来诠释、联想。应该说，在这一领域进展较快的是对希伯来圣经的深入研究，而且在方法论上也有着"怀疑的释经学"与"认可的释经学"之有机结合。通过与香港中文大学等学术机构合作培养圣经希伯来语专业学生和引进海外回国的留学人员，中国内地已经有了一批能用希伯来文直接阅读圣经旧约的学者。他们开始了对这一领域相对系统、深入的研究，并从对希伯来圣经的探讨扩展到对希伯来社会文化的分析与论说，由此与研究"以信立族，因信而生"的犹太民族及其犹太教联系起来。

三是在释经与理解上的认知及方法创新，中国学者在经文"诠释"的探究上结合哲学解释学的理论与方法，以跨文化、跨时代的"理解"来"伴随"对《圣经》的诠释。显然，中国学者注意到《圣经》解释上"语言"的"弹性"和"限制"，既运用"语言"与"意义"之间的沟通作用，亦把握二者之间的"异质性"张力，在不同文化、不同时代之处境来认识《圣经》"诠释"及"理解"的实际背景，从而使"诠释"成为"理解"，而"理解"亦为具有创意的"诠释"。这里，中国学者突出其《圣经》探究上"借助语言"又"逃离语言"的辩证方法，深入其"世界之内"的蕴涵同时也看到在其"世界之外"建立"世界之意义"的可能。[①]在这种深层次研究上，中国学者也进行了《圣经》与其他宗教经典，尤其是与中国古代宗教经典的对照、比较研究，并在这些不同经典的比较中从其"文本辩读"深化到"经文辩读"，以打通处于不同文化之中的人类精神世界，把握人的灵性奥秘。不过，对《圣经》深层次的研究尚处于开创阶段，有待于今后的创新和突破。

---

① 参见《基督教文化学刊》第 13 辑，中国人民大学出版社 2006 年版，第 349—350 页。

　　除了《圣经》研究之外，中国学术界也开展了对基督教其他典籍的整理与研究。这些典籍研究除了对西方基督教学术名著的翻译、评论和探讨之外，更多的是对中文基督教典籍的搜集、整理和出版。例如，对唐朝元朝"景教"文献的搜集与整理；对自元代以来天主教入华传教文献典籍的研究，特别是对明清天主教典籍的整理和研究，其中以耶稣会士来华文献为重点，尤其是对利玛窦、艾儒略等人文论的研习；与之相关联的则是对明清信奉天主教的中国士大夫相关文献的研究；对于自"鸦片战争"以来基督教典籍的研究，在中国学术界有着突破性发展的则包括对中国教会大学史文献的搜集，对与基督教相关联的报纸杂志及翻译、出版物的重点研究，对边疆地区、中国少数民族地区基督教传教资料的搜集、研究，以及对华人神学家文献的研究等。此外，对"教案"资料的整理、研究，以及对关涉太平天国、义和团运动的相关文献研究，在改革开放以来的中国学术界已经取得突出成就。

第四节　中国基督教研究

　　中国基督教研究是中国学术界研究基督教领域中的重点所在。由于基督教尚未彻底解决其在中国的"定位"及"身份"问题，因此这一方面的研究也最为敏感、最为复杂。不可否认，中国学者在研究中国基督教问题上反映出强烈的"本土意识"，其关心的焦点即基督教在华的"本土化"、"中国化"，相关分析亦包括其"华化"的可能性、途径与障碍。由于基督教的"中国"自我意识尚未完全成熟，因此中国社会及其公共舆论在很大程度上仍把基督教视为"洋教"或"外教"。与之相对立，基督教在设法保持其信仰的"本真"和宗教的"纯洁"时亦表现出在某种程度上对中国社会及其政治文化的"逆反"。因此，"文化的冲突"在基督教的入华传教历史过程中显得格外突出。加之政治、经济、外交诸方面的因素，使中国基督教的处境及发展也愈亦复杂化；这样，"敏感的宗教"在基督教身上就有着最为典型的体现。不过，基督教由此而给中国学界带来的"问题意识"，也吸引或刺激了不少中国学者对之加以全力研究、潜心探讨，这样遂使中国基督教的研究更富有挑战性，并推动它达到一种在常态下难有的深度。概言之，中国基督教研究涉及历史、意义和文化等层面；如果从其历史发展的分期来看，这一探讨则可从中国基督教发展通史、景教和也里可温、明清天主教尤其是耶稣会士、中国东正教、清末及民国以来基督教各派、中国基督教的本土化或其嬗变以及基督教与中国思想文化的关系等方面来分析。

一　中国基督教发展史研究

中国基督教发展史研究基于对中国基督教的通史性研究，体现出从"历史"的纵向及"时间"的范围来对基督教在华经历的整体、宏观把握，因而属于一种"宏大叙事"的研究方式。不过，对中国基督教整个历史较为翔实、系统的通史性著作仍付阙如，一般都是以"简史"的方式来给出中国基督教历史发展的粗略轮廓，让人颇有"历史剪影"的模糊之感。所以说，中国基督教通史研究的理想成果，尚待中国学界下大工夫，以便能在不久的将来有较大突破。

关于中国基督教的历史分期，中国学术界一般仍沿袭陈垣1924年所写著作《基督教入华史略》中的说法，即认为中国基督教史可分为四个时期，第一时期为唐朝景教，第二时期为元朝也里可温教，第三时期为明清天主教，第四时期为清朝"自马礼逊起"的新教来华传教史。虽然大体上可以认可这种四阶段分期法，不少中国学者仍认为其存有不少问题。例如，东正教的传入很难用这种分期来准确描述，而新教传入台湾地区也远远早于第四时期即自1807年新教传入之说；此外，第四时期的情况极为复杂，涉及基督教三大教派等在华传播的历史，以及与中国社会政治的复杂关联。

中国基督教的历史，既是基督教世界传播整个历史的一个部分，也是中国宗教史的重要构成。对这同一种历史，人们看待、评价的角度、结论却大不一样。从基督教世界传教史的角度来看，不少西方学者更多强调的是基督教的对华"传入"、对中国社会生活及中国人精神生活的"影响"。但这种从传教角度觉得理所当然、顺理成章的"传入"在中国却多被视为"强迫"、"渗透"，是外来势力"己之所欲必施于人"之举，要想"拯救"中国人的传教士并没有给中国人带来"拯救"，反而增添了不少"灾难"，造成种种"创伤"。中国学者在分析，评价这一张力颇大、分歧犹存的基督教在华传教史时，从积极意义上也主要将之作为中西交通史、中外文化交流史的重要组成部分来看待。在中国学者看来，"作为一种外来的宗教，基督教自始至终存在着一个如何与中国本土的社会与文化互相沟通、适应与融和的问题"①。综观历史,中国学者认为基督教在华做得很不成功,遗留下许多问题。这种历史积淀迄今仍影响、制约着基督教在华传播及其与中国文化的关系;可以说,这一历史影响了中国多数人对基督教的看法。作为一种文化、价值体系,基督教尚没有被中国人所理解、认可或接受,没有完成与中国社会文化真正"融合"的基督教使这种"相遇"远未结束,而力争"中国化"、"本土化"的中国基督教也仍有着种种别扭,为获得一种恰当的信仰及文化"自我意识"而在苦苦挣扎。由于上述原因,一部中国基督教史很容易写成中西政治冲突史,而难以被准确描述为中外文化交流史。其结果,在所有中国宗教史的撰写中,中国基督教史是最难写就,且被大家所公认的。因此,中国学者在撰写这一历史时会有种种考虑和反思,下笔不易,结论难定。在目前已经完成且获出版的诸种"简史"中,对许多重大问题的评价或是回避绕过,或是语焉不详。这样看来,在中国基督教史研究上迄今仍无鸿篇巨制问世,自然也就在情理之中了。

　　基于这种状况,"一切历史都是当代史",中国基督教史的研究遂有其鲜明的时代性和当下性,并与当前政治认知、文化审视密切交织。在中华人民共和国成立后的前三十年,对中国基督教史的研究多体现为对"旧世界"的"破",因此对基督教传华历史的评价和描述往往会与对"帝国主义侵华史"的思考联系在一起。而在后三十年中国改革开放时期,对中国基督教史的研究则开始注意一种新的历史、世界视阈的"立",故而越来越多地从中西交通、中外交流的角度来撰写中国基督教史,以往"政治史"的色彩在淡化,而现在"文化史"的意蕴则在突出。不过,在对这段历史的回顾、总结中,"前事不忘后事之师"的警钟依然常鸣。对中国学者而言,研究中国基督教史的视角如何调整、对其在华社会、文化性质如何定位,都与基督教如何在华存在的选择和意向密不可分。"史"以"实"为基础、为依据,对基督教在华历史的理解和展示必须基于其实际发展和实际影响,而基督教在华的客体性向中华基督教的主体性之定位转换以及以哪一种"主体意识"或"自我意识"来表露及表现,都是撰写中国基督教历史所不能回避、必须深思的。

---

① 顾卫民:《基督教与近代中国社会》,上海人民出版社1996年版,"自序",第2页。

二 景教与也里可温教研究

唐朝景教和元朝也里可温教研究属于中国基督教古代史研究的范围。由于中国基督教的历史"自景教始",因而对唐朝景教的研究相对较多,著述甚丰。不过,鉴于史料的局限和新的发展如凤毛麟角般稀少,想要达到质的突破也实属不易。对景教研究标志着汉语基督教文献探究之始,由此亦有人称景教文论为"汉语神学"的肇端。从基督教在华传播初始、源头而言,唐朝景教研究被视为中国基督教史最为基础的研究,是整个中国基督教史研究的真正起步。

中国学术界在关注、借鉴国际学术界景教研究的成果、结论的同时,主要开展了以发掘、分析国内景教文献为主的独立研究。这些研究一是对"景教碑"文的诠释研究,重点在于对大秦景教流行中国碑和与之相关的大秦寺的讨论、深究;二是对唐代景教文献、特别是对敦煌文献的梳理、辨析和解读;三是对其他考古及文献发现的甄别、考证和研习,其最新突破则是对最近洛阳发现的景教经幢的研究和讨论。相关成果收集在葛承雍主编的《景教遗珍——洛阳新出唐代景教经幢研究》之中。由于年代久远、资料奇缺,对唐朝景教的研究中疑问不少、分歧颇大,但总体来看,人们关注较多、引起深入讨论的研究著作相对集中,其中以1931年出版的冯承钧著《景教碑考》、1993年出版的朱谦之著《中国景教》、2003年出版的林悟殊著《唐代景教再研究》和2009年出版的葛承雍主编《景教遗珍》最具有代表性,这些著述反映出中国当代景教研究的几个不同阶段以及各自取得的学术进展。

在唐朝景教研究中,中国学术界研讨较多的问题包括如下一些方面:其一,关于"景教"之名的来历及对景教性质的界定,中国学者在此特别注意到"景"字所具有的中国文字及文化特色,以及由"景"字汉译古代基督教聂斯脱利派所展示的其受到波斯宗教之影响,尤其是古代波斯宗教关于"光明"、"火"、"日光"的体认。其二,关于景教碑出土的年代和地点,其出土年代说法为五,即明万历年间(1573—1620)说,明崇祯年间(1628—1644)说,明天启三年(1628)说,明天启五年(1625)说,明天启三年至五年说,这最后一种说法被大部分学者所认可;其出土地点说法为三,即长安说、盩厔说、长安与盩厔之间说,由此亦引起人们对大秦寺遗址的探究及对其真伪之辨析。其三,关于景教碑真伪的讨论以及对其性质的认定，如谁人所立、为何而立、立于何处等。其四，关于景教传播所涉及的国家、民族、人种等问题，如景教士身份有来自叙利亚的景教士，有"源出中亚昭武九姓的胡裔景士"，以及在汉族、少数民族、粟特移民中的传播等。其五，关于景教文献的研究，除了对大秦景教碑文的辨析、确认之外，还有对敦煌景教文献真伪、流散情况的探究。其六，对景教考古发现的注目，其中洛阳景教经幢的出土为其亮点；其研究者评价说，"2006年洛阳景教经幢重现人间，无疑是一件具有重大意义的事件。有人说它是基督教东传史上最重大的发现之一，有人说它是近年来世界级的文化发现之一，还有人说它是洛阳丝绸之路起点最宝贵的力证。……洛阳景教经幢的出现确实为学术界提供了新的材料，有益于对唐代景教、丝绸之路、粟特移民、洛阳墓葬、宗教艺术以及社会诸问题进行专题研究，对千年以前景教在中国传播的研究是一次极为重要的推动"[①]。其七，对于景教兴衰及其在中国社会文化影响的分析，认为景教实际上已代表了基督教在华本色化的最初尝试，但由于其在融入佛道中过早失去了"自我意识"，没有凸显其主体性而不被中国人所特别关注，并最终导致其作为佛教宗派遭禁而消失。

元朝景教研究则与元朝也里可温教的研究同构一体，共同展开。这一领域的当代成果可以追溯到陈垣1918年发表的《元也里可温考》，此后译著颇丰，专著不多，一般为综述性、通史类著作相关章节的叙述，如罗香林的《唐元二代之景教》(1966)、江文汉的《中国古代基督教及开封犹太人》(1982)、罗光的《教廷与中国使节史》、顾卫民的《中国与罗马教廷关系史略》中所载。在近十年来，这一研究取得一些重要突破，其代表性成果包括牛汝极于2008年出版的专著《十字莲花：中国元代叙利亚文景教碑铭文献研究》等。

元朝也里可温研究的范围要大于唐朝景教所涉，因为"也里可温"既包括唐以来延续的景教，也包括元朝时新传入的天主教。这一研究涉及以下重点问题：一是关于"也里可温"名称的真实意义问题；传统上一般倾向认为"也里可温"为蒙古语"有福缘之人"的音译，但这一说法并非学界共识，其分歧较为明显地表现在陈垣、张星烺和朱谦之等人的论述上：

---

① 葛承雍主编：《景教遗珍——洛阳新出唐代景教经幢研究》，文物出版社2009年版，第1页。

陈垣认为"也里可温"应作"有福分"、"有缘人"之解，而且同一发音还有不同的"伊噜勒昆"之汉语拼写。张星烺坚持"也里可温"实乃唐景教碑上"阿罗诃"之转音，故为"上帝教"、"信奉上帝之人"的蕴涵。而朱谦之则指出"也里可温"还可解释为基督教教士、司铎、修士的尊称，有宗教"长老"之义。此外，牛汝极综合国外学者的研究而说明"也里可温"本为突厥语和蒙古语的发音，但均源自希腊文，原为"领袖"、"教主"、"上帝"等词义，"该词在中亚和蒙元时代专指'基督教'"[①]。二是关于元朝景教的分布情况；在元朝早期景教主要分布在边疆地区，如蒙古和中亚突厥部族的克烈、乃蛮、汪古等族。蒙古人入主中原后景教先是在元大都及周边地区活动，形成一定规模的发展；今天北京房山地区景教遗址的考证、发掘使这段历史依稀可辨。而在元朝鼎盛时期，景教也在江南获得发展，"景教七寺"的文献和相关考古发现则为其明证。三是关于元朝天主教首次传入的问题；尤其是天主教各修会沿着古代丝绸之路的东传史和西方"使者"的东行探险及其留下的"游记"等记载，如马可·波罗、柏朗嘉宾、鄂多立克、鲁布鲁克等人；最后以方济各会的成功传入和孟德高维诺在元都汗八里建堂立教而形成了"也里可温"的另一部分重要内容。其涉及的问题包括中西交通和文化交流，天主教在华成立总主教区和在南方泉州（"刺桐"）等地的发展，以及元代景教与天主教的矛盾冲突等。四是关于元朝叙利亚文景教碑铭等文献的研究；对此，牛汝极在其新著中指出："中国发现的叙利亚文景教碑铭的文字属景教体字母，其记录的语言是中世纪叙利亚语和回鹘语。大部分铭文都是叙利亚语—回鹘语双语性质的。这些铭文中的叙利亚文和叙利亚语及回鹘语与中亚七河流域发现的叙利亚文景教徒墓碑大致相同。""关于墓碑的族属，我们认为应为元代的畏吾儿、回鹘后裔汪古或其他突厥语部族如乃蛮等，其中多数为畏吾儿，这也包括泉州发现的墓碑。""这一批叙利亚文景教徒墓碑的发现和解读对也里可温在中国元代的传播和发展具有极高的史料价值和学术意义，为基督教在中国北方少数民族，尤其是操突厥语部族传播的研究提供了弥足珍贵的第一手资料。此外，这批碑铭文物是我国珍贵的文化遗产，对其进行抢救、整理并尽快研究，不仅对学科建设和文物保护有积极促进

---

① 牛汝极：《十字莲花：中国元代叙利亚文景教碑铭文献研究》，上海古籍出版社 2008 年版，第 2 页。

作用，对当地的文化旅游资源开发也有现实意义。"① 从总体来看，对元朝也里可温的研究仍很薄弱，近些年来中国学术界在这一领域已有所加强，发现了一些新的研究热点。

三 明清天主教研究及中国东正教研究

天主教于明末清初重新大规模传入，东正教也自清朝传入中国。这些研究在中国基督教历史研究中占有很大的比重，也是中国学术界取得较多成果的领域。大体而言，这一历史时期的研究涉及许多重要问题，如天主教与中西政治、文化交流及冲突，以"中国礼仪之争"为重点；来华传教士的评价，以利玛窦为重点，其他被关注的重要人物还包括汤若望、南怀仁、卫匡国、艾儒略等；中国天主教人物研究，集中在徐光启、李之藻、杨廷筠、王徵等人；天主教与中国宗教文化关系研究，尤其是天主教与儒教、佛教的关系，以及明清天主教文献史料整理研究等。而对东正教的研究则相对滞后，相关专论不多，但在史料整理和相关历史研究上也取得了一些进展。

关于明末天主教的传入，中国学术界关注的是其传入的时机、意图，传播的方法、策略，以及中国社会对其排拒和吸纳的历史背景与社会状况。对此，中国学术界在认知上显然存在一定分歧。一种观点认为，明末中国国力强大，西方资产阶级虽然处于上升阶段，但对远东的影响因时空之限而鞭长莫及，所以来华天主教传教士基本上是抱着一种"平等"交流的态度，故而并未形成政治上的张力和彼此对抗的张势。但另一种观点则指出，天主教明末来华这一"史实"看似清楚却实在并不简单，因为当时西方处于所谓对外"发现"、"探险"的"大航海时期"，欧洲天主教受到宗教改革运动的重创而决心"在欧洲所失、在海外夺回"，这种传播实质上已具有海外"殖民扩张"的政治背景及相应意图，其在美洲的"征服"、扩展和对"新发现"区域的争夺、控制已经充分说明了这一点；不过，16 世纪下半叶的明朝中国仍很强大，其严厉的"海禁"亦使西方势力无机可乘，加之耶稣会传教士在日本的经历和受挫、碰壁的教训，也使得这些传教士在中国必须小心行事；从这一意义上讲，天主教传教士在明

---

① 牛汝极：《十字莲花：中国元代叙利亚文景教碑铭文献研究》，上海古籍出版社 2008 年版，第4—6 页。

末采取的"适应"中国策略乃是被迫的、别无选择的，但并不代表其主观意图。对此，中国学者最近在西班牙等地亦有新的档案等史料发现。据说西班牙在海外扩张的计划中也包括对中国等远东地区的"武力"解决方案，而其下属的天主教传教士则被安排有翻译、向导的用场，如利玛窦等精通汉语的传教士正是其理想的翻译人选；只是 1588 年西班牙无敌舰队被英军打败，其远征东方的计划才不得不放弃，因为当时不再有实力与中国抗衡，然而西方刚刚崛起的资本主义国家对中国的觊觎也仅仅才开始。而中国方面对这种企图亦有所警惕和防范，明清两朝对欧洲人在澳门的集结和屯兵之举都非常敏感和关注。一些西方传教士依赖西方政治和宗教权威对中国政治、文化的无视、无知和傲慢，对所谓西方"规矩"的坚持和强求，也令一些中国官员、知识分子及百姓颇为反感。因此，这一时期并非纯然平等的文化交流，其政治、文化、思想的矛盾冲突已端倪渐显。不过，由于客观条件的限制，西方天主教明末来华在事实上仍以"文化适应"为主；尽管这是一种"被适应"，却为其"打开"中国的大门创造了条件。在这一研究中，中国学者的视阈一是关注天主教"远东开教"的实践，对与之相关的印度果阿和日本天主教传播史都有系统研究，尤其对天主教"远东开教"的"先驱"方济各·沙勿略有较深入的探讨；二是关注澳门的独特地位及其社会文化现象，因为澳门自 1553 年之后形成其特殊地位以来，澳门发展史就与基督教在华传播史密不可分，澳门文化有着浓厚的天主教文化色彩，并且在与中国内地社会接触过程中逐渐形成其中西合璧的文化特色，而澳门天主教所创办的圣保禄学院也被人为"拔高"地评价为"远东第一所大学"。这样，在中国学者的倡导下和积极努力下，一种时空特色明显的"澳门学"正在形成，并为国际学术界所重视。

对来华天主教传教士的研究以利玛窦为主。尽管利玛窦迄今在中西双方都仍然是颇有争议的人物，但中国学术界对于其"适应中国"的策略和由此在华取得的成功多持肯定态度和积极评价。当然，这一认知有着明显的发展变化，人们不只是针对利玛窦，而是对以他为代表的整个在华耶稣会士群体有着整体的评价。必须指出，从 1949 年至 1978 年，中国内地学术界对来华耶稣会士及其传教活动基本上持否定态度，认为他们反映出"基督教的殖民制度"之背景。不过，朱谦之等人也曾不顾被人批评而坚持认为对传教士带来的先进科学和思想文化及其当时对中国需要之满足不能简单否定。对此，也有人强调明清传教士带入的西方科技并非当时欧洲

"最先进"的成果，其在欧洲已显陈旧和落后。而相应的反驳意见则指出应遵守历史客观事实，不能强求来华传教士带来当时在西方都尚未被"认可"和得以普及的最新科技成果，传教士所引入的西方科技及其方法和理论体系已让中国明清的知识界耳目一新、大为震惊，故而有着积极的文化交流效果。自1978年以来，随着中国对外开放、中西关系改善，中国学术界对明清来华传教士的评价逐渐趋于积极，客观和肯定的论述明显增多。在这类评述中，不少学者认为，虽然不能否认耶稣会等西方传教修会与当时西方国家海外殖民侵略的复杂关联，明末清初来华的传教士实质上却并没有起到对中国殖民侵略的作用，而客观上则促进了中西科学文化、思想、信仰的交流，这与清朝后期"鸦片战争"以来的传教性质乃明显不同的，不可简单地相提并论，因此，人们对"礼仪之争"之前的明清来华传教士研究更多集中在"西学东渐"、"东学西传"的意义上。林金水在论及利玛窦等来华传教士对中国社会所带来的重要变化时指出了如下几点："1. 对当时士人谈玄蹈空的习风以很大的冲击；2. 议、学、传、用西法的经世致用的风气，开始在一些士大夫中出现；3. 在西学的影响、刺激下，中国学者开始整理、发掘湮没已久的中国古代科技遗产；4. 随着西方某些先进的科学技术和'奇器'的输入，出现了议办'洋务'的端倪。"① 这种客观、冷静的评价，亦出现在对汤若望、南怀仁、卫匡国、艾儒略等著名传教士的研究上。

在研究明清间中国天主教著名人物上，最受关注的则是对徐光启的研究。这种探究早在20世纪60年代就已开展，但多集中在徐光启作为科学家的身份定位上。而自1978年以来，对徐光启的分析探究遂更为全面、系统和开放。与来华传教士利玛窦相对应，中国明代知识分子的典型代表则为徐光启，在中西思想文化及信仰交流、沟通上故有"利徐"并称之说，近代中国科技思想和经世致用之学的发展按梁启超之言乃"受利徐诸人的影响不小"。徐光启对外的开放态度和学习先进文化的进取精神，使他能够高瞻远瞩，超越其所属时代。为此，不少学者对他评价颇高，视他为近代以来"中西文化会通第一人"、"中西文化交流第一人"；如李天纲、江晓原认为，"1600年的中国，徐光启才是真正的'睁眼看世界的第一人'。徐光启身体力行，与利玛窦等欧洲学者如切如磋，融合会通，更

---

① 林金水：《利玛窦与中国》，中国社会科学出版社1996年版，第282页。

确切地说，他是‘中西文化交流第一人’”。朱维铮也指出，“晚明的西学，涵泳着文艺复兴以后欧洲的神哲学、伦理学、数学、天文学、地理学、美学和工艺学等”，而“徐光启在明崇祯六年（1633）去世以前，已成为晚明的西学领袖”①。中国学术界对于作为早期中国天主教会“三大柱石”的其他两位名士李之藻和杨廷筠也有相应的研究，其中对李之藻的研究较为偏重其合作译书和编纂出版《天学初函》之举，其才气和学识被陈垣评价为“博学多通，时辈罕有其匹”。而对杨廷筠的研究则更多注意他所展开的中西宗教对话，特别是耶儒对话，认为他在强调天主教与儒家“脉脉同符”之际亦有着对佛教相应的存异之论，故而实为一种特殊处境中的三教对话。

搜集、整理明清天主教文献、史料，是中国学术界这一研究领域中所特别关注的。这方面的文献浩如烟海，且分散在海内外多处，包括耶稣会档案，书信，梵蒂冈文献，北图等藏北堂天主教文献，中国礼仪之争中西文文献，天主教著译，以及中国天主教徒的相关文字记载等。在近三十年的研究进程中，上述文献的搜集、整理和研究取得突破性进展，不仅系统出版了国内所搜集到的相关文献，翻译出版了耶稣会书信、著述等西文史料，而且还在罗马、梵蒂冈、里斯本、马德里、巴黎、北美等地以复印、收藏缩微胶卷等形式获得了境外档案馆、图书馆所保存的珍贵史料。基于新发现的相关补充文献，中国学术界对早期耶稣会入华传教、中国礼仪之争等问题的研究都获得了新突破、新成果。

中国东正教研究以俄罗斯东正教在华传播史为主，并密切结合了中俄政治、经济、文化、宗教关系的研究。其重点包括对俄国使华使节团的研究，对东正教在东北、北京、天津、上海等地发展的研究，对东北、内蒙、新疆等地东正教现状的研究，以及对阿尔巴津人发展演变历史的研究及其人类学意义上的田野调查。但整体观之，其研究在中国基督教史的研究中比例不大，成果不多。

对明清基督教的研究自然也带动了对海外汉学研究的重视和深化。其实，海外汉学的奠立关键在于传教士汉学的形成与发展。这种研究正好能弥补以往对“东学西传”研究之不足。中国学者指出，“传教士汉学”实

---

① 参见宋浩杰主编《中西文化会通第一人——徐光启学术研讨会论文集》（上海古籍出版社2006年版）一书中的“综述”。

际上乃最早表现出"汉学"作为一门专有学问的深入性、专业性和系统性，其特点一方面在于它以西方语言来翻译、介绍、研究中国思想文化经典，从而在西方学术界开辟了一块全新领域；另一方面还在于西方学者尝试用汉语来翻译西方经典，写作表达自己的比较研究心得及体会。在宗教思想意义上，这种汉语著述也被看做是"汉语神学"的早期成果结晶。西方学术史上一般以利玛窦为西方汉学的奠基人，但一些中国学者则认为西方汉学真正的"第一人"应为最早带着利玛窦到肇庆的罗明坚，因为罗明坚更早就已尝试编纂中外词典、写作中文著作、西译中国经典，他用汉语写成的《天主圣教实录》被视为天主教在华出版的第一部著作，而且也是西方人最早用汉语写成的天主教教义纲要。只是因为罗明坚在华传教仅有五年就被派回欧洲述职，于 1588 年离开中国后而不再返回，故其影响才远远逊于利玛窦。

四　清末、民国时期的基督教研究

清末、民国时期是中国社会发生剧变的时期，基督教则因"鸦片战争"后"不平等条约"的签订及其"保教权"条款而重新全面进入中国，从而卷入了与中国社会政治、文化的矛盾冲突。所以，对这一时期的基督教研究也颇为复杂，学术界观点不同、见解不一，但也因此形成"百家争鸣"的学术兴盛景观。从清末到民国时期，中国历史经历了从近代到现代的转型发展，基督教在这一过程中也有着复杂变化。在此，中国近代基督教指 19 世纪初特别是 1840 年"鸦片战争"以来至 1911 年辛亥革命推翻封建王朝这一时期基督教在华的存在及发展；而中国现代基督教则泛指从 1911 年至 1978 年即 20 世纪主要时期的基督教在华的存在与发展，其中 1911 年至 1949 年为民国时期，但其政治文化自 20 世纪 50 年代以来仍在台湾地区发展延续，故与基督教在华的现代发展密不可分；而 1949 年至 1978 年这近三十年的时期则主要为中华人民共和国时期基督教在中国内地的生存及演变，因此与 1949 年之前有着对照鲜明、差别颇大的时代及地域特色。对清末、民国时期基督教研究所涉及的范围较广、问题较多，如对第一位到中国内地传教的新教传教士马礼逊的研究，以及与之相关联的欧美新教早期来华传教士研究，包括对马礼逊之前来中国台湾地区传教的欧洲新教传教士研究；对"解禁"之后天主教重新入华传教的研究；与此相联系，中国学术界还重点研究了"不平等条约"与基督教入华传教的关系、各种反对"洋教"的"教案"研究，以及基督教与中国近现代政治关系的研究；从中国本土发展来看，则有对拜上帝会及太平天国运动的研究，对中国教会大学史及在华教会教育史的研究，对传教士"适应"中国文化和"耶儒对话"的研究，对教会社会事业、慈善医疗、新闻出版的研究，对中国基督教思想家及其理论著述的研究，以及对基督教"本土化"、"中国化"和"三自爱国运动"的研究等。而对 1949 年以后中国基督教的研究则已超出其历史范围，相应的引申研究乃明显侧重于中国教会的"三自爱国运动"及其对中国现代社会的适应和由此带来的自身革新发展。

清末基督新教传入中国的研究以首位来华新教传教士马礼逊为重点。由于他在 19 世纪初入华，"鸦片战争"之前就已去世，因而关涉他的社会政治及文化意义评价则颇为复杂。有学者认为马礼逊因就职于英属东印度公司，所以至少是间接卷入了西方国家对中国的鸦片商贸活动，在近代帝国主义侵华史中仍脱不了干系。但也有学者指出，马礼逊来华传教活动应与"鸦片战争"后受"不平等条约"保护下的基督教传教有性质上的区别，不可简单将之归为"帝国主义文化侵略"的范围。马礼逊来华标志着基督教第四次入华传教的开端，也是新教首次传入中国内地。本来，马礼逊的传教立意和与中国社会文化接触的方式选择应会代表基督教在华的一种新开端、新探索，因为自"中国礼仪之争"以后明清以天主教来华传教士为媒体的中西文化交流已基本中断，而马礼逊主动接触中国文化、研习中国语言已表示出其重新寻求对话、沟通的新姿态。不过，历史的发展并没有沿着这一方向行进，而恰恰走向了相反之途，故而使人们对基督教第四次入华传教批评最多、评价最低。所以，基于这段历史及其戏剧性嬗变，我们今天仍然可以通过审视马礼逊的来华经历而为中西文化交流与对话这一艰巨任务总结过去、展望未来。以研究马礼逊为基准，对清末、民国时期来华传教士的评价都基本上有着政治的审视、历史的反思。

对新教来华传教士的评价始于马礼逊，结束于司徒雷登。近三十年来，对司徒雷登的研究明显增加，成果甚丰。司徒雷登"籍贯浙江，生长杭州，祖墓在西湖"，出生于中国，受教育于美国，重返中国后历任新教传教士、南京金陵神学院教授、燕京大学校长、美国驻华大使，结果成为美国当时"扶蒋反共"政策的执行者和人物象征，也给人们留下了基督教在华政治的负面形象。其实，中国学术界的最新研究也论及司徒雷登在南京解放后并没有离开南京，而是通过黄华准备北上面见毛泽东和周恩来，有着与新中国合作的意向，只是因为美国政府的反对才不得不放弃这一努力、离华返美；毛主席为此写了"别了，司徒雷登"一文，给这段历史画上了句号。司徒雷登回美后也被边缘化，且受到审查，幸亏得到中国人傅泾波一家的照顾才得以安度晚年。2005 年，杭州司徒雷登故居以纪念馆方式开放；2008 年 11 月 17 日，司徒雷登的骨灰从美国运来安放在杭州半山安贤陵园文星园，也算是一种"魂归故里"、"落叶归根"吧。从这一意义上讲，中国学术界对司徒雷登的评价已更为客观、全面，对其在华历史和政治、宗教作用也有一种综合性评价。

在评价清末、民国时期来华传教士上，中国学术界仍有争议的问题一是基督教近现代在华传播与帝国主义侵华的关系问题，二是在此阶段基督教在中西文化碰撞与交流中所扮演的角色问题，三是传教士和教会在华政治及宗教定位问题，四是中国基督教会的"本色化"及其政治、文化意义问题。一般而言，中国学者会从政治、文化的不同层面做出不同的评价。在政治层面，一般认为这些传教士处于西方列强侵华的时代背景中，他们中不少人自觉或不自觉地卷入了这一过程，但不能简单地认为所有传教士都是"帝国主义分子"，因为其中的确有一些人也为中国现代发展、社会改善与进步作出了贡献和牺牲；基督教虽有这些政治关联却毕竟是宗教而不是政治，对帝国主义、殖民主义侵华时代的否定并不必然带来对基督教本身的否认。在文化层面，则有不少传教士积极介绍、引进了西方先进科学技术、理论方法和西方各民族博大精深的思想文化，并将中国悠久的思想文化及其经典译介、传布到西方，因此，他们中许多人都是中西思想文化交流的使者，起过积极的作用。从这一文化交流层面，中国学术界对译介颇丰、影响广远的理雅各、傅兰雅、尉礼贤等传教士的研究则较多，相关评价亦较为积极、正面。

在对中国基督教领袖人物的研究上，其焦点则集中在民国时期，尤其是对赵紫宸、吴雷川、王治心、谢扶雅等人多有涉及。而对中国天主教著名人物之探则以马相伯、徐宗泽、吴经熊等人为主。有学者认为 20 世纪初中国新教人士对待现实社会的态度可分为三种基本模式，包括"基要主义的模式"、"激进自由主义的模式"和"温和自由主义的模式"，这三种模式都曾对 20 世纪初中国基督教会的发展产生过深刻影响。在对中国基督教思想家的研究中，最受人关注的应该是赵紫宸。不少学者指出，在中国现代基督教历史上，积极沟通中西思想文化且取得卓著成果的应首推赵紫宸，他的人品和思想有三大特色，一是学贯中西、沟通中西，二是爱国爱教、执著本色，三是神学造诣颇深，而且在形成其中国特色时匠心独到、多有心得。随着《赵紫宸文集》的陆续出版，这一研究将会更加深入。近些年来，对吴雷川、王治心、韦卓民、谢扶雅的研究也出现新的突破。而在对天主教著名人物马相伯的研究中，则有学者强调马相伯属于清末以西学为背景而出现的改革家中最早的一批，其西学基于耶稣会的神学教育传统，并秉承了耶稣会沟通中西的志向，因而使他在中国近代社会变迁中得以脱颖而出。马相伯曾涉足政治、宗教和教育这三个领域，而且都产生过积极影响：在政治上他有"爱国老人"之称，在宗教上主张"以华言言教理"、倡导"学术传教"，而在教育上则先后创办了上海震旦大学、复旦大学，并协办北平辅仁大学，甚至最早提出了建立"函夏考文苑"这种中国式科学院的设想。对徐宗泽的研究侧重于其在天主教史料、文献整理上的成就，而对吴经熊的研究则涉及政治、文学、神学和灵修等领域。

关于基督教在中国社会被吸纳或遭排拒以及出现种种流变的研究，则主要体现在"教案"研究、"太平天国运动"研究和"非基督教运动"研究这三个方面，而且都达到相当的深度。"教案"研究以相关史料整理为主，辅以必要的翻译，然后有不少个案研究和整体的把握。对"教案"发生的原因、发展的过程以及其后果影响的评价，反映出学者们的不同立场和态度。虽有少数学者指出"教案"中也有中国民众盲目排外的因素或误解，甚至从同情教会的角度称有些"教案"为"教难"，但多数学者都是从中国人民反抗帝国主义、抵制政治及文化侵略这一立场来分析、研究和评价"教案"。在相关教案研究中，义和团的研究最为突出，成果也最多。"太平天国运动"的研究显然会触及受基督教传教影响而形成的"拜上帝会"或"拜上帝教"问题。"太平天国运动"是中国近代史研究中的重要内容，其中离不开宗教的因素；在此，对于基督教的"正传"或"异化"、基督教与中国农民运动的关联以及基督教与中国民间宗教的混合等问题，都吸引了学界的注意。"太平天国运动"包含着中国民间宗教的内容及性质，却朝着反对中国主流文化的方向发展；基督教的正统派被中国社会所广为排斥，而其"异端"或"流俗"形式却在中国基层、民间颇受欢迎，大有影响；这些现象引起了中国学术界的极大兴趣，并导致了各种解释和评说。"非基督教运动"则从政治抗争深化到文化冲突，这在20世纪初中国兴起"新文化运动"时颇引人注目。为此，中国学者对这一运动及其文化蕴涵有着种种反思,并进而引发对"新文化运动"之政治性、社会性和文化性的深入研讨和敏锐分析。在一定意义上,"非基督教运动"与"新文化运动"的关系和关联已在很大程度上影响到现代中国文化的发展走向,及其对待宗教的态度;可以说,"非宗教运动"与"非基督教运动"如影随形,共同影响到现代中国社会知识精英和普通民众对宗教的看法、特别是对基督教的警惕及防范。

应该说,在对中国教会大学史的研究中,以积极、肯定的评价为主流,尽管也有一些学者从"文化侵略"、"奴化教育"的角度来理解或批评。教会学校的研究已与中国近现代教育发展密切结合起来,学者们认识到教会学校及其新型教育模式对中国传统教育体制的冲击和扬弃,从而对教会学校的办学理念、课程设置、师资构成、学生群体以及社会反响等都展开了系统研究。教会大学研究领域的资深学者章开沅指出,应该将教会大学作为主体的教育功能与日益疏离的宗教功能及政治功能相区分,将作为教育机构的教会大学与西方殖民主义本身相区别,客观评价其宗教、政治和教育功能,以及这些功能在不同历史时期、不同发展阶段的变化,由此才能恰当、准确地评价教会大学及其社会作用。从总体来看,多数学者认为教会大学的创办虽与西方列强文化侵略有着复杂关联,却在其实践中客观上促成了我国传统教育制度的转变和转型,顺应了当时中国社会维新变法、思想进步和教育革新的需要。此外,学者们也从教会大学相对"开放"的办学中看到宗教院校本身亦有不同的性质和格局,其培养出的学生在社会行业、发展上会有着较大的扩散性、多样性和实用性。这样,中国学术界进而对宗教与教育的关系、宗教教育的功能和作用等也开展了相关的比较研究。

五　中国当代基督教研究

中国当代基督教研究主要涉及中国教会自身发展和"神学建设"及"神学理解"这两大方面。在中国教会自身发展方面,以研究20世纪50年代以来的基督教"三自爱国运动"和天主教爱国运动及自选自圣神职人员的发展为主。对于"三自爱国运动"的研究,自然也包括对其主要发起人、中国基督教会领袖吴耀宗等人的研究。一般认为,从"三自爱国运动"开始的中国教会自立、本土化发展已取得重大突破,形成过去六十年来中国教会的全新发展和基本模式。不过,也有学者指出"三自爱国运动"在社会政治的"适应"上比较成功，而在宗教、文化意义的"适应"上却尚待努力，仍面临重重困难。这种政治适应的侧重使教会本身多少出现了一些嬗变，而其宗教色彩的淡化也对当前宗教呈现的多元发展有着一定影响。可以说，中国"三自爱国"教会在一定程度上已经融入了当代中国的政治形态，但其真正融入中国社会、有机结合中国文化的任务还远远没有完成。因此，基督教在中国尚未真正成为"中国基督教"，其与中国社会文化的相遇仍是"没有结束的相遇"。在当代中国改革开放的社会处境中，中国学术界更加关注"全球化"时代的中国基督教发展演变，除了继续观察研究"三自爱国"传统的基督教主流教会之外，也特别注意到新出现的"家庭教会"现象，并对之有着相应的观察描述和田野调查。

在中国教会的"神学建设"方面，学术界特别关注教会领袖丁光训的神学思想发展。不少学者认为他所倡导的"中国神学"建设与西方神学的"思辨"、"抽象"迥异，明显有着"伦理"及"社会"侧重，因此在朝着具有"伦理神学"或"道德神学"特征的"实践神学"方向发展，甚至在某种程度上体现出"政治神学"的意向。当然，也有学者指出，在改革开放以来的中国当代社会处境中，方兴未艾的"神学建设"首先会更多体现"政治神学"、"社会神学"、"伦理神学"的特点，如丁光训神学的基调"上帝是爱"，所要追求和突出的正是"爱的神学"，以基督教传统中大爱无疆的"博爱"来适应中国社会，形成"爱"的和谐。以"爱的神学"为主旋律，中国学术界还对当代中国教会神学的其他重要代表如陈泽民、汪维藩的神学思想有所探讨。这里，人们将陈泽民视为当代中国教会"本色化"、"中国化"的积极倡导者和实践者，认为他既有理论建树亦在身体力行。陈泽民在长达半个多世纪的探索中形成了其"本色神学"的特点，这就是以解决中国教会在社会适应中的现实问题为旨归；为此他强调"实际先于理论，见证重于玄想"，积极在"求索"中做"见证"，立足于探求新的教会生活，以此为目的来解决相关的神学问题。此外，中国学者对汪维藩的"生生神学"也产生了浓厚兴趣，并从中看出《周易》中的"生生"理念乃是其得以构建这一思想体系的灵魂和创意。汪维藩注意到基督教信仰与中国古典思想的结合，因此其以一种"协和的神学"构建来争取"出新意于法度之中"。当代中国教会神学家的理论努力不离中国社会现实处境，因而被中国学者称为"处境化的智慧"。

在中国教会神学之外，在过去二十年中悄然出现了一种"汉语神学"。

其与此前的"中国神学"、"华人神学"的不同，就在于对"汉语"作为神学探究之语言的强调，而不再突出"华人"或"中国"的身份认同。不过，"汉语"在此是否作为"母语"，人们的认识尚存有分歧，因为一些海外学者甚至包括外国学者并不以汉语为"母语"，却仍用汉语来写作神学论著，参与汉语神学的构建。对于"汉语神学"现象的出现，中国学术界高度重视，并有着密切观察和研究。由于"汉语神学"的参与者大多为中国内地学者，主要在高校和研究机构工作，加之其中有少数人本身体现出基督教认信的态度，因而也使"汉语神学"被人争议，甚至引起了"宗教"、"神学"入国家高等院校和研究机构的批评。实际上，这种批评中的"宗教"、"神学"包含着两层意思，一是作为"信仰"的宗教及其"认信神学"，这在客观、科学、学术研究的场所显然有其不合适性；尽管研究者本人作为国家公民有其"信教自由"，但在科学研究上仍需"悬置"其信仰，不能用其"信仰"作为研究前提或指导思想。二是对"宗教学"和"神学研究"的误解，这种科学、客观、学术的宗教学和神学研究进入国家高等院校和研究机构不仅重要，而且必要、必须。不了解、不研究宗教及其神学，则会失去对宗教问题的话语权，处于盲目、无知的状况，这对于我们今天党和国家的宗教工作之开展、宗教理论及政策之制定显然是不利的。所以，不能简单、随意地说高等院校和研究机构从事宗教研究就是"宗教神学进入国家教育系统和科研机构"之"问题"。不可否认，基督教的确有在高等学校传教现象，而"汉语神学"也有着介乎"认信基督"和"信仰中立"之间的模糊态度，但这毕竟并非普遍现象，其问题的解决一方面在于强调"宗教不得干预学校教育和社会公共教育"的规定，依法制止在高校的非法传教活动，另一方面则应促使高校中的"汉语神学"从"信仰神学"转向"人文神学"，即保持"信仰中立"或"悬置信仰"的基督教学术研究态度。其实，中国学术界也不乏对"汉语神学"中"信仰"立意的批评，强调在宗教信仰中可以保持认信神学的因素，而在学术研究领域则必须树立科学、客观、"中止"信仰的学术原则和标准。

至于对"神学"表述的理解和运用，中国学术界也有着"百花齐放"的争鸣、商讨。诚然，在中国传统认识上曾把"神学"视为一种信仰理论，即认为是宗教的"专利"，尤其是基督教的专利。然而在推动"汉语神学"的学术转换中，有学者从"学术神学"、"学问神学"的意义上重新追溯了"神学"之词的来源、本义及其在宗教中被运用的历史，从而在探讨以"神学"来构建自己学科的可能性及其合理性，即针对"汉语神学"所带来的问题而使"神学"在研究领域真正"学术化"、"非信仰化"。这种研究探明，"神学"并不是"宗教"，更不是"基督教"的"专利"，而最初是源自古希腊哲学家柏拉图的"哲学术语"，其原义指对"神"的"言述"或"逻辑表达"；就其词源来说，"神学"实际上指人们"关于神的言述"或"关于神的理性言说"，即一门关于"神"的"学问"。从这一意义上来看，"有神论"和"无神论"都是关于"神"的"理论"或"学问"，即原初意义上的"神学"；对"神"的学究、理论并不必然以信仰或"信神"为前提或基础。至于基督教对于"神学"的态度和应用，也是经历了漫长而复杂的演变。基督教最初乃对"神学"一词敬而远之，并不轻易使用，更不将之作为自己理论体系之名。只是到了12世纪，也就是"神学"一词发明将近一千五百年之后才被中世纪经院哲学家阿伯拉尔所使用，将之作为"对全部基督教义作逻辑性及辩证式的探讨"，此后逐渐被基督教会所接受，并运用为自己信仰理论之名。基于这一分析，一些学者认为没有必要对"神学"作僵死、封闭、固定不变之解，而应该有着辩证、客观、开放、历史性研究、分析和应用的空间。因此，没有必要谈"神"色变。更不必将"神学"仅仅理解为"信仰之学"。于是，以"学术神学"作为中国学术界以宗教学的立场、观点、方法和成果为基础和条件来专注于对基督教神学基本命题的客观研究，仍然是可以商榷甚至是可以肯定的。其基本立意，就是要回归客观、学术、科学的研究，使当代中国基督教研究回到学术正道。从这些考虑和讨论中，也充分说明中国当代学术界在基督教研究上已经形成了"开放性"、"比较性"、"对话性"的发展态势，有着令人乐观的前景。

第八章　伊斯兰教研究

李　林

第一节　引论

清代学者顾炎武曾将为学之道比作铸钱，谓古人铸钱乃采铜于山，今人铸钱则"买旧钱名之曰废铜以充铸而已"。其意不外乎慨叹于前人学问之上，求新求变之难。然而，学问之道犹如薪火相传，贵在前后相继，绵绵不绝。因此，不仅应注重创新，亦需珍视传统。创新需在继承传统的基础上发展而来。此一经过恰似取旧铜而铸新钱，钱之名目虽新，但铜则新旧相掺，故曰无旧铜则不足以成此新钱。学术研究也是如此，只有在总结前人成果的基础上，才能迈步向前。这一工作正是学术史的天职。所谓"学术史"是以某一学科或系统知识的发展与演变为研究对象的专门学问，即"研究的研究"。其宗旨在于总结以往研究之得失，为当前的学术研究提供借鉴。

本章主旨正是力图从学术史角度对当代中国的伊斯兰教研究进行归纳与总结。其目的一是为当代学人从事伊斯兰教研究总结经验、奠定起点，二是为后来学者提供关于这一时期伊斯兰教研究的文献资料。如此，学者对于前人对这一领域内相关问题做过哪些研究、达到了何种程度便可了然于胸，才能够在前人研究的基础上有的放矢、循序渐进。否则，若一味师心自用、闭门造车，则难免叠床架屋，出现毫无价值的重复，造成无谓的损耗。当代中国的伊斯兰教研究学科自草创以来取得的成绩有目共睹，但近年来也有个别领域出现了徘徊不前的情况，究其原因，不重视学术史研究、不善于总结已有研究成果这一弊病难辞其咎。有些研究被讥为"炒冷饭"，即指那些既缺乏新材料，又不能开辟新途径，只是不断地回到原始水平上重新开始、不断地重蹈前人已做过工作的"无效研究"。其中，个别成果甚至还达不到以往的研究水准，更遑论超越前人与学术创新了。这一现状不仅不利于个别学者自身的学术研究，更势必危及伊斯兰教学科的整体发展。要解决这一问题，唯有对症下药，加强对学术史的研究。此举一方面可以为当代学者的研究提供借鉴，便于他们在学术史的长河中，为自己的学术研究觅得一席之地；另一方面，其更为深远的意义在于能够使学者们充分认识到梳理和总结已有学术成果乃是研究过程中不可或缺的关键环节，从而增强学术史研究的意识、树立学术研究之规范。

从方法上看，中国历史上早已有总结前代学说的传统，萌芽于先秦时代，以《庄子·天下篇》、《韩非子·显学篇》、《荀子·非十二子篇》为代表。中国传统的学术史大致有两种形式，即目录式与学案式。现代中国学术史研究则以梁启超所著之《中国近三百年学术史》为典范。在此书中，梁启超突破了传统的学术史研究方式，一方面开始关注社会环境变迁、心理感召对学术思想的影响；另一方面从佛教关于一切世间法皆有生住异灭之递相流转的说法中受到启发，提出到学术思想也是一个由启蒙、全盛、蜕分和衰落等阶段组成的演变历程。①

毋庸置疑，从事当代学术史研究必由继承传统而来，但也不可囿于传统方法，尤应避免将学术史写成书目问答、学者传记或学术流派的简单罗列，而须注意从以下几个方面整理成绩、检点得失：第一，不仅要列举曾经出现过哪些学术著作、研究专题，而且还要高屋建瓴地对它们加以归类，找出它们的相似点或分水岭。第二，须辨明宗旨各异的研究进路和学术派别之间究竟有何种关系？是前后相继，还是相互影响，从而描绘出一幅关于该学科如何从无到有、由小变大、从简单到复杂，繁衍流变、开枝散叶的学术谱系图。第三，应重视学术制度演变对学术研究的影响。大到国家对各个学科的等级设置、发展规划，小到各个院校相关专业的培养方向、研究机构的设立都会对学术研究产生一定影响。第四，还应关注整个学术氛围以及相关学科的发展对本学科的影响。第五，既要关注不同时期学术思想和研究倾向的演变与兴衰，又应从宏观考察历史环境和社会心理的变迁对学术思想演变的影响。简言之，既要重视内在理路，更不能忽略外缘影响。

---

① 梁启超：《中国近三百年学术史》，三联书店 2006 年版，第 10—11 页。

基于以上认识，本文的主体部分由以下四节组成。第一节为"引论"；第二节"当代中国伊斯兰教研究的四个分期"侧重以历时性的视角，从社会环境、学术气氛等外缘影响分析各个时期伊斯兰教研究的特点；第三节"当代中国伊斯兰教研究的三条进路"力图从学术发展的内在逻辑展现各种研究进路之间内部衍生与彼此关联，体现出一种共时性的视阈；第四节"问题与展望"则力图揭示当代中国伊斯兰教研究面对的主要问题与困难。中国有"他山之石，可以攻玉"的古训，西方也有"巨人肩上矮子"的箴言。我们有理由相信，若能善于借鉴已有成果，站在前人的肩膀上看问题，则自身虽小却能高瞻远瞩，必将促使中国的伊斯兰教研究发生一场质的飞跃。

第二节   中国伊斯兰教学术史的四个分期

本节以时间发展为线索，力图为当代中国伊斯兰教的学术史提供一个纵向坐标，并尝试将从中国人对伊斯兰教的初识到当代中国伊斯兰教学科的最终确立这段漫长时期划分为四个阶段，又进一步将该学科从草创至今这 60 年时间分为三个时期。在概述学术史分期的同时，本节还注重从社会环境、学术气氛等外缘影响分析各个时期国内伊斯兰教研究的特点。简言之，本节的叙述重点即是以时间分期与外部环境两者为经络重叠而成的纵向坐标。

一般而言，"中国伊斯兰教研究"泛指由中国学者对伊斯兰教进行的学术性研究之总和，即所谓"中国人的伊斯兰教研究"，而非"对于中国的伊斯兰教之研究"。就范围而言，前者囊括后者。这是因为，一方面，众所周知，伊斯兰教进入中国距今已逾千年，在这漫长的历史中，早已在中国生根发芽、开花结果，形成了特有的"中国伊斯兰教"。它不仅从形式上附着于中国这片土地，更在血脉深处与中国文化一脉相承，已成为中华文明的一个不可或缺的组成部分。另一方面，中国学者研究伊斯兰教的基本出发点是将其视为一种跨文化、跨地域的宗教传统与文化现象，因此，其研究范围不仅涵盖对"中国的伊斯兰教"之研究，也包括对世界其他地区伊斯兰教的学术研究。

从时间上看，"当代中国"一般指 1949 年新中国成立以来的这一段时期，距今已 60 年，但中国人对伊斯兰教的观察记载、研究考证早已开始。

如果将当代中国伊斯兰教研究学科的建立视为这一历史趋势生根发芽、开枝散叶结出的最终果实，则不妨借用乾卦"四德"来划分这一演变过程中的始、长、遂、成等阶段。所谓乾卦"四德"典出《周易·文言》，即元、亨、利、贞。有人将此"四德"解释为事物从生长到成熟的四个阶段。如宋代理学家程颐在《程氏易传》中提出："元亨利贞，谓之四德。元者，万物之始；亨者，万物之长；利者，万物之遂；贞者，万物之成。"朱熹也持类似看法，他举梅花为例说："梅蕊初生为元，开花为亨，结子为利，成熟为贞。物生为元，长为亨，成而未完为利，成熟为贞。"① 与之相应，笔者将中国学人对伊斯兰教的认识与研究分为四个时期，即元始期、亨长期、利遂期与贞成期。

一　元始期

这是中国人接触认识伊斯兰教并将其形诸文字之滥觞。从时间上，覆盖从唐代至宋元这段漫长时期。倘若按照学界公认的看法，将唐高宗"永徽二年"，即公元651年定位为伊斯兰教传入中国之初始年代，那么，迄今为止，伊斯兰教进入中国已历经1350余年。在此过程中，贯穿着中国人对伊斯兰教由"初识"、"再会"，到"相识"、"相知"的认识过程。唐代便已出现了一些记载着伊斯兰教初兴及其概况的文献，如成书于开元年间的慧超《往天竺五国传》、贞观年间的杜佑《通典》、贾耽《四夷述》以及后来的杜环《经行记》等。此后数百年间，又陆续出现了如《桯史》、《岭外代答》、《诸蕃志》、《萍洲可谈》、《岛夷志略》、《星槎胜揽》等著述。这些著述大多出自中国文人、士大夫的手笔，其中有些属道听途说，难免以讹传讹；有些则是耳闻目濡，诉说亲身经历。其中不乏由观察、辨识、分析、反思构成的认识与理解，这些著述或可视为中国人研究伊斯兰教的滥觞。

二　亨长期

这一时期跨越明清两代。在此期间，中国学人对伊斯兰教的研究已收成效，主要体现在大批伊斯兰教汉文译著的出现。明清之际，在中国穆斯林中兴起的"经堂教育"与"汉文译著"被视为伊斯兰教中国化的标志。

---

① 参见《朱子语类》（卷六十八）。

以王岱舆、马注、刘智和马德新为代表的一批中国穆斯林学者著书立说，发挥、评介伊斯兰教教义思想、制度仪式。他们的著述活动可以从两方面进行评价。

一方面，从文化属性来看，这些学者不仅是信仰虔诚的穆斯林，更是深受中国传统文化熏陶的士人。他们从事汉文译著的宗旨乃是要借用中国传统的思想观念迻译、编撰、阐释和发挥伊斯兰教的学说和教义，其著述当然可以被视为早期那些由中国文人、士大夫撰写的介绍伊斯兰教概况著述之延续与深化。

另一方面，这些中国穆斯林学者投身汉文译著活动之目的有二：对内，是为了解决穆斯林内部"教义不彰、教理不讲"的信仰淡化倾向；对外，则是为了赢得统治者与士大夫的理解与宽容。其出发点大多立足教内，撰述者仅限于穆斯林学人。因此，长期以来，"汉文译著"影响始终局限在穆斯林内部，未能在主流社会中产生多少影响。概言之，这些著述的特殊性在于它们属于由"圈内人"（Insider）进行的主位研究，这也说明，长期以来，在中国穆斯林社会内部形成了一个源远流长的伊斯兰教研究传统。这一学术传统代表着来自信仰者的声音，它既可被视为当代中国民间伊斯兰教研究的先声与"黄金时代"，也堪与"利遂期"以后出现的现代学院派研究相辉映。

三 利遂期

真正现代意义上的中国伊斯兰教研究肇始于 20 世纪之初，截止于新中国建立，横亘半个世纪。它上承汉文译著之余绪，又能在研究视角、研究方法、研究宗旨等方面锐意进取，开聋启聩。究其原因，其一，以陈垣为代表的一批教外学者加入了伊斯兰教研究者的行列，改变了明清以来伊斯兰教研究以教内学者为主，教外乏人问津的局面。其二，这也是社会环境和时代风气使然。乾嘉以来的考据学风与西方科学的实证方法本有相通之处，在西学东渐的时代背景下，带有现代学术研究的科学、客观、实证等特征的研究方法被引入中国的伊斯兰教研究领域，从而催生了现代中国的伊斯兰教研究。

20 世纪上半叶，中国学界研究伊斯兰教的知名学者主要有：陈汉章、陈垣、金吉堂、白寿彝、达浦生、王静斋、哈德成、马以愚、傅统先、马坚等。其中，陈汉章《中国回教史》（载于《史学与地学》第 1 期，1926

年）和陈垣《回回教入中国史略》（初载于《北京大学研究所国学门月刊》第一卷第六号，1927 年，题为《回回教进中国的源流》，后刊于《东方杂志》第 25 卷第 1 号，改为今名，1928 年）两部专著堪称中国现代伊斯兰教研究领域内的开山之作。随后，一批伊斯兰教研究的奠基之作也相继问世，如金吉堂《中国回教史研究》（1935 年）、傅统先《中国回教史》（1940 年）、马以愚《中国回教史鉴》（1940 年）、马良俊大阿訇在民国时期撰写的《考证回教历史》（1939 年）以及著名历史学家白寿彝《中国回教小史》（1943 年）和《中国伊斯兰史纲要》（1946 年）等，这些专著集中代表了这一时期中国学者在中国伊斯兰教史研究领域内取得的可观成就。

除了这些代表性的专著之外，在为期 30 年的中国穆斯林"新文化运动"中，也有一批伊斯兰教研究论文问世，特别是著名史学家顾颉刚主办的《禹贡》杂志贡献尤多。在白寿彝的积极参与下，顾颉刚于 20 世纪 30 年代后期在他主编的《禹贡》上刊出两期《伊斯兰教研究专号》（第五卷第十一期，1936 年；第七卷第四期，1937 年）。白寿彝接连发表在该刊物的《从怛逻斯战役说到伊斯兰教之最早的华文记录》（1936 年）、《宋时伊斯兰教徒底香料贸易》（1937 年）等论文。此外，《禹贡》杂志还登载了陈垣和其他一些穆斯林学者或经师的众多文章，如先后发表在《禹贡》上的赵振武《三十年来之中国回教文化概况》、庞士谦《中国回教寺院教育之沿革及课本》、王静斋《五十年求学自述》等。其中，不乏译介国外中国伊斯兰教研究成果的尝试。例如，牟润孙翻译日本学者桑原骘藏《创建清真寺碑》（载于 1936 年《禹贡》第 5 卷第 11 期），反映了当时中国伊斯兰教研究界与国际学术界接轨的尝试。这一时期发表在其他刊物上的伊斯兰教研究论文还有：刘风五先后撰写的三篇文章《回教传入中国时期》、《回教徒与中国历代的关系》和《回教徒对于中国医药的贡献》，薛文波《明代与回民之关系》，杨志玖《"回回"一词的起源和演变》，李俨《伊斯兰教与中国历算之关系》，刘铭恕《回回与元代之戏曲》，王静斋《中国回教经堂教育的检讨》等。这些文章或梳理古籍、考证历史，追溯伊斯兰教进入中国的脉络；或关注现实，调查中国各地穆斯林生活和清真寺状况，描述中国穆斯林社会面貌；或记载著名的宗教人物掌故；或介绍各教派、门宦的历史源流。这些文章各自从不同的侧面，反映了民国时期伊斯兰教学术研究的概貌，具有较高学术价值。

现代中国的伊斯兰教研究之学术成果不啻一笔珍贵的遗产，对当代中国的伊斯兰教研究，特别是对"中国伊斯兰教史"研究产生了持久不衰的影响。可以说，经过了这一时期的积累，中国伊斯兰教史研究的基本框架已经初显轮廓，但同时暴露出该时期中国学界伊斯兰教研究的薄弱环节所在。这至少体现在两个方面：一是研究领域主要还是集中于中国伊斯兰教史一隅，兼及伊斯兰教经典和中国伊斯兰教文化研究，未能在开辟新的研究门类方面作出更多突破。二是研究视角和方法大多局限于历史考据之学，尚未从广义的文化角度、以多种学科方法对伊斯兰教包含的丰富内涵展开研究。然而，这些缺憾未可苛求于前人，当归之于历史的局限。若论虑精思微、分门别类，开启一时风气，建立洋洋大观的学科体系，还需留待当代伊斯兰教研究崭露头角之后。

四　贞成期

20世纪下半叶乃是中国当代伊斯兰教研究学科最终确立的阶段。从时间上看，应以1949年新中国建立为标志。但由于新中国成立以来各种政治运动的干扰，中间曾经出现了长时间的停顿。直至"文革"结束前，并没有在真正意义上展开研究工作。因此，若以严格的学术标准看，中国当代的伊斯兰教学术研究其实要到改革开放以后才取得长足进步。这一时期的伊斯兰教研究可划分为以下三个时期，即"草创—停滞"时期、"重兴—繁荣"时期、"发展—转型"时期。必须说明的是，上述几个时期都经历极为复杂的纠葛，甚至在同一时期竟会出现截然相反的嬗变趋势，仅使用某一个词语难以概括出其特征。试举一例，仅1949年新中国成立到1977年"文革"结束这一时期，中国的伊斯兰教研究乃至宗教学研究便经历了一段大起大落之过程。先是因意想不到机缘草草创立，后又因政治形势急转直下戛然而止。中国的伊斯兰教研究乃至宗教学研究命运之多舛实在难以用一二字来形容。有鉴于此，笔者只得"杜撰"几个复合词以求尽可能反映出这一时期的主要变化和基本特征。

（一）"草创—停滞"时期

从时间上，"草创—停滞"时期指1949年新中国成立到1977年"文革"结束这段时间，是新中国建立后伊斯兰教研究的初始阶段。这一阶段可以比作中国的伊斯兰教学术研究的童年期，这个不幸的婴儿才呱呱落地，便遭遗弃，从此少人问津。

从现实环境来看，1958至1960年，各地开展了宗教制度民主改革，主要目的是废除宗教中存在的封建特权和剥削制度。但在当时"左"倾思想的影响下，一些地方的宗教制度民主改革打击面过宽，甚至演变为消灭传统宗教的激进运动。在这种紧张的气氛之下，伊斯兰教研究几乎无法进行，只有在论证中外友好关系，特别是中国与第三世界国家的兄弟友谊以及追述中国人民反封建斗争历史的文章中才能偶见只言片语。

就思想氛围而论，20世纪50年代末至60年代，中国大陆理论界曾发生一场围绕宗教政策、宗教信仰自由和宗教与迷信之关系的争论。[①] 这场辩论既可视为20年代"非宗教运动"的延续，又深受当时意识形态影响，以"宗教消亡论"为基调。因此，尽管这场争论在当时社会颇有影响，但显而易见，它给伊斯兰教研究带来的影响只能是弊大于利。

然而，当代中国伊斯兰教研究并非白手起家，而是有所继承。在"草创"之前，仍有一段现代中国伊斯兰教研究向当代中国伊斯兰教研究的过渡阶段，即20世纪50年代至60年代中期。这段时间，虽然风雨不断，但总体而言，学术气氛仍较为宽松，伊斯兰教研究也并未戛然而止，而是作为"利遂期"现代中国伊斯兰教研究在当代的延伸，不绝如缕。据统计，20世纪50年代，中国学者发表的关于伊斯兰教研究的各类文章共计百余篇。[②]

但这一时期的伊斯兰教研究仍不免有所局限，主要体现在以下三个方面：第一，虽然不少有分量的译著接连出版，但这些译著大多是在1949年之前就已出版的旧作，此时只是再版而已，并无创新。第二，虽有不少名家亲自执笔撰写一些刊登于报刊上的普及性文章，但真正严肃的学术论文，却如凤毛麟角。第三，当时从事伊斯兰教研究的绝大多数是早在现代中国伊斯兰教研究便已声名鹊起的学者，而在20世纪五六十年代，由于当代中国伊斯兰教研究的学科体系或人才培养体系尚未建立，后继乏人。基于以上原因，笔者倾向于将这十余年的时间视为现代研究到当代研究之间的一个"过渡时期"。在此"过渡时期"中国伊斯兰教研究有两大特点：一是发表于报刊上的普及性文章多于学术论文；二是译著接连出版，但其中多为"旧作新版"，而罕有新作刊行。

就文章而言，马坚撰写的一系列文章堪为代表，《〈古兰经〉的纂集和

---

① 卓新平、曹中建：《20世纪的中国宗教学发展》，中国社会科学院世界宗教研究所编：《宗教研究四十年》，宗教文化出版社2004年版，第3—4页。

② 中国伊斯兰教协会全国经学院统编教材编审委员会编：《中国伊斯兰教发展史简明教程》，宗教文化出版社2008年版，第164页。

流行》、《穆罕默德的宝剑》、《伊斯兰文化的光芒——纪念阿维森纳诞生一千周年》、《伊斯兰哲学对中世纪时期欧洲经院哲学的影响》、《中国与阿拉伯各国之间有古老又年轻的友谊》先后发表于《人民日报》、《光明时报》、《历史教学》、《中国穆斯林》等刊物上,在当时社会上产生了较大影响。此外,其他学者纷纷发表不少文章,介绍伊斯兰信仰或穆斯林生活。例如苏北海《一千年来伊斯兰教(回教)在新疆的发展》(《历史教学》1952年第9期)、林干《伊斯兰教(回教)是怎样产生的》(《历史教学》1953年第12期)、马立克《中国穆斯林的人口问题》(《中国穆斯林》1957年第2期)、纳忠《清代云南回族人与伊斯兰文化》(《云南日报》1957年3月14日)、白寿彝《中国元明时(1280—1661年)几个阿林》(《中国穆斯林》1958年第1期)。

在译著方面,虽有个别新作,但多为再版1949年之前的已有之作。20世纪50年代出版的几部马坚译作,如《古兰经》上册、《回教真相》、《伊斯兰教哲学史》等,皆属此例。《古兰经》于1949年12月由北京大学出版部出版。但实际上,译者自1940年就已着手迻译,积十年之功方才面世。《回教真相》原名《伊斯兰教真相论文集》,作者为侯赛因·吉斯尔,马坚所译中文译本初版于1937年。1951年,由商务印书馆再版。《回教哲学史》作者为荷兰东方学家第·博尔。马坚所译中文本最早于1944年由重庆商务印书馆初版,1958年又由中华书局再版,并更名为《伊斯兰教哲学史》。

这一时期,同为"旧作新版"的译著还有:(一)陈裕菁翻译的《蒲寿庚考》1929年中华书局初版,1954年中华书局再版。(二)纳忠翻译的《阿拉伯文化的黎明时期》最早于1937年在埃及告竣,1939年由商务印书馆初版,名为《黎明时期回教学术思想史》。1958年由商务印书馆再版时,为适应教学的需要,更名为《阿拉伯文化的黎明时期》。(三)《天方诗经》。《天方诗经》是埃及诗人卜西里所著《伽绥达—布尔达》的中译本名。光绪年间,由马德新译,马安礼、马学海二人整理、注释。此书于1957年由人民文学出版社出版。

虽然再版译著与普及文章构成这一过渡时期的主流,但与此同时,个别具有独立精神的著述虽寥若晨星,但光芒难掩。1951年1月,陈克礼综论伊斯兰教的专著《从穆罕默德看伊斯兰教》一书,由北京市回民学会铅印出版。接着他又出版了三部译著:《回教与社会》(1952年)、《回教信仰基础》（1952 年）以及《圣训经》上册（1954 年）。然而，克礼前辈后来的际遇委实令人哀叹。他先是被打成右派，后又身陷囹圄。1970 年 7月，竟至身罹碧血黄沙之难，含冤逝世。具有类似经历的何止陈克礼一人。1962 年 7 月，当时于宁夏文教厅任职的杨怀中完成了《回族和伊斯兰教历史资料调查研究设想》① 一文，洋洋万言。文中提出了两点建议：组织力量在民间抢救近百年来的回族历史资料、研究中古时期伊斯兰文化和回回民族文化。尽管今天看来这一万余字的建言，本属再正常不过的学术言论，但在当时"非常"的社会环境下，却被诬为当时宁夏树立起的"三大反动尖端"之一，令使作者付出了惨重的代价，蒙受了八年牢狱之灾，可谓"一文获罪"。②

　　总体而言，这段过渡时期里，中国大陆地区的伊斯兰教研究几乎处于停滞的状态。一方面，真正的学术研究寥寥无几，而且就连这一点少得可怜的成果也往往被划归文、史、哲的范围；另一方面，受"左"的影响，以往学者的成果也被视做糟粕加以批判和抛弃，得不到应有的重视。但令人万万料想不到的是，就是在这万马齐喑的时期，新中国的伊斯兰教研究机构还是草草创立了。其标志是世界宗教研究所的成立，这也是此段时期内唯一值得称道的"典型事件"。其起因出自当时最高领袖毛泽东的一段批示：

　　　　这个文件很好。但未提及宗教研究。对世界三大宗教（耶稣教、回教、佛教），至今影响着广大人口，我们却没有知识，国内没有一个由马克思主义者领导的研究机构，没有一本可看的这方面的刊物。《现代佛学》不是由马克思主义者领导的，文章的水平也很低。其他刊物上，用历史唯物主义的观点写的文章也很少，例如任继愈发表的几篇谈佛学的文章，已如凤毛麟角，谈耶稣教、回教的没有见过。不批判神学就不能写好哲学史，也不能写好文学史或世界史。这点请宣传部同志们考虑一下。③

---

　　① 此文现收入甘肃省民族研究所编《伊斯兰教在中国》，宁夏人民出版社 1982 年版，第396—416 页。

　　② 参见杨华《杨怀中先生访谈录》，《回族研究》2006 年第 4 期；宁夏新闻网：《杨怀中，50 年间的"五个一"》，http：//www. ycen. com. cn.。

　　③ 这个批语写在中共中央 1963 年 12 月 30 日转发中央外事小组、中央宣传部关于加强研究外国工作的报告的指示稿上。参见《毛泽东文集》第八卷，人民出版社 1999 年版，第 353 页。

　　尽管有学者认为，"毛泽东的这一指示对中国宗教学术研究发生了重大作用，既有积极方面，又有消极方面。"① 但在当时无疑引起了上上下下的高度重视。1964 年，在周恩来总理亲自指导下，迅速成立了世界宗教研究所筹备处，由当时的北大校长陆平兼任主任，任继愈负责具体筹备工作。北大哲学系东方哲学室的原班人马几乎全部照搬，成为世界宗教研究所草创之初的主要班底。② 这一事件影响深远，标志着当代中国宗教学学科的建立。

　　遗憾的是，好景不长，1966 年 6 月 1 日，《人民日报》发表了陈伯达炮制的社论《横扫一切牛鬼蛇神》，文中第一次明确提出"要年底破除几千年来一切剥削阶级所造成的毒害人民的旧思想、旧文化、旧风俗、旧习惯"，即所谓的"四旧"。宗教也被列为"四旧"，必须予以彻底清除。各地清真寺被关闭，阿訇被遣散，文物古迹、经书古籍遭焚毁。风雨欲来，人人岌岌可危、自顾不暇，谁还敢惹火烧身，再去研究被打成"四旧"的宗教呢？正处于萌芽状态中的伊斯兰教研究从此停滞不前。由于"文革"旋踵即至，世界宗教研究所的初创并未来得及促使中国的伊斯兰教研究正式起步，但也进行了一些关于世界各大宗教的信仰人数、地区分布等基础资料的搜集和整理工作。此外，当时世界宗教研究所的研究人员还曾创办了一份刊物《世界宗教动态》，但随着"文革"的开始，一系列政治运动接踵而来，如"打派仗"、"抓 5·16 分子"、"下干校"等，所有研究工作都被迫中断，这份刊物只得无疾而终。

　　从 1966 年至 1977 年期间，全国范围内发表"介绍"伊斯兰教的文章只有屈指可数的数篇而已。不消说，这些由"战斗的无神论者们"撰写批判有神论的文章自然是火药味十足。其中，与伊斯兰教直接有关的文章仅有两篇：一是《穆罕默德和伊斯兰教》，发表在昆明师范学院出版的《教育革命》杂志 1975 年第 2 期；二是作者署名"方思一"的《伊斯兰教史

---

　　① 吕大吉：《中国现代宗教学术研究百年来的回顾与展望》，《宗教研究四十年》，第 293 页。

　　② 由于时隔多年，关于世界宗教研究所成立之初的这段历史说法不一，其中不乏似是而非之处。通常认为 1964 年为世界宗教研究所成立之年。事实上，当时只成立了世界宗教研究所筹备组，负责筹建工作，由任继愈具体负责。由于当时任继愈的人事关系还在北京大学，便由北大校长陆平兼任筹备组主任。坊间流传陆平任所长，任继愈任副所长之误，大约由此而来。实际上，直到 1977 年，世界宗教研究所才正式挂牌成立，而在此之前一直使用"筹备处"之名。吴云贵、段琦、牟钟鉴诸先生曾根据回忆就世界宗教研究所成立的这段历史更正了笔者原先的几处误解，在此谨表诚挚谢意。

话》连续刊登在《中央民族学院学报》1975 年第 2 期、第 3 期以及 1976 年第 1 期。全文总计 5 万字，后由新疆人民出版社 1977 年 12 月出版单行本，内部发行。除了这两篇"凤毛麟角"以外，还有四五篇从考古学和人物考证的角度发表在《文物》杂志的上有关伊斯兰教的文章，但都不可避地带有了那个时代的烙印。①值得一提的是，早在"文革"全面结束之前，从 1972 年开始世界宗教研究所的部分研究人员就已陆续返回北京，逐渐恢复研究工作，并取得了一定成绩。这为 1978 年以后，伊斯兰教研究的恢复和繁荣奠定了基础。但就全国范围而言，直至"文革"后期，伊斯兰教研究依旧毫无任何起色。

真正拨乱反正，百废俱兴则要留待"文革"结束之后。当时出现的拓荒之作包括：第一，1976 年 10 月，世界宗教研究所编成了《马恩列斯论宗教》一书的"试编本"。1979 年 7 月，重新改编后，又由中国社会科学出版社内部发行。第二，新中国成立以来第一本专业研究宗教的学术期刊《世界宗教研究》1979 年 8 月正式创刊。第三，黄心川、戴康生等编著的《世界三大宗教》于 1979 年 8 月出版发行。第四，宗教学原理室也陆续编辑出版了《宗教·科学·哲学》和《宗教·道德·文化》两部论文集。

世界宗教研究所草创之初，当研究者"小心翼翼"地步入伊斯兰教研究这块学术领域中初经开垦的"新大陆"时，却发现自己面对的竟是一片困难重重、荆棘丛生的"荒野"。虽然早在 20 世纪上半叶之初，无数学者的心血揭开了现代中国伊斯兰教研究的序幕，但 1949 至 1964 年这 15 年的风风雨雨，老一辈的学者凋零散落，他们的呕心沥血之作也不能幸免，或被付之一炬，或正躺在图书馆的某个黑暗角落经受着"老鼠牙齿的批判"。世界宗教研究所的第一代研究人员面对的是这样一个局面：对于影响着广大人口的世界三大宗教，当时国内却没有一个专门研究机构，没有一本学术性甚至普及性的刊物。更为严重的是，政治运动接踵而来，导致学术研究无法正常进行。在此期间，只有世界宗教研究所的草创才算是漫漫长夜中的一点亮色，当被视为当代中国的伊斯兰教学术研究之起点。

（二）"重兴—繁荣"时期

"重兴—繁荣"时期指 1978 年至 2000 年这约 20 年的时间，可以被比作中国的伊斯兰教学术研究的青春期。当时的中国正处在一个百废待兴、

---

① 桑荣：《我国伊斯兰教研究文献述评》，《新疆社会科学信息》2005 年第 4 期，第 14 页。

欣欣向荣的阶段，从各种政治运动中解放出来的人们如同处于青春期的少年一样似乎有着无穷的活力，却又有些躁动不安。

这一阶段，在宗教学界影响最大的两种理论是"宗教鸦片论"和"宗教文化论"。20世纪80年代初，如何理解马克思关于"宗教是人民的鸦片"这一表述，引起学术界的广泛关注，被冠以"第三次鸦片战争"之名。又由于南北方学者在此问题上所持观点针锋相对，故也称为"南北战争"。争论的一方坚持不能将这句话视为马克思对宗教的定义和简单否定，宗教有其积极的一面；而另一方则力主马克思的这段名言指出了宗教的精神麻醉作用，揭示了宗教的负面影响。到了20世纪80年代晚期到90年代，随着对宗教的认识逐渐深入以及"文化热"的兴起，"宗教鸦片论"之争告一段落，取而代之的是"宗教文化论"。中国学界开始尝试从文化层面而不是像过去那样从政治和意识形态层面来反思宗教现象，提出了"宗教是文化"、"宗教是一种社会文化现象"等观点。不仅从根本上改变了过去视宗教为异己力量的观念，而且开始正视宗教本身，将其视为一种广义的文化现象加以研究。"宗教文化论"很快在宗教学界掀起了一个研究宗教文化的高潮。

理论界从"鸦片论"到"文化论"的争论，对伊斯兰教研究的影响不容忽视。"宗教文化论"的确立实际上已成为当代中国学者研究伊斯兰教的一个公认的基本出发点。对中国的伊斯兰教研究而言，"宗教文化论"的意义不仅在于它补偏救弊，祛除了意识形态因素在认识宗教方面的偏见，更为重要的是，它为伊斯兰教研究开辟了新风气、新门类和新方法。从此，伊斯兰教研究不再仅仅局限于对伊斯兰教历史的研究，而是将其视为一种体系庞大、内涵丰富的文化现象，从思想、制度、物质等多个角度，以多种学科方法进行分析研究。可是说，正是"宗教文化论"带来了改革开放后中国伊斯兰教研究的重兴与繁荣。

回顾20世纪80年代后伊斯兰教研究的重兴历程，不难发现，从"美学热"到"文化热"这些大大小小的热潮是那个已逝去的时代给人们留下的深刻记忆，而与当时的求知热、文化热的社会风气相一致，伊斯兰教研究迎来了重新崛起的发展佳期。在伊斯兰教工具书、历史、教派、古兰学、哲学思想、国际政治、历史人物、文学艺术等领域都获得了巨大进展，其研究的广度和深度远远超出了以往任何一个时期。在这一阶段，伊斯兰教学术讨论极为活跃，从1980年到1986年，相继在银川市、兰州、西宁、西安、乌鲁木齐等城市召开全国性的伊斯兰教学术研讨会。这些会议被视为中国当代伊斯兰教研究的一座座里程碑，对奠定和促进全国的伊斯兰教学术研究的开展起了关键的作用。各种学术出版物如雨后春笋般层出不穷，无论是史料整理还是研究论著的发表都达到了空前规模，呈现一派生机勃勃的重兴景象。

　　这一时期中国伊斯兰教的繁荣集中表现为学术成果与学科建设两方面成绩昭著，粲然可观。从学术成果来看，在20世纪最后20余年的伊斯兰教研究中，中国学者采用多层面、多角度的方法来分析和阐述了伊斯兰教历史潮流、现状及特点。例如，在《古兰经》的翻译和伊斯兰教工具书的编纂方面，出版了权威性的《古兰经》汉译本和维吾尔语译本，推出了一系列介绍研究《古兰经》的专著，从而使古兰学获得重大发展，而伊斯兰教辞典、百科全书的出版也为人们认识伊斯兰教提供了丰富知识。在伊斯兰教综述和世界伊斯兰教研究方面，学者们比较关注阿拉伯世界和伊斯兰教现状问题，其重要研究涉及当代伊斯兰复兴运动、伊斯兰教原教旨主义倾向、伊斯兰教与国际政治的关系等问题。在伊斯兰教历史研究方向，其重点乃中国伊斯兰教，所涉及的领域包括中国伊斯兰教派门宦历史、伊斯兰教与中国传统文化的关系、伊斯兰教史料整理等方面。此外，在伊斯兰教历史学、教法学、哲学思想、人物评传、伊斯兰文化、文学、科学、艺术等研究方面亦成绩斐然，令人瞩目。这些研究不仅提高了中国宗教学的研究水平，而且有较好的社会影响。对民族文化的继承与弘扬、民族团结与合作亦产生了积极的推动作用。

　　就学科建设而言，各地方高校和科研机构结合自身特点，纷纷开始设立伊斯兰教研究培养专业和研究机构。随着这一时期国内"宗教热"的兴起，各大高校和科研单位纷纷设立宗教学研究专业，先后成立了数所从事伊斯兰教研究的学术机构。其中影响较大者包括：宁夏社会科学院的回族伊斯兰教研究所、上海社会科学院宗教研究所、西北民族学院宗教研究中心等。此外，还有不少高校的相关宗教学系或研究所也纷纷增设伊斯兰教研究方向或专业，开展研究，培养人才。如北京大学宗教学系的伊斯兰教专业、北京大学外国语学院的阿拉伯—伊斯兰文化专业、中央民族大学哲学与宗教学学院的伊斯兰教研究专业、西北大学中东研究所的伊斯兰教专业、上海外国语大学中东研究所下设伊斯兰教研究方向等。

　　值得一提的是，直至2001年进入"发展—转型"时期之后，各地建立专门伊斯兰教研究机构的势头不减。其中有代表性的研究机构有：2004年，陕西师范大学宗教研究中心正式挂牌成立，下设伊斯兰教研究方向；2005年，西北民族大学（原西北民族学院）在原有的伊斯兰教研究专业的基础上成立了独立建制的伊斯兰文化研究所；兰州大学哲学社会学学院于2006年成立了伊斯兰文化研究所。

（三）"发展—转型"时期

"发展—转型"时期包括从2001年至今将近十年时间。较之前两个阶段，这一时期当代中国伊斯兰教学术研究的特点是逐渐步入成熟期。学术界内，昔日的理想与激情开始褪色，取而代之的是以一种经营企业的方式和心态进行的"学术运作"。随着综合国力的增强，政府不仅逐渐加大对学术研究的投入，而且也开始以市场的方式向学者购买他们的"学术产品"。在这种情况下，学术研究越来越多地受到市场这只无形的手掌控，各种科研课题和调研项目形同指挥棒，有意无意地引导着学术热点的此起彼伏。典型例证之一是，近年来，国内伊斯兰教研究界内田野调查之风盛行，而传统的强项中国伊斯兰教史研究却颇受冷落。究其原因，固然有学术发展的内在原因，即因顾虑超越前辈学者史学功力和建树之不易，不得已才由文献考证转向实地考证；但另一方面，各级政府的积极鼓励与大力支持也是不容忽视的外在诱因。不难看出，这一时期，尽管国内伊斯兰教研究在前二十年研究的基础上继续发展，按照既定的轨迹运行，一切似乎风平浪静，但在这些表面的平静下，酝酿着新的变化。这些变化揭示出中国的伊斯兰教研究正处在一个转型阶段。由于"身在此山中"，我们尚不能完全概括出这一转型"庐山真面目"，在此只扼要点明其中值得关注的一些新动向，主要有以下两个方面：

第一，学科意识的明确化与研究理论的多样化。

在上一个阶段，即1978—2000年这长达20年余年的"重兴—繁荣"时期，中国学者就以多学科、多层面、多角度的方法来描述和解释伊斯兰教。迈入第三阶段以后，中国伊斯兰教研究呈现出研究方法多样、范围拓宽、研究内容细化等特征。在前人打下的坚实基础上，中国的伊斯兰教研究在新世纪结出了累累硕果，呈现出欣欣向荣、朝气蓬勃的景象，特别是近年来培养出一批青年学者逐渐成为中国伊斯兰教研究的骨干力量。他们大都拥有博士学位，曾系统学习和掌握本学科的理论与方法，有明确的学科意识和方法论倾向，并且能够自觉运用历史学、哲学、宗教学、民族学、人类学、社会学、语言学、文化学、政治学等各学科的理论与方法来解读和分析伊斯兰教的典籍思想、历史现象和现实问题。例如，近年来一些青年学者运用民族学、社会学、人类学理论对当代中国伊斯兰教所面临的问题，特别是对中国信仰伊斯兰教的少数民族社群在现代社会中的处境进行了研究。这些研究多以田野调查为基础，立体地反映了中国伊斯兰教多元化的面貌，具有一定的现实意义。

第二，研究群体的扩大。

当代中国从事伊斯兰教研究群体的扩大来自纵横两个方面，即"内部造血"与"外部输血"。"造血"喻指在本学术传统内部通过学术传承，培养后继人才，使学术之火代代相传，以叠加累积的方式增添新鲜血液；"输血"则指由于各种机缘，外来人才加入现有研究群体，从横向上扩充了研究群体。

就学术传统内部纵向的薪火传承而言，从20世纪60年代当代中国伊斯兰教研究草创算起，至今这一领域内的研究者至少涵盖了三代学者群体。第一代是20世纪40年代及此前出生的老一辈学者。他们目前大都已退休，但还有少数仍然活跃在学术舞台上。第二代是20世纪五六十年代出生的"中间代"学者。他们受惠于上一代学者，现在大多已成为中国伊斯兰教研究的中流砥柱。第三代则是20世纪70年代前后出生、已经崭露头角的青年学者。这几代学者先后承担着"传道、授业、解惑"的重任，但较大规模地培养专门人才应是第二阶段末至第三阶段才开始的。随着国内伊斯兰教学科的发展，各个大学和科研机构有规划地招收学生，设立了不少硕士和博士点，吸引了莘莘学子参与这一研究领域，人才培养和队伍建设进入良性循环，研究梯队粗具规模，这也是中国伊斯兰教学科多年发展和积累至此阶段必然结出的硕果。

而从横向的输入看，近年来加入伊斯兰教研究的外来人才主要来自以下两个群体：其一，随着国内伊斯兰教研究朝多学科方向发展，引起了部分相关学科研究者的兴趣和参与，这是促使中国伊斯兰教研究队伍的横向扩大的因素之一。其二，穆斯林学者的参与。改革开放以来，不少穆斯林子弟远赴海外求学。其中有很大一部分是从国内阿拉伯语学校或伊斯兰教经学院毕业后，选择赴巴基斯坦、沙特、叙利亚、埃及等地学习与伊斯兰教相关的专业，不少人学成归国。近年来，随着国内宗教学科的发展，亟须伊斯兰教专业人才，其中一些佼佼者值此机遇，或直接、或辗转，带着语言和理解经典方面的优势纷纷进入国内伊斯兰教研究领域，在各大学从事伊斯兰教教学和科研工作。他们对中国伊斯兰教研究必将产生不可忽视的影响。

第三节 当代中国伊斯兰教研究的三条进路

本节力图发现中国伊斯兰教研究学术演变的"内在理路"。如前所述，学术史研究的重点不在于简单罗列成果或仅仅以书目问答或学者小传的方式总结本领域内曾经出现过的学术著作或研究专题，而是要从学术史的高度对其加以分类，将之归纳为几个主要的学术流派或研究进路，并试图从学术发展的内在逻辑，揭示各种研究进路的纵向衍生或横向关联，特别是学术的前后繁衍流变，即每一代人从事学术研究的特点以及学术火炬从一代人传到另一代人手中时发生了哪些变化，产生了哪些新的研究方法和研究热点。如果说，第二节的考察重点是学术发展各个阶段的时间划分与外部环境，那么这一节则更倾于揭示学术嬗变的内在逻辑与相互联系，从而刻画出当代中国伊斯兰教研究的横向坐标。

众所周知，由于学术背景的差异，不同的学者分析同一宗教现象的角度和方法各具特色。有的善于搜集文献，甄别梳理；有的长于分析哲理，洞明幽微。前者更多体现史学的进路，后者则是哲学之专长。而史学进路的统一旗帜下，亦有不同。高屋建瓴，汇集文献，使之融为一体，构成概论性著作，是通史研究之长；条分缕析，旁推反勘，从细微之处发现问题，为专题研究独擅。有鉴于此，笔者提出，若从方法论着眼，当代中国伊斯兰教研究主要由三种研究进路组成，即"历史—考证之路"、"哲学—思想之路"以及"语言—文化之路"。这三条进路不仅可以在不同的研究者身上找到明显的印记，而且与各个研究结构和高校的学科设置具有密切关系。由此引出的问题是，同一宗教现象或曰研究专题，经过不同的研究者之手，可能会呈现不同的面貌。这是由于每个学者的学术背景、理解方式和分析方法各有特色。在他们的解读过程中，无论是对现象的描述，还是对意义的分析都会大相径庭。特别值得关注的是，上述三种研究进路不但历来各自拥有独特的学术背景与学科依托，而且在进入当代中国伊斯兰教研究的"重兴—繁荣"时期以来，在传统的研究方法之外，又进一步分化出一些新兴的次级学科和研究专题，反映出当代中国伊斯兰教研究未来走向。下文将依次对当代中国伊斯兰教研究的三种主要进路的起源、发展及其变化加以回顾与分析。

一　历史—考证之路

中国学者历来重视史学，这一治学传统在伊斯兰教研究领域可谓深得人心。伊斯兰教史研究，特别是中国伊斯兰教史研究，一直是国内学者研究伊斯兰教最为得心应手的"专擅之所"，也是目前众多中国伊斯兰教研究的众多分支中，能够赢得国际学界认可的"传家宝"。从史学进路研究伊斯兰教堪称该领域内的"嫡系正宗"。这一流派起步最早，人才最盛，成就也最为可观。自从 20 世纪之初，中国伊斯兰教研究进入"利遂期"以来，国内研究伊斯兰教的知名学者几乎全部都云集在史学领域内，如陈汉章、陈垣、金吉堂、白寿彝、马以愚、傅统先等。随着 21 世纪的到来，当代中国的伊斯兰教研究也进入了"发展—转型"时期。在"历史—考证"之路内部也出现了一些新的变化。一方面，从文献考证的研究方法来看，曾经一度繁荣的中国伊斯兰教史研究似乎显得有些后继乏人。随着第一代学者，即 20 世纪 40 年代及此前出生的老一辈学者，年事已高，逐渐淡出学术舞台。而二、三代学者既罕有老一辈学者扎实的史学功底，在市场大潮的冲击下又不甘像上一代人一样"板凳须坐十年冷"。另一方面，与文献考证之冷形成鲜明对比，现实考证的方法逐渐占据上风。

（一）文献考证

1. 中国伊斯兰教研究

从文献考证角度，对中国伊斯兰教探本穷源是"历史—考证"进路题内应有之义。历史研究与实证研究的根本区别在于历史研究的旨归不外乎发掘历史的真相与事实，其途径则是通过繁琐的考证，在浩若烟海的历史文献中探赜索隐、钩隐抉微。而实证研究更关注当下生活中活生生的宗教现象，力图通过深入实地的观察，描述宗教现象。有的实证研究更进一步强调除了通过田野调查来获取第一手资料以外，还要对调查得来的现象和数据加以高屋建瓴的理论分析。总体而言，进入"重兴—繁荣"时期以后，当代中国的伊斯兰教研究凭借改革开放的春风，再次迸发出勃勃生机，研究领域不断扩大，学术成果接连面世，在中国伊斯兰教研究方面，形成一个有点有线、历史与专题并重的相得益彰局面。既注重对中国伊斯兰教史的研究，也在中国伊斯兰教的专题研究方面取得长足进步。可将已问世的研究成果归纳为以下几个方面：第一，中国伊斯兰教史研究；第二，教派与门宦研究；第三，经堂教育研究；第四，地区伊斯兰教研究；第五，民族伊斯兰教研究；第六，中国伊斯兰教文化研究；第七，政教关系研究等。

（1）中国伊斯兰教史研究

对于中国伊斯兰教史的研究又可进一步划分为通史研究与断代史研究两类。

甲、通史研究

就通史研究而言，编写一部中国伊斯兰教通史，既是陈垣的建议，也是白寿彝的夙愿。自20世纪80年代，中国的伊斯兰教研究进入"重兴—繁荣"时期以来，中国伊斯兰教研究的蓬勃发展，为从新的视角编写详尽的科学的通史，提供了初步的基础。1998年，李兴华、秦惠彬、冯今源、沙秋真合著的《中国伊斯兰教史》的问世，就是前十多年学术发展的反映。该书有70多万字，内容丰富、资料翔实、体系庞大，是新中国第一部中国伊斯兰教史专著。全书共5编22章，按五个不同历史时期叙述了伊斯兰教在华的初期传播、普遍传播、发展完善和成形、在不同地区的本土化和民族化过程中产生的历史变化，以及在不断衍变中所凸显的中国特色和伊斯兰教自身作为一种信仰文化和生活方式而保留的基本特质。该书卷帙浩繁，内容庞大，屡屡可见填补学术空白的亮点，如在第五编叙述了伊斯兰教在中华人民共和国成立后的基本概貌，虽然过于简略，但毕竟有开拓之功。该书也不为学术窠臼所局限，如在伊斯兰教东传时间上，该著作没有采用传统的"永徽二年"说，而是选择了唐肃、代二宗即公元8世纪中叶的说法。另外，对历朝各代的伊斯兰教政策有比较系统而概括的论述，也颇具新意。当然，因多人合著而产生的缺憾也在所难免，如各编体例、撰写的风格、文字表达等方面都不同程度地存在着差异。另须一提的是，此书出版之前，冯今源《中国的伊斯兰教》（宁夏人民出版社，1991年）、秦惠彬《中国的伊斯兰教》（商务印书馆，1994年）已分别发表，各有侧重，特色鲜明。例如，在《中国的伊斯兰教》一书中，作者冯今源对中国清真寺的名称、社会职能、建筑风格所作的研究，别具一格，观点鲜明。此书在有关教派问题和中国各族穆斯林在历史的贡献上，也有独特见解。

直到21世纪来临，中国伊斯兰教研究进入"发展—转型"时期以后，致力于中国伊斯兰教通史研究者仍不乏其人，近年来出版的代表之作包括：周燮藩、沙秋真合著《伊斯兰教在中国》（华文出版社，2000 年）、米寿江《中国伊斯兰教简史》（五洲传播出版社，2004 年）、马平主编《简明中国伊斯兰教史》（宁夏人民出版社，2006 年）、杨桂萍与马晓英合著《清真长明》（宗教文化出版社，2007 年）。这些著作各具特色，提出了各自对于中国伊斯兰教历史的理解与诠释。

不难看出，进入"发展—转型"时期后，中国伊斯兰教通史的研究方面出现了一些新的变化。就其可嘉一面而言，这一时期的研究更注重从与中国伊斯兰教具有密切关联的民族、文化等多重线索综合论述中国伊斯兰教的演变历史。较之以往以朝代变迁为主的单线模式无疑在研究视角上更为宽广。但这种研究模式亦有其不利因素。"发展—转型"时期内涌现出的这一系列通史著作，若与李兴华等合著近 70 万字的《中国伊斯兰教史》相比，在篇幅上则无一例外，都大为缩减。而与此同时，这些著作所论述内容往往又是多个线索齐头并进，这意味着在深度上这些著作较之《中国伊斯兰教史》必定有所逊色。这或许情有可原，诗仙李白也曾感慨："眼前有景道不得，崔颢题诗在上头。"既然有这样一部大部头的研究性专著在前，无论在篇幅，还是在深度上，后人实在难以超越。因此，若要成一家之言，为读者接受，只能转换角度，或以宽度之广弥补深度之不足，或以内容概括性之强、涵盖面之广取胜；或以文笔优美，引人入胜见长。这大概是近年来中国伊斯兰教通史研究多为面面俱到的"概论性"研究，而缺少有深度的通论性专著之内在原因。

尽管这些通史著作各有所长，但并不意味着对中国伊斯兰教史的研究只能止步于此，再也无法推陈出新。实际上，即便《中国伊斯兰教史》这样的鸿篇巨制也是按照朝代变迁的先后次序，划分为"唐宋"、"成吉思汗西征至明中叶"、"明中叶至清末"、"民国时期"、"中华人民共和国成立之后"等五个时期。由编到节，层层递进，逐步深入。如果说从整体上超越前人巨著千难万难，但若能够批亢捣虚，攻其一点，集中精力对某个朝代、时期做深入研究，那么，即使前人的上乘之作，也并非高不可攀。更进一步，若能将这些对不同时期的专门研究融会贯通、合为一体，具有深度的通史研究自然水到渠成。然而，正如荀子所言："不积跬步，无以至千里"。此项构想必由扎扎实实的断代史研究入手。

乙、断代史研究

除通史研究外，中国伊斯兰教的断代史研究方面有不少文章问世。李林《伊斯兰教在唐代活动述略——兼议伊斯兰教在中国早期文化传播的性质》（《回族研究》2001 年第 4 期）在考察伊斯兰教在唐代活动轨迹的基础上，分析了伊斯兰教在中国早期文化传播的性质问题。作者提出，伊斯兰教在中国的早期文化传播活动具有作为伊斯兰世俗物质文化传播客观结果的"随生性"。从这个意义上讲，伊斯兰教在中国的早期文化传播似乎是一种"无心插柳柳成荫"的意外结果。但如果站在不同社会文化系统之间相互交往和文化传播的高度来审视这种特殊的文化现象，就会发现隐藏在历史偶然性背后的乃是早期来华的穆斯林先民在主动适应一种完全陌生的社会文化环境的漫长历程中，作为弱势文化群体所表现出的一种"适者生存"的非凡智慧和苦心孤诣。秦惠彬在《伊斯兰教在五代时期的发展》（《世界宗教研究》1989 年第 1 期）一文中提出五代时期，中国伊斯兰教的传播重心已由西部（长安一带）转移到了南部。他在文章中提出存在着一个信仰阶梯的观点，即中国穆斯林的信仰心态呈现出由西向东渐次下降的阶梯。此外，专门以某个朝代的伊斯兰教为主题的文章还有：周耀明《试论宋代伊斯兰教在河陇地区的传播》（《甘肃民族研究》2004 年第 4 期）、邱树森《元代伊斯兰教在中国北京和西北的传播》（《回族研究》2001 年第 1 期）、刘成有《地位上升而又明确附儒的元代伊斯兰教》（《湖北民族学院学报》2002 年第 1 期）、葛壮《明代社会中的伊斯兰教和穆斯林》（《世界宗教研究》2002 年第 1 期）、陈国光《清代维吾尔族中的伊斯兰教》（《新疆社会会科学》2002 年第 2—3 期）。

这些文章上至唐、五代，下至宋元明清时期，描绘出了一幅伊斯兰教在中国演变的全息图。然而，中国伊斯兰教的断代史研究多是论文，极少专著。这说明断代史研究的重要性尚未引起足够重视，不禁令人惋惜。其实，中国伊斯兰教史研究中有些朝代和专题的史料本来就为数甚微，如唐宋时期的伊斯兰教，经过几代人钩沉索隐基本已经穷尽。除非从新的视角重新审视这些耳熟能详的旧史料，或独辟蹊径发掘新资料，否则发挥余地不大。而有些时期，如民国时期，其时距今不远，研究者又寥寥无几，若能综合各种材料，从断代史角度撰写一部"民国时期中国伊斯兰教史"则不难别开生面，自成一家。就此而言，断代史研究理应成为未来中国伊斯兰教研究的一个重点。

（2）教派与门宦研究

分宗立派、开枝散叶是任何宗教传统在发展过程中都不可避免的自然现象，也有人将其视为宗教发展成熟的标志。在长期的发展过程中，中国伊斯兰教也逐渐演化出了自己特有的教派体系，素有"三大教派"与"四大门宦"之说。所谓"三大教派"，即格底目、伊赫瓦尼和西道堂。"四大门宦"或曰"四大苏菲学派"则包括虎夫耶、嘎德林耶、哲赫忍耶、库布忍耶。马通先生最早在《中国伊斯兰教派与门宦制度史略》中提出"三大教派、四大门宦"之说。这一"认识范式"在学界广为接受，已成为公认的说法。近年来，也有学者提出新的观点，如马平主编《简明中国伊斯兰教史》（宁夏人民出版社，2006 年）提出"四大教派、四大门宦"之说。最近，丁士仁撰写《中国伊斯兰教门派划分的新视角》也就此问题提出新的见解，认为中国伊斯兰教从整体上可以划分为"四个教派"，即格底目、门宦、伊赫瓦尼与赛莱菲耶。[①] 尽管新的看法层出不穷，但本文仍沿用"三大教派"、"四大门宦"之说，并以之提纲挈领，概述中国学者对教派门宦的研究。

教派与门宦研究是进入"重兴—繁荣"时期后，当代中国的伊斯兰教研究最先取得突破，产生学术专著的领域。除了前文提及以马通和勉维霖为代表的以实地调查方式研究教派门宦途径以外，还有不少学者从文献资料入手对苏菲门宦进行研究，涌现出了一批在文献资料的收集和整理方面取得较大进展的论文和专著，并引起国际学术界的重视。代表性论文有：杨怀中《论十八世纪哲赫耶穆斯林的起义》、马辰《马元章与哲赫林耶教派的复兴活动》、马福海《嘎的林耶门宦杨门始末》、冯今源《关于门宦教派问题的刍议》等。[②]

从对教派的研究来看，人数居"三大教派"之首的格底目在中国称"老教"、"遵古派"，指保持伊斯兰教入华后形成的传统，与明末清初后产生的门宦及新教派有别的中国穆斯林社团。相关的论文有：冯增烈《"格底目"八议》（《西北民族学院学报》1984 年第 1 期）、冯今源《中国伊斯兰教教坊制度初探》（《世界宗教研究》1984 年第 1 期）、李兴华《格底目史初探》（《甘肃民族研究》1985 年第 1、2 期），等等。

第二大教派伊赫瓦尼在中国称"新兴教"、"遵经派"，指产生于 19 世

---

① 参见丁士仁《中国伊斯兰教门派划分的新视角》，刘义章、黄玉明主编：《不同而和：基督教与伊斯兰教在中国的对话与发展》，建道神学院 2010 年版，第 187 页。

② 上述论文均载西北五省区伊斯兰教学术会议论文集。

纪末以"凭经行教"、"尊经革俗"为号召的新教派。早期发表的相关研究论文有：马克勋《中国伊斯兰教伊赫瓦尼派的倡导者——马万福》、马占彪《试论马万福及其依赫瓦尼教派》、刘德文《中国伊斯兰教伊赫瓦尼派在西宁的传播》等。也有人追溯其思想渊源，如冶青卫《试论伊赫瓦尼与瓦哈比派的关系》等。进入"发展—转型"时期后，对伊赫瓦尼的研究层见叠出。影响较大的有马斌《萧德珍与西安伊赫瓦尼教派》（《西北民族研究》2001 年第 1 期）。其他相关论文还有：马强《瓦哈比运动与中国的伊赫瓦尼和赛莱菲耶——兼议国外伊斯兰思潮对中国教派形成的影响》（《西北第二民族学院学报》2001 年第 3 期）、马景《伊赫瓦尼派在西北发展原因探析》（《青海社会科学》2005 年第 6 期）以及敏文杰的两篇文章《临潭县伊赫瓦尼教派的传播与发展调查》（《西北民族研究》2008 年第 1 期）与《二十世纪中国伊赫瓦尼教派维新运动回眸》（《宁夏社会科学》2008 年第 2 期）。

在"三大教派"中，有关西道堂的资料整理和研究文章较多。西道堂是中国伊斯兰教中形成较晚的一个派别。清光绪年间，由马启西创立于今天的甘肃省临潭县旧城。因其创始人重视用刘智等汉文译著家撰写的《天方至圣实录》等"汉克塔布"（汉文经典）宣传教义，故又有"汉学派"之称。早在 20 世纪三四十年代就有范长江、顾颉刚、王树民等人在西道堂做过实地考察，并进行介绍与研究。从 20 世纪 40 年代末到 70 年代末这近 40 年的时间内，对西道堂的研究处于停滞状态，直到 20 世纪 80 年代的"重兴—繁荣"时期之后才重新启动。20 世纪 90 年代前后，学界形成了一股研究西道堂的热潮，主要有以下几方面原因促成：

第一，马通先生在《中国伊斯兰教派与门宦制度史略》一书中将西道堂列为中国伊斯兰教三大教派之一，作专门介绍之后，引起了学界对西道堂的关注，围绕西道堂的教权组织、宗教活动、经济建设、教派属性等问题展开了热烈讨论。比如，西道堂特有的"大房子"制度被视为是早期伊斯兰教历史上出现的穆斯林公社"乌玛"在近代中国穆斯林社会中的实践，一直是学界关注的热点。再如，马通先生最早提出西道堂是中国伊斯兰教"三大教派之一"，但也有人认为，从教派属性上看，西道堂应属苏菲门宦，而非教派。时至今日，对于西道堂究竟属教派还是门宦，学术界仍争讼不休。

第二，1987 年由青海民族学院民族研究所、西北民族学院西北民族研究所合作编辑的《西道堂史料辑》一书以内部资料名义印行，这也是至今唯一一本专门论述西道堂的论集。书中辑录了自民国时期至20世纪80年代有关西道堂研究的资料和文章共16篇，内容涵盖西道堂历史、宗教信仰、马启西和历代教主生平、教育、清真寺、刘智思想对西道堂的影响、大事记等方面，为研究西道堂提供了必读和有重要参考价值的工具书。

第三，西道堂素有重视学术与教育的传统。1994年5月和1995年7月，先后邀请两批专家学者赴西道堂进行为期半个月的学术考察，考察的成果陆续发表，影响至今。相关的论文有：陆进贤、陆聚贤《中国伊斯兰教西道堂》（《阿拉伯世界》1994年第2期），马德良、于谦《刘智思想对西道堂影响浅析》（《世界宗教研究》1995年第1期），金宜久《刘智思想在中国穆斯林中的影响》（《甘肃民族研究》1996年第3—4期），马平《中国回族的"普埃布洛"——甘南临潭西道堂尕路提大房子研究》（《回族研究》1997年第2期），《甘南藏区拉仁关回族"求索玛"的群体研究》（《伊斯兰文化论集》，中国社会科学出版社2001年版，第273页），丁宏《西道堂模式——一个宗教派别的社会实践及带给我们的思考》（《中央民族大学学报》1996年第5期）等。

20世纪90年代以来，在对西道堂的介绍中，高占福的成果比较集中，连续发表《刘智宗教思想对西道堂教派的影响》（《宁夏社会科学》1990年第2期）、《马明仁与西道堂经济的发展》（《西北民族研究》1993年第1期）、《甘肃伊斯兰教西道堂历史与现状调查——以伊斯兰教与社会发展相适应为主》（《西北民族研究》1994年第2期）、《关于西道堂"大家庭组织"的调查与研究》（《甘肃民族研究》1999年第2期）等文章。就刘智宗教思想与西道堂的渊源关系、马明仁振兴西道堂的经济活动、西道堂的历史与现状等问题做了评述。值得一提的是，西道堂现任敏生光教长也曾先后撰写了《刘智思想与西道堂》（《回族研究》1991年第4期）、《伊斯兰教"乌玛"制度对西道堂的影响》（《世界宗教研究》1995年第1期）等文章探讨伊斯兰教的制度、思想与西道堂形成与发展的关系。

进入"发展—转型"时期后，对西道堂的研究仍在继续，但也表现出一些新的变化和特点。主要体现为相关研究开始注重从西道堂与中国传统文化的融合、与建设和谐社会中的积极作用等角度阐发思想，反映现实。这既与目前主流话语强调宗教对话、构建和谐社会有关，也说明西道堂宗教思想与实践中本身就包含这方面的积极因素。相关论文有：马晓军《中国伊斯兰教教派西道堂的特点》（《兰州大学学报》2004 年第 2 期）、马志丽《伊斯兰文化与中国传统文化融合与适应的典范——以西道堂为例》（《青海民族研究》2008 年第 3 期）、敏贤麟《从西道堂创建看中伊文化的和谐交融》（《西北第二民族学院学报》2008 年第 6 期）、康春英《对中国伊斯兰教西道堂的最新调查与思考——兼谈宗教参与和谐社会建构的具体形式与实现方式》（《西北民族大学学报》2009 年第 1 期）。

　　（3）经堂教育研究

　　中国的经堂教育为明嘉靖年间陕西咸阳人胡登洲所开创，他有感于当时教内"经文匮乏，学人寥落"的衰微，遂"慨然以发明正道为己任"。在家中讲经论道、授徒课业，培养了众多弟子。可以说，经堂教育是伊斯兰教在清真寺内传授知识、培养宗教人才的传统在中国结合私塾特色而形成的教育制度。以清真寺为场所的经堂教育制度，在中国穆斯林中代代相传，为培养经学人才和伊斯兰教的传播起到了相当大的作用。经堂教育在历史上一直受到穆斯林的重视。在 20 世纪 30 至 40 年代已有王静斋《中国回教经堂教育的检讨》、庞士谦《中国回教寺院教育之沿革及课本》、希拉伦丁《经堂用语研究》等文章以及马坚译《回教教育史》等。自 1989 年《经学系传谱》整理出版后，明清之际经堂教育的兴起、传承、流派等问题有了宝贵的资料可借参照，特别是苏菲主义对于经堂教育以及后来的汉文著译的影响，有准确、明晰的叙述。

　　然而，时至今日，相对于学校教育和家庭教育来说，经堂教育在现代教育体系中的地位大大下降了。在学术研究中，穆斯林教育问题固然一直受到重视，但关于经堂教育的文章却不多，这或许反映了难以被主流教育体系接纳的前提下，经堂教育困窘的现状。早期的文章中，有一些颇具代表性。如冯增烈《明清时期陕西伊斯兰教的经堂教育》（《清代中国伊斯兰教论集》，宁夏人民出版社 1981 年版）、王永亮《回族经堂教育的产生和早期形态》（《回族研究》1993 年第 1 期）。冯增烈在论文中阐明经堂教育的渊源和兴起，讨论了清真寺的组织与经堂教育结构的关系，还对经堂教育教授的课程，中国形式的宗教术语"经堂语"和经堂文字"小儿锦"，包括经堂教育代表人物胡登洲及其弟子相传等历史情况做了较清晰的介绍。从文章涉及面来看，该文是一篇对中国伊斯兰教教育制度进行较为全面探讨的代表性佳作。晚近的则有：王伏平《海思福对中国经堂教育的贡献》（《回族研究》2007 年第 4 期）、杨文炯《女学：经堂教育的拓展与文化传承角色的重心位移——以兰州、西安、临夏调查为个案》（《回族研究》2002 年第 1 期）等。此外，《中国穆斯林》杂志发表了大量有关经堂教育和著名经师的介绍、研究文章。1990 年在济南召开的第六次全国回族史讨论会侧重于回族教育史，会议论文由山东省民委以《中国回族教育史论集》（山东大学出版社，1991 年）为名编辑出版，其中有不少文章涉及经堂教育。在 2007 年在兰州召开了"中国经堂教育问题研讨会"。与会代表提交了一批关注中国经堂教育的发展历程、问题、对策以及未来发展方向的论文和发言。例如，《创制与文化振兴——伊斯兰教中国本土生长的历史启示》、《经堂教育的百年发展》、《经堂教育的现状与思考》、《经堂教育未来发展的方向》、《经堂教育发展的新理论、新视角、新境界》，等等。

另须一提的是，随着经堂教育而发展出来的"小经"近年来也逐渐引起人们的关注。"小经"是中国穆斯林用阿拉伯语字母拼写记录经堂语和汉语的一种表音文字，也称"消经"、"小儿锦"。中国穆斯林将阿拉伯语和波斯语典籍称为大经，与之相对，这种拼记文字就称为"小经"。而所谓"消经"则取"消化经典"之义，在中国伊斯兰教经堂教育中广为采用。大约从 2000 年起，南京大学历史系刘迎胜教授组织"小经"课题研究组多次赴西北实地搜集了多件具有代表性的"小经"文献资料，并有一批后续研究成果出现，例如，刘迎胜《关于我国部分穆斯林民族中通行的"小经"文字的几个问题》（《回族研究》2001 年第 4 期），韩中义《试论穆斯林经学文献的印行及其对知识传播的影响——以小经〈开达尼〉为例》、《小经文献与伊斯兰教相关问题研究》（《世界宗教研究》2005 年第 3 期）、《小经文献的语言学相关问题初探》（《西北民族研究》2007 年第 1 期），等等。这些研究成果的发表在该领域内引起了一番热烈讨论。虎隆撰写了《"消经"日记〈正大光明〉与普洱马阿訇》（《回族研究》2006 年第 3 期）、《也谈"消经"开以达尼》（《回族研究》2007 年第 1 期）。虎隆在后一篇文章就韩文中涉及的一些问题和关键词提出了不同看法，引起了学界广泛关注。

（4）地区伊斯兰教研究

进入"重兴—繁荣"时期后，中国伊斯兰教史研究的深入，带动了地区伊斯兰教研究。20 世纪 80 年代，关于一些地区伊斯兰教的论文和调查报告陆续出版，如泉州海外交通史博物馆和泉州历史研究会联合编纂《泉

州伊斯兰教研究论文选》、甘肃民族研究所编《西北伊斯兰教研究》。进入
20世纪80年代以来，地区性伊斯兰教研究在原有基础上又取得长足进步。
其重点有两个方面：一是对内地伊斯兰教的研究，二是对边疆地区伊斯兰
教之考证。

　　内地伊斯兰教研究方面代表性专著包括《南京回族、伊斯兰教史稿》
和《中国南方回族历史人物资料选编》。值得注意的是，这两本著作都是
涉及中国南方回民的历史和文化，而南方的伊斯兰教研究以前总是受到忽
略，出现的研究成果不多，传统上只注重西部地区的伊斯兰教。这两本书
的出现说明中国伊斯兰教研究开始克服重西部轻东部的现象，这当属一个
新的变化。近年来，随着经济发展大批来自西部的穆斯林商人涌入南方城
市，如广州、深圳、义乌等地，从事商贸活动，在当地形成了被称为"新
蕃坊"的穆斯林聚居区。也引起了研究者对这些地方伊斯兰教新变化、新
趋势的兴趣，出现了一些相关的文章，如郭成美《当代"蕃坊"的崛起》
（《回族研究》2007年第2期）、季芳桐《东部城市流动穆斯林人口的结构
特征与就业状况研究》（《西北第二民族学院学报》2008年第4期）。

　　此外，在近年内地伊斯兰教研究中，值得一提的是李兴华撰写的"中
国名城名镇伊斯兰教研究"系列文章，陆续发表于《回族研究》等刊物。
该研究专题把中国的一些穆斯林聚居的中心如临夏、朱仙镇、大同、南
京、西安、开封、兰州等作为研究目标，每个城市写一篇论文，详细论述
了每个城市伊斯兰教的历史与现状以及该城市伊斯兰教与整个中国伊斯兰
教历史与现实的意义。作者厚积薄发，显示了对材料的驾驭能力和深厚的
史学功底，是近年来本领域中比较见工夫的研究。

　　地区伊斯兰教的另一个重点是对边疆地区伊斯兰教的研究。其中，以
对新疆的伊斯兰教研究取得的成绩最为显著。刘正寅和魏良弢合著《西域
和卓家族研究》、李进新著《新疆伊斯兰汗朝史略》等。值得一提的是，
新疆社会科学院的学者从1979年开始，就着手组织人员翻译、整理了大
量资料，进行实地调查，进行学术研究。在此基础上编写的《中国新疆地
区伊斯兰教史》（全两册）已经出版（新疆人民出版社，2000年），是地
区伊斯兰教史研究的一项重大成果。

　　除此之外，还有不少对新疆地区伊斯兰教派研究的文章。其中一些论
文由研究苏菲教团到苏菲主义学说的研究，从而与世界伊斯兰教的研究汇
合；另一些则由西北门宦溯源至新疆依禅派，进而揭示其与中亚苏菲教团

的道统渊源，代表性论文有：王守礼《新疆依禅派研究》、金宜久《苏菲派与中国门宦》、陈国光《回回 25 世到中原考——关于新疆伊斯兰神秘主义在内地传布问题》、《新疆伊斯兰教史上的伊斯哈克耶——兼论我国哲赫忍耶门宦的来源》、《中亚纳合西班底教团与我国新疆和卓、西北门宦》、周燮藩《伊斯兰教苏菲教团与中国门宦》、王怀德《苏菲派的演变与门宦制度形成的特点》、《略论依禅派的形成及其特点》、潘志平《中亚和新疆和卓的兴衰》、刘正寅《和卓家族兴起前伊斯兰教派在西域的活动及其政治背景》、陈慧生《试论清代白山派和黑山派之间的斗争及其影响》等。此外，涉及新疆伊斯兰教派的文章还有付禹与谭吴铁合作撰写的《新疆回族哲合林耶门宦历史的调查报告》（《新疆社会科学研究》1986 年第 2 期）、石磊《哲赫忍耶教派创始人马明心的遗孀和女儿在新疆的遭遇》（《甘肃民族研究》1989 年第 1 期）、马志福《马良骏及其著述与研究》（《回族研究》1992 年第 4 期）、陈国柱《乌鲁木齐回族二十三坊》（《回族研究》1994 年第 2 期）、戴良佐《新疆盖斯拱北探讨》（《回族研究》1996 年第 2 期），等等。

迈入 21 世纪以来，新疆地区的伊斯兰教研究出现了一些新的变化。一方面，历史研究仍在继续；另一方面，更多的研究开始以史为鉴，通过文献考证和实际调查关注现实问题，特别是如何发挥伊斯兰教及穆斯林群体在新疆社会稳定、地缘政治等方面的积极作用成为屡屡出现的议题。近年出现的文章包括：阿比孜·尼亚孜《当前新疆反分裂斗争与伊斯兰教关系的几个问题》（《新疆师范大学学报（哲学社会科学版）》2004 年第 2 期）、潘向明《清代新疆伊斯兰教教派问题刍议》（《清史研究》2004 年第 3 期）、李建生《关于引导新疆地区伊斯兰教与社会和谐的思考》（《新疆师范大学学报》2006 年第 27 卷第 1 期）、汤夺先《伊斯兰教的群体整合功能论析——以地缘政治格局中的新疆地区为例》（《宁夏师范学院学报》2008 年第 1 期）、杨红《对新疆伊斯兰教宗教教职人员队伍建设的思考》（《中共伊犁州委党校学报》2008 年第 2 期）、张敬全与李进新等合作撰写的《试论伊斯兰教协会的桥梁纽带作用——对新疆各级伊斯兰教协会的调查与思考》（《甘肃社会科学》2008 年第 5 期）、谢贵平《试论新疆伊斯兰教的双重社会功能与和谐社会构建》（《塔里木大学学报》2008 年第 3 期）、潘欣颂与龙群合撰《试论宗教因素对新疆族群稳定的影响》（《黑龙江民族丛刊》2008 年第 6 期）、任红《新疆伊斯兰教教育现状研究》（《中国穆斯林》2009年第2期)、胡欣霞《新疆伊斯兰教宗教人士的宗教心理分析》(《新疆社会科学》2009年第1期)等。

(5) 民族伊斯兰教研究

在民族伊斯兰教研究方面,以对回族伊斯兰教的研究最具代表性,成果也最为丰富。20世纪80年代,在对伊斯兰教和回族关系研究中,曾发生过一场影响深远的争论,即伊斯兰教在回族形成中的作用问题,成为讨论热点之一。部分学者认为伊斯兰教在回族形成的过程中起到了决定作用、关键作用和主导作用;而另一部分学者坚持伊斯兰教所起的是纽带作用、联系作用。中央民族大学林松教授是"决定论"一方的代表。他撰写的《试论伊斯兰教对形成我国回族所起的决定性作用》(《社会科学战线》1983年第3期)一文从9个方面进行了缜密论证,旗帜鲜明地主张伊斯兰教对回族形成起着决定性的作用。但也有学者支持另一种观点即所谓"纽带论"。其代表者如马汝邻在《再论伊斯兰教与回回民族形成的关系》(《宁夏大学学报》1984年第3期)一文中,坚持认为在回族的形成过程中,民族意识起着主导作用。这一争论到20世纪90年代仍然余波未平。例如,南文渊《论伊斯兰文化在回族形成中的主导作用》(《回族研究》1991年第3期)一文从伊斯兰教在中国发展的历史考察中论证了元末明初伊斯兰教在中国的兴盛发展直接促成了回回民族的形成。并从回族的自我意识、民族性格、风俗习惯等方面论证了伊斯兰文化在回族的形成中起到了主导作用。此后,研究范围逐渐扩展到伊斯兰教对回族社会经济、文化、风俗习惯、居住特点等各方面的影响,部分取得了共识,即回族的形成和发展离不开伊斯兰教。基于这一认识,伊斯兰教研究也成为回族研究的一个极其重要的组成部分。

据统计,改革开放以来,回族研究领域内以伊斯兰教为题的文章和论文多达780篇。[①] 这些文章和论文除了直接属于对伊斯兰教的研究以外,其余则关注伊斯兰教对回族在方方面面的影响研究。主要论文有:丁明俊《略论伊斯兰教对回族艺术的影响》、南文渊《伊斯兰教对回族教育的影响》、梁向明《略论伊斯兰教道德及其在回族传统道德形成中的作用》、肖芒《伊斯兰文化对回族商业活动的影响》、丁宏《从回汉民族关系角度谈加强伊斯兰文化研究的重要意义》、陶红与白洁合撰《回族服饰文化与伊

---

① 董知珍:《1979—2004回族文化研究综述》,《甘肃民族研究》2006年第1期。

斯兰教》等。

相关方面的著作也接踵而至。比如，中国社科院民族所和中央民族大学民族所合编《回族史论集（1949—1979）》（宁夏人民出版社，1984年）、杨怀中《回族史论稿》（宁夏人民出版社，1991年）、林松与和龑合著《回回历史和伊斯兰文化》（今日中国出版社，1992年）、李松茂《回族伊斯兰教研究》（宁夏人民出版社，1993年）、邱树森《中国回族史》（宁夏人民出版社，1996年）、杨志玖《元代回族史稿》（南开大学出版社，2003年）。在地方回族史方面，先后出版了《云南回族史》（杨兆钧主编，云南民族出版社，1989年）、《甘肃回族史》（马通著，甘肃民族出版社，1994年）、《新疆回族史纲要》（韩斌、马苏坤、王平等合著，乌鲁木齐，1995年刊印）、《西北地区回族史纲》（王伏平、王永亮合著，宁夏人民出版社，2003年）等著作。此外，还有两部由著名历史学家白寿彝主编的鸿篇巨制：一是宁夏人民出版社从1985年到1997年陆续出版的四卷本《回族人物志》，二是两卷本《中国回回民族史》（中华书局，2003年）。这两部著作集多位学者之长，呈现了回族学研究的新成就。

（6）中国伊斯兰文化研究

或许有读者会质疑，此处将"中国伊斯兰文化研究"单独列为一个研究专题，与前文以回族为主的"民族伊斯兰教研究"似有交叉重叠之嫌。因此，有必要对之加以界定和说明。所谓"中国伊斯兰文化研究"主要涉及以下两个领域的研究：

一是探讨伊斯兰教与中国传统文化的互动关系。一方面，既要着重研究伊斯兰教如何从一个外来宗教演变为中国传统文化的一个有机组成部分，即"伊斯兰教在中国"到"中国伊斯兰教"的"本土化"历程。另一方面，既然强调"互动关系"，则也需特别留意中国文化对伊斯兰教的种种回馈与反应，从正面的宽容、接纳，到负面的疑虑排斥都应一视同仁加以探究。

二是世界各地穆斯林的信仰"同中有异"，其共通之处表现为皆具伊斯兰信仰，而殊异之处表现为受当地文化的影响而烙上各自的文化印记，即伊斯兰信仰的"共性"与"个性"特征、伊斯兰文化的"统一"与"多元"样态。基于这一认识，扎根于中华大地的中国穆斯林又如何借助特有的中国伊斯兰文化来成就和表达各自的信仰，就成为一个值得深入研究的课题。

"中国伊斯兰文化研究"与"民族伊斯兰教研究"的主要区别在于，前者着眼于殊相，观察已融入中国文化的伊斯兰信仰在中国穆斯林生活中的种种表达；后者强调共相，以伊斯兰教的基本教义、教法为准绳，从宏观上考察伊斯兰教对相关民族的影响。

进入"重兴—繁荣"时期后，论及伊斯兰教文化的文章明显增多，在研究的广度与深度方面也都有新的进展。其中，既从有宏观的历史和文化角度出发探讨中国伊斯兰文化的属性与特征，也出现了不少从微观上探讨伊斯兰文化各个具体而微的方面的文章。前者的代表有：马启成《论中国伊斯兰大文化属性》(《中央民族学院学报》1992年第6期)、葛壮《伊斯兰教和中国传统文化》(《探索与争鸣》1992年第3期)、纳麒《从回族角度谈伊斯兰教的中国化》(《回族研究》1999年第4期)；后者则是琳琅满目，涉及饮食、婚姻、服饰、丧葬、礼仪、节庆、建筑、医学、天文、伦理、文学、心理等诸多领域，在此不一一列举。

除了这些专题论文以外，也出现了一些重要的代表性著作。主要有杨怀中、余振贵合著《伊斯兰与中国文化》(宁夏人民出版社，1995年)。此书旨在探索伊斯兰文化渊源成就及其在中国的传播发展、内涵、特点及其在中国文化史上的地位和影响。秦惠彬所著《中国伊斯兰教与传统文化》(中国社会科学出版社，1995年)较为系统地介绍了伊斯兰教融入中国的过程，并分析了伊斯兰教对中国文化的反作用与影响，从而生动地再现了伊斯兰文化与中国文化的精神。此外，马通《丝绸之路上的穆斯林文化》(宁夏人民出版社，2000年)也是一部反映伊斯兰文化研究成果的力作。该书主要考察主要对象是中国境内"丝绸之路"沿途各地的穆斯林文化，通过描述不同地区、民族穆斯林文化的形态与特征，揭示了伊斯兰文化的多样性。

近年来，这方面还出现了一些中青年学者撰写的专著，如马明良《伊斯兰文明与中华文明的交往历程和前景》(中国社会科学出版社，2006年)、马进虎《两河之聚——文明激荡的河湟回民社会交往》(甘肃民族出版社，2006年)。两书视角各具特色，一从宏观着眼于伊斯兰文明与中华文明的历史交往与前景；一从微观入手分析多种文明在河湟地区穆斯林社会的激荡。然而，两者的相同之处更是显而易见，两书都是以彭树智先生的"文明交往论"为基本理论，并将之运用于不同个案。在此意义上，可谓"棠棣之华"。若以"文明交往论"这一宏大题目作为观照伊斯兰文化与中华文化之间相互影响的切入点，其难度在于稍有不慎会陷入"大而化之"的泥沼。若想避免这一窘境，唯有仰赖当事人驾驭主题的功力和拿捏分寸的本领。笔者认为，在探讨中国伊斯兰文化这一主题时，与其高屋建瓴，不如具体而微，从文化的多样性中反观伊斯兰传统的内在统一。

（7）政教关系研究

"以古为鉴，可以知兴替。"探究伊斯兰教与中国历代政权之间的关系，不仅要总结历朝历代施政利弊，更须将中国穆斯林的回应纳入研究视野。如此，方可为后来者制定相关政策、处理突发问题乃至从理论高度反思伊斯兰教与中国社会、中国文化的关系等提供可贵的参考依据。可以说，这是一个集理论与现实意义于一身的特殊领域。

遗憾的是，到目前为止，该领域的代表性著作屈指可数。出版较早、影响较大的专著当属余振贵《中国历代政权与伊斯兰教》（宁夏人民出版社，1996 年）。此书依时间顺序，从唐代初期到 20 世纪中叶，阐述了各个朝代及民国等历史时期伊斯兰教与历代政权间发生的各种纠葛与关系。该书以分析评估中国历代政权处理伊斯兰教事务的治理策略和实际效应为主线，揭示伊斯兰教在中国社会政治发展史上不可忽视的重要作用。在探研历代政权对伊斯兰教的政策时，还分析其对穆斯林民族的态度及后者的反应，并深入阐述了历代政权的民族观与宗教观。此书突出贡献就是从历代关于伊斯兰教的政策这一特殊视角入手，开拓了一个全新的研究领域。

20 世纪 80 年代，曾出现过一些探讨文章历代政府对待伊斯兰教政策的文章，特别集中在清政府在民族边疆地区的施政措施。如陈国光《清政府统一新疆前对伊斯兰宗教民族问题的态度与政策》（《西部学坛》1987年第 9 期）、《清政府统一新疆后对伊斯兰教的政策》（《新疆宗教研究资料》第 17 辑）以及苗普生、潘向明等撰写的《试论杨增新督新的伊斯兰教政策》（《西北史地》1982 年第 2 期）。

到了"发展—转型"时期后，仍然有不少探讨历代政权与伊斯兰教关系的文章，例如：张秀丽《中国历代封建政权处理伊斯兰教问题的政策策略》（《河南社会科学》2000 年第 5 期）概括了历代封建政权对伊斯兰教的管理政策，如怀柔抚纳以收其心、输出儒学以谐教化、笼络上层以回制回、专设机构加强管理等。刘春英《东北沦陷时期日本殖民政权的伊斯兰教政策》（《日本学论坛》2004 年第 1 期）探讨了抗战时期日伪政权对中国伊斯兰教的政策。钱鹏《清朝回族立法政策初探》（《西北民族大学学报》2005 年第 3 期）从法哲学角度对清王朝针对回族所做立法的基础和具体制度进行了探究。李进新《蒙古统治西域时期的宗教政策》（《新疆师范大学学报》2005 年第 3 期）指出蒙古法律与伊斯兰教法的矛盾曾经导致西域地区反抗蒙古贵族统治的斗争绵延不断。杨虎德、张钟月合撰《清朝伊斯兰教政策探析》（《青海师范大学民族师范学院学报》2008 年第 2 期）分析了清政府对待伊斯兰教政策由宽至严的嬗变过程，指出清政府在处理伊斯兰教问题方面所犯的最大失误乃是对甘青地区教派矛盾处置不当。徐干、李建生合撰《关于清代新疆伊斯兰教政策的现实思考》（《实事求是》2008 年第 3 期）概述了清代针对新疆伊斯兰教制定的政策。这些论文以史为鉴，总结经验，为新疆地区制定伊斯兰教政策或处理重大突发问题提供了宝贵的依据。

尽管取得了这样的成绩，但遗憾的是，在这一领域始终未能出现如《中国历代政权与伊斯兰教》一样有分量的专著。其实，该领域大有可为。理由之一是，与其他宗教相比，伊斯兰教的特殊之处在于它强调"两世并重"，没有所谓的"神圣"与"世俗"的二元对立，这决定了它与现实政权的关系绝不可能只是单向的被管理或被处置，而是能够作出强有力的回应。因此，总结历代政权在处理相关问题方面的得失经验具有重要的现实意义。

理由之二是从目前的研究现状来看，学者们对于其他宗教，如佛教、基督教，与历代政权的关系之研究已遥遥领先于伊斯兰教。一方面是研究意义的极为重要，又迫在眉睫；另一方面却是研究现状不尽如人意，落后于现实要求。这足以说明，今后的研究应当重视伊斯兰教与中国历代政权关系的研究，不仅需要有通论性著作，更应针对每一朝代、不同地区甚至某个重大事件撰写出专门著作。

2. 世界伊斯兰教研究

"世界伊斯兰教研究"与前文所述"中国伊斯兰教研究"同属历史—考证之路。因此，既有迥然相异之处，也不乏异曲同工之妙。就其区别而言，有以下两点值得注意。一是从研究对象看，"世界伊斯兰教"虽名为"世界"，但涉及范围只包括除中国以外，其他国家和地区的伊斯兰教。而"中国伊斯兰教"则顾名思义以中国境内的伊斯兰教为研究对象。就区别而言，两者关系仿佛两个没有交集的同心圆，这种泾渭分明实则构成一种互异互补关系。二是从研究材料看，"世界伊斯兰教研究"的原始文献主要以相关国家地区的文字写就，即便二手的研究文献也多以英语等现代西方语言撰写。可见，"世界伊斯兰教研究"引证的史料大多来自外语文献。在资料来源上，与以中文文献为主的中国伊斯兰教相比，可谓各有倚重。

然而，既然同属历史—考证之路，在方法上，这两种在研究范围上迥然有别的分支学科又必然具有相通之处。这表现在两个领域的研究者大多具有历史学的学科背景，在研究方法上更是一脉相通，皆以梳理文献、描述现象见长。更深一步的研究，则是在还原事实本来面目的基础上，希冀发现其中隐藏的历史规律。在此，笔者将"世界伊斯兰教研究"划为两类：一是"伊斯兰教史研究"，即通史、断代史和概论研究；二是"伊斯兰教专题研究"，其涉及面较广，除与伊斯兰教相关的政治史、社会史外，还包括宗教的传播与发展、教派的分化与演变、神秘主义与民间宗教、社会思潮与社会运动、宗教文化和艺术等林林总总诸多专题。

（1）伊斯兰教史研究

世界伊斯兰教史原属中国学者研究伊斯兰教的薄弱环节，恰好与中国伊斯兰教史研究实力之雄厚、人才之鼎盛形成鲜明对比。20世纪20至40年代，仅有水子立《世界回教史略》（1923年）和袁东寅《回教发展史略》（1946年）两种著作问世，且篇幅较小，影响甚微。经过数十年的沉寂，直到20世纪80年代，国内才开始从翻译国外著作入手，逐步展开对世界伊斯兰教的研究。

1978年，王怀德和周祯祥翻译的《伊斯兰教简史》出版，作者昂里·马塞是法国学者。该书是以史为纲的一部概论性读物，颇能反映国际学界的通行观点。1979年美国学者菲利普·希提的经典之作《阿拉伯通史》由马坚翻译出版，此书材料翔实，译笔流畅，至今仍有伊斯兰教研究者案头必备的参考书。布罗克尔曼《伊斯兰教各民族与国家史》也是一部名著，于1980年由商务印书馆出版中译本，可惜译文错误较多。1981年吴云贵等人合译《伊斯兰教简史》面世，作者马茂德是巴基斯坦学者，此书代表了穆斯林学者的观点。同时面世的还有马肇椿、马贤合译《历史上的阿拉伯人》，作者是当代著名中东学家伯纳德·路易斯。此前，还有纳忠等人翻译的多卷本《阿拉伯—伊斯兰文化史》问世。该书作者艾哈默德·艾敏为埃及学者，此书资料丰富，内容详尽。由于卷帙浩繁，后人续译部分只能陆续出版，跨越时间较长。

在此基础上，中国学者厚积薄发，陆续撰写出几部能够反映中国学者观点的奠基之作。最早出版的是金宜久主编《伊斯兰教概论》（青海人民出版社，1987年）。该书内容翔实，吸收近年来东西方学术界研究的精华，对伊斯兰教全貌做了较全面的概括。其历史意义在于，该书是中国学者集体撰写的首部世界伊斯兰教通论性著作，标志着当代中国的世界伊斯兰教研究迈出了重要的一步。

与此同时，中国学者在编撰《宗教词典》伊斯兰教词条时，缺乏一部关于伊斯兰教史的基本著作所带来的不便就已暴露无遗。从学术角度而言，伊斯兰教的通史著作实际上是中国世界伊斯兰教研究的基础著作，其研究水平的高低直接关联到伊斯兰教学科的建设。当时，编写一部伊斯兰教通史就成为众望所归之举。

在此背景下，金宜久主编《伊斯兰教史》于1990年出版，这是中国学者编著的第一部世界伊斯兰教通史著作。该书在编写过程中，既重视借鉴、吸纳国际学术界的研究成果，又注意学术研究的独立性、科学性，在伊斯兰教的起源、伊斯兰宗教制度和各分支学科的形成、近现代伊斯兰教的发展趋势等问题上，都参照最新的学术成果作出自己的分析。该书全面系统地评述和介绍了各个不同时期伊斯兰教在世界各地的传播、发展、演变的过程。有人评价："本书内容丰富、立论稳妥、叙述简明、吸收了中外伊斯兰学者近10年来的最新研究成果，其作用远远超出教科书的范围，是当代中国学者了解伊斯兰教历史的较佳读本。"①

1992年，王怀德、郭宝华合著《伊斯兰教史》（宁夏人民出版社，1992年）出版。总体而言，这是一部以史为纲的概论性著作。该书的独特之处在于，在对研究内容的界定上，一反以往那种将伊斯兰教视为"包容一切"的思想体系、社会制度和生活方式的理解，而是着重阐述伊斯兰教的核心内容，其他方面的内容则尽量删繁就简，以保证条理清晰，主题突出。因此，在编写体例上既以历史发展脉络为主线，又能照顾到宗教知识的系统性、完整性，对教义、教法、礼仪、教派等内容，皆单辟专章，遵循其自身发展过程加以论述，从而与传统的伊斯兰教史著作有所不同。

继之而来，又出现了一批学术著作，其佼佼者首推金宜久主编的《伊斯兰教》（宗教文化出版社，1997年）。此书以1987年出版的《伊斯兰教概论》为底本，加以扩充和深化，从伊斯兰教的起源、经典、教法、教

---

① 余振贵、杨怀中：《中国伊斯兰文献著译提要》，宁夏人民出版社1993年版，第398页。

派、教义学、苏菲神秘主义、伊斯兰教与社会生活的关系、近现代伊斯兰教思潮与运动、中国伊斯兰教的发展演变以及对伊斯兰教发展演变规律的认识等十二章，将伊斯兰教视为一种"社会历史文化现象"，对其包含的丰富内涵和变化发展加以叙述和概括。此外，还出现了一些学术质量上乘的通史著作，如马明良《简明伊斯兰教史》（经济日报出版社，2001年）等。

断代史研究方面的代表之作当属由吴云贵、周燮藩合作撰写的《近现代伊斯兰教思潮与运动》（社会科学文献出版社，2001年）。该书实际上是一部近现代伊斯兰教史。此书抱着以史为鉴的初衷，力图通过追溯近代以来在殖民主义背景下伊斯兰世界产生的种种思潮和运动，找出历史与现实的关联，从而为深刻理解当代伊斯兰复兴运动的倾向和特点提供参照。

伊斯兰教史的研究和著述，有助于深化研究者的历史意识和宏观意识，从整体把握和发展眼光开展专题研究。换言之，伊斯兰教史的学术水平愈高，愈能为研究者提供丰富的研究资料，帮助开阔视野和提高分析能力，从而促进相关专题研究的发展。中国的伊斯兰教专题研究正是在教史研究的基础上积铢累寸，逐步展开。

（2）伊斯兰教专题研究

此处"伊斯兰教专题研究"限定为以史学进路对伊斯兰教的相关专题所做之学术研究。伊斯兰教作为一种绵延千年的宗教传统和内涵丰富的文化现象，其所涉及的学术研究可谓洋洋乎大哉。其中，有些研究以问题为中心，任他弱水三千，只取一瓢饮，做解剖麻雀式的研究；也有些研究体大思精，发展为一门相对独立的学科或领域。这些次级学科或研究领域的共同之处在于，其研究对象通常是那些在伊斯兰教这个"多面体"中占有重要地位的"一面"，如经典、教法、教义、教派、苏菲主义等。在此基础上，以现代学术研究的方法加以条分缕析、归纳总结从而衍生出相应的学科，如教法学、教义学等。此一过程，既包含胡适之所谓"动手、动脑找材料"（傅斯年索性将此语改作"上穷碧落下黄泉，动手、动脚找材料"）的经历；也必须面对如何将原有的教内研究转化为现代学术研究的痛苦"蜕变"，其不二心法与江西诗派"灵丹一粒，点铁成金"的"夺胎法"或有异曲同工之处。这也许可以解释为什么同样都是对于伊斯兰教的学术研究，有些就可冠名为"学"，而有些却只能勉强称之为"研究"，如苏菲主义研究、什叶派研究、《古兰经》研究、圣训研究等。其中的奥妙在于，在现代学者眼中，这些研究对象尽管完全有资格独当一面，但既然尚未完成脱胎换骨"洗礼"，那就不能被"尊称"为现代意义上的"科学"。① 由于伊斯兰教专题研究囊括的问题和学科为数众多，在此无法一一列举，只能以点带面，借苏菲主义研究来管窥伊斯兰教专题研究的全貌。

中国学界关于苏菲主义的研究则属起步阶段，近 30 年陆续有一些学术著作面世。最早涉及苏菲主义研究的内容见于一些对中国伊斯兰教的门宦教派研究著作中，例如马通所著《中国伊斯兰教派与门宦溯源》（宁夏人民出版社，1986 年）从追本溯源的角度，揭示了中国特有之苏菲门宦的学理功修及其与中亚、西亚苏菲教团的关系。紧随其后，金宜久主编《伊斯兰教概论》第七章中，以"伊斯兰教的神秘主义派别"为名，对苏菲主义作出专门论述。此外，在阿拉伯文和波斯文苏菲著作译介中，也有人展开神秘主义研究。金宜久《伊斯兰教的苏菲神秘主义》（中国社会科学出版社，1995 年）一书，就苏菲派的起源、发展过程，苏菲神秘主义学说体系，苏菲功修道路，苏菲派与逊尼派、什叶派的区别等，做了全面系统的论述。书中的许多内容，为作者多年潜心研究的成果。李琛《阿拉伯现代文学与神秘主义》（社会科学文献出版社，2000 年）是一部研究苏菲主义对当代阿拉伯文学影响的力作，具有重要的参考价值。元文琪、穆宏燕等人翻译的《波斯经典文库》则为研究苏菲主义神秘诗，特别是鲁米的《玛斯纳维》提供了可贵的资料。2002 年相继问世的两部专著：唐孟生《印度苏菲派及其历史作用》（经济日报出版社，2002 年）和张文德《中亚苏菲主义史》（中国社会科学出版社，2002 年）都是在这个学术领域中的新突破。近期的代表性研究是由周燮藩主持的国家社科项目"苏菲主义研究"，其内容涉及苏菲主义的历史、思想和新苏菲主义的发展。既有对中国伊斯兰苏菲主义的探讨，诸如苏菲派的传入、苏菲思想在中国的传播、新疆的依禅派等问题进行了详细的探讨，也有对新苏菲主义的研究。其研究旨在对苏菲主义历史、思想、仪式、组织、影响等作全方位、多角度的梳理和研究。这项综合性的研究成果，将为中国学者对苏菲主义的后续研究奠定基础。

---

① 这种现象绝非偶然，就连伊斯兰教的上一级学科"宗教学"本身也一直无法摆脱究竟该被称为"宗教学"，还是"宗教研究"的困扰。此问题背后流露出的是作为一种以人类宗教性及其外在形式为主要研究对象的宗教学科在以科学主义为主导的现代学科体制下所处之困境。

从上述成果看，国内已有对苏菲主义的研究按其性质可分为三类：一是对苏菲主义的思想学说研究；二是对西北门宦和新疆依禅派的调查研究，以 20 世纪五六十年代的调查资料为主；三是对阿拉伯、波斯文学中的神秘主义研究，包括苏菲著作和诗歌的译介。尽管有上述成就，但不可否认，中国的苏菲主义研究尚属权舆之初。一方面，从研究格局看，苏菲主义研究的学科规模尚未形成。学术界重视不够，苏菲主义研究目前在国内伊斯兰教研究界尚属于少人问津的殊方绝域。展开分门别类、井井有条的研究还有待时日。另一方面，倘若换个角度，从未来发展趋势观之，可以断言苏菲主义研究这个全新课题将引起越来越多学者的关注，势必成为中国伊斯兰教研究的一个重要领域。

（二）现实考证

1. "重兴—繁荣"时期的"实际调查"

自 20 世纪 80 年代进入"重兴—繁荣"时期以来，中国伊斯兰教研究竟是在现实考证这条道路上迈出了破天荒的一步。那时的现实考证，还没有"田野调查"这样时髦的名称，只是被简单地称为"实际调查"。早期实际调查的代表作品首推马通、勉维霖关于中国西北伊斯兰教派门宦的经典之作。

有学者认为，改革开放 30 年来"最具有学术价值的扛鼎力作"[1] 当推马通先生的《中国伊斯兰教派与门宦制度史略》（宁夏人民出版社，1983年）以及其后付梓的姊妹篇《中国伊斯兰教派门宦溯源》（宁夏人民出版社，1986年）。作者积数十年之功，在第一手珍贵资料基础上叙述各门宦的历史及特点，主要以西北的伊斯兰教各教派门宦支系为对象，对格底目（老教）、伊赫瓦尼（遵经派）、西道堂（汉学派）等三大教派以及虎夫耶、嘎德林耶、哲赫忍耶、库布忍耶等四大门宦及其数十个支系的源流、发展、衍生的历史过程，包括各重要教派门宦的宗教领袖人物，各派的宗教思想和礼仪特征，都做了详细的介绍。如果说《史略》旨在揭示一个支系纷繁、内涵复杂的中国伊斯兰教内部世界；《溯源》则重在分析各主要教派门宦的演变过程和相互关系。这两部姊妹篇为中国伊斯兰教教派门宦的研究奠定了坚实的基础，也将其推进与国际学术界接轨，已成为中国伊

---

[1]　葛壮：《20 世纪国内有关伊斯兰教历史的重要研究论著及其影响》，《当代宗教研究》2004 年第 4 期。

斯兰教研究史上的丰碑。马通先生的研究受到学术界同行的高度评价，并被视为填补了中国伊斯兰教历史方面的空白，有筚路蓝缕之功。著名史学家白寿彝先生评价此书："经过多年辛勤努力，搜集了有关的丰富材料，为中国伊斯兰教史和回族史开拓了一个新的园地，在史学工作上是有贡献的。"①

在此之前，勉维霖的《宁夏伊斯兰教派概要》（宁夏人民出版社，1981 年）业已出版。书中以作者在 50 年代末期的调查为基础，对宁夏伊斯兰教的格迪目、虎夫耶、哲赫林耶、尕德林耶、伊赫瓦尼五个教派、门宦做了介绍，②并对其分布特征、历史演变、教义修持及与世界伊斯兰教的关联作了精辟分析，故被视为当代教派门宦研究"开山之作"。但由于篇幅较小、发行量少等原因，一直未能受到应有的重视。此书中的主要内容后来收入勉维霖主编《中国回族伊斯兰宗教制度概论》（宁夏人民出版社，1997 年）一书中。

如果用今天的眼光来看，《史略》一书不仅在篇幅上更胜一筹，而且在方法上更完备。既以实际调查为主要方法，又采用了口述史和文献考证。从方法上看，尽管作者谦称此书虽以"史略"命名，距"史"的要求尚远，但实则深受晚清以来传统史学的实地考证与文献勘对等方法之影响。同时，由于作者生于 20 年代末，其教育背景和社会氛围也决定了科学主义的实证精神必然在作者身上留下深刻的印记。作者称："至于教派门宦的宗教理学和修持理论，我认为是属于另一范围讨论的问题，在本文中很少涉及。"③这说明，在此书中作者始终以客观描述宗教现象为研究准则，而对所涉及教派信仰的意义与价值抱存而不论的态度，属于典型的实证研究。此外，就研究宗旨而言，由于作者本人出生于一个属于哲赫忍耶门宦教下的家庭中，自幼目睹教派之间的纷争，由此萌发了研究中国伊斯兰教教派与门宦的夙愿。从青年时代起，开始注意搜集资料，积三十年之功，最终完成了教派门宦研究的奠基之作。这种关注现实问题的学风既与传统史学经世致用之说若合符节，又不乏新史学倡导的科学意识。了解了

---

① 马通：《中国伊斯兰教派与门宦制度史略》，宁夏人民出版社 2000 年版，"白寿彝先生序"。

② 这里的门宦名称沿用了原书作者的用法。——笔者

③ 马通：《中国伊斯兰教派与门宦制度史略》，宁夏人民出版社 2000 年版，作者序，第 1 页。

这些，或许就不难理解为什么著名历史学家白寿彝对此书评价甚高，赞扬作者不仅在史学工作上作出了贡献，而且为中国伊斯兰教史开辟了新领域。

2. "发展—转型"时期的"田野调查"

尽管同属"现实考证"之路，但倘若将"重兴—繁荣"时期的"实际调查"与"发展—转型"时期的"田野调查"摆在一起略加比较，就会发现两者的差异不只体现在名称上，其实际内涵也相去甚远。这至少体现在以下几个方面：第一，在研究方法上，实际调查主要通过观察、访谈等方式来收集、勘对资料。而田野调查则在此基础上，增加了新的方法，如问卷调查、定量分析等。第二，就研究宗旨而言，实际调查的目的是通过充分地掌握资料，追溯历史，还原真相；而田野调查则更多关注当代的现实问题。第三，从学科依托看，实际调查与历史学的联系更为紧密，而田野调查则被视为民族学、社会学、人类学研究中获取一手资料的基本方法。

从近年的研究情况看，进入"发展—转型"以来国内伊斯兰教研究界涌现出一批学术成果，其共同特点是既通过田野调查的方法获取资料，又具有明确的学科意识，自觉运用民族学、社会学及人类学理论对所获一手资料加以分析，而其作者又多为中青年学者。这方面具有代表性的成果为数不少。例如，杨文炯《互动调适与重构——西北城市回族社区及其文化变迁研究》（民族出版社，2007年）从城市族群社区研究的角度出发，以西北地区的四个省会城市西安、兰州、西宁、银川市的回族社区为重点，试图在国家和社会关系历史演变的宏观视阈中、在大传统与小传统以及城市多元文化的互动中全面探讨城市回族社区及其文化的变迁。又如，哈正利的博士论文《族群性的建构和维系——一个宗教群体历史与现实中的认同》（中央民族大学，2005年）以西道堂为研究对象，尝试性地将人类学的族群认同理论运用于中国伊斯兰教研究，对西道堂集体认同建立、发展和延续作出分析和阐释。再如，罗惠翾《宗教的社会功能——几个穆斯林社区的对比调查与研究》（中央民族大学出版社，2008年）从宗教人类学的角度出发，选择云南沙甸、甘肃兰州以及位于甘南州临潭县等三个典型的穆斯林聚居地作为研究地点，通过调查问卷、深度访谈等田野调查方法，获取了大量的一手资料。在此基础上，证明了自己的理论假设：即以宗教信仰、宗教仪式与宗教组织三个方面为核心的宗教，其主要社会功能在于实现社会的"制序化"。

从实证研究的角度考察中国穆斯林现状的著作还有：马宗保《多元一体格局中的回汉民族关系》（宁夏人民出版社，2002 年）、丁明俊《中国边缘穆斯林族群的人类学考察》（宁夏人民出版社，2006 年）、马强《流动的精神社区——人类学视野下的广州穆斯林哲玛提研究》（中国社会科学出版社，2006 年），等等。这些著作各具特色，如《中国边缘穆斯林族群的人类学考察》一书以生活在蒙、藏、傣、彝、白等少数民族中的穆斯林边缘群体为研究对象，借鉴人类学的族群理论，考察他们在与信仰其他宗教的人群长期杂居的过程中如何保留自身宗教信仰与共同历史记忆，得出的结论是：宗教认同和源于《古兰经》的共同食物禁忌认同乃是这些边缘化穆斯林认同的主要因素。

不难看出，近年来以民族学、社会学、人类学等社会科学为学科依托的实证研究正在中国伊斯兰教研究界引发一场"范式转换"，大有后来居上，超越传统史学文献考证的趋势。但笔者认为，在这场轰轰烈烈的"革命"背后，还应注意以下问题：

首先，尽管民族学、社会学、人类学一致强调以田野调查获取一手研究素材，但这并不意味着完全否认文献考证可作为获取资料的手段之一。相反，严格的田野调查方法都强调在正式实地考察之前，须以充分的文献收集作为准备工作。在获取资料的方式上，两者只是强调的侧重点有所不同。

其次，尽管新的理论和方法层出不穷，但不可否认，在崭新的名目之下，有些研究确有新意，有些只是"新瓶装旧酒"。其中的关键在于，不少研究只是将田野调查当作文献考证之外获取资料的一个新途径，却并未真正地把握相关学科的研究方法，更遑论升华到理论层面了。所以，就实质而言，这样的研究仍然属于"描述性研究"，而非"阐释性研究"，更似基础性的调研报告，而非真正意义上的社会学或人类学研究。

二 哲学—思想之路

从方法上看，无论是"历史—考证之路"的历史追溯，还是"哲学—思想之路"的哲理探求，都必须以搜集和整理文献资料为研究的基本步骤。然而，两种研究进路的差异则更为明显。史学研究偏重对历史、传承和仪式等外在方面进行现象描述，发掘这些宗教现象背后隐藏的历史规律；而哲学—思想研究则力求透过对思想、学说的理论分析，探索隐含在思想之中的意义与真谛。从学术史观之，早在 20 世纪三四十年代，马坚就已翻译了荷兰学者第·博尔的《回教哲学史》（商务印书馆，1944 年）以及穆罕默德·阿布笃的名著《回教哲学》（商务印书馆，1946 年），堪为当代中国的伊斯兰哲学研究之先声。即使在 20 世纪 50 年代以后，中国的伊斯兰教研究一片萧条的情况下，伊斯兰哲学的研究在事实上也未完全中止，而是以阿拉伯哲学的面目出现。就所涉及内容而言，伊斯兰信仰相关的思辨至少应包括以下三项内容，即伊斯兰自然哲学、伊斯兰教义学以及苏菲神秘主义思想；就研究方法而言，有哲学史与思想史之别。笔者以此"三项内容、两条进路"为线索，来梳理当代中国的伊斯兰哲学—思想研究的成果。

（一）伊斯兰哲学—思想研究

1. 通论研究

现代中国的伊斯兰哲学研究早在 20 世纪三四十年代就已初露头角。然而，当代中国伊斯兰教研究在"草创—停滞"时期并未取得实质性进展，仅仅翻印了一些新中国成立前出版的著作，如前文提及马坚翻译的第·博尔《回教哲学史》本于 1944 初版，此书于 1958 年由中华书局再版，并更名为《伊斯兰教哲学史》。书名由"回教"变为"伊斯兰教"虽属细枝末节，但背后反映的却是当时对于伊斯兰教认识的一大转变，堪为历史的见证。此外，1958 年 2 月，马坚还发表了论文《伊斯兰哲学对于中世纪时期欧洲经院哲学的影响》，刊登在《历史教学》1958 年 2 月号上。在此之后，无论是以伊斯兰哲学为题的专著，还是论文，都极为罕见，几成"凤毛麟角"。大部分相关研究都转而投入"阿拉伯哲学研究"的麾下。例如，1963 年，北京大学哲学系曾组织王太庆等人翻译伊本·西那的名著《治疗论》第六卷《论灵魂》。但由于译者"不能阅读阿拉伯文"，该译本只得从法文译本转译。更为重要的是，翻译者乃是站在从东方哲学的角度，而非伊斯兰哲学的角度来为伊本·西那的这部名著定位。

进入 20 世纪 80 年代"重兴—繁荣"时期之初，由于上承"草创—停滞"时期之余绪，当代中国的伊斯兰哲学—思想研究仍未能从"阿拉伯哲学研究"的窠臼中独立出来。据学者总结，20 世纪 80 年代，国内学者在《哲学研究》、《哲学译丛》、《文史哲》等 14 种期刊上发表阿拉伯哲学方面的论文、译文多达近 70 篇。主要围绕以下主题展开：第一，有无独立的阿拉伯哲学；第二，什么是阿拉伯哲学，它是否等同于伊斯兰哲学；第三，阿拉伯哲学史的分期及其特点；第四，中世纪阿拉伯哲学的历史地位；第五，阿拉伯哲学家研究，重点对象是铿迭、法拉比、伊本·西那、伊本·鲁世德、伊本·哲勒敦等人。[①] 可见，这一时期，伊斯兰哲学—思想研究深受前文重点阐述的两个问题，即"阿拉伯哲学"与"伊斯兰哲学"之辩以及"哲学"与"思想"之争的影响。不仅"阿拉伯哲学"与"伊斯兰哲学"的区分上升为研究的主题之一，而且这一争论的后果也体现在具体研究内容之中。可以看到，此时的研究还是延续以往那种将"伊斯兰哲学"等同于"受古希腊哲学影响的伊斯兰哲学"的老路，研究对象也以深受古希腊哲学影响的哲学家为主，即"从铿迭到伊本·鲁世德"。然而，却对伊斯兰哲学—思想的其他内容，特别是伊斯兰教义学和苏菲思想的研究，置若罔闻。这足以说明，原有的认知模式制约着学术的发展，倘若不能对"伊斯兰哲学"与"阿拉伯哲学"作出区分、不能打破"从铿迭到伊本·鲁世德"的旧框架，那就无法在伊斯兰哲学—思想研究领域取得进一步突破。可以说，时代的发展正在召唤新的范式诞生。

直到 20 世纪 90 年代的"重兴—繁荣"时期，中国学界才出现了一个伊斯兰哲学研究的高潮，出版了不少专著。而这短短十年时间，竟也形成了个性鲜明的前后两个不同阶段。

前一阶段肇始于 1992 年，多以迻译在国际学界具有一定影响的名著为主，较少出现中国学者自己的声音。有意思的是，较早出现的两部重要译著同时出版于 1992 年，它们是：日本学者井筒俊彦的《伊斯兰思想历程——凯拉姆·神秘主义·哲学》（秦惠彬译，今日中国出版社，1992年）和阿拉伯裔美国学者马吉德·法赫里的《伊斯兰哲学史》（陈中耀译，上海外语教育出版社，1992 年）。这两部译著的另一个共同之处是，它们打破了中国学界将"伊斯兰哲学"等同于阿拉伯哲学或伊斯兰自然哲学的传统认知模式，具有振聋发聩之效。在《伊斯兰思想历程》一书中，作者井筒俊彦干净利落地将伊斯兰思想划分为三大块，即伊斯兰教义学、伊斯兰神秘主义和经院哲学。而马吉德·法赫里的《伊斯兰哲学史》虽未作出如此清晰明快的划分，但在实际内容中，也按照类似方式，将教义学

---

① 参见钱黎勤《中国阿拉伯哲学研究概述》，《宁夏社会科学》2002 年增刊。

和苏菲思想视为与伊斯兰自然哲学并驾齐驱，乃至对立的思想倾向。此外，此书还论及近现代一些伊斯兰思潮，无疑有助于拓宽中国学者的研究视野。这两部著作中关于伊斯兰哲学—思想的类型划分无疑有助于中国学者突破原有的认识范式。同一时期，中国学者也有类似著作出版，虽仍多以"阿拉伯哲学"为题，如蔡德贵《阿拉伯哲学史》（山东大学出版社，1992 年），但其内容已不再局限于所谓的"阿拉伯世俗哲学"，而是注意到了阿拉伯的另一大分支，即其宗教哲学。这不能不说是一种突破与进步。这三部作品接踵而来，预示着伊斯兰哲学研究的繁荣即将到来。

后一阶段指 20 世纪 90 年代的下半叶，实际在 1994 年就已开始。主要以中国学者的专著为主，译著所占比例明显下降。这一现象实际揭示出当代中国伊斯兰哲学思想研究的经历，即前期以向外国学者学习为主，通过翻译名家名作，完成知识累积。待水到渠成之后，自然具备撰写专著的功力。陈中耀的学术经历堪称这一为学之道的范例。前文提到，陈中耀曾于 20 世纪 90 年代初将马吉德·法赫里的《伊斯兰哲学史》译为中文。在此基础上，他又于 1995 年出版了专著《阿拉伯哲学史》。虽然从撰写体例看，《伊斯兰哲学史》基本按照纵向的时间线索展开，而《阿拉伯哲学史》则属于根据内容与主题进行的横向分割。但从前一部译作的"译者的话"以及后一部著作的"前言"中，可以获知两书都属同一"阿拉伯哲学研究"课题的组成部分。显然，前一部译著是阶段性成果，而后一部专著才是此课题的最终成果。两者的内在联系不言而明，前者乃是为后者出现所作的铺垫与准备工作。

自 1994 年开始，伊斯兰哲学—思想领域捷报频传。先是秦惠彬出版了普及性的专著《伊斯兰哲学百问》（今日中国出版社，1994 年）。本书作为宗教文化丛书之一，该书以问答方式就伊斯兰哲学的内容、派别、主张以及代表人物的生平、著作和思想等 123 个问题进行了介绍。仅仅一年之后，又有三部专著相继问世，包括：沙宗平的《伊斯兰哲学》（中国社会科学出版社，1995 年 8 月）、陈中耀的专著《阿拉伯哲学》（上海外语教育出版社，1995 年 9 月）以及李振中、王家瑛等多位学者合作撰写的《阿拉伯哲学史》（北京语言文化大学出版社，1995 年 10 月）。紧随其后，蔡德贵、仲跻昆主编的《阿拉伯近现代哲学》（山东人民出版社，1996年）旋踵而至。而这一时期，最后一部较有影响的作品是张文建、王培文合作将巴格达大学哲学教授穆萨·穆萨维《阿拉伯哲学——从铿迭到伊本·鲁世德》（商务印书馆，1997 年）译为中文。在此，笔者无意面面俱到，对上述研究成果一一评述，而只将分析重点放在三部通论性专著之上。

作为"伊斯兰文化丛书"之一，沙著《伊斯兰哲学》篇幅虽小，但却以时间为主线，概述了伊斯兰哲学的形成、发展与近况。作者动笔之前显然经过深思熟虑，不仅意识到"伊斯兰哲学"的含义要大于"阿拉伯哲学"；而且认识到"伊斯兰哲学"不仅包括所谓"宗教哲学"，还包括所谓"世俗哲学"，甚至更进一层，指出伊斯兰教中不存在通常所说的"世俗"与"神圣"的二分。[①] 显然是针对蔡德贵《阿拉伯哲学史》中将"阿拉伯哲学"分为"世俗哲学"与"宗教哲学"的做法有感而发。尽管有如此清醒的认识，但从实际内容上看，此书的主要篇幅集中于叙述伊斯兰自然哲学，而对于其他伊斯兰哲学—思想，如"凯拉姆思潮"和"塔沙乌夫哲学"并未充分展开。这可能是受篇幅所限，但也可能另有隐情。因为，在同一套"伊斯兰文化丛书"中，还策划有另外两部专著分别论述"伊斯兰教义学"与"伊斯兰教的苏菲神秘主义"。"不可越俎代庖"，这或许就是作者难言的苦衷吧！

相比之下，陈著《阿拉伯哲学》单是标题就耐人寻味。因为早在 1992 年此书作者就已将马吉德·法赫里的《伊斯兰哲学史》翻译为中文，而且从内容上看，全书的主体部分由第二章与第三章组成，而此两章的标题分别是：《经院哲学与神秘主义哲学》与《受希腊哲学影响的阿拉伯哲学家》。这说明，作者明确地认识到，教义学、苏菲思想与自然哲学三项是构成伊斯兰哲学—思想的主要内容。但为何作者宁愿选择"阿拉伯哲学"，而放弃使用更为贴切的"伊斯兰哲学"作为本书的题目呢？结合此前作者翻译《伊斯兰哲学史》时表达的观点来看，这也许是因为在作者看来，"阿拉伯哲学"就等同于"伊斯兰哲学"。这其中，既反映了作者自己对此问题的认识与立场，[②] 也有来自《伊斯兰哲学史》作者马吉德·法赫里的影响，法赫里认为："伊斯兰哲学是一个复杂的智力过程的产物。……然而，其中阿拉伯的成分占压倒的优势，因此尽可以简便地称之为阿拉伯

[①]　参见沙宗平《伊斯兰哲学》，中国社会科学出版社 1995 年版，"前言"，第 2 页。

[②]　参见［美］马吉德·法赫里《伊斯兰哲学史》，陈中耀译，上海外语教育出版社 1997 年版，"译者的话"。

哲学。"① 同时，译者精通阿拉伯语，并在阿拉伯语系任教的个人背景对此也具有不容忽略的影响。但是，最为重要的原因，恐怕还是作者因"阿拉伯逍遥学派客观上具有唯物主义和无神论倾向"而产生的偏爱与好感以及由此而来的对"保守的经院哲学"的心理抗拒。②

平心而论，在李振中、王家瑛主编的《阿拉伯哲学史》中，伊斯兰宗教思想的地位最为明确。该书第五编便以"宗教哲学"为名，内容不仅涉及教义学，也包括苏菲思想。然而，此书仍然以"阿拉伯哲学"为题，原因之一固然正如作序者之一所言，两位主编"皆为资深的阿拉伯语和东方语言文学家"，③ 但更多是出于两位主编对阿拉伯哲学的定位：即中世纪阿拉伯哲学保存并发展古希腊哲学的承上启下以及在东西文明交流中的中间环节作用。而这一认识无疑深受恩格斯等马克思主义经典作家的影响，这一点在译者为此书撰写的"导言"中表露无遗。④

经过短暂的沉寂之后，当代中国的伊斯兰哲学—思想研究在刚刚迈入21 世纪"发展—转型"时期的第一年便接连出版了三部著作，即蔡德贵主编《当代伊斯兰—阿拉伯哲学研究》（人民出版社，2001 年）、杨启辰和杨华《伊斯兰哲学研究》（宁夏人民出版社，2001 年）以及刘一虹《当代阿拉伯哲学思潮》（当代中国出版社，2001 年）。在接下来的几年里，马通《伊斯兰思想史纲》（宁夏人民出版社，2003 年）、王家瑛的三卷本《伊斯兰宗教哲学史》（民族出版社，2003 年）、马福德《近代伊斯兰复兴运动的先驱——瓦哈卜及其思想研究》（中国社会科学出版社，2006 年）、张秉民主编《简明伊斯兰哲学史》（宁夏人民出版社，2007 年）陆续面世，为读者展示出一个缤纷复杂、色彩斑斓的伊斯兰思想世界。

这一时期的特点在于：第一，研究开始向纵深发展，在原有通论性专著的基础上出现了关注现当代哲学思潮的倾向。第二，更为重要的是，细心的读者可能已经留意到，这一时期由中国学者撰写的绝大部分著作不仅在内容上将教义学与苏菲思想等宗教性内容囊括进来，而且学者们更倾向于以"伊斯兰哲学"、"伊斯兰思想"甚至"伊斯兰宗教哲学"这样的字

---

① ［美］马吉德·法赫里：《伊斯兰哲学史》，第 1 页。
② 参见陈中耀《阿拉伯哲学》，上海外语教育出版社 1995 年版，陈中耀撰"前言"。
③ 参见李振中、王家瑛《阿拉伯哲学史》，北京语言文化大学出版社 1995 年版，吴云贵撰"序二"。
④ 参见李振中、王家瑛《阿拉伯哲学史》，王家瑛撰"导言"。

眼来为自己著作命名。那么，是什么原因催生了这种转变？

学术发展绝非孤立事件，而是与社会环境、学术气氛等外缘影响息息相关。众所周知，21世纪之初中国学界掀起了一股"宗教热"，各种宗教研究机构和专业纷纷上马。宗教学从过去人人避之不及的"险学"一跃成为众人追捧的"显学"。而作为宗教学的一个分支或曰次级学科，伊斯兰教研究显然也从中受惠不少。其明证便是，"伊斯兰哲学"已经不再是学者讳言的敏感词，反而成为研究的热点与时尚。这一领域的学者们也不再像以前那样"犹抱琵琶半遮面"，而是抛却顾虑，直接以"伊斯兰教"来命名自己的研究。

最后仍需指出，尽管经历了如此巨大的变化，但目前中国学界通行的做法仍然是以"哲学"一词来囊括所有与伊斯兰相关的宗教、哲学与社会思想。这实际上显示了目前中国学科设置仍受传统体制影响颇深。本文中提及的不少著述虽都以伊斯兰哲学为名，但其内容可能却是教义学、苏菲思想等，读者需当留意。此外，上述著作虽多名为"伊斯兰哲学"，但其内容却不仅限于阿拉伯亚里士多德学派，而是通论性著作。然而，或许是因为受古希腊哲学影响的阿拉伯哲学更具哲学思辨色彩，在不少著作中，"亚里士多德式"的伊斯兰自然哲学仍然占据了较大篇幅。有鉴于此，在下文中，笔者将伊斯兰教义学和苏菲神秘主义单独列出，以期引起读者更多关注。

2. 伊斯兰教义学研究

伊斯兰教义学是伊斯兰教传统学科之一，是穆斯林在使用理性思辨和逻辑推理的方式阐释伊斯兰教信仰过程中产生的思想学说。

自中国伊斯兰教研究进入"亨长期"以来，教义学一直是明清以来经堂教育和汉文译著的主要内容。流行最广的教义学经典是《奈赛斐教典诠释》，即中亚穆斯林学者赛尔顿丁·太弗塔萨尼用阿拉伯语撰写的欧麦尔·奈赛斐的名著《奈赛斐教典》注释本。此书乃中世纪伊斯兰教逊尼派教义学的一部经典之作，不仅在中亚等地流传颇广，也被中国穆斯林奉为经典，是中国穆斯林经堂教育教材之一，即《尔歌一德》。该书自16世纪末传入中国以来，各地经师十分重视，并普遍作为经堂教育的教本。刘智曾将该书列入他的《天方典礼》的参考书目，称为《教典释难》。同治九年（1870），马德新刊印此书，称为《教典释难经解》。光绪十九年（1893），马联元刊印了此书的节本，称为《天方释难要言》。较有影响的中译本有以下几种：1924 年，北平秀真精舍出版了杨仲明最早翻译的古汉语译本，称为《教心经注》。1945 年马坚在昆明翻译出版了白话文汉译本，称为《教义学大纲》。1951 年上海文通书局再版时，马坚将其改名为《教典诠释》。

就"贞成期"的当代中国伊斯兰研究而言，自 20 世纪 80 年代的"重兴—繁荣"时期以来，教义学研究才逐渐恢复。同时，由于学科体制等原因，"重兴—繁荣"时期的伊斯兰教义学研究通常被纳入伊斯兰哲学研究名下。中国学界较早对伊斯兰教义学最早的系统叙述见于金宜久主编的《伊斯兰教概论》（青海人民出版社，1987 年），书中将教义学视为伊斯兰教传统学科的一支，介绍了教义学的由来、历史与基本论题。从现代学术角度，从事伊斯兰教义学研究的学者主要有吴云贵等人。吴云贵的论文《伊斯兰教义学的阶段性特征》（《世界宗教研究》1993 年第 4 期）、《伊斯兰教义学的三部早期文献》（《回族研究》1993 年第 4 期）都是相关的专题论文。前者从宗教思想史的角度，回顾了教义学的历程，概括了不同阶段、各个教义学派如穆尔吉阿、穆尔台齐勒、艾什尔里、经院教义学以及苏菲认主学的基本特征。后者通过介绍在印度海德拉巴发现的三部署名阿布·哈尼法的文献，即《教义学大纲书·之一》、《阿布·哈尼法遗嘱》以及《教义学大纲书·之二》，解答了教义学史上的一个问题，即在各教派关于教义的早期争论与后来完备的思辨教义学之间是否存在过渡性的中间环节。此后，吴云贵又出版了当代中国学者研究教义学第一部专著《伊斯兰教义学》（中国社会科学出版社，1995 年）。该书是作者在之前研究基础上所做之扩展。书中教义学的形成、派别以及相关文献皆有评述。此书篇幅不长，只有近 7 万字，但地位特殊，是标志当代中国伊斯兰教义学研究形成的奠基之作。

继吴云贵之后，投身这一领域的学者寥寥无几，专门成果亦不多见。在"重兴—繁荣"时期，只有沙宗平《从凯拉姆思潮到凯拉姆学：伊斯兰哲学初探》（连续刊登在《阿拉伯世界》1993 年第 3 期及 1994 年第 1 期）一文颇具代表性。然而，该文内容虽为伊斯兰教义学，但却以"伊斯兰哲学"为题，似尚未摆脱将教义学归类于"哲学研究"的旧框架。这正是前文所说"哲学史与思想史"之争的折射，当归咎于学科体制与时代的局限，未可苛求作者。进入"发展—转型"时期以来，伊斯兰教义学研究略有起色，其表现有三：

一是个别中青年学者开始撰写文章，致力于伊斯兰教义学研究。例如，马秀梅《伊斯兰教义学及其在中国的传承系统》(《回族研究》2004年第3期)、贾建平《哈瓦利吉派与伊斯兰教义学》(《世界宗教研究》2005年第4期)、《"凯拉姆"和伊斯兰教义学》(《中国社会科学院研究生院学报》2005年第6期)。二是这些文章大多直接以"教义学研究"为名，就宗教论宗教，而不再受哲学研究的辖制，这也从侧面反映了宗教学科自身的壮大与发展。三是一些教内人士和机构始终关注教义学的发展。例如《奈赛斐教典诠释》自16世纪传入中国以来，很受中国穆斯林推崇，故其传播与翻译工作一直由教内人士承担。这一传统在当代得到发扬。最新出版的一部教义学著述是由中国伊斯兰教经学院组织编写的《伊斯兰教教义简明教程》(丛恩霖、沙宗平编撰，宗教文化出版社，2009年)。这部教材不仅介绍了教义学的源流、学说与派别，更具有别于同类著述的特点，即将教义学与穆斯林的宗教生活联系起来，论述了信仰的定义、信仰断法、信仰与道德等具有实践意义的问题。可谓特色鲜明，体现出教内人士教义学研究特有的宗旨与关怀。但总体而言，伊斯兰教义学研究在当代中国学界仍未引起足够重视，尚属乏人问津的殊方绝域。

3. 苏菲思想研究

前文在"伊斯兰教专题研究"时曾提及，当代中国学界对苏菲主义的研究有三项内容，即中国西北苏菲门宦和新疆依禅派的调查研究，阿拉伯、波斯神秘主义文学研究以及苏菲思想研究。① 从研究进路看，上述三项内容各有偏重。门宦、教派源流多从历史—考证之路着手，神秘主义文学以语言—文化研究为专长，只有苏菲思想研究才属于哲学—思想研究。而苏菲思想研究又有"内外"、"专通"之别。

所谓"形诸于外"的研究旨在探讨苏菲思想在其他文化中，特别是在中国的衍化与影响。"重兴—繁荣"时期以来，由于对中国西北苏菲门宦的文献考证与实地调查起步较早，属最早取得突破的领域，也带动了相关的中国苏菲思想研究。这一时期，出现了一些探讨苏菲思想对中国伊斯兰教影响的文章，代表之作有金宜久撰写的《苏菲派与汉文伊斯兰教著述》与《苏菲派与中国门宦》。而"发之于内"的研究重在研究苏菲思想内部各种学说及其发展。中国学者较早撰写这方面文章的有杨克礼《伊斯兰教

---

① 参见本书第207页。

苏菲派哲学思想初探》（甘肃省民族研究所编：《西北伊斯兰教研究》，甘肃民族出版社，1985 年，第 160—186 页）。

所谓"通学"是对苏菲思想的通论研究。如前所述，由于在"哲学史与思想史之争"中，"哲学史"始终稳居上风。因此，目前为止，绝大多数关于苏菲思想的通论研究"有实无名"，只能以《伊斯兰哲学史》或《阿拉伯哲学史》之中的"一章"或"一编"的形式面世，尚无独立成册的苏菲思想通论出现。另一方面，进入"发展—转型"时期以来，近年来中国学者已经认识到苏菲思想研究的重要意义所在，对苏菲思想史上一些代表人物的思想学说进行专门探讨，即所谓的"专论"研究。近年来，这种以人物为中心的"学案"式研究屡见不鲜，已演变为一种流行的研究方式，个别具有世界影响的苏菲学者也成为众人争相追捧的热门人物。

就生活时代较早的苏菲思想家而言，中国学者较多关注的人物有安萨里、伊本·阿拉比以及毛拉·萨德拉等。但目前为止，这一领域仍是论文较多，专著稀缺。但也不乏例外，如王俊荣《天人合一、物我还真——伊本·阿拉比存在论初探》（宗教文化出版社，2006 年）。此书就是以生活在 12 至 13 世纪上半叶的苏菲神秘主义哲学家伊本·阿拉比之思想为主题的"专论"式研究。作者借助伊本·阿拉比本人的代表作《麦加的启示》以及阿卜杜·凯利姆·吉里撰写的权威注释《开启神秘之门》这两部阿拉伯文原著，对研究对象加以介绍与评述，使中国学术界对伊本·阿拉比的研究获得了突破性的进展。

一些当代思想家也是中国学者关注的对象。例如，当代著名伊斯兰学者赛义德·侯赛因·纳赛尔（Seyyed Hossein Nasr）[①] 以其在苏菲道统传承中的特殊地位以及阐释传统伊斯兰思想的独特视角而吸引了不少中国学者的目光。进入 21 世纪以来，涌现出一批介绍和阐释纳赛尔思想的著述，如郭晶《神圣的"传统"——当代伊斯兰学者纳斯尔"传统"观引介》（《宁夏社会科学》2003 年第 1 期）、丁克家《全球化进程中精神性资源的开掘：文明对话的源头活水——论杜维明和纳斯尔文明对话资源的阐发及其价值取向》（《回族研究》2006 年第 1 期）、马效佩《纳斯尔教授的"圣道伊斯兰教"观初探》（《西北民族研究》2006 年第 1 期）、马效佩《伊斯兰精神性全书简介》（《西北民族研究》2008 年第 1 期）、周传斌《凿通今

---

① 学界目前对 Seyyed Hossein Nasr 的译法不一，如还有纳斯尔、纳塞尔等译法。——笔者

古汇融东西——纳斯尔教授的伊斯兰哲学史观述评》（《回族研究》2008年第 3 期）、任军《神圣传统和神圣知识中的多样统一——纳斯尔〈知识与神圣〉述评》（《回族研究》2008 年第 3 期）、任军《纳斯尔在〈知识与神圣〉中的宗教比较观》（《西北民族研究》2008 年第 3 期）。这些文章大多汇入最近出版的论文集《神圣与传统：纳塞尔哲学思想引介》（黄河出版传媒集团、阳光出版社，2010 年）。

（二）中国伊斯兰哲学与思想研究

中国伊斯兰哲学与思想研究主要指"汉文译著"研究。所谓"汉文译著"是中国穆斯林学者使用汉文译著伊斯兰教经籍和介绍伊斯兰学术文化的活动。明代以前，中国穆斯林经师主要依据原本阿拉伯语和波斯语经典，借助特有的经堂语来宣讲和授课。明代后期，不少穆斯林后裔信仰淡化，兼之语言隔阂，导致一些地方出现了"教义不彰、教理不讲"的情况。而当时的教外人士又多不理解伊斯兰教，多有歧视。在此历史背景下，为了在教内宣讲教义，同时，也是为了向教外消除误解，扩大影响，明清之际，在江南和云南等地遂出现了一些穆斯林学者，开始使用中国传统思想特别是宋明理学的概念、词语和表达方式来翻译和解释伊斯兰教经典，阐发伊斯兰教的宗旨，证明伊斯兰教的主张并不比儒家思想低下，故也称"以儒诠经"。其代表人物有王岱舆、张中、伍遵契、马注、刘智、马德新以及马联元等一大批穆斯林学者。时间跨度从明末开始直至中华民国为止，历时约 300 年。经过他们的努力，使伊斯兰教与中国传统思想巧妙地结合起来，建立了中国特有的伊斯兰文化，成为一笔宝贵的精神财富。

这些"回而兼儒"、"学通四教"穆斯林学者的著述和思想一直是当代学术界关注的焦点，特别是在文明对话、回儒对话的刺激下，更加引起了人们的兴趣。较早研究成果中具有代表性的论文有：伍贻业《从王岱舆到刘智的启示和反思——17 世纪中国伊斯兰教思潮》（《中国回族研究》第 1辑，1991 年）、余振贵《从〈清真大学〉试论王岱舆宗教哲学思想的特点》（《中国伊斯兰教研究》，青海人民出版社，1987 年）、冯今源《〈来复铭〉析》（《中国伊斯兰教研究》，青海人民出版社，1987 年），金宜久《论刘智的"复归"思想》（《世界宗教研究》1990 年第 1 期）、罗万寿《试析中国伊斯兰哲学的"真一"说》（《西北民族研究》1996 年第 1 期）等文章。

近年来，一些国外学者已经开始把王岱舆、刘智等"汉文译著"代表人物的著作纳入研究范围。作为中国传统文化与伊斯兰文化相交融而产生的汉语伊斯兰教文献典籍受到越来越多的关注。更有学者提出，鉴于汉语伊斯兰教文献对于多元化的伊斯兰思想作出的贡献，理应享有与其他语种文献同样重要的地位和更多的重视。不少中国研究者一直致力于对中文伊斯兰教文献典籍的研究，先后出版了不少具有一定深度的研究成果，但较少对汉文译著运动的通论性专著，而是多集中于人物为主题的专题性研究。且所选人物多为王岱舆、马注、刘智与马德新等"汉文译著四大家"，其中又以对王岱舆、刘智的研究频率最高。

刘智的生活时代虽然较之王岱舆为晚。王岱舆主要活动于明清之际，即约 1570 年至 1660 年，而刘智则生于清康熙年间，卒于雍正初年。两人在汉文译著运动中应划归哪一阶段说法不一，但一般都以"王前刘后"为序。例如，白寿彝在《中国回教小史》一书中，将汉文译著划分为两个阶段，第一阶段以王岱舆为始，刘智为终。与之不同，李兴华等人将汉文译著运动划分为三个阶段，王岱舆被视为汉文译著活动第一阶段的开创者，而刘智则被纳入汉文译著的第二阶段。[①] 但当代中国学者对刘智的研究无论是在时间上，还是程度上都超过了对王岱舆的研究。这与刘智作为汉文译著集大成者的地位不无关系。早在"重兴—繁荣"时期，已有学者开始关注这些汉文译著代表人物，但直到"发展—转型"时期前后才开始出现一批相关专著。对刘智的研究起步较早，成果最丰。代表之作有：金宜久《中国伊斯兰探秘——刘智研究》（东方出版社，1999 年）、沙宗平《中国的天方学——刘智哲学研究》（北京大学出版社，2004 年）以及梁向明《刘智及其伊斯兰思想研究》（兰州大学出版社，2004 年）。

对王岱舆的研究不仅时间上略晚，而且著作也远不如前者为丰。自 2000 年，孙振玉《王岱舆及其伊斯兰思想研究》（兰州大学出版社，2000 年）一书出版以来，虽不乏论文，但专著却迟迟未见出现。直到金宜久《王岱舆思想研究》（民族出版社，2008 年）出版，才改变了这一冷清局面。金宜久的《王岱舆思想研究》从内外两方面入手，不仅探讨王岱舆的思想内涵，而且注意从外缘环境揭示其思想产生的社会现实与渊源关系。

至于其他汉文译著学者更是门庭冷落，少人问津。即便同为汉文译著

---

① 参见李兴华等《中国伊斯兰教史》，中国社会科学出版社 1998 年版，第十二章。

四大家的马注、马德新也难逃厄运。专论性著作因数量稀少，更显难能可贵。如杨桂萍《马德新思想研究》（宗教文化出版社，2006 年）。书中通过对马德新对儒家文化和伊斯兰教的比较研究、伊斯兰教的天道思想、人道思想、神秘主义思想以及对异端思想的批判等五个方面系统评述了马德新的思想。并将其思想主旨概括为："务实的民族观、理性的宗教观和宽容的文化观。"这些学术著作的相继问世，不仅证明中国伊斯兰哲学—思想研究正在成为当代中国伊斯兰教研究中一个众人瞩目的新亮点，也提醒后来者，尚有未开垦的领域留待有缘人。

三　语言—文化之路

从语言工具上看，一般而言，伊斯兰教研究离不开以下两种语言系统：一是用以撰写伊斯兰教原始文献的阿拉伯语、波斯语等"伊斯兰语言"。二是伊斯兰教研究起步较早的西方世界主要语言，如英语、德语、法语等。甚至一些研究中国伊斯兰教史著述，也援引西文文献。尽管如此，对于那些以史学或哲学为学科背景研究者而言，语言只是获取资料的辅助手段，而非根本性的研究进路与方法依托。这与笔者所说的第三条进路即"语言—文化之路"仍有本质不同。在"语言—文化之路"中，研究者不仅通过外语专长来获取研究所需的资料，而且能够从语言层面升华到文化层面，以文化的视角反观宗教问题。

（一）伊斯兰文化研究

自 20 世纪 80 年代以来，在宗教文化热浪潮的冲击下，一些以伊斯兰教文化为主题的文章陆续发表。其中，除了探讨伊斯兰教文化在中国的历史衍变过程，也有不少文章就世界伊斯兰文化本身进行探讨的。例如，陆培勇《伊斯兰文化及与文明的关系》（《阿拉伯世界》1989 年第 1 期）、刘靖华《伊斯兰传统价值的复兴与超越》（《西亚非洲》1989 年第 4 期）、吴云贵《伊斯兰文化的共性与个性》（《世界宗教文化》1996 年春季号总第 5 期）就是颇具特色的文章。

除了论文以外，还出现了一批颇具代表性的著作。如，中国社科院世界宗教研究所伊斯兰教研究室合编的《伊斯兰教文化面面观》（齐鲁出版社，1991 年）、秦惠彬主编《伊斯兰文明》（中国社会科学出版社，1999 年）、王俊荣与冯今源合著《伊斯兰教学》（当代世界出版社，2006 年）、纳忠《传承与交融：阿拉伯文化》（浙江人民出版社，1993 年）、马明良

《伊斯兰文化新论》（宁夏人民出版社，1999 年）、丁俊《伊斯兰文化巡礼》（甘肃民族出版社，2002 年），等等。

特别值得一提的是，20 世纪 80 至 90 年代编的两套丛书："宗教文化丛书"（王志远主编）中"伊斯兰教百问"系列以及中国社会科学出版社出版的"伊斯兰文化丛书"（吴云贵、周燮藩、秦惠彬主编）。两套丛书涉及内容全面系统，论述新颖独到，有一些书至今仍有较高学术价值。如陈广元、冯今源、铁国玺编著《古兰经百问》、刘一虹、齐前进《伊斯兰艺术百问》、吴云贵《伊斯兰教典籍百问》、元文琪《伊斯兰文学》等。这些集中论述各项伊斯兰教文化专题的书籍林林总总，几乎囊括了伊斯兰教文化的方方面面，对人们从不同的角度重新审视伊斯兰教文化，具有不容小觑的意义。从未来发展趋势看，尽管宗教文化热还会促使一些学者继续从事伊斯兰文化研究，但泛泛的研究恐怕还不能满足各方面的需求，专题研究的成果还须待以时日。

（二）伊斯兰教法研究

作为一种建制性宗教，制度化的伊斯兰教很大程度上以伊斯兰教法的形式体现出来。而文化通常又被划分为物质文化、制度文化以及精神文化等三个层面，因此，本文将伊斯兰教法视为一种法文化，并将之归在"伊斯兰文化研究"名下。

从"利遂期"的现代中国伊斯兰教研究所取得之成果来看，伊斯兰教法方面的研究，仅有屈指可数的数种译著堪为代表。如，王静斋翻译的《伟嘎业》，天津伊光月报社于 1931 年、1935 年分别印行了上、下集（该作 1986 年经马塞北重新整理后由天津古籍出版社出版），丁蕴辉翻译《欧母戴》（天津清真南寺，1934 年石印），穆楚帆、穆子清编译《汉译伊雷沙德》（北平清真书报社，1934 年印行），林兴智翻译《回教继承法与其他继承法之比较》（二不都·木台二滴著，商务印书馆，1946 年），庞士谦阿訇翻译《回教法学史》（埃及学者胡祖利著，月华文化服务社，1950 年）。这些成果表现出的一些共同之处不可忽视。这是因为这些共通之处恰可反映出这一时期教法研究的特点：首先，上述作品较少中国学者撰写的专著，而是多由国外著作翻译、汇编而来。这一事实反映出"利遂期"的教法研究羽翼未丰，尚无力量推出自己的作品。其次，这些译著的译者有不少是国内著名的伊斯兰教阿訇或具信仰背景的穆斯林，他们翻译的这些作品不是传统的伊斯兰教法经典之作，就是出自伊斯兰教法学家之手，其翻译目的也主要是为了满足国内穆斯林宗教生活的现实需要，具有明确的实用意图，而非供纯粹的学术探讨之用。

以上种种情况表明，这一时期，中国的现代教法研究学科体系尚不完备、学术成果屈指可数。更为重要的是，此项研究还未迈出穆斯林内部，升华为学术公共话语的关键一步。

直到 20 世纪 80 年代以后，教法学研究取得了一系列突破，才标志着当代中国的伊斯兰教法研究体系正式成立。较早系统论述伊斯兰教法的著述是金宜久主编的《伊斯兰教概论》（1987 年）。王静斋编译、马塞北整理的《选译详解伟嘎业》（天津古籍出版社，1986 年）则是翻译国外教法成果研究的译著。之后，吴云贵、周燮藩、马忠杰等先后发表一系列论文。其中用力最勤、成果最丰者当推吴云贵。由他撰写和翻译的一系列教法学著作对该领域的发展起到了无可比拟的推动作用。正是他的不懈努力才将伊斯兰教法研究从原先仅限于穆斯林内部的"一家之言"升华为能够为社会所认可的学术"公器"。吴云贵关于伊斯兰教法的研究较早成果是一部译著，即《伊斯兰教法律史》（库尔森著，中国社会科学出版社，1986 年）。这部译著向中国学界展示了国际学术界研究伊斯兰教法的最新成果，也从侧面说明翻译乃是中国学者在面对一个全新问题时，时常采取的治学之道，这一经验堪为后人借鉴。1993 年吴云贵著《伊斯兰教法概略》面世。作为中国学者首部系统研究伊斯兰教法的专著，该书以史论结合的方法，全面系统地论述了伊斯兰教法的起源、发展和演变，介绍了教法体系的具体内容，分析了近现代法制改革对教法理论和体系的影响。此后，他于 1994 年又出版了《真主的法度——伊斯兰教法》一书。2003 年，吴云贵著《当代伊斯兰教法》一书出版。这是结合当代伊斯兰教复兴论述伊斯兰教法的一部力作，堪称中国学术界伊斯兰教法研究的最新成果。其突出特点是述源与论流、言史与议变相结合，从当代伊斯兰教世界的实际发展中解析伊斯兰教法的变革，以宏观和微观相结合的方式呈现给人们一个全新的学术思考。

除此之外，这一时期该领域出版的学术著作还有：赛生发编译《伟嘎耶教法经解——伊斯兰教法概论》（宁夏人民出版社，1993 年）；高鸿钧《伊斯兰法：传统与现代化》（1996 年 10 月社会科学文献出版社出版，2004 年 9 月清华大学出版社出版修订本）；马正平翻译《伟嘎耶教法经》（宗教文化出版社，1999 年）；张秉民主编《伊斯兰法哲学》（宁夏人民出版社，2002 年）。

迈入 21 世纪，国内关于伊斯兰教法学的研究继续深化，出现了一些具有理论深度和时代特点的论文。大体可分为三类：第一类是关于伊斯兰教法本身的理论探讨，如教法的渊源、派别、内容、特点等。这些文章占较大比例，例如，马玉玲、哈宝玉《〈古兰经〉立法的基本思想》（《中国穆斯林》2000 年第 3 期），马明贤《伊斯兰法渊源的整合机制》（《西亚非洲》2002 年第 2 期），杨经德《伊斯兰法与伊斯兰教法关系辨析》（《云南民族大学学报》2003 年第 3 期），刘云《伊斯兰法源探微》（《西北师范大学学报》2003 年第 4 期），耿龙玺《浅谈伊斯兰法的法源理论》（《甘肃政法学院学报》2003 年第 5 期），敏敬《伊斯兰法的早期特征与作用》（《中国穆斯林》2004 年第 3 期），周忠瑜、马旭东《罗马法与伊斯兰法比较初探》（《青海民族研究》2005 年第 4 期）。

第二类是关注与伊斯兰教法相关的重大理论与现实问题。此类文章多集中于探讨近现代以来伊斯兰教法的改革与现代化。其中，一些文章属于理论探索，如吕耀军《"伊智提哈德"与伊斯兰教法的形成、发展及变革》（《西北第二民族学院学报》2005 年第 3 期）、马进虎《伊斯兰法创制困难的思想渊源》（《长安大学学报》2005 年第 2 期）、马明贤《当代伊斯兰法的复兴与改革》（《西亚非洲》2005 年第 1 期）等；另一些文章则紧密联系现实，总结分析各国的伊斯兰教法改革经验，如马明贤《传统规则的现代化尝试：伊斯兰法律的法典化》（《回族研究》2004 年第 3 期），冯璐璐《近现代土耳其伊斯兰教法的世俗化改革》（《新疆社会科学》2004 年第 6 期），洪永红、贺鉴《伊斯兰法与中东伊斯兰国家法律现代化》（《阿拉伯世界》2002 年第 1 期），朱虹《面对法律全球化的伊斯兰法形态》（《人权》2003 年第 4 期），等等。

第三类是探讨伊斯兰教法在中国社会中的本土化历程，代表文章包括：马宗正《宗教法文化中的神学法治理念——兼及伊斯兰教法中国本土化对法治理念建构之影响》（《西北民族研究》2006 年第 1 期）、邱树森《唐宋"蕃坊"与"治外法权"》（《宁夏社会科学》2001 年第 5 期）、王东平《明清时代汉文译著与回族穆斯林宗教法律文化的传布》（《世界宗教研究》2002 年第 2 期）、王东平《元代回回人的宗教制度与伊斯兰教法》（《回族研究》2002 年第 4 期）。

从这些成果看，中国的伊斯兰教法研究已经粗具规模，由最初的起步阶段发展为具有一定规模的专门研究领域,并且形成了以注重中国特色与现实纬度为主要特点的伊斯兰教法研究学科体系。在肯定这些成绩的同时,也须承认当代中国的伊斯兰教法研究存在着巨大的隐患,即在老一辈学者之后,缺少专门投身伊斯兰教法研究的人才,有后继乏人之虞。其明证便是:第一,近年来,国内绝少见到关于伊斯兰教法的专著。这或许是由于现有专著多为对于教法的宏观综览和全面概括,新的研究若是概论性专著,又无意重蹈前人覆辙,想写出新意,可谓难度不小;而若想做专题研究,在概论性研究尚不多见、缺乏对教法的熟悉和把握时,往往不知从何入手。第二,虽有不少关于伊斯兰教法的文章发表,其中也不乏佳作,但大多都是各领域的学者从自身所学出发,抒发各自关于教法的一得之见,缺少成体系、专门性的文章。

第四节 问题与展望

以上从学术史的角度,总结了60年来当代中国伊斯兰教研究的丰硕成果和演进轨迹。不仅从学术史薪火相传、绵延不绝的意义上将当代中国伊斯兰教学科的成立视为此前包括非穆斯林学者与穆斯林学者在内的中国学人孜孜以求,乃至高蹈发扬伊斯兰学问之道上一个承上启下的段落与转折;并且以研究进路为畛域,呈现出当代中国伊斯兰教研究中的丰富多彩、蔚然大观的学术流派与可贵成就。但无论是着重外缘影响的分析,还是致力梳理内在理路,最终还是百川归海、殊途同归,其宗旨仍是总结学术发展的成绩与不足,实现以史为鉴,知兴替、明得失的初衷。关于当代伊斯兰教研究内部诸流派与各分支的得失利弊,文中已在总结以往成绩时一并论及,故在此不赘。作为本章尾声,此处只是试图从整个学科发展着眼,点明一些可能影响和制约学科整体发展的问题,并对学科未来作出展望。

一 如何在国际学术界占有一席之地?

众所周知,由于学术积累和语言工具等问题,目前大多数从事伊斯兰教研究的中国学者尚无力直接阅读以阿拉伯语、波斯语或乌尔都语等"伊斯兰语言"书写的伊斯兰教典籍。文中述及,目前当代中国伊斯兰教研究界主要由三代学者群体构成,即20世纪40年代及此前出生的老一辈学者、20 世纪五六十年代出生的"中间代"学者以及 20 世纪 70 年代前后出生的青年学者。由于不同时代的社会氛围与教育环境不同，这三代学人在研究中所倚仗的语言各有侧重。老一辈学者大多依靠中文文献，而能够精通伊斯兰语言者或西方语言者寥寥无几。特殊的历史境遇使他们无法奢望能像出生于 20 世纪之初的那一代学者一样，获得远赴伊斯兰国家长期深造的机遇。然而，这一代学者在对中国典籍之熟悉与中国社会之洞彻等方面的优势则是他们的晚辈所无法企及的。这恰恰解释了为何当代中国伊斯兰教在"草创—停滞"时期，乃至"发展—繁荣"时期的大多数成果都集中在历史—考证之路，特别是中国伊斯兰教研究一隅。这种语言的困境直到"中间代"和"新生代"学者崛起后才有所改善，其中当然不乏个人的努力，但更多当归功于国力的增强与社会的进步。是"时势造英雄"，而非"英雄造时势"。然而，新的环境在带来改变的同时，又凸显出新的问题，即目前多数中国学者只能掌握英语为主的西方语言，而阿拉伯语等伊斯兰语言往往付之阙如。这一缺陷造成的弊端不容忽视。其典型正是前文所述那些致力于伊斯兰教与国际关系研究的政治学家们。他们苦于语言的局限无法倾听到当事人的声音，只能片面依赖西方文献，往往陷于西方话语罗网而不自知。

但是，仅仅解决了西方语言与"伊斯兰语言"的双重局限就可万事大吉了吗？事实并非如此。正如我们所知，在当代伊斯兰教研究的学术圈内不乏既精通伊斯兰语言，又通晓西方语言的学者，集中在以下两个群体之内：一是出身于各高校阿语系或东语系的学者，他们往往选择西方语言作为第二外语，故精通西、伊双语者大有人在。二是各地经学院和阿语学校培养的穆斯林子弟，经过远赴各个伊斯兰国家长期深造，阿、英皆通者不乏其人。尽管在语言的世界里，这两个群体中确有某些学者能够达到运用自如的境界，但他们也有各自的"苦衷"。

语言学家的局限，已为一些圈内有识之士所忧，在于"大多数理论修养不足"[1] 以及人数之稀少。而穆斯林学者常常为人所诟病之处在于其"强烈的信仰倾向"。然而，信仰与否并非决定学术水平高下的标准，学术才是衡量学术的唯一标准，学术著作的价值与学者的信仰背景没有必然联系。具有宗教委身的信仰者完全有可能撰写出不朽的经典之作，此类范例

---

① 林丰民：《神秘面纱后面的真实》，《读书》2003 年第 11 期。

不胜枚举。且不论王岱舆等融会伊儒、学通四教的先贤，就是马坚、纳忠等当代学术名家也都是虔诚的穆斯林。而在伊斯兰教以外，类似例子比比皆是。就其中与伊斯兰教研究关系密切者而言，可以著名史学家陈垣为例。他的基督徒身份不仅没有成为他学术之路上的羁縻，反而促使他致力于基督教、伊斯兰教以及犹太教等外来宗教入华史研究，成为一段佳话。因此，真正值得认真反思的问题其实是，在当代众多解决了语言障碍的穆斯林学者中，为何迟迟不见有堪与前代学者比肩者出世。或许有人会说，成就"大师"需要时间的积累，现在还为时过早。但不可否认，还存在另一种可能，即某些先天不足制约着这一群体的发展。较之马坚等成长于20世纪上半叶的那一代人，今天这一代穆斯林学者不仅在中国传统文化修养方面要大为逊色，就个别学者而言，其人文底蕴单薄、思想深度不足、学术视野有限，对现代学术话语隔膜，甚至无法超越自身的家族、地域与教派背景的"地方情结"，等等，都可能成为阻碍其成长的重要因素。

可见，若要在国际学界赢得一席之地，不通晓外语固然行不通，但语言优势并不是解决一切问题的法宝，有时反而沦为导致负面效应的"累赘"，难免自误误人。试举一例，圈内尽人皆知的一个秘密是，不少精通外语的当代学者在撰写著述时，常常采用一种所谓"编译"的手法，大致包括以下几个步骤，首先，将能够搜求到的相关外文文献翻译为中文。文字不求准确，只求大致通顺。其次，根据主题将这些资料归纳整理，使之前后一贯。最后一步就是将这些材料归入自己名下，但往往不加注释以说明出处。

实际上，这种"倒卖洋货"的文风早已有之，而且通常是以洋为贵，越洋越好。但在某些特殊领域，根据"物以稀为贵"市场规律，情况略有改变。其表现是仅仅参考人人皆通的中文者，比不上从编译英文材料编译而来者，而编译多数人都可阅读的英文材料，较之编译较少人掌握的阿拉伯语或波斯语材料又要逊色一筹。在此背景下，倘若能老老实实、原原本本将原作翻译过来，就已属极为难能可贵了。但如此"编译"出来的著作又怎能赢得西方世界和阿拉伯世界同行的尊敬呢？更遑论在国际学界赢得一席之地或是参与国际学术对话了。平心而论，学术研究不是闭门造车，必须借鉴现有成果。但这种借鉴首先应当符合学术规范，绝非不加注释，不说明出处的文献汇编。借鉴的目的是为了再创造。这离不开作者殚精竭虑、劳心苦思的"分析性研究"乃至"阐释性研究"，而非无动于衷的

"描述性研究"甚至简单的文字堆砌。上述重重困境刺激我们认真思考，中国学者的优势究竟在哪里，未来的方向在何方？笔者认为，应当注意以下几个方向：

首先，中国伊斯兰教研究是中国学者最能发挥自身所长的地方。不仅中国伊斯兰教史、教派门宦、汉文译著研究这些历来中国学者在国际学界赢得一席之地的传统强项需要发扬光大；而且还应筚路蓝缕，开启山林，寻找新的主题，以扩大中国学者的优势空间。

其次，扩大语言工具的种类，掌握更多一手资料。就现状而言，多数学者都能参考英文资料，但对于从事一些专门领域如世界伊斯兰教研究的学者而言，若无法参阅以伊斯兰语言撰写的一手资料，其结论的可靠性必定大打折扣，自然无法得到国际学界的认可。除伊斯兰语言之外，还应注意掌握英语之外的西方语言，如法语、德语。这是因为这些欧洲国家的伊斯兰教研究起步较早，积累深厚，可堪借鉴。但仅仅这些人才还不够，还需要精通其他语言的人才。例如，日本学者从 20 世纪之初就开始关注中国伊斯兰教，积累颇丰，出现了以田坂兴道《中国回教的传入及其弘通》为代表的上乘之作。若能通晓日文，有所借鉴，对促进中国伊斯兰教研究必然有所裨益。

再次，尽管中国学者在语言方面存在先天不足，但不必妄自菲薄。这是因为较之西方学者与伊斯兰世界的学者而言，中国学者拥有独特优势，即身后有中华文化作为砥柱。前贤有言：东圣西圣，心同理同。或云：前哲后哲，其揆一也。此语提醒中国学者，不妨尝试在伊斯兰教与中国传统文化的比较与会通中，摸索一条出路。对诸如比较宗教学、比较哲学等"比较"研究投入更多关注。此举意义在于，或可从其相同之处论证中、伊两家的东圣西圣、先哲后哲，其文虽殊，其种虽异，但人同此心，心同此理；或可就相异之处找出造成两种文化难以会通的原因，在对照中发现不同文化的个体特征，进而升华为对人的心灵与人类文明的深层反思。其实，这条道路上已有先行者，如日本学者井筒俊彦曾撰写《苏菲与道家：其关键哲学概念的比较研究》（*Sufism and Taoism：A Comparative Study of Key Philosophical Concepts*）一书，分述伊本·阿拉比与庄子之学，揭示异同，相互发明，颇具成效。

最后，中国学者的另一项优势在其自身独特的分析视角与学术定位。因为中国学者既不像伊斯兰世界的学者那样因自身的信仰预设而在探讨宗教问题时有所顾忌，也没有西方学者那种透过穆斯林世界反观自身的"东方主义情结"，因此，在分析问题时，不像前两者各执一端，反而易于做到不偏不倚，客观公正，从而显示作为第三方之中国学者的特殊价值。更为重要的是，如果能够在此基础上，融会诸家之长，像中世纪的阿拉伯学者那样，从翻译的"初级阶段"进入到创造的"高明境界"，那么，"中国特色"、"中国风格"、"中国气派"自然会水到渠成。

二　如何培养后续人才？

就现状而言，当前中国学界从事伊斯兰教研究者为数不少。但其中又有几人是真正愿意将此项研究视为一项值得为之奉献终身的事业呢？事实上，不少人正是在求学和就业的压力下，不自觉地一步步踏上了学术之路。而对功利主义者而言，学术只是养家糊口的工具。更有甚者，将学术当做牟取一己之私的捷径。试想，如果一项事业充斥着缺乏理想与激情的"米蠹"，甚至"禄蠹"的话，又何谈发展？孔子有言："知之者不如好之者，好知者不如乐知者。"只有真正倾心学术者，才是学术发展的未来希望。在以后发展中，注意发现和培养既学有专长，更有志于伊斯兰教研究的后续人才应被列为学科发展的重中之重。

三　如何建立学科方法论体系？

众所周知，伊斯兰教研究通常被视为宗教学或宗教研究的一个分支学科。而宗教学的各种理论都是以往学者在研究过程中积累和探索出的宝贵经验，堪称研究者的智库和百宝囊。如果能够主动借鉴、掌握乃至拓展现有的宗教学理论，对于中国伊斯兰教学术研究的飞跃将有莫大的帮助。以西方学界为例，身兼伊斯兰教研究专家与宗教学家二职于一身的学者不乏其人。其佼佼者有曾任哈佛大学世界宗教研究中心主任的威尔弗雷德·史密斯（Wilfred Cantwell Smith）、《宗教学的经典进路》（*Classical Approaches to the Study of Religions*）的作者雅克·瓦登伯格（Jacques Waardenburg）等。他们将宗教学研究与伊斯兰教研究两方面研究结合在一起，相互发明，收效甚佳。然而，目前大部分中国学者尚无法做到自觉使用相关理论作为研究中的"攻玉之石"，这不能不说是一个缺憾。因此，有必要加强人文与社会学科相关理论的研习，并将这些理论用之于实践。哈佛大学宗教学博士培养项目规定：凡欲取得博士学位者，必须在自家宗教传统之外再选修一门关于其他宗教的课程。这一做法倘若原样照搬，恐与中国现实不符。但是否仍可设想，未来做某一宗教研究的中国学者须兼顾一门相关学科的理论研究。研究伊斯兰教者应当熟悉宗教学、哲学、历史学或社会学、人类学的学术历史与理论方法。由此将具体研究与理论研究这对天造地设的"有情人"结合在一起，既可为研究者找到明确的学科依托与方法，更能提升他们的理论深度与思辨能力。

四　如何突破原有的认识范式？

发生在20世纪80年代从"宗教鸦片论"到"宗教文化论"的认识转型带来了中国宗教学的复兴与繁荣。然而，江山代有人才出，时至今日，曾一度为宗教学研究带来生机与活力的"宗教文化论"是否也将面对因不能适应时代发展而过时的命运？笔者认为，首先，随着时间推移，"宗教文化论"的一些积弊日渐明显。"宗教是文化"这一命题，在为宗教研究赢得理论空间的同时，也使"宗教"的含义因过于泛化而变得模糊不清。其次，与"文化"一词相伴的是一种居高临下的旁观与欣赏心态。然而，宗教学作为人文学科的一支，其特殊之处在于要求研究者虽不必一定委身相应的宗教，但应至少具备参与式观察与同情式理解的态度与能力。最后，将宗教强命名为"文化"，流露出"宗教"仍是一个人们不愿直接触碰的敏感词，只得借用"文化"一词加以模糊与调和。可见，泛化、异化与敏感化是"文化论"赋予宗教活力同时，带来的负面含义。"宗教文化论"既反映时代变化的趋势，又在无形中制约了宗教学的发展。因此，需要一种新的理解方式来取而代之。在此，笔者尝试提出"宗教传统论"，以替代"宗教文化论"。

所谓"传统"指宗教信仰的各种外在表达在历史中积淀而成的聚合体。由此定义出发，可知传统具有以下特征，即客观性、历史性、人文性、聚合性与神圣性。将宗教理解为"传统"其积极意义体现以下几方面：第一，宗教由可观察到的客观之物组成，这敦促研究者直面活生生的宗教生活，而不是陷入由无数概念构成的逻辑世界。第二，传统的历史意蕴揭示出，宗教在特定信仰群体中的地位来自长期的历史传承，往往意味着最为珍贵的物质与精神遗产。这从侧面说明，那些通过外力而强行打断宗教传统的做法，往往事与愿违。第三，宗教的人文性提醒研究者，作为一种人文学术，宗教研究的最终目标不是那些外在之物，而是它们在信仰者的生命中所具有的意义。第四，传统由众多单元聚合而来。如果将整个人类宗教生活视为一个由众多分支组成、延绵不绝的河流的话，那么，人类历史上出现的各种宗教都是此信仰之河中的一脉。由此证明宗教之间的彼此关系是你中有我、我中有你的关系，而非势同水火的对立。诸宗教多元一体的认识模式可借此得以确立。第五，传统具有一定的神圣性。这是因为传统本身虽由客观之物组成，但由于宗教信仰者对神圣维度的回应离不开传统。因此，传统本身虽不能等同于神圣维度本身，但在向神圣维度的开放中，却被赋予了一定的神圣性。将宗教视为传统，这意味着在今后的学术研究中，"神圣性"将作为一个开放性预设而存在，而不再被刻意忽略。一旦宗教研究者实现了方法论上超越由现象学"悬搁"演变来的"方法上的不可知论"，[①] 他们就不仅能够认识到"神圣"深深地渗透在宗教的各个层面，而且可以正视这一事实，即观察者在与信仰者互动过程中其实正在参与"神圣"。就其最低限度而言，这种"宗教传统论"带来的益处在于，它使研究者不再纠葛于"经验"与"先验"、"客观"与"主观"、"有神"与"无神"的无休止争论，而是直接面对宗教生活的本真。

五　如何处理学院研究与民间研究的关系？

所谓学院研究是主要存在于政府设立的各种科研院所与各大高校之内，属于体制内研究。因此，相对而言，与宏观政治话语与现代学术体制联系紧密。其长处在于经过严格学术训练，熟知现代学术规范。整体而言，学术底蕴与理论素养较高。在研究过程中，往往强调价值中立与客观公正。而民间研究是主要由民间学者自发进行的学术研究，其中主要是具有信仰背景的穆斯林学者。

民间研究游离于国家科研体制之外，多寄托于民间社会。从学术传承看，它与传统的经堂教育渊源甚深。民间研究的特点在于突出主位研究，但往往过于强调信仰预设，因带有过多感性色彩，而导致理性分析深度不足。这些饱为诟病的问题令不少民间研究的学术价值大打折扣。尽管存在诸多不尽如人意之处，但民间研究仍有其特殊的学术价值。

众所周知，直到"贞成期"的当代中国伊斯兰教学科建立之前，传统

---

　　① 参见［英］菲奥纳·鲍伊《宗教人类学导论》，金泽、何其敏译，中国人民大学出版社2004年版。

社会中的伊斯兰教学术活动皆属于"民间研究"。当时虽有相当于今日之"学院研究"的"官学"，但其范围相对却狭隘得多，仅限于当时占据统治地位的儒家学说。就连刘智、金天柱等汉文译著大师的著作都被当时的主流话语斥为"鄙俚书籍"，而难登大雅之堂。然而，时移世易，时至今日刘智等先贤的著作无论在民间，还是学院，都已成为学者必读的经典。因此，我们有理由作出这样一个大胆的设想，即今日民间学者的著述是否也有可能成为未来的学院学者案头必备的读物？！

事实上，一直以来，民间学者对伊斯兰教研究都抱有极大热情。他们坚持不懈以写文章、办报刊、建学校等多种方式和渠道表达着对伊斯兰教研究的参与和关注。涌现出以阮斌、康有玺等为代表的一批当代民间学者。但或许是由于在研究的出发点、立场、视角、思路等方面存在较大差异，象牙塔内的"学院派"与民间学者之间仍存在一定距离与隔阂。

目前为止，除了个别特例以外，学院派与民间学者大多各行其是，相互间交流与互动明显不足。从长远看，由于双方在研究视角、研究方法等方面存在互补的可能，在今后的研究中，学院派与民间学者应当超越彼此畛域，加强交流与合作，相互补充，取长补短。

六　如何面对"三难"

近年来最为突出的一个问题是，非研究因素制约着本学科的发展。具体而言，可归纳为"三难"，即伊斯兰教学术研讨会"召开难"、伊斯兰教研究方面的文章"发表难"、伊斯兰教的学术著作"出版难"，这在伊斯兰教研究的学术圈内已是人所共知的"怪现象"。

研讨是学术研究的开端，著作则是学术研究的结果。没有了开端，研究就无从入手，丧失活力；没有结果，研究就是镜花水月，毫无意义。缺少了必要的学术交流和讨论，学术就是死水一潭，自然也难拿出代表先进文化的研究成果。而正常的研究成果若不能出版，那么学术界只能是一片萧条。这些"难题"如不能得到有效解决，可以断言，我国伊斯兰教学科的建设必然会受到阻碍，甚至停滞不前。学术研究犹如逆水行舟，不进则退。这绝非危言耸听。

试举一例，以研究中国伊斯兰教派与门宦而知名的马通先生，现已年过八旬，是目前中国伊斯兰教学界年纪最长者，可谓年高德勋。近年来先生不顾年迈体衰，强忍眼疾折磨，完成了80余万字的《中国西部苏菲学派史料选集》（暂定名），内容包括多年积累下来的未公开珍贵资料。此书对现阶段教派门宦研究乃至统战、宗教工作都极具参考价值。然而，就是这样一部既有学术价值，又有现实意义的著作，出版过程竟是一波三折，至今命运未卜。不难设想，就连马通先生这样一位享有盛誉前辈学者也为"三难"所困扰，对于那些刚刚崭露头角，籍籍无名的青年一代而言，"三难"更是阻碍他们成长的枷锁。长此以往，必将严重制约中国伊斯兰教学科的发展。

结　语

在撰写当代中国伊斯兰教学术史的过程中，在笔者脑海中萦绕不已的不是一册册毫无生命、没有知觉的故纸，而是那一个个活生生、形象鲜明的人物。通过对当代中国伊斯兰教研究走过 60 年历程的认真梳理与回顾，笔者深深体会到前辈学者筚路蓝缕、开启山林的艰辛。虽然曾有一些局外学者质疑：历经 60 年的发展当代中国伊斯兰教研究在某些领域何以仍然不尽如人意？这是否意味着当代中国学人的学术素养值得怀疑？但如果真正了解了这段历史，就不难发现中国学者致力于这一领域的"有效历史"到目前为止其实不过才 30 年。而在这短短 30 年里，中国学者不仅开启了当代中国伊斯兰教研究的学科体系，而且在众多领域，齐头并进取得了如此丰硕的成果，这怎能不令人惊叹！因此，尽管目前仍有种种不如意与问题困难摆在面前，但笔者相信，既然老一辈中国学者能够克服重重阻力，建立起当代中国的伊斯兰教研究学科，那么，青年一代也应该满怀信心，在这片肥沃的土地上，收获更加丰硕的果实。

第九章　佛教研究

魏道儒

新中国成立以来我国佛教学科发展的 60 年，是继往开来，从寂寞、停滞走向繁荣兴旺的 60 年，是取得前所未有辉煌成就的 60 年，是为社会主义精神文明建设作出重要贡献，发挥多方面积极社会作用的 60 年。

作为宗教学一个分支的现代佛教学术研究，是从 20 世纪初年开始。截止到 1949 年新中国成立的数十年，是我国佛教研究的一个承上启下的重要历史阶段。在这个阶段中，学术界在资料积累，专业人才培养，学术传统等许多方面为当代佛教研究奠定了坚实的基础。

第一节　20 世纪上半叶佛教研究回顾

在我国历史上流行过的各种宗教中，佛教一直是信众人数最多，与中国传统文化结合最紧密，社会影响力最大的宗教。这种在漫长历史过程中形成的宗教存在状况和发展态势，为佛教研究提供了深厚的社会基础和紧迫的现实需要。这是推动佛教研究持续发展的直接社会动力。

我国的佛教研究历史悠久，是一门古老的学科。自两汉之际佛教传入汉地，一直到 21 世纪的今天，佛教研究几乎没有长时间中断过。在 20 世纪之前的漫长历史过程中，传统的佛教研究有明确的政治、宗教目的，或者是为了满足树立信仰和弘扬佛法的需要，或者是为了达到批判甚至取缔佛教的目标。中国的传统佛教研究经历了曲折艰辛的发展过程，积累了丰富的资料，从多方面提供了经验和教训，成为整个中国学术史的最重要内容之一。到了 20 世纪初年，在中国学术界继承传统的同时又不断吸纳西方学术成果的大背景中，佛教研究也开始呈现出不同以往的新面貌。

20 世纪上半叶我国佛教研究的兴起，是与各界志士面对西方列强侵略，希望从佛学中寻求挽救民族危亡的思想资源相联系的，是与接受西方思潮的影响，对传统文化进行深刻反思相联系的，也是与振兴佛教、振兴传统文化以对抗西方文化侵略相联系的。在这个阶段中涌现出的著名学者，有代表性的著作，至今仍然产生着重要影响，发挥着重要作用。

在这个阶段，从佛教界、居士界和学术界中涌现出了一批有影响的学者。他们或独立探索，或相互交流，或相互帮助，共同推动佛教研究的发展。杨文会为了复兴佛教，从多方面展开工作。他曾建立金陵刻经处，创立"祗洹精舍"，组建"佛学研究会"，为佛教学术研究的展开积累资料、培养人才，开辟道路。近现代史上众多的著名佛教学者，或者因为受到他的佛教思想影响，或者因为他的指引而从事佛学研究。他的弟子欧阳竟无、太虚分别主持支那内学院、武昌佛学院，使上述两处成为佛教研究的最重要的基地。曾经接受过杨文会影响，或者曾经在这两处教学、研究、学习和参访过的僧俗学者有几百人，著名的如谭嗣同、梅光羲、李证刚、章太炎、谢无量、印顺、吕澂、唐大圆、王恩洋、梁启超、胡适、陈寅恪、汤用彤、黄忏华、梁漱溟、熊十力、虞愚、法尊、大勇、持松等。另外，韩清净在北京创立三时学会，以研究法相唯识学为重点，在全国范围内形成影响，著名弟子有周叔迦等。从这个列举不完备的著名学者群可以看到，20 世纪上半叶的中国佛教研究，是在信仰者和非信仰者的共同努力下进行的，是在振兴佛教的背景下发展的。佛教界和学术界之间在学术研究上相互尊重、借鉴、帮助、合作和交流，是推进中国佛教研究在继承传统的基础上推陈出新，不断发展的动力。这个鲜明的特点，在新中国成立后的佛教学术界仍然能够看得到。

这一历史阶段的佛教研究，有着理论探索与史料挖掘并重，哲学分析和史学考证并重的特点。西方和日本等国的近代科学研究方法持续引入，为中国佛教研究带来了新气象。这种新气象的出现，是与一批有国外留学或参访经历的学者分不开的。例如，自 1918 年至 1925 年，梁启超共发表了三十余篇佛学论文。这些论文分别从史学、文学、目录学、心理学等角度，对汉地佛教、西域佛教、佛教经典等进行研究，推出了有原创性的系列成果。胡适自 1925 年发表《从译本里研究佛教的禅法》开始，在很长一段时间内从事禅宗史的研究，他通过广泛搜集新的材料，先后撰写了《菩提达摩考》、《论禅宗史的纲领》、《禅学古史考》、《〈坛经〉考之一》

等论文，后来又整理出版了《神会和尚遗集》等。虽然他在资料考证方面有欠严谨之处，在立论方面有武断之嫌，但毕竟有开风气之功。

汤用彤把中国传统治学方法与西方近代研究方法结合起来，在印度哲学、中印佛学、魏晋玄学，以及西洋哲学等方面都有开创性研究。他于1938 年出版的《汉魏两晋南北朝佛教史》，以资料翔实、辨析精细，论证严密，结论稳妥著称，至今仍是研究该历史阶段必读的经典之作。吕澂在借鉴古今中外佛学研究成果的基础上，独立创新，在印度佛学、中国汉地佛学和西藏佛学方面都取得丰硕成果。他的《中国佛学源流略讲》、《印度佛学源流略讲》，至今仍然是研究中印佛教思想必读的经典之作。

另外，治学范围十分广泛的著名学者陈垣、陈寅恪，分别在研究佛教史和佛教文化等方面作出了重要贡献。陈垣的《释氏疑年录》、《佛教史籍概论》、《明季滇黔佛教考》、《清初僧诤记》等，都是有持续生命力的著作。陈寅恪在研究敦煌文献、佛经语言与汉语史、梵呗转读与汉语音韵学等方面有突出成就，所提出的许多创见，对后来的研究者有启发、指引的作用。

20 世纪上半叶参与佛教研究的杰出学者们所表现出的高度社会责任感，严谨的治学态度，他们所留下的被奉为学科经典的著作，以及他们所培养的人才，直接影响着当代佛教研究的整体精神和风貌。

第二节　60 年来佛教研究概述

佛教学科的发展历程与整个中国宗教学的进程步调一致，所呈现出的阶段特征也完全相同。卓新平在《中国宗教学 30 年·序言》中曾对中国宗教学的百年历程有一个概括："中国宗教学的形成是 20 世纪中国现代学术史上的一个重要突破，但宗教学真正系统化、专业化全面发展，则是1978 年以来中国改革开放的产物和成果。30 年前中国宗教学研究领域处于'早春二月'的状况，成建制、有规模的宗教研究机构仅有中国社会科学院世界宗教研究所一家，乃是当时'一枝独秀'的奇特景观。30 年来，中国宗教学蓬勃发展，姹紫嫣红，蔚为大观。"[①] 当代佛教学科的 60 年，也同样经历了这两个境况不同的 30 年。

----

① 参见卓新平主编《中国宗教学 30 年（1978—2008）》，中国社会科学出版社 2008 年版。

新中国成立以来的60年，佛教研究大体可以1978年的改革开放为界，划分为两个阶段。这两个30年的情况有很大的不同。第一阶段是从1949年到1978年的30年。佛教研究与整个宗教学的境况是完全一致的，处于从比较沉寂到完全停滞的过程中，远不是文史哲学科方面的重点和热点。在这个阶段，不少主要从事中国历史、哲学研究的著名学者也涉及佛教研究，并且取得重要成果，如冯友兰、侯外庐、范文澜等。他们的佛教研究成果有的是包括在历史、哲学史或思想史的著作中，有的是撰写的专题论文和著作。这个时期佛教研究取得的最显著的成就，就是确立了以辩证唯物主义和历史唯物主义为指导理论。这方面最有成就和最具影响力的是任继愈。他在20世纪50年代中到60年代初发表的一系列佛教论文，不仅成为学术发展中具有里程碑意义的经典之作，而且产生的影响也远远超出了学术领域。从1967年到1974年，整个中国大陆没有发表一篇完全意义上的佛教学术论文，佛教研究处于停滞状态。

第二个阶段的30年，佛教研究出现了天翻地覆的变化。与我国社会主义文化建设事业的发展步伐相一致，佛教研究学科呈现出迅猛发展的良好态势。佛教研究机构、人员和刊物都不断增加，研究领域不断拓展，科研成果数量成倍递增。在这个阶段，佛教研究学科为我国的社会主义精神文明建设，为对内构建和谐社会、对外构建和谐世界，作出了不可替代的重要贡献。佛教学科发挥的这种积极社会影响，是前所未有的。在总结、理解和欣赏佛教研究取得的辉煌成果之前，先从研究机构、学术刊物、专业人才、学术交流、成果特点等五个方面介绍佛教研究进展的基本情况。

一　专业学术研究机构从无到有，从少到多

1964年以前，我国还没有成立专门的宗教学术研究机构。从事佛教研究的学者是分散在不同单位和部门的。1964年在毛泽东、周恩来等党和国家领导人的直接领导下，成立了世界宗教研究所，集中了以任继愈为所长的一批优秀宗教研究学者，其中也包括了老中青三代优秀的佛教研究学者。直到20世纪80年代，世界宗教研究所在积累资料、培养人才，发表成果，推动宗教学研究健康发展方面作出了不可替代的贡献。改革开放以后，尤其是20世纪90年代以后，在各地社会科学院、大专院校，不仅成立了专门的宗教研究机构，还成立了专门的佛教研究机构。在佛教界，也成立了专门的佛教研究所。

到目前为止，大陆的佛教研究机构基本上分属四个系统：一是社会科学院系统，除了中国社会科学院世界宗教研究所之外，其他一些研究所也有主要研究宗教文化的研究室。在上海、陕西、浙江、新疆、西藏等地方社科院中，相继成立了宗教研究所，集中了数量不等的佛教研究学者。二是高校系统，如北京大学、中国人民大学、南京大学、复旦大学、中山大学、武汉大学、四川大学、中央民族大学、西北大学等，相继成立了宗教系、宗教研究所，有的系所是以研究佛教为主，有的院校还有佛教研究所或佛教研究中心。三是中央和各地政府宗教管理部门的研究机构，如国务院宗教事务管理局宗教研究中心，统战部门下属的研究机构，藏学研究中心，等等。四是隶属于各级佛教协会的佛教研究所和佛学院，还有一些大寺院成立的佛教研究组织。比如，隶属于中国佛教协会的中国佛教文化研究所，成立于 1987 年。还有普陀山的佛教文化研究所，河北柏林禅寺的禅文化研究所，苏州西园寺的戒幢研究所等。

二　各级各类佛教刊物不断增加

在改革开放之前，宗教类的刊物很少，发表的文章也有限。当时比较有影响的宗教学术杂志是世界宗教研究所主办的《世界宗教研究》、《世界宗教资料》（现为《世界宗教文化》），还有中国佛教协会主办的《法音》、《现代佛学》等。20 世纪 80 年代以后，由各级研究机构、大专院校、佛教协会和寺院主办的各级各类佛教杂志不断问世。有的是以刊登学术论文为主，有的是以普及佛教基础知识为主，有的是以发布佛教学术信息为主，分别面向不同的读者群。到现在为止，除了上述几家历史悠久的定期出版的杂志以外，还有定期或不定期出版的杂志，以及以书代刊的杂志，形式多种多样。曾经和正在发行的佛教类刊物大约有六七十种，例如《佛学研究》、《中国藏学》、《禅学研究》、《五台山研究》、《广东佛教》、《禅》、《佛教知识》、《浙江佛教》、《宁波佛教》、《法源》、《正法眼》、《显密》、《人海灯》、《重庆佛教》、《福建佛教》、《佛教文摘》、《广西佛教》、《中国禅学》、《菩提道》、《菩提心》、《东北佛教》、《杭州佛教》、《金陵佛教》、《觉群》、《报恩》、《弘法》、《慈缘》、《妙莲华》、《鸡鸣》、《九华山》、《甘露》、《戒幢佛学》、《净土》、《玄奘研究》、《禅露》、《普陀山佛教》、《东北佛教》、《丛林》、《杭州佛教》、《佛教文化》、《晋阳佛教》、《净业》、《闽南佛学院院报》、《上海佛教》、《台州佛教》、《洛阳佛教》，等等。

除了专门刊载佛教方面的学术论文、一般文章、消息等杂志以外，还有一些比较多的刊载佛教方面文章的杂志，比如，《敦煌研究》、《宗教学研究》、《西藏研究》、《云南宗教研究》、《四川宗教》、《福建宗教》、《中国西藏》、《中国宗教》等。

在众多的宗教学术刊物中，由中国社会科学院世界宗教研究所主办的《世界宗教研究》是国内最著名的纯学术性杂志，这个杂志每期都发表佛教方面的论文，一般都是有一定学术价值的。每年出版一期的《佛学研究》，是专门刊载佛教学术论文的杂志，很具有代表性。佛教刊物的不断增加，特别是审稿严格，以刊登有学术创见的高质量文章为宗旨的刊物的存在，对佛教学科的健康发展有着重要促进作用。很多佛教杂志因为能够不断推出高质量文章而赢得盛誉，而高质量稿源的枯竭，也是一些刊物停刊的重要原因之一。

三　重视人才培养，优秀科研工作者不断涌现

改革开放之前，佛教学科的人才培养工作并没有得到高度重视，1978年以后，随着我国研究生教育制度的恢复，中国社会科学院世界宗教研究所率先招收硕士生和博士生，其中也包括以佛教为研究方向的硕士、博士研究生。稍后，北京大学、中国人民大学、南京大学、武汉大学、清华大学等高等院校也开始招收佛教研究方面的研究生。特别是近十几年来，招收佛教研究生的单位越来越多，培养出来的青年学者数量大幅度增加。我国的佛教研究事业能够走向繁荣，与研究生培养工作是分不开的。

在改革开放之前，从事佛教研究的专业学者人数不多。但是，从20世纪90年代之后，不断有新人推出高质量的论文和著作，标志着优秀学者的大量涌现。许多比较优秀的中青年学者，都是在前辈老师的精心指导下成长起来的。在当前的大陆佛教研究领域，已经形成了较有成就、有影响的学者群，这个学者群可以从高质量的论著中反映出来。

四　学术交流日益频繁，交流范围不断扩大

改革开放以前，大陆学术界几乎没有举行过成规模的佛学讨论会。1980年9月，由中国宗教学会、中国南亚学会、陕西省社会科学院以及西北大学等单位，在西安联合召开了新中国成立以来的第一次全国性佛教学术会议，出席会议的老、中、青学者32人，提交论文26篇。这

次会议的举行，标志着中国佛教学术交流进入了一个新时期。从此以后，各研究机构和教学单位每年都要举办多次各种议题的国内或国际佛学研讨会，据不完全统计，从1980年到1995年，全国共召开各种佛学研讨会40余次，从1996年到2005年，共召开佛教学术会议100多次，自2005年到2007年的三年间，每年举办的国内国际佛教学术会议都有数十次。

历次学术研讨会都有不同的议题，形成不同的影响，对佛教学术研究工作起到程度不同的积极推动作用。在二十多年中，由中国社会科学院世界宗教研究所与日本《中外日报》联合主办的"中日佛教学术会议"，是具有标志性的国际佛教学术交流会议。首届会议于1985年11月在日本京都召开，中心议题是"中日两国佛教的特点和古代中日佛教文化的交流"。中方的正式代表是任继愈、杜继文、方立天、楼宇烈、杨曾文；日方正式代表是中村元、道端良秀、牧田谛亮、盐人良道、镰田茂雄。这次会议被誉为"历史的盛会"。以后，"中日佛教学术会议"每两年举办一届，总共举办了十届。这个学术会议延续时间之长，参与的优秀学者之多，提交的论文之有价值，产生的影响之大，至今还是难以打破的纪录。国际学术交流的加强，增进了中国与世界各国学者的了解，加深了彼此的友谊。

五 研究成果不断增加，研究视野不断拓展

60年来，佛教研究的各类成果出版呈现两个阶段。改革开放以前成果较少，甚至出现过没有论文发表的年份。改革开放以后，成果出版呈现快速递增的态势。

根据王雷泉《中国大陆宗教文章索引》的统计，从1949年到1966年，大陆共发表佛教方面的文章1003篇，平均每年发表58篇左右。从1967年到1974年，学术界没有发表过一篇佛教研究文章。从1978年开始佛教研究文章呈现逐年递增的趋势。到1992年一年发表的论文达到1125篇，超过1949年到1966年发表数量的总和。1996年到1998年的3年时间里，各种报纸杂志发表与佛教相关的文章3300多篇，各种著作400余部。到现在为止，佛教研究成果的确切数量很难统计，用统计加估计的方法来估量，佛教各类文章大约有数万篇，著作大约有数千部。

随着科研成果的增多，研究范围也逐步扩大。学术界不仅加强了对佛

教历史、宗派、义理、人物、哲学、文献等方面的研究，也逐渐加强了对佛教经济、语言、文化、艺术等领域的探索。近些年来，跨学科的比较性研究也不断取得进展。

第三节　佛教研究的主要成果

新中国成立 60 年来，有价值的佛教研究成果数量众多，不胜枚举。即便是列举有影响的专著类成果，也难免挂一漏万。以下仅是分类列举一些著作，以便说明我国学术界佛教研究所涉及的范围，所具有的特点，所走过的路程，以及大致的发展趋向。一来限于本人的水平和见闻，二来限于分类不尽合理，所列举的著作中肯定有一些学术价值不大的书籍，而未提及的著作中一定有不少上乘佳作。

一　中国佛教史

在研究与中国佛教相关的各类著作中，佛教历史方面的著作最多，包括各种通史、断代史、思想史、地区史、专题史、宗派史等。这是佛教研究领域中一个最重要的方面：

第一，通史和断代史。

杜继文主编的《佛教史》（1991），是国内唯一一部世界佛教的简明通史著作。本书比较系统地叙述了世界范围内佛教的产生与发展过程，既比较充分地吸收了当时学术界的最新成果，又有编著者的个人研究心得，长期作为国内各教学单位的重要参考书。

在中国佛教史的研究领域，至今还没有一部严格意义上的叙述整个中国佛教历史的通史性著作，只有一些通史类的著作。其中，吕澂的《中国佛学源流略讲》（1979），是叙述中国佛教思想发展和演变的重要著作，在许多方面对以后的研究者起到了引路的作用。任继愈主编，杜继文、杨曾文、丁明夷等人参与撰写的《中国佛教史》（已出版三卷，1981 年开始出版），是以唯物史观为指导，系统论述汉魏两晋南北朝佛教的著作。本书把这一阶段的重要佛教译著进行了系统、详尽的剖析，是完全创新性质的工作。本书在国内外都产生了较大的影响，是研究本阶段佛教不可缺少的重要参考书。郭朋从 1981 年开始先后推出《隋唐佛教》、《宋元佛教》、《明清佛教》、《汉魏两晋南北朝佛教》、《中国近代佛教思想史稿》等著作，后来作者又把它们浓缩为三卷本的《中国佛教思想史》，这些著作都是有影响的。在断代史方面，史金波的《西夏佛教史略》（1988）具有填补学术空白的作用。比较重要的各类通史或断代史著作还有方立天主编、华方田副主编的《中国佛教简史》（2001），潘桂明的《中国居士佛教史》，高振农的《中国佛教源流》（2006），江灿腾的《晚明佛教改革史》（2006），陈永革的《晚明佛教思想研究》（2007），等等。

第二，地区佛教史。

从 20 世纪 80 年代开始，各地方政府相继重视开发当地的佛教文化资源，为经济建设服务。在这种情况下，各地社科院、大专院校以及佛教界的学者也撰写了本省、本市或本地区的佛教史著作。几乎可以说，在佛教曾经盛行过的地区，都有学者推出相关佛教历史著作。20 世纪 80 年代初，陕西省社会科学院的学者撰写了长安佛教宗派祖庭的专门著作。地区佛教史的著作如冷晓的《杭州佛教史》（1993）、《近代杭州佛教史》（1995），韩丽霞、董允合著的《云南佛教》，崔正森的《五台山佛教史》（2000），王荣国的《福建佛教史》（1997），韩溥的《江西佛教史》（1995），何建明的《澳门佛教》（1999），严耀中的《江南佛教史》（2000），陈荣富的《浙江佛教史》（2001），胡恩厚的《甘肃佛教简史》（1993），蒲文成的《青海佛教史》（2001），昆明宗教局和昆明佛教协会编的《昆明佛教史》（2001），王路平的《贵州佛教史》（2001），徐荪铭、王传宗主编的《湖南佛教史》（2002），王亚荣的《长安佛教史论》（2006）、《陕西·中国汉传佛教祖庭研究》（2006），等等。这些研究的一个共同特点，是充分利用了一些当地特有的资料，对相关佛教问题进行了尽可能细化的描述，有助于对当地佛教的深入认识。

第三，佛教专题史。

在中国佛教制度、佛教寺院、佛教礼仪、佛教事务管理等方面，重要的著作有郭绍林的《唐代士大夫与佛教》（1987），谢重光、白文固合著的《中国僧官制度史》（1990），张弓的《汉唐佛寺文化史》（1997），郝春文的《唐后期五代宋初敦煌僧尼的社会生活》（1998），白文固、赵春娥的《中国古代僧尼制度》（2002），宿白的《中国石窟寺研究》、《藏传佛教寺院考古》，李芳民的《唐五代佛寺辑考》（2006），侯旭东的《五、六世纪北方民众佛教信仰》（1998），何孝荣的《明代南京寺院研究》（2001），圣凯的《中国汉传佛教礼仪》（2001）、《摄论学派研究》（2006），杨健的

《清王朝佛教事务管理》(2008)。以上著作大多受到重视和关注。

二　中国佛教宗派研究

隋唐时期产生的中国佛教宗派,标志着中国佛教的理论创造达到了高峰,标志着中国佛教成为世界佛教的中心。凡是研究隋唐及其以后的中国佛教都要涉及佛教宗派问题。但是,改革开放以前有关佛教宗派的研究成果以论文为主,多数成果包括在与研究隋唐佛教有关的著作中,还没有出现篇幅较大的专门著作,包括通史类著作。有关各宗派历史、人物、典籍思想的专著也很少。任继愈的《汉唐佛教思想论集》(1962),吕澂的《中国佛学源流略讲》,汤用彤的《隋唐佛教史稿》,郭朋的《隋唐佛教》,严北溟的《中国佛教哲学简史》等,都对中国佛教宗派有程度不同、篇幅不等的论述。这些成果为以后佛教宗派研究的深入和提高或者指示了方向,或者奠定了基础,或者提供了借鉴,是有持续影响力的。从20世纪90年代开始,陆续出版了研究各宗派的专著。江苏古籍出版社历经十几年的努力,推出了中国佛教宗派研究系列丛书,可以作为中国佛教宗派研究实质性进步的重要标志。

第一,禅宗研究。

在中国佛教研究中,学术界对禅宗的研究长期以来都是投入人力最多,取得成果最丰富,研究视野最开阔的领域。尤其是近二十年来,出现了研究禅宗历史、思想、流派、人物、典籍以及禅宗文化、禅与艺术等方面的大批论文和著作,出现了所谓的"禅宗热"。直到今天,这种热度似乎仍然没有降温的迹象。

这种情况是由多方面的因素促成的。首先,是禅宗自身特点所决定的。在中国佛教各宗派中,无论是对整个佛教还是对整个中国哲学,禅宗都是影响最大的一派,并且至今有重要的社会影响,从而激发了研究的热情。其次,国外因素的促动。自二战以后,以日本学僧铃木大拙等为主,把东方的禅学传到西方,不仅逐渐为西方学者所关注和研究,而且产生了一定的社会效用。中国的"禅学"被西方重新发现和重新解释,甚至被作为"东方文明"的一个重要代表,当成了对抗西方文明——实指近现代科学和思维理性的根据和资源。一些心理学家和精神病理学家,注重禅在调节心理平衡和治疗精神性疾病中的作用;某些社会学学者和哲学家,把禅当作反科学、非理性和直觉主义的古典模式,希望由此引导人们回归人性和自然；某些新兴小型宗教团体力图在禅中发掘信仰治疗的功能，并当作开发超自然、超心理诸种"神通"的有效方法。最后，国内的社会需要。随着国内佛教的发展，把禅引入心理治疗，或作为消除烦恼，修身养性的一种方法，引起社会各界的重视。同时，有些地方政府出于发展经济和旅游的原因，积极支持禅宗文化建设，对学术界的禅宗研究起到了推动作用。

关于禅宗方面的论文数以千计，不胜枚举。有规模的著作也是数以百计，其内容涉及哲学、历史学、语言学、伦理学、宗教学、文学、心理学等领域。其中，杜继文、魏道儒的《中国禅宗通史》（1993）是一部禅宗通史著作，叙述从印度禅学到清末禅宗的流变历史。撰写本书的初衷，是为了将神化了的禅宗还原它的世俗基础，将它被描绘得虚玄模糊的面目清晰起来。比较有特点的著作有顾伟康的《禅宗：文化交融与历史选择》（1986），葛兆光的《禅宗与历史文化》（1987）、《中国禅思想史——从六世纪到九世纪》（2001），正果的《禅宗大义》（1989），洪修平的《禅宗思想的形成与发展》（1992），潘桂明的《禅宗的历程》（1992），邢东风的《禅悟之道——南宗禅学研究》（1992），魏道儒的《宋代禅宗文化》（1993），陈兵的《禅学与东方文明》（1994），麻天祥的《中国禅宗思想发展史》（1997），杨曾文的《唐五代禅宗史》（1999）、《宋元禅宗史》（2004），吴立民主编的《禅宗宗派源流》（1998），吴言生的《禅宗思想源流》（2001）、《禅宗哲学象征》（2001）、《禅宗诗歌境界》（2001），徐文明的《中土前期禅学思想史》（2004），龚隽的《禅史钩沉——以问题史为中心的论述》（2006），纪华传的《江南古佛——中峰明本与元代禅宗》（2006）等。

除了禅宗通史、断代史之外，还有专题性质的研究，例如对禅宗某个支派、某个地区禅系或国外禅学的研究等。例如，洪修平的《东山法门与禅宗》（1996），邢东风的《石头希迁与曹洞宗》（1997），方广锠的《印度禅》（1998），洪修平、孙亦平的《如来禅》（1997），董群的《祖师禅》（1997），梁晓红的《日本禅》（1997），苏树华的《洪州禅》（2005）等。还有比较性质的禅宗文化研究，例如洪修平、吴永和的《禅学与玄学》（1992），徐小跃的《禅学与老庄》（1992），陈兵的《佛教禅学与东方文明》（1992），赖永海的《禅宗与中国文化》、《佛道诗禅》（1990），谢思炜的《禅宗与中国文学》（1993），黄河涛的《禅与中国艺术精神的嬗变》（1994），季羡林主编的《禅与中国园林》、《禅与东方文化》（1996），孙昌武的《禅思与诗情》（1997），等等。

第二，天台宗研究。

在佛教宗派研究中，有关天台宗的成果之丰富，仅次于禅宗。王志远的《宋初天台学窥豹》是第一本天台学方面的专门著作，其后有影响的通史性著作有潘桂明、吴忠伟的《中国天台宗通史》（2001），董平的《天台宗研究》（2002），朱封鳌的《天台宗史迹考察与典籍研究》（2002）、《中华天台宗通史》（2001）等。研究天台宗人物的专著有张风雷的《智顗评传》（1995），潘桂明的《智顗评传》，李四龙的《天台智者研究——兼论宗派佛教的兴起》（2003），俞学明的《湛然研究——以唐代天台宗中兴问题为线索》（2006）。此类研究天台人物著作的共同特点，是不局限于传主的历史、思想，而是研究视野开阔，联系到佛教史以及哲学史上的很多重要问题进行论述。关于天台宗历史、教义、人物的论文很多，并且出版了相关的论文集，如黄心川主编的《光山净居寺与天台宗研究》（2001），收集了中日学者相关论文44篇，附录15篇。

第三，其他佛教宗派。

在华严宗研究方面，发表的关于本宗历史、人物、思想、典籍的论文很多，所论述的问题各有侧重和特点。方立天从1980年开始发表了多种华严宗的论文和著作。其中，《华严金师子章校释》分析了华严宗理论产生的社会根源和特点，以及与中国传统思想的关系。台湾贤度有《华严学专题研究》（1988）、《华严学讲义》（2001）等著作，王颂有《宋代华严思想研究》（2008）。本宗通史方面的著作有魏道儒的《中国华严宗通史》（1998）。贯穿本书的整体思路有四：其一，华严支品、本部和眷属经典分别代表了华严经学的不同发展阶段，支品最能反映华严经学的最初形成面貌，本部最能反映华严经学的成熟形态，眷属经最能反映华严学与其他部类大乘经典和思潮的关系；其二，从域外传入的华严经学向华严宗学的过渡，本质上是形象描述的宗教文学向概念分析的宗教哲学的过渡；其三，禅宗中的华严学本质上不是华严学，而是禅学；其四，华严宗学不仅在佛教内部促成了多种净土信仰形态的形成，而且深深影响了宋明理学。

净土宗没有师徒传承法系，并不是严格意义上的宗派。但是净土信仰在僧俗信众中流传广泛，是仅次于禅学的佛教信仰体系。净土宗重修持轻说理，关于本宗的哲学探讨不多，而对于本宗历史、人物的研究论文比较多一些。陈扬炯的《中国净土宗通史》（2000），是首部净土宗的通史著作，论述了翻译的净土经典，中国历代弘扬净土教义的高僧事迹、思想和社会影响。魏磊的《净土宗教程》主要论述净土信仰的修持方法和过程等，刘长东的《晋唐弥陀净土信仰研究》是一部断代史性质的净土信仰流传史。

密宗以重视密法修行和坛场仪轨为特点，在唐、宋、元等朝代分别有兴盛时期。由于密宗的一些修行规定曾引起消极的社会影响，受到多方面的批评和抵制，有些著名学者甚至不承认从印度传来的密教属于佛教。因此，在密宗研究方面，改革开放以前的研究成果相对较少，没有比较系统的专门著作。除了研究密宗历史、人物、思想的论文之外，研究本宗修行仪轨、艺术等方面的成果比较集中。中国佛教协会编的《中国佛教》（1982）第二辑所载高观如的《密宗》，是百科全书的词条，篇幅虽然不长，比较清晰地介绍了中国密宗的历史演变历程、主要教理和特点。吕建福的《中国密教史》（1995）是密宗研究的代表作，系统全面地梳理了密教在我国的发展演变历史。

三论宗存在的时间比较短，出现的重要人物比较少，产生的社会影响比较小，因此，研究成果也并不很丰富。各类成果的研究重点，是在本宗的创始人吉藏及其弟子、本宗的理论特点，以及本宗所注重的典籍等方面，所涉及的范围相对要小一些。研究本宗人物的专著有华方田的《吉藏评传》，研究本宗历史的著作有杨永泉的《三论宗源流考》、李勇的《三论宗佛学思想研究》（2007）。董群的《中国三论宗通史》（2008）是一部通史著作，比较系统地考察了三论宗的兴盛与沉寂历程，代表人物与重要典籍，以及重大事件与文化影响等。

唯识宗存在的时间并不长，但是从20世纪初开始，就有不少学者重视对该宗人物、典籍和思想的研究。在玄奘及其著作《大乘起信论》、唯识基本理论等方面，有很多论文。从20世纪50年代开始，就出版了这方面的著作，20世纪90年代以后，出版的专著种类更多。杨廷福的《玄奘论集》（1986），田光烈的《玄奘哲学研究》（1986），是研究玄奘历史和思想的重要著作。周贵华的《唯心与了别——根本唯识思想研究》（2004）、《唯识心性与如来藏》（2006），利用汉文和藏文的资料，对唯识学重要学说发展脉络进行了系统分析，是近年来受到重视的新成果。还有释正刚的《唯识学讲义》（2006），韩廷杰的《唯识学概论》、《唯识宗简史简论》等。杨维中的《中国唯识宗通史》（2008）是一部真正意义上的唯识宗通史著作，比较系统地论述了该宗兴起、发展和衰微的历程。

在律宗研究方面参与的学者并不多，成果相对较少。除了一些有关本宗人物、思想的论文之外，还有劳政武的《佛教戒律学》等。王建光的《中国律宗通史》（2008）是国内第一部律宗通史著作，详述了自东汉以来的律学传入，律宗从唐代直至民国发展的历史轨迹及各个时期的主要特征等。

三 佛教文化、哲学等方面的研究

佛教是中国传统文化的重要组成部分，与文化艺术的各个门类水乳交融。对佛教文化及其佛教与中国传统文化的比较研究，在改革开放以后蓬勃发展，除了发表很多论文之外，也推出众多著作，其内容涉及文化艺术的各个门类，如方立天的《中国佛教与传统文化》（1988），汤一介的《佛教与中国文化》，赖永海《中国佛性论》，洪修平的《中国佛教文化历程》，周齐的《明代佛教与政治文化》（2006），孙昌武的《佛教与中国文学》（1988），普慧的《南朝佛教与文学》（2002），魏道儒主编的《普贤与中国文化》（2006），赖永海的《中国佛教文化论》（2007），佛教与语言方面的著作有陈允吉的《唐音佛教辨思录》（1988），梁晓虹的《汉魏六朝佛经意译词研究》（1982），朱庆之的《佛典与中古汉语词汇研究》（1994），周广荣的《梵语悉昙章在中国的传播与影响》（2004），李涛的《佛教与佛教艺术》（1989），吴焯的《佛教东传与中国佛教艺术》（1994），宁云龙的《古代佛造像真伪鉴别与价值评估》（2007）等。丁明夷、张总重视从艺术考古角度对国内佛教造像艺术进行研究，各类成果比较多。丁明夷著有《中国美术全集·云冈石窟》、《中国石窟·克孜尔石窟》、《中国石窟·伯孜克里克石窟》、《中国美术分类全集·北方石窟》、《中国美术分类全集·南方石窟》、《佛教艺术百问》等。张总有《中华名寺》、《永恒的寺庙——石窟艺术》、《青州龙兴寺佛教造像艺术》（主撰稿）、《地藏信仰研究》等。李利安的《印度古代观音信仰研究》（2005），是众多同类研究成果中比较有特点的。王志远的《中国佛教表现艺术》（2007）是有特点的新成果。

在世界各种宗教中，佛教以典籍浩瀚，教理繁多，理论体系庞大著称。探索佛教的哲学思想，或者对佛教教义进行哲学分析，是佛教研究中的一个重要方面。在佛教哲学研究方面，有很多见解深刻，影响较大的文章。许多研究中国哲学的著作、学者，都涉及佛教哲学的内容。尤其是改革开放以来，出版了许多佛教哲学方面的专门著作，标志着佛教哲学研究取得了重要进展。

在佛教哲学研究方面，可列举的成果很多，近年出版的两部重要著作尤其具有代表性，其一是方立天的《中国佛教哲学要义》（2002）。本书以中国哲学思想及印度哲学思想的发展为参照系，以哲学观念和范畴的研究为核心，追寻了中国佛教哲学的全部体系结构，把它分为人生论、宇宙论和实践论三大部分，首次从整体上构建起中国佛教哲学的完整体系。本书被誉为"标志着我国佛教哲学研究达到了新的高度"。其二是杜继文的《汉译佛教经典哲学》（2008），本书通过分析原始佛教与部派佛教的基本教义和经典，大乘佛教思潮和大乘佛教经典，勾勒出整体佛学思想的内在逻辑关系，还佛学之真面目。本书被誉为"在研究思路和方法上完全是创新的，是迄今为止此类研究中最有分量的一项成果"。

在佛教逻辑研究方面有石村的《因明述要》（1981），沈剑英的《因明学研究》（1985），杨化群的《藏传因明学》（1990），巫寿康的《〈因明正理论〉研究》（1994），郑伟宏的《佛教逻辑通论》（1996），沈剑英主编的《中国佛教逻辑史》（2001）等。另外在佛教伦理、美学等方面也有一些重要著作，例如，业露华的《中国佛教伦理思想》（2000），董群的《禅宗伦理》，王月清的《中国佛教伦理研究》（1999），释昭慧的《佛教规范伦理学》（2003），邓子美的《超越与顺应——现代社会学关照下的佛教》（2004），祁志祥的《佛教美学》（1997），王志敏的《佛教与美学》（1989），王海林的《佛教美学》（1992）等。

四　文献整理、典籍研究与工具书

佛教文献的整理出版工作一直受到学术界的重视和关注，60年来出版了为数众多的标点、校勘、现代语翻译的佛教文献，包括影印敦煌佛教文献等。把许多重要的佛教典籍，特别是新发现的珍贵资料进行整理出版，不仅有助于学术界研究工作的深入进行，同时也具有普及学术成果的作用。此类书籍数量很多，大约在千种以上，仅举几例。石峻、楼宇烈、方立天、许抗生、乐寿明编辑的《中国佛教思想资料选编》从1981年开始出版，是比较系统的中国佛教思想资料集，长期成为高校的重要参考书籍。任继愈任主编的《中华大藏经》上编，共 106 册，于 1997 年全部出齐。这部藏经是目前收罗最为宏富、校勘最为精良的一种大藏经版本，代表了大陆佛教学者在佛教文献整理方面的最高成就。在佛教写本大藏经和刻本大藏经的研究方面，都取得了重要新成果。方广锠的《中国写本大藏经研究》（2006），李富华、何梅合著的《汉文佛教大藏经研究》（2005），张士强的《大藏经总目提要》等，都是代表研究新阶段的有价值成果，受到广泛关注。佛教的工具书也出版了许多种，其中，任继愈主编、杜继文副主编的《佛教大辞典》，堪称新中国成立 60 年来我国学界推出的最有代表性的大型佛教工具书，学术性、科学性、可读性、实用性，是这部工具书显著的特点。

五　近现代中国佛教研究

中国近现代佛教成为中国学者的关注对象，是从 20 世纪 80 年代以后才开始的。近现代佛教，尤其是当代佛教成为学术界的一个热点，既与学术研究发展的内在规律有关，更与当代佛教的蓬勃发展，与佛教在与社会主义社会相适应的过程中出现的新情况、新问题分不开。关于现当代佛教的研究论文大约有数千篇，著作可能不下百部。即便关于一个重要人物、重要寺院、重要事件、重要思想，也往往形成数百万字的著作。比如，关于"人间佛教"问题的探讨，规模不等的专门学术会议有数十次，文章上千篇。研究对象的过于雷同自然会造成资源浪费，但是，从事这些研究的大多数学者们在关注现实问题，为当代佛教健康发展贡献力量中表现出的社会责任感，是值得充分肯定的。

从已有的相关著作看，绝大多数是在 20 世纪 90 年代以后出版的，研究范围涉及历史、人物、思想等方面。有郭朋的《中国近代佛学思想史稿》（1989）、《太虚思想研究》（1997），郭朋、廖自力、张新鹰合著的《印顺佛学思想研究》（1991），高振农的《佛教文化与近代中国》（1992）、《近现代中国佛教论》（2002），麻天祥的《晚清佛学与近代中国》（1992）、《20 世纪中国佛学问题》（2001），李向平的《救世与救心——中国近代佛教复兴思潮研究》（1993），于凌波的《中国近现代佛教人物志》（1995），邓子美的《传统佛教与中国近代化》（1996），陈兵、邓子美的《20 世纪中国佛教》（2000），何建明的《佛法观念与近代调适》（1998），徐荪铭的《世纪佛缘》（1998），江灿腾的《明清民国佛教思想史论》（1996），葛兆光的《西潮又东风——晚清民初思想、宗教与学术十讲》（2006），等等。另外，黄夏年主编的《近现代著名学者佛学论文集》（1985）、《民国佛教期刊文献集成》（2006）、《民国佛教期刊文献集成·补编》（2008），为研究近现代佛教提供了资料方便，有助于研究工作的深入进展。

六　藏传佛教研究

"藏传佛教"是 20 世纪 80 年代之后才出现的名称，以前习称"喇嘛教"。藏传佛教研究从 20 世纪上半叶就开始了，并出现了重要的著作，比如妙舟的《蒙藏佛教史》（1934），法尊（1902—1980）的多种著作和译作等，为以后研究的深入奠定了基础。改革开放以后，参与藏传佛教研究的学者逐渐增多，研究成果也呈现逐年递增的态势，尤其是出版了一些很有影响的著作。王森的《西藏佛教发展史略》（1987），王辅仁的《西藏佛教史略》（1982），索南才让的《西藏密教史》（1998）、《拈华微笑——藏传佛教哲学境界》（1996），李冀诚的《西藏佛教密宗艺术》（1991）、《西藏佛教·密宗》（1992）、《西藏佛教密宗仪礼窥密》（1991）等。尕藏加的《吐蕃佛教——宁玛派前史与密宗传承研究》（2002）、《西藏佛教神秘文化——密宗》、《西藏宗教》、《藏传佛教与雪域高原》（2003）、《雪域的宗教》（上、下，2004），德吉卓玛的《藏传佛教出家女性研究》（2003）等。班班多杰的《藏传佛教思想史纲》（1992），以分析、梳理藏传佛教思想发展、演变为主，是有特色的成果。王世镇译注的《藏传佛教格鲁派史略》（2002）、《藏传佛教噶举派史略》（2002）。另外，研究明清时期藏传佛教特殊制度，藏传佛教与政治关系方面的文章与书籍很多，集中讨论和介绍的内容有活佛转世、金瓶掣签、达赖与班禅制度等。

七　国外佛教研究

在改革开放之前，国外佛教研究是比较薄弱的领域。从 20 世纪 80 年代开始，随着对外文化交流和学术交流的日益频繁，国外佛教研究不断加强，从事研究的学者也不断增加。除了发表了许多有价值的论文之外，也不断有研究著作、翻译著作出版。总的说来，中国大陆学者对印度佛教和受汉文化熏陶的日本、韩国佛教研究比较深入，对东南亚一些国家的佛教研究有待进一步加强，对亚洲之外的佛教，有的处在简单介绍阶段，有的仍旧是未开垦的处女地。

　　我国学者在印度佛教研究方面是有传统的，所以有质量的专著比较多。吕澂的《印度佛学源流略讲》是一部有持久生命力的著作，本书利用汉文、藏文、梵文等资料，系统论述了印度佛学发展的各个阶段，是中国学者研究印度佛学的代表作。黄心川的《印度佛教哲学》（任继愈主编《中国佛教史》第一卷附录）、《印度哲学史》（1989），都是有影响的著作。另外，还有季羡林的《中印文化关系史论文集》（1982）、《佛教与中印文化交流》（1990），巫白慧的《印度哲学与佛教》（1991），李志夫的《中印佛学之比较研究》，崔连仲的《从佛陀到阿育王》（1991）方广锠的《渊源与流变——印度初期佛教研究》（2004），郭良鋆的《佛陀和原始佛教思想》（1997），吴汝钧的《印度佛学研究》（1995），姚卫群的《佛教般若思想发展源流》，另外还有王世安翻译的《印度佛教史》（1987），杨曾文、姚长寿翻译的《印度佛教史概说》，宋立道翻译的《大乘佛教》（1995）、《小乘佛教》（1995）、《佛教逻辑》（1998），等等。

　　在日本、韩国佛教研究方面，20世纪90年代以后出版了多部重要著作。杨曾文的《日本佛教史》（1995）及其主编的《日本近现代佛教史》（1996），是中国学者研究日本佛教的代表作，反映了中国学者在一定阶段内认识整体日本佛教所能达到的水平。高洪的《日本当代佛教与政治》（1995），何劲松的《日莲论》（1995）、《创价学会的理念与实践》（1995），张大柘的《当代神道教》（1999）等，都是研究日本佛教的重要著作。另外，张大柘还翻译有《宗教与日本现代化》（1990）。在韩国佛教研究方面，何劲松的《韩国佛教史》（上下卷，1997、1999）是一部韩国佛教的通史著作，另有《近代东亚佛教史》，均为这方面研究的新成果。陈景富的《中朝佛教文化交流史》、《中韩佛教关系一千年》（1999），是中韩佛教关系方面的著作。另外，柳雪峰译有《韩国佛教史概说》（1993）、《韩国宗教史》（1992）等。

　　在东南亚佛教研究方面，有邓殿臣的《南传佛教史简编》，净海的《南传佛教史》（2002），宋立道的《神圣与世俗：南传佛教国家的宗教与政治》（2000）、《从印度佛教到泰国佛教》（2002）、《传统与现代：变化中的南传佛教世界》（2002），这是三部观察角度新颖的著作。韩廷杰从巴利文翻译的《大史》（1996）、《岛史》（1996），是关于南传佛教的重要历史典籍。

包括欧美在内的亚洲之外佛教方面，研究明显薄弱，并且滞后于西方学术界。在大陆学者中，李四龙致力于欧美佛教研究，发表过一些重要论文。在一些涉及亚洲之外佛教的著作中，有相关的内容介绍。迄今为止，大陆学者还没有出版一部亚洲之外国家的佛教国别史专门著作。在佛教的国别史方面，应该填补的学术空白还不少。由于国外佛教已经引起学术界的关注，相信这种局面很快会改变。

第十章　道教研究

李　刚

新中国成立 60 年来，我国道教研究已取得了一定成就，对道教的历史、经典、教理等方面的研究均取得重要成果，在道教现实问题调查研究方面亦取得了一些成果。形成了老、中、青相结合的科研梯队，出版了一大批高质量的学术专著，发表了一大批优秀的学术论文。对道教研究人才的培养和学科领域的开拓，有着重要的贡献和积极的影响。道教研究在为党政部门的政策决策提供咨询、为解决现实的宗教问题提供专业支持方面也取得了一定的成绩。教育部建设了宗教学学科有关道教的人文社科重点研究基地。道教研究在不同程度上加强了与港澳台及国外的学术交流和相互的实地考察，这对我国的道教研究走向世界、让世界了解我国的道教研究均有着深远的影响和意义。随着信息技术的发达和学术交流的频繁，国外的道教研究和中国的道教研究将有越来越多的沟通，并展开真正意义上的对话。我们相信，通过中外学者的共同努力，道教文化将会在更深的意义上走向世界。[①]

第一节　道教研究的历史回顾

传统意义上的儒家士大夫，对研究道教很少关注。直到近代梁启超先生，论及中国历史研究法时还认为："先秦没有宗教，后来只有道教，又

---

① 有关 20 世纪道教研究发展和成就的扼要总结，请参见《20 世纪的中国宗教学发展（代前言）》中"三、道教研究与道教学"，卓新平、曹中建主编《宗教研究四十年》（上册），宗教文化出版社 2004 年版，第 6—7 页。

很无聊。道教是一面抄袭老子庄子的教理，一面采佛教的形式及其皮毛，凑合起来的。做中国史，把道教叙述上去，可以说是大羞耻。他们所做的事，对于民族毫无利益。"① 这应该是秉承了传统儒家学者的偏见。受到西方学者研究道教的刺激和影响，近现代以来一些中国学者已经转变了看法。顾颉刚先生讲："一部《道藏》，用实用的眼光看固然十之八九都是荒谬话，但若拿它作研究时，便是一个无尽的宝藏；我们如果要知道我们民族的信仰与思想，这种书比了儒学正统的《十三经》重要的多。"② 认为拿《道藏》来作研究，这是了解"我们民族的信仰与思想"的"一个无尽的宝藏"。许地山《道教史》指出："从我国人日常生活的习惯和宗教的信仰看来，道的成分比儒的多。我们简直可以说支配中国一般人的理想与生活的乃是道教的思想；儒不过是占伦理的一小部分而已。"③ 揭示道教的信仰才是中国一般人日常生活的"习惯和宗教的信仰"，代表了中国文化的一个很重要的方面，反映了普通老百姓内心深处秘藏着的一个非常实在的内容。近现代以来中国学者对道教的研究，起步晚于西方学者，对研究道教的关注，可以说是受到西方学者的刺激和启迪。

　　近现代意义上的道教研究从 19 世纪末到 20 世纪初分别在欧洲和日本产生，此后道教研究逐渐成为国际汉学的重要方面军之一。自 20 世纪 70年代末开始，国际汉学界出现了一股如火如荼的道教研究热潮，形成了法国、日本和美国三个道教研究中心。由于文化传统、知识背景及研究兴趣不同，欧美和日本的道教学术研究存在诸多差异。日本汉学家早期似乎比较侧重于"大传统"，侧重研究道教经典及其思想，采用的方法主要是文献学和历史学方法。早在第二次世界大战前，日本学者就已注意到法国学者的道教研究，二战中也曾经有出于非学术目的对中国乡村道教与生活的大规模调查，但学术界的真正转向却是在近几年。有相当一部分道教学者转向了"小传统"的研究，学者们逐渐转向注重道教的仪式、技术和方法，关注道教在现代社会的实际状况。由于欧美与中国在文化上有巨大的差异，因此欧美学者常常从一开始就能超出中国经典的笼罩，注意到经典

---

　　① 《饮冰室合集》第 12 册《饮冰室专集之九十九·中国历史研究法（补编）》，中华书局1989 年版，第 140 页。

　　② 顾颉刚：《古史辨自序》上册《古史辨第一册自序》，河北教育出版社 2000 年版，第87 页。

　　③ 许地山：《道教史》，华东师范大学出版社 1996 年版，第 177 页。

之外的道教现象，因而在方法上常常采取社会学和人类学的方法来研究中国道教。在这种背景下，作为中国普通老百姓生活中重要内容的道教，尤其是道教的仪式、方术、伦理、戒律和鬼神信仰就从研究的边缘变成了中心。西方世界对道家道教文化的兴趣正日益增浓，世界上出现了一股道家道教热，这股热浪还有升温的趋势。他们研究老庄思想与道教的关系，道教和佛教，道教与科学技术，道教历史，道教音乐及仪轨等，召开了多次有关道教的国际学术研讨会，发表了为数可观的论著，大大丰富了海外汉学研究的内容。

当然，不可否认，研究道家道教的主力队伍还是在中国，特别是改革开放三十年来形成了力量雄厚的群体。国内道教研究起步较国外晚一些，1949 年以前，专门从事道教研究的学者凤毛麟角，研究工作集中于考察《道藏》和道教历史，发表的文章和专著都不多。1949 年到改革开放以前，如众所周知的原因，道教研究工作在内地难以开展，未能打开局面，成果尚不如港台地区。待到改革开放以后，忽如一夜春风来，春回大地，春光明媚，道教研究从此走进了拨乱反正和春华秋实的新时代。道教研究内容纳入国家社科研究课题，成立了专门的道教研究机构，① 形成了专业研究队伍，有了以发表道教研究文章为主的学术杂志，这些都使道教研究的发展势头渐入佳境。卿希泰教授主编的四卷本《中国道教史》和任继愈教授主编的《中国道教史》这两部大型道教通史著作从 1988 年起陆续出版，且现在已分别出版了修订本。相形之下，西方学者在这方面的成绩显然不足以比，近几年这种状况仍没有改变，可以说，在这一领域的研究中国是远胜于西方的。以任继愈、卿希泰先生分别主编的这两种大型《中国道教史》的出版为标志，道教研究迈入空前繁荣的境界。②

自 1996 年以来，研究又取得新进展，呈现出全面展开的新气象，成果令人目不暇接，前所未有。在数量上是大大增加了，从研究的质量来看，也在逐步完善和提高，尤其在道教历史和思想史的研究方面取得突破

①　从"六五"规划开始，道教研究课题史无前例地列入国家社科基金项目。1980 年，以道教研究为主的四川大学宗教研究所建立；1981 年，中国社会科学院世界宗教研究所设立道教研究室。

②　关于 20 世纪道教研究的具体成果，请参看卿希泰《道教文化与现代社会生活研究·百年来道教研究的回顾与展望》（巴蜀书社 2007 年版）；朱越利、陈敏《道教学》第十一章《中国道教学成果》（当代世界出版社 2000 年版）；曹中建主编《中国宗教研究年鉴·研究综述·道教研究》（中国社会科学出版社 1998 年版）。本文限于篇幅，不再一一列举。

性进展，使所谓"道教在中国，道教研究在国外"之说不攻自破。就研究内容而言，道教史（含道派、人物）和道教思想研究依然占有最大比重，其次是道教与文学艺术的研究，此外一般道教文化、修炼、养生、医学、符箓、斋醮、术数、戒律、道教与民俗、地志、旅游、道教文献、文物等等方面的论文，所占的比重也较大。东汉早期道教史曾经是道教研究初期讨论最多的话题，近年来这方面的论述有所减少。东晋南北朝是道教上层化、定型化和大发展的时期，国外研究者对此期道教史研究历来十分重视。相比较之下，在我国则是一个薄弱环节。唐宋间道教史仍然是国内学术界关注的焦点，金元明清道教史研究也较多，而对民国以后的道教则很少有人论及。今后几年，有关断代道教史和区域道教史的著作将陆续出现，但这方面的研究仍应进一步充实。道教思想研究，这方面的论述，仅就新课题、新观点而言，都有程度不等的参考价值。《太平经》思想研究则一直是久热不退的课题。符箓、斋醮、术数的研究近年来也开始升温，修炼、养生与医学的论述也较多，但关于内丹和气功主要集中在 1998 年以前。有关道教与社会、政治的论述不够多。道教心理是近年来开辟的研究新领域，但论述仍不多。敦煌道教（含道经）历来是道教研究的薄弱环节，但近几年来出现了转机，除了刊物登载的论文外，《道家文化研究》所出第 13 辑《敦煌道教文献专号》集中收入许多学者的专论，涉及若干种道书及道佛关系；还有 2004 年王卡《敦煌道教文献研究》的出版。特别要提到的是，不少学者已指出近几十年的考古资料（如碑文和出土文物、艺术品）非常重要，它们很有可能解决道教史上的不少难题。四川大学考古系的张勋燎、白彬教授较早开始系统整理和研究有关道教的考古材料，2006 年出版了六册《中国道教考古》巨著，为教育部人文社会科学重点研究基地——四川大学道教与宗教文化研究所 2002—2003 年度重大项目的成果，也是中国道教考古研究的标志性成果。相信道教文物与考古这一领域将会成为道教研究的热点之一。另外有一个资料宝库是地方志，特别是宫观志和山志。目前有研究者利用这类资料研究中国的宗教地理及其与道教的关系。在当前普遍重视民间信仰和地方宗教的背景下，这一领域还是很有发展前途的。进入 21 世纪以来，道教研究在道教史和道教文献等研究的基础上大大扩展，形成了道教与哲学、伦理学、美学、文学、科技、考古等学科结合的众多分支学科。这些研究成果的增多，除了专著，也表现在论文上。《宗教学研究》（四川大学道教与宗教文化研究所主办）开设专栏发表道教研究论文，充分发挥其作为教育部重点研究基地刊物的优势。

随着道教研究向纵深的开展，培养研究人才提上议事日程。社科院的研究机构和大学的宗教系、宗教研究所都先后招收以研究道教为专业方向的硕士生、博士生，① 培养出一批又一批年轻有为的研究人员，打破了改革开放初期人才青黄不接的局面，使道教研究队伍日益扩充，人才辈出，后继有人。一批中青年学者也在研究实践中脱颖而出，形成各自的研究个性和研究领域，取得某些有创见的成果，在方法论上也做了有益的探索。

纵观改革开放三十年来道教研究的明显不足之处，主要在于很少有良性的学术批评、学术对话和互动，以至于我们在 20 世纪中国宗教学重大学术问题讨论中，看不见道教的影子。② 这一点是未来应该加以改进的。再一个是集体协作攻关的意识越来越微弱，各自为战，以至于造成重大攻关项目久拖不能完成，或者完成的质量不够理想，逐渐失去了国内道教研究在这方面所具有的传统优势。还有就是问题意识不够，具有明确目的性、明确方向性以试图攻克学术难题的研究选题不太多，甚至于绕开难题而行，不愿"啃骨头"，不打"攻坚战"，由此而来的自然就是原创性学术成果的匮乏，如同凤毛麟角。

第二节　走向未来的道教研究

走向未来的道教研究，我个人意见，应该围绕一个重大的问题做文章。什么问题？鲁迅先生在 1918 年 8 月 20 日《致许寿裳》的信中说："前曾言中国根柢全在道教，此说近颇广行。以此读史，有多种问题可以迎刃而解。"③ 鲁迅先生这段话，曾在学术界引起争议。争议双方皆以鲁迅先生这段话为价值判断，或认为鲁迅先生赞赏道教为中国根柢，不懂得道教即不懂得中国，或指出鲁迅先生批判国民劣根性，其根子全在道教。实

---

① 1978 年，任继愈教授招收中国社会科学院世界宗教研究所第一届也是国内最早一届的道教专业研究生；1983 年，卿希泰教授招收四川大学宗教研究所第一届道教专业研究生。

② 参见王雷泉、刘仲宇、葛壮主编《二十世纪中国社会科学·宗教学卷》第三编《二十世纪中国宗教学重大学术问题讨论》，上海人民出版社 2005 年版。在这些重大学术问题讨论中，道教研究患了失语症。

③ 《鲁迅书信集》上卷，人民文学出版社 1976 年版，第 18 页。

际上，我们从中看不出鲁迅先生作任何价值评判。这是个全称事实判断，鲁迅先生凭借五四之前"颇广行"的说法，点穿了一个中国历史上的事实，并指出以此去读中国历史，"有多种问题可以迎刃而解"。要充分认识中国社会历史与众不同的特色，其根子在于道教，那么，何以"中国根柢全在道教"？这就是走向未来的道教研究需要回答的一个重大问题。也许我们并不能交出一份十全十美的答卷，也许我们的学术能力还远远不足以解决如此重大的问题，但我们可以循此而前赴后继向前进，向前进……总有"云开雾散却晴霁，清风渐渐无纤尘"之时。

展望未来，道教研究将在过去形成的扎实基础上继续前进。在道教研究已经形成了道教与哲学、伦理学、美学、文学、科技、考古等学科结合的众多分支学科的情况下，今后除继续对这些新兴分支学科做更为深入的研究外，另一方面也不能中断对道教学基本要素（如道教史、道教典籍、道教宗派、道教人物、道教科仪、道教方术、道教神谱等）的研究。我们应继续关注以下方面的研究：

一　道教史上重要人物研究

道教史上有一些举足轻重的人物，如晋代的葛洪、刘宋的陆修静、南梁的陶弘景、唐代的司马承祯、唐末五代的杜光庭、南宋的白玉蟾、元代的邱处机、明代的张宇初、清代的刘一明等，他们在各个不同的方面作出贡献，推进了道教的发展，对当时的社会也有很大影响。目前除个别人物如葛洪得到较多研究外，许多重要人物都研究得还不够。因此可就某一位著名道教人物的生平、著述、活动、思想、成就、影响、地位等各个方面予以探讨，并以其为个案揭示中国道教与政治、经济、社会和文化等方面的关系。

二　道教音乐与科仪研究

道教音乐是道教的一个重要内容。近几十年来，国外学者已经从文献收集、实地调查、历史考察和理论分析等各个方面对道教音乐做研究，但其研究对象还局限于我国个别地区（主要是广东、福建、浙江以及港澳台地区），对中国广大地域内的道教音乐尚缺乏系统、深入的调查和研究。而国内道教学者中却只有少数人探讨这一问题，已发表的少量论著表明这一领域的研究尚处开拓时期。应采用实地调查材料与书面历史文献互证的方法，对各个地域的道教音乐进行具体的调查研究和比较分析，理清中国道教音乐的历史、现状及其与社会生活的关系。道教仪式曾是国际道教研究中的显学，学者已从文献收集、实地调查、历史考察和理论分析等各个方面做了大量工作。国内道教研究应在其中多下工夫，在将来一段时间内，将精力用在描述自然状态下观察到的仪式和替丰富多样的田野调查资料分类。今后道教仪式研究的发展当有赖于多学科的结合，另外，对以往的道教仪式研究作出总结也很有必要。

三　道教典籍研究

道教文献是道教研究的基础，可以提供新材料。整理和研究道教典籍可为各领域的研究奠定坚实的文献基础。尽管经典研究在道教学界已经一度相当兴盛，中外学者都在这方面做了很多工作，其中有影响的是日本学者对一些道书的考订和中、外学者各自撰写的"道藏提要"。但需要进一步推动道教经典研究的全面繁荣。学者们已对以往甚少研究的经典传统作系统研究，如合作研究六朝天师道经典，对各个派系的道经作考订和研究，对道藏经典作全面的分析和描述。还有藏外道书。学者们已对《道藏》以外的一些道教资料作过初步研究，如对敦煌道经的研究，对笔记小说中涉及道教的研究，对佛教徒反对道教的论战作品《笑道论》的研究，等等。但目前对一些难以考订的道书还缺乏研究，某些道派（如天师道）的经书也尚需整理、分析和考订。今后这些方面的研究应借鉴中外道教文献研究的成果，深入细致地考证某一时代道书或某一派经书的作者、成书年代、版本源流、主要内容及其与其他道书的关系，并在此基础上解决道教史研究的一些难题。此外，进一步整理《道藏》，搜集整理藏外道书，在已出版标点本《中华道藏》的基础上，做好新编《道藏》的准备工作，也可进行《道藏》文化价值的多维研究。道教典籍的目录提要，道教典籍的翻译为白话文和标点注释等普及性工作，仍应继续抓好。

四　道教现状与未来走向研究

调查研究道教在当代社会的生存发展状况，可为道教与时俱进地更加适应当今社会提供理论参考，促进道教在当代和未来的健康发展。道教学界过去一直侧重于研究道教的历史，对道教现状的研究用力甚少。今后应该在广泛占有实地调查材料的基础上，对这些材料作出理论分析和比较，以求对道教现状有正确而又深刻的认识和把握，并预测其发展方向。道教要想在21世纪更好、更充分地在历史舞台上扮演角色、发挥功能、占有市场，并不是没有条件的。这个前提条件是什么呢？一言以蔽之，就是通过变革，通过重新建构教理教义，实现传统道教的现代化转型，与知识经济时代相协调，与当代突飞猛进的高科技社会相接轨，以崭新的青春面孔出现在21世纪，从而适应未来世界的发展和变动。罗马俱乐部的研究报告《人类处在转折点》一针见血地指出："目前，人类正处在转折点上，必须做出抉择，是沿着老路继续走下去，还是开辟一条新的道路。如果人类要探索新的发展道路，那么必须对若干旧的观念进行重新评价。"① 可以这样说，道教文化也正是处在一个非常关键的转折点上，它是沉睡在旧梦中，照老路不变走下去，还是另辟新径，对其陈旧的、不合时宜的某些价值观念、教理教义加以扬弃与改造，通过变革实现自身的飞跃、健康发展和不断创新，这是我们关心道教前途的学者都必须认真思考的。道教的未来急迫地面临着寻找新的发展途径，建构新的神学理论，存在着全面改革自身的需要，充满着无量的希望、挑战和机遇。

从世界各大宗教的历史看，它们历经改朝换代、社会的巨大演变而生存下来并取得进一步发展，表明宗教有很强的适应社会变化、与社会相协调发展的能力。道教也同样是如此，至今已有近两千年的历史，经过许多朝代，随社会的演进变迁而曲折发展，或盛或衰，生存到现在，其适应性之强是不言而喻的。这种适应性与其对自身的改革调整是分不开的，近两千年来道教至少做了三次大的变革，一次是魏晋南北朝时代，二次是金元时代，三次是近现代以来（这一过程仍然在进行之中）。每一次改革都使道教文化再度焕发青春容颜，出现新的活力，更加生机勃勃，重新适应了社会发展变化的需求。道教能够适应已经到来的21世纪并获得拓展自身吗？答案当然是肯定的。但一个重要而不可缺少的条件是，必须跟踪时代在更大程度上进行自我调整和自我嬗变，对社会的急剧变动作出更加积极的回应，加快步伐重塑自我形象，树立与21世纪同步的自我意识，增加时代特色，只有如此，才能与21世纪的世界相适应，才能得到更为充分的发展。那种所谓"以不变应万变"的老调子不应该再弹下去了，唯有变

---

① 参见米哈伊罗·米萨诺维奇、爱德华·帕斯托尔著《人类处在转折点》，中国和平出版社1987年版，第9页。

才能通，而通泰才有道教文化的青春长在。随着社会结构的变换、文明的进步而相应作大的变革，是道教生命力旺盛的体现。道教演进到今天这一步，其传统模式正面临着 21 世纪的考验和挑战。怎样与 21 世纪对话？怎样关怀和参与 21 世纪的社会生活，在其中发挥独具特色的影响和作用？怎样从中国走向世界，在世界宗教市场上占有一席之地？要解决这些问题，没有观念的大转变，思维方式和行为方式的重新塑造，没有组织制度上的革新，传播方式以及科仪上的创新等，归结到一点，没有改革开放是不行的。对此，从事道教科研工作的学者应作追踪研究。

五　道教生态思想研究

20 世纪后半期，严峻的生态危机已给人类的生存与发展造成了巨大的威胁。作为中国传统文化重要组成部分的道教，在人与自然关系问题上所具有的深邃的生态智慧，尤为引人注目。可以说，道教的生态智慧乃是中国传统文化中的环境意识的最集中表现。因此，在多次国际学术会议上，许多学者呼吁人们注意研究这个课题。一些国际性的环保组织也纷纷邀请中国道教加盟其间。1995 年，世界宗教与环境保护联盟在日本和英国召开了"世界宗教与环境保护"会议，中国道教协会派代表出席了会议。1996 年，中国道协与该联盟合作对部分道教名山的环保情况进行了实地考察。1998 年 6 月，哈佛大学世界宗教研究中心召开了"道教与生态"国际会议。这些活动表明道教深邃的生态思想引起了国际社会的高度重视。近年来我国道教界和海内外学术界都撰写了一些论著，对道教的生态思想做了初步的探讨。但从总体上看，这个问题的研究还很薄弱。相对于丰富的道教生态思想来说，目前的研究还很不全面。对于道教经籍、仪式、养生和戒律中的生态思想都还有待于深入挖掘。

道教生态思想研究将揭示并评价道教传统所具有的特殊的生态思想、价值观和环保实践，描述并分析道教内部各教派在生态问题上的共性；在道教经籍、科仪、神话、象征物、宇宙论等方面选择相关的资料，阐明道教关于人类与环境互惠共生、协同进化、整体优化的理想模式。推广道教尊重自然、爱护自然的方式，记录已经付诸实施的环保行为，从而为当代的环保理论与实践提供可资借鉴的道教文化资源。道教生态思想研究内容十分丰富，包括道教的生态整体思想，道教的天人合一观，道教的生态伦理观，道教对自然价值的尊重，贵生戒杀与生命中心主义，自然无为与因应物性等。道教生态思想研究应突破两个难题：第一，全面挖掘和整理道教文化中所蕴涵的生态思想，对道教经籍、教理教义、养生方术、斋醮科仪中所蕴涵的生态思想进行全面的考察，力求系统而深刻地揭示出道教的生态思想。第二，古老传统与现实问题的有机结合。以现代科学知识和环保理论，对传统的道教生态思想，进行重新解读和创造性的诠释，使之能够在现实的环境保护中发挥积极的作用。

可以从纵向和横向两个方面来展开研究。纵向研究就是历史地考察道教生态思想的渊源以及发展和演变过程，在准确把握不同时期的道教生态思想的基础上，对道教生态思想的发展脉络进行清晰的阐述。横向研究就是综合考察道教文化各个方面，包括经籍、教理、教义、科仪、戒律等所蕴涵的生态思想，从而揭示出道教生态思想的整体特征。通过对道教生态思想进行分析，批判其神秘主义成分，吸取其合理因素，通过创造性的诠释，使之成为可供当代环保理论借鉴的重要文化资源之一。道教生态思想研究涉及宗教学与生态学两个学科的交叉，在研究中，综合运用宗教学、生态学、伦理学、社会学、文献学、传播学、人类学和符号学的研究方法，从不同角度和不同层面挖掘整理道教的生态思想。今后应在已有研究成果的基础上，进一步从广度和深度上挖掘整理道教的生态思想，并在道教生态思想的现代转换方面作出努力探索，以使此项研究具有较高的学术和社会价值。

六 道教经书语言研究

道教经书中的用语既反映了当时的一般语言现象，也反映出由道教本身引起的一些语言变化。研究各时代道书的语言特点，可以为考订道书的时代、作者提供语言方面的依据，克服道教研究中的语言文字障碍。未来应该系统地研究某一时代道书的语法、词汇、专用术语、语音、文字、文体，总结出它们的时代特色，弄清道书用语的性质，并以此为根据，用来讨论某些道书的成书年代。

七 国外道教研究评介及重要学术论著翻译

国外的道教研究已有百余年的历史。近二十年来，国际学术界出现了一股如火如荼的道教研究热潮，形成了日本、法国和美国三个道教研究中心。他山之石，可以攻玉。中国道教学者越来越渴望了解国外道教研究的新成果和动向，希望能在借鉴异域优秀研究成果的基础上推进自身的研究。可以说，为中国学术界翻译和介绍国外的道教研究著作已成了道教研究的当务之急。今后将陆续出版一些颇有学术价值的外文重要论著，对国外道教研究的历史、现状、内容、方法和结论等作出全面的概述和评论，并预测其发展方向，对一些有代表性的重要论著加以评介。

八　道教与民俗研究

道教在中国社会中的长期发展与传播，与中国民情风俗发生了密切的关系，在多元一体的中国各民族与族群中，民众的风俗习惯、节日庆典、思维方式都深受道教思想影响。道教作为中国土生土长的传统宗教，其思想极为复杂、广博而深邃，与其他中国宗教思想相比，明显保留了更多的文化传统和民族特色，其丰富的生存样态通过民俗交流与融会，塑造着中国道教与民俗文化的特征。对道教与民俗多元互动的历史和现实的研究，不仅具有系统化、概括化的理论意义，更具有中国社会如何处理宗教、民俗差异的对策和应用指导意义。道教与民俗是道教学研究中的一个重要分支。在 20 世纪 30—40 年代的日本道教研究中，出于当时某种政治目的的需要，就已关注中国民俗信仰中的道教影响问题。日本人通过对中国民俗的实地考察，相继出版了《中国民俗志》、《满洲街村信仰》、《中国农村信仰习惯调查》。在日本学者道教研究的十大门类中，第三大类民间信仰、民间风俗，第九大类道观、道士、科仪和圣诞节日，都涉及道教与民俗方面的问题。美国学者汤普生编著的《西文中国宗教分类目录》，将 1980 年以前西方学者的道教研究成果分为十个大类，其中第一大类的信仰习俗、神话，第八大类的道教神祇与崇拜，也涉及道教与民俗的问题。

在中国学界的宗教学、民俗学、民族学研究中，学者们对中国民俗节日，道教神仙的民间崇拜，道教民间传说的研究，都涉及道教与民俗信仰问题。其中不乏道教民俗的田野调查记录以及乡村信仰习俗的微观论述，说明道教与民俗研究是学界颇受重视的问题。但从已有的零星研究成果看，无论在材料的全面掌握或理论探讨的深度方面，都有继续深入开展研究的必要性。在 21 世纪的中国精神文明建设中，道教与民俗研究对发扬民族优秀文化传统，在社会转型中如何使传统文化与现代化正确接轨，在经济建设中发展中国特色的民俗文化旅游等都有着实际的应用价值和现实意义。应从宏观和微观结合，探析汉族、少数民族民间节日、地方风俗习惯、民间祭祀活动、风物传说、禁忌、婚嫁、丧葬等与道教的关系，弄清中国民众信仰习俗的历史源流及道教文化在中国人生活习俗中的影响，道教劝善书在民间的流传及其对某些民俗形成的影响，研究中国的庙会文化与道教的关系。通过扎实的田野调查和广泛的文献解读分析，从理论上说明民间习俗与正统宗教之间相互影响的关系，尝试建立道教民俗学的研究方法和理论范式。在借鉴国外宗教学、民俗学理论的基础上，以中国民俗的丰富材料来推进宗教民俗学理论的研究。通过勾画道教与民俗关系的鲜明特点，建构具有中国特色的宗教民俗学理论，从而使宗教学的基础理论更为丰富。

九 中国道教考古研究

目前，中国考古学在历史时期和史前考古等各个阶段都做了很多工作，取得了举世瞩目的成果，但尚未解决的问题仍有很多，基础研究尚需加强，其中应该特别强调的是，应进一步对多年积累的大量宗教考古发掘材料作深入的类型学、年代学和文化区系等方面的整理和研究，特别是有文字的道教考古材料，对解决相关考古遗存的性质、年代等重大问题至关重要。对这些材料的整理和研究，不仅解决其本身的问题，而且还将对同出土的陶器及其他考古材料的年代序列、性质等问题的解决起到非常重要的作用，从而推动整个宗教学、考古学学科的交叉发展，形成新兴边缘学科。通过古代人们的各种道教活动，在地面和地下保存的遗物遗迹，种类数量极多，包括镜、剑、印章、钱币、造像、简牍、写纸、石（砖）刻及烧炼设备用具等遗物，和宫观建筑、摩崖石刻、壁画、墓葬之类的遗迹，随着田野考古工作的发展，不断有新的材料发现，道教考古应当成为中国宗教考古中一个主要的部分。过去，一方面由于道教考古材料自身大多具有小型、分散的特点，没有像龙门、云岗、敦煌佛教石窟造像那样集中暴露在地面上宏伟的大型材料，不容易引起人们的注意。另一方面，也由于研究考古的人缺乏道教和道教史的专门知识，而古代道教历史的研究者对考古学又不熟悉，道教和考古两个学科之间存在着严重的隔膜状态，使得大量道教考古材料没有受到重视，甚至根本没有被识别出来。对于道教考古材料的研究，国内外虽然也做了一些的工作，近年来有较大的发展，但总的说来，从事专门研究的人仍然极少，研究内容很不集中，很不深入系统，很少论著能够把研究上升到史的层面。古代道教史著作中引用考古材料的也不多，道教考古远远没有形成像佛教考古那样的规模，没有发挥考古材料在道教史研究中的应有作用。研究古代道教活动历史所依据的直接材料，除了文献记载之外，古人从事道教活动留下的大量遗物遗迹，也是不可缺少的重要部分。考古发现与古代道教活动有关的遗物遗迹，需要我们同时运用考古学、宗教学、历史学、金石学、古文字学、古文献学等跨学科知识方法进行研究，在究明它们的性质和年代、地域分布发展演变状况的基础上，给予宗教的、历史的解释，然后再通过它们来了解道教发展史上的问题，复原古代道教发展的历史。道教考古的现状，不仅影响到东汉以来考古研究自身的发展，忽视考古材料，单纯依靠文献记载研究古代道教历史，也给古代道教史的研究造成很大的局限，许多问题无法得到解决。随着道教史研究和考古研究的深入发展，这种情况有待改变。

针对上述情况，要在对东汉至明的考古材料逐步进行全面清理的基础上，主要就以下问题进行研究：从考古材料考察道教的起源；从考古材料考察不同道派活动的时代、地域范围和内容特点；从考古材料考察不同道派之间的关系；从考古材料考察道教和佛教的关系；从道教考古材料看古代的宗教政策；从考古材料考察道教对少数民族的影响；道教考古与丧葬文化；道教科技考古；从考古材料看道教神系的发展变化；区域性道教考古材料研究；道教考古方法论的研究。通过研究主要实现以下五个方面的突破：(A)沟通考古学和道教史之间的联系，改变过去两个学科之间的隔膜状态。(B)在系统清理东汉以后考古材料的基础上，把过去没有识别的北方地区的道教考古材料鉴别出来，并给以宗教学的解释。(C)发挥道教考古材料的作用，利用考古材料解决道教史上一些没有解决的问题。(D)摸索和创造道教考古的科学方法。(E)为填补中国宗教考古的空白，建立中国宗教考古新的分支学科"道教考古学"打下基础。

十　道教与佛儒关系研究

佛教传入中国，道教形成后，中国文化由汉武帝以来的儒家一统天下，演变为道、佛、儒三元共轭的格局。这种特殊的多元文化结构，一直维系至近代。在近两千年的漫长岁月中，在封闭的中国古代社会里，道、佛、儒三家鼎足而立，互相交涉，经过多次斗争，又互相影响，互相学习吸收，互相促进发展，最终趋归融合。继承先秦道家兼容并蓄之学风的道教，更是大幅度地融摄吸收佛、儒二家之学，建构起自己庞大驳杂的思想体系。道教以中华本土传统信仰为基础,广泛地吸收、融合诸家文化之精华,表现出一种开放的、有容乃大的文化性格,成为中华文化的一个优良传统,这种传统精神的陶冶和积淀,铸成中华民族文化心理素质具开放性和善于吸纳的多元文化特点。在今天这个全球多种文化的交融、竞争日益加剧的信息时代,继承发扬中华传统文化的这种开放、和合的精神,对于处理好多元文化的互动关系,维持社会安定团结,建设既有时代特色、又有民族性格的社会主义新文化,具有重大的理论和现实意义。对于三家文化中最具开放、和合精神的道教与佛、儒二家的关系,由于知识结构和知识准备不足等种种原因,国外学者的研究还比较粗浅,日本学者虽有个别成果,但其思想的深度显然还是不够,国内学术界也只有一些零散的文章,未见专著问世,缺乏系统深入的研究,基本上还处于空白状态。通过研究,在理论上有填补国内空白、赶超国外现有研究水平的特别重要的意义,以及推动中国文化史、思想史、哲学史往纵深研究的意义,在实践上则对中国传统文化如何走向现代化、走向世界和走向未来,中国文化如何对待处理与外来文化的关系等都有一定的现实启迪意义。

站在中国文化史、思想史、哲学史等多维视野的角度,以继承发扬道教开放、和合的文化传统为出发点,以中华传统文化的历史演进为背景,揭示三教关系的特点,厘清道教与佛、儒二家在政治上的竞争关系,在思想学术上的互动互融及争辩交锋,分析道教在与佛儒二家交涉中所面临的挑战及其所暴露出来的文化优长和文化缺陷,比较道教学说在哲学、伦理、心性论、人生价值观、社会政治观等各方面与佛、儒二家之学的同和异,总结道教在文化建设上的正反两方面的历史经验教训,论述道教在多元文化竞争中所表现出的开放、和合精神的现代意义和价值。可以采用宗教学、文化学的研究方法,兼熔思想史、哲学史、文物考古、文献学等人文社会科学研究方法于一炉,结合适当的田野考察,对道教与佛儒的互动互融关系,尤其是作为本土文化的道教儒家与作为外来文化的佛教在理论上的交锋展开断代研究。在掌握大量第一手资料的基础上,对原典的真伪、年代进行必要的考证,借鉴国内外的最新研究成果,对道教与佛儒二家关系的方方面面进行深入系统的研究。

根据研究中的薄弱环节和难点问题,在理论上作出三点重大突破:第一,揭示学界长期说而不清的道教为什么是中华文化之根柢,其源远流长的神仙信仰及与之相关的人生态度、思维方式、终极关怀等,阐明面对佛、儒二家文化的挑战时，尤其是面对外来文化的佛教时，作为中华本土文化根柢的道教所表现出的坚韧性、应变性与兼容性。第二，说清学界议论虽多而深度不足的道、佛、儒三家思想的核心——心性论的各自特色、相互影响及其同与异，由此进一步揭示中华传统文化的丰富多彩内涵。第三，揭示道教文化植根于中国人心的普遍的终极关怀和信仰，道教不断融会佛、儒二家的精华充实发展自己，兼收并蓄从而形成精深博大的体系，虽然保住了在三元共轭文化格局中的地位，成为中国传统文化的三大支柱之一，产生了相当大的社会影响，但却不敌佛、儒二家，并先于佛、儒二家而衰落的根本原因。

十一　道教养生文化研究

目前国内外道教养生文化方面的研究成果已有不少，学界和教内人士在理论和修炼方法等领域亦有专书和论文。尽管如此，但在系统的历史文献整理、全面的养生理论及方法总结、道教养生学与现代科学的交叉研究领域的拓展等方面仍严重不足，亟待集体合作的大型课题的研究成果问世。道教自创教之日，养生即是其重要的理论与实践课题，道教的养生文化更是远绍黄老。道士们近两千年不懈追求的仙路历程，留下卷帙浩繁的养生经典，在教内教外均产生了巨大而深远的影响，为人们的健康长寿作出了不可磨灭的历史贡献。同时，道教的养生文化对我国传统文化的其他方面诸如文学、艺术、医药、卫生及人体科学、养生学、环境学、生态学等都曾有过积极的作用。因此，展开道教养生文化的研究，不仅可以让我们更深入全面地从理论和实践两个层面拓展道教的研究，剔除其糟粕，继承和发扬其有益于现世的优秀遗产，更能使我们继往开来，运用现代理论成果和科技手段创造性地诠释和实践道教养生文化，为解决当今世界的生态危机、人伦危机提供一条独具特色的可行之路。道教养生文化的实质是对生命的养护与延益，其终级的目标是得道成仙，故而融摄信仰与实践于一体，虽有其不可超越的内在矛盾，但千百年来道士们通过顽强的意志和坚定的信念一代一代地探索攀登，为我们留下许多卓有效验、屡试不爽、理法皆善的养生经典，为今人祛病强身、延年益寿、激发身心潜能提供了极有价值的参考资料。与此同时，道教的养生中还有重要的道德实践内容。积善立功，不仅是外在的，更是内心的，这样才能养好生。道教养生以天道乐生，随缘度人的慈悲心量，唤起人们热爱自己、热爱社会、热爱生命和热爱自然的博爱情怀，教导人们与自然万物和谐共处，以天道无私的奉献精神，普济群品。从这个方面看，道教养生文化对社会的价值更加彰显，这实是道教养生对社会的重要贡献。在拜金主义汹涌的今日，以康强身心为显务，以匡正人心为内里的道教养生法，可让更多的人在身心康强的同时，拥有一个更加高尚的道德品质。

首先，对道教养生文化做系统的历史文献整理、研究。《道藏》及《藏外道书》的出版，对道教养生文化历史文献的整理、研究已奠定了一个坚实的基础，但目前国内道教养生文献的系统全面整理还未有一个雏形。目前国内外均没有一套分量充足、史论皆善的道教养生学史，这是道教养生文化研究的一大空白。其次，在道教养生文化系统的历史文献整理的基础上，展开道教的养生理论及方法的通史性研究。这方面的研究，目前在学界亦未见系统的研究成果，有的只是对一部或几部经典的诠释，如陈撄宁先生《道教与养生》，王沐先生《悟真篇浅解》，李建章先生《性命圭旨白话解》，等等，仅限于简略的介绍或很窄的范围，未涉及系统的通史性的研究与阐论。应从上述两个方面展开攻关，以突破单个的零星研究的局限，为道教养生文化的进一步研究作出奠基性和开创性的贡献。对道教养生理论及方法的系统研究，既注重其在社会中匡正人心的巨大价值，也注意揭示道教的强身延年之道，以造福群生，惠及后世，为人类健康长寿的追求服务。要采用文献资料收集、整理与田野考察相结合的研究方法，在掌握大量第一手资料的基础上，对原典的真伪、年代进行必要的考证，运用国内外现有的研究成果和先进的科研手段，对道教养生文化的历史、理论、方法和现实价值进行全面深入的研究发掘。①

---

① 上述这些方面的研究构想，主要取材于四川大学道教与宗教文化研究所为教育部草拟的"九五"、"十五"和"十一五"宗教学研究规划。

第十一章 中国民间宗教研究

马西沙 李志鸿

中国民间宗教是不同于正统佛教、道教等宗教形态的另一种宗教形式。就宗教意义而言，民间宗教与正统宗教之间没有不可逾越的壕沟。世界上著名的宗教在初起时无一不在底层社会流传，属于民间教派。由于逐渐适应社会的普遍需求，并在不断的抗争中，以自己的实力走向正统地位甚至统治地位；而后起的一些民间教派又往往是正统宗教的流衍或异端，由于宗教或世俗的原因被排斥在外，遂自成体系，发展成独立教团，并被迫走向下层社会。显而易见，这两者在历史的长流中不停地演进、转化，不仅在教义、组织、仪式、教规、戒律、修持等方面有着千丝万缕的联系，而且存在着对抗、改革与创新。新中国成立60年以来，中国民间宗教研究已经取得了可喜的成果。《中国民间宗教史》等著作的出版，表明中国的民间宗教研究已经不再落后于西方学者。因此，对60年来中国民间宗教研究进行总结具有重要的学术意义。

第一节 新中国成立60年来中国民间宗教研究的主要成果

一 1949年至1978年中国民间宗教研究概况

在中国漫长的历史中，民间宗教始终存在，对中国的民间宗教进行研究不仅有重要的历史意义，又具有重大的现实意义。荷兰的汉学家格鲁特（De Groot，J. J.，1854—1927），是最早对中国民间宗教进行现代意义上学术研究的学者。其所著的《中国的教派宗教与宗教迫害》（*Sectarianism and religious persecution in China：a page in the history of religions*）完成于

1903 年，对龙华教和先天教的仪式活动进行了考察。其后，陈垣、郑振铎、吴晗等中国学者从历史学、文学的角度对民间宗教也进行了研究。陈垣先生先后著有《火祆教入中国考》、《摩尼教入中国考》、《南宋初河北新道教考》。郑振铎先生则在 1938 年出版的《中国俗文学史》一书中，首先系统探讨了宝卷。明史专家吴晗于 1940 年 12 月发表《明教与大明帝国》，对明教与大明帝国关系进行考证，否定了白莲教起义推翻了元蒙政权之说。继以上三位学者之后，李世瑜先生于 1947 年夏天在河北万全县对黄天道进行社会调查，此后调查还涉及一贯道、皈一道、一心天道龙华圣教会等教派。1948 年年底，李氏将研究成果结集出版，即《现代华北秘密宗教》一书。对宝卷的收集及目录的整理是李世瑜研究的另一领域。1961 年 10 月李世瑜《宝卷综录》一书由中华书局出版。该书不仅收集了李氏自身收集的宝卷，而且综合了《破邪详辨》、《涌幢小品》等历史著作所载经文目录及从郑振铎到胡士莹等人的藏书及藏目、书目。此外，还有一些学者的文章对一部分学者曾产生过长期影响，熊德基《中国农民战争与宗教及其相关问题》一文即属此列，该文发表于 1964 年《历史论丛》第一辑，运用马克思主义观点分析了在农民战争中宗教的两重性作用。

二　1978 年以后中国民间宗教研究概况

改革开放以后，中国学术界开始了真正对民间宗教的研究。喻松青是在民间宗教研究领域开风气之先的学者，她于 1981 年在《清史研究集》第一辑发表了《明清时期的民间宗教信仰和秘密结社》，随后又有《明代黄天道新探》、《清茶门教考析》、《天理教探研》等文章发表。1987 年喻松青《明清白莲教研究》一书由四川人民出版社出版，该书是十二篇文章的结集。1994 年喻松青在台湾出版了《民间秘密宗教经卷研究》。

马西沙于 1982 年 3 月完成了四万字的硕士论文《清前期八卦教初探》，此文发表于 1983 年出版的中国人民大学 1982 届硕士论文选。1982年后马西沙开始利用档案与宝卷研究罗教体系的斋教、青帮及民间道教体系的黄天道与弘阳教。1984 年马西沙与程歗在《南开史学》第一期发表了《从罗教到青帮》，系统地考证了罗祖教的几大支流分布及形态。对青帮从宗教到水手行帮会社再到帮会的几个历史发展阶段做了考证钩沉及科学的分析。1984 年马西沙在《世界宗教研究》第一期发表了《略论明清时代民间宗教的两种发展趋势》，从总体上把握民间宗教的家族统治及农民运动的两种不同形态及其之间宗教的相互关系，不赞成过分抬高民间宗教家族封建统治及宗法依附关系的历史地位。日本学者加治敏之对青帮一文及此文都有具体评论。1984 年马西沙与韩秉方在《世界宗教研究》第三期发表了《林兆恩三教合一思想与三一教》。1984 年后马西沙又陆续发表《最早一部宝卷的研究》、《黄天教源流考略》，用第一手资料进一步扩展研究成果。其后发表在《清史研究集》的《江南斋教研究》则是对罗祖教江南的发展与摩尼教融会合流的深层次探讨。

1983 年，韩秉方与马西沙合作的文章《中国封建社会的民间宗教》在第九期的《百科知识》上发表。1985 年韩秉方先生在《世界宗教研究》第四期发表了《弘阳教考》。此文是第一次用清档案研究弘阳教的文章。此后韩秉方则于 1986 年在《世界宗教研究》第四期发表了《罗教五部六册宝卷思想研究》。这篇文章是在第一手资料基础上作出的有深度的研究。2004 年，韩先生在《世界宗教研究》又发表了《观世音信仰与妙善的传说——兼及我国最早一部宝卷〈香山宝卷〉的诞生》，文章运用大量的文献史料和碑刻，阐明了观世音菩萨信仰中国化的过程。并且进一步论证了《香山宝卷》作为迄今所知最早的一部宝卷，是北宋杭州上天竺寺普明禅师在崇宁二年（1103）撰写完成。

1989 年马西沙在中国人民大学出版社出版了专著《清代八卦教》。该书以大量的清代档案以及作者调查得来的八卦教经卷为主要史料，揭示了八卦教的起源、演变、内部组织，由此形成的世袭传教家族的兴衰。进而还分析了教义、仪式、教规与农民运动的关系。对八卦教与华北诸多的民间宗教教派的复杂关联也给以深入的关注。徐梵澄先生在 1992 年第八期《读书》上以《专史·新研·集成》为题，评价此书，认为著者"在极难措手的专题理出了一个头绪，使人明确见到史实的真姿，这是深可赞扬的事"。1986 年马西沙与韩秉方开始国家七五时期重点研究项目"中国民间宗教研究"课题的写作。1991 年 4 月此书完稿。1992 年 12 月《中国民间宗教史》由上海人民出版社出版。全书共计二十三章、106 万字，涉及从汉代至清代民间道教、民间佛教、摩尼教、罗教、黄天教、弘阳教、闻香教、江南斋教之大乘、龙华教、金幢教、青莲、先天灯花、金丹道、八卦教、九宫道、龙天教、一炷香教、收元教、混元教、刘门教、黄崖教、三一教等数十种宗教，凡此皆一一缜密钩沉考证。这是中国民间宗教研究的开创性、里程碑式的作品。此书 2004 年由中国社会科学出版社再版。

1998 年马西沙独立完成《民间宗教志》，由上海人民出版社出版。该志书由于印刷数量极少，得见者几稀。2005 年该志书以《中国民间宗教简史》为名在上海人民出版社再版。再版时，收入马西沙的新近文章两篇，以及后记一篇。简史对《中国民间宗教史》的不足和缺憾进行校正，系统研究了中国民间宗教史上弥勒教与摩尼教的融合，进而指出元末农民起义为白莲教起义这一观点，是对历史的误判，明清民间宗教世界也不存在一个"白莲教系统"；同时，简史也对从变文到宝卷的源流关系进行统观，对罗教的五部六册宝卷教义做了阐释：即由净入禅，再由禅入净，形成禅、净结合，心性即安身立命之净土，心性即本体。

　　林悟殊从 20 世纪 80 年代初开始即专攻摩尼教。他先后在《世界宗教研究》等杂志发表了《摩尼二宗三际论及其起源初探》、《摩尼教入华年代质疑》、《唐代摩尼教与中亚摩尼教团》、《老子化胡经与摩尼教》、《从考古发现看摩尼教在高昌回纥的封建化》等十余篇文章，翻译了柳存仁发表在 70 年代末的《唐前火祆教和摩尼教在中国之遗痕》。① 林悟殊在摩尼教起源、摩尼教原始教义中融入了弥勒佛观念等问题上与柳存仁观点一致。柳存仁根据西文及道藏资料证明"在五世纪下半叶摩尼教经也已传入中国"。林悟殊则进一步指出"中国内地可能在四世纪初便已感受到摩尼教的信息"。1987 年林悟殊将过去成果集结整理成专著《摩尼教及其东渐》，在中华书局出版。

　　杨讷则在宋元白莲教研究上取得重要成果。在元末农民起义与宗教之关系上，杨讷是白莲教起义的主要支持者。他的代表作《元代白莲教》发表于 1983 年《元史论丛》第二辑。1987 年在《文史哲》第四期上发表《天完红巾军与白莲教的关系考证》，在《元史论丛》第一辑上发表《天完大汉红巾军述论》。杨讷在白莲教研究上的另一贡献，是对白莲教史料的编辑，他曾与陈高华共同编辑了《元代农民战争史料汇编》，又独编《元代白莲教资料汇编》，对广大学者进行白莲教研究提供了方便。2004 年 6 月，杨讷的《元代白莲教研究》一书在上海古籍出版社出版。从 80 年代初至今对民间宗教集中作个案研究的还有李尚英。李尚英主要从事天理教的研究，发表了《天理教新探》及其后的《论天理教起义》、《论天理教起义的性质和目的》等十余篇文章。

---

① 参见柳存仁《唐前火祆教和摩尼教在中国之遗痕》，《世界宗教研究》1981 年第 3 期。

20 世纪 80 年代中期天津学者濮文起专注于研究民间宗教，1991 年发表《中国民间秘密宗教》一书，介绍了十几种民间教派，对其组织、经卷、教义、仪式、修持进行了研究，带有秘密宗教简史性质。此后濮文起完成了《民间宗教词典》。2000 年 8 月濮文起发表了《秘密教门：中国民间秘密宗教溯源》一书（江苏人民出版社）。濮文起对现实民间宗教的调查研究最为引人注目。他发表在台湾《民间宗教》的《天地门教调查与研究》，将历史学和人类学研究的方法相结合，对历史资料进行考证，对现状活动进行考察。在近四万字的论文中，为学界呈现了一片人们未知的信仰世界。2005 年以来，濮文起对华北地区的天地门教、弘阳教、西大乘教等仍然活跃于当代社会的民间宗教进行了再调查，发表了一系列论文。①

改革开放以来，路遥与程歗把档案史料引入义和团运动的研究，研究民间宗教与义和团的关系。两人合著的《义和团运动史研究》于 1988 年出版。其后程歗开始注重民间宗教与乡土意识的关系，1990 年出版了《晚清乡土意识》一书。作者眼光敏锐，视角独特。在书中探讨了乡土意识在晚清思想文化中的地位，以及乡土社会的政治意识、日常意识、宗教意识等，此书与 1994 年侯杰、范丽珠的《中国民间宗教意识》都对中国民众宗教意识产生的社会文化土壤进行了多层面的探讨。1989 年起路遥及其弟子在山东开始了关于民间秘密教门的全方位的调查。此项调查涉及广泛，其中包括一炷香教、八卦教、圣贤道、九宫道、皈一教、一贯道、一心天道龙华圣教会及红枪会，调查长达十一年之久，所到之处遍及七十个县。2000 年路遥完成四十五万字的《山东秘密教门》，此即长期调查的结晶。这部著作以历史资料与现状资料相参证，丰富的资料加上缜密的考证，多发前人所未发。

福建的林国平与连立昌先生在福建民间宗教研究领域卓有成就。福建师范大学的林国平在 20 世纪 80 年代先后发表了《论三一教的形成和演变》、《论林兆恩的三教合一思想》、《三一教与道教的关系》等六篇关于

---

① 参见濮文起《当代中国社会的民间宗教问题及其对策研究——以河北省天地门教、弘阳教为例》，《当代宗教研究》2005 年第 2 期；濮文起：《民间宗教的活化石——活跃在当代中国某些乡村社会的天地门教》，《天津社会科学》2006 年第 3 期；濮文起：《民间宗教的又一块活化石——活跃在当今天津市西青区杨柳青镇的明代西大乘教》，《当代宗教研究》2006 年第 3 期；濮文起：《当代中国民间宗教活动的某些特点——以河北、天津民间宗教现实活动为例》，《理论与现代化》2009 年第 2 期。

三一教的文章。此后，于 1992 年出版了就某一民间宗教研究的专著《林兆恩与三一教》。连立昌则是对福建地区民间宗教及会党结社有统观研究的学者，他的《福建秘密社会》与林国平著作互为补充，前者涉及面广阔，后者则专精于某一宗教。近年来，林国平对福建的三一教、金幢教等民间宗教进行了更为深入的再调查，拓展了当代民间宗教的研究。[①]

近年仍有一些学者的新著作值得重视。如徐小跃著《罗教五部六册揭秘》，对罗教经典作了系统的研究。此外王熙远著《桂西民间秘密宗教》、李富华、冯佑哲合著的《中国民间宗教史》。至于论文部分亦有可观者。如 20 世纪 80 年代初沈平定《明末十八子主神器考》，李济贤《徐鸿儒起义新探》、《明末京畿地区白莲教初探》；近年孟思维与陆仲伟《晚清时代九宫道研究》、陆仲伟《归根道调查研究》、孔思孟《论八卦教历史神话——李廷玉故事》、林国平《福建三一教现状调查》、连立昌《九莲经考》、周绍良《略论明万历间九莲菩萨编造的两部经》、李世瑜《天津弘阳教调查研究》和《天津天理教调查研究》、于一《四川梁平"儒教"之考察》。周育民、秦宝琦以研究帮会见长，他们也有关于民间宗教研究的文章问世。如周育民《一贯道前期历史初探：兼谈一贯道与义和团的关系》、秦宝琦《清代青莲教源流考》等。

近年以来，随着民间宗教学科建设的完善，中国社会科学院世界宗教研究所、中国人民大学历史系、北京师范大学等均设有民间宗教研究方向的博士招生点。一批博士生的博士论文也随之出版，成为民间宗教研究的新生力量。宋军是中国人民大学历史系的博士生，从 1995 年以来，宋军相继发表了《弘阳教经卷考》、《论弘阳教教祖"飘高"》等四篇文章。同时还赴日本研修，收集有关弘阳教的资料。宋军于 2002 年 2 月由社会科学文献出版社出版的《清代弘阳教研究》是又一部就专一民间教派研究的专著。该书在总结前人研究的基础上，收集了丰厚资料，对清代弘阳教的历史进行了缜密钩沉，是作者长期以来对弘阳教进行研究的系统成果。

2002 年，刘平的《文化与叛乱》在商务印书馆出版发行。这是国内民间宗教专业博士生在民间宗教研究的又一部相关著作。刘平的这部著作与以往的研究不同，该书以清代秘密社会为对象，从文化的角度来研究农民

---

① 参见林国平《民间宗教的复兴与当代中国社会——以福建为研究中心》，2009 年未刊调查报告。

叛乱。从构成民间宗教的文化土壤，即民间信仰、民间文化，以及清代民间宗教的文化内涵、清代秘密会党的文化内涵入手，分析导致此种文化与社会叛乱的关系。该书以巫术及其后的道教异端为重点，分析了民间文化与民间信仰对清代秘密社会及其叛乱所产生的影响。具体探讨清代民间宗教、秘密会党的文化内涵，借以说明民间宗教长期生存于传统社会并经常性发动叛乱的原因，并认为会党中"义"的观念有重要的作用，巫术、宗教因素也是会党的纽带，歃血为盟等社会习俗对会党的叛乱有深刻的影响。

梁景之是马西沙与日本学者浅井纪共同指导的博士生，1997年至2002年梁苦读五年，终于完成《清代民间宗教研究——关于信仰、群体、修持及其乡土社会的关系》的论文。论文不同于以往对清代民间宗教研究的历史学、宗教学方法论，不是具体研究某一派或几派的宗教史，而是把历史学与人类学的方法论结合起来，从众多具体、细小的史料所具有共性与差异性及其系统性入手，对信仰群体，对信仰者修持的方法，神秘体验，都仔细地进行了个案分析。同时也关注民间宗教的乡土性与民俗性，借鉴了主位和辩证的方法，关注史实的生态性，关注民间宗教的教义、经典与宗教实践，经卷教义与口传教义，宗教生活与世俗生活，共通性与多样性，超越性与区域性，要素与结构等方面的统一。

2003年，北京师范大学民俗学博士生尹虎彬完成其论文《河北民间后土信仰与口头叙事传统》，这篇论文运用了民俗学的方法论，对河北某一地区的乡土社会进行了两年时间的一以贯之的专题调查。他对那一地区后土信仰分布状况、核心庙宇的信仰变迁、后土信仰与道教、民间宗教的关系进行了研究。同时将宝卷作为心理的、行为的、仪式的传承文本，考察宝卷与口头叙事传统互为文本的历史意义，这样《后土宝卷》的内涵及现实信仰的重要性也就凸显出来了。这些是该论文的独到之处。这篇论文是小中见大的典型，即看起来小，但是把握住这一课题的诸方面问题，反映了一种信仰及其文本历史的、文化上的内在联系。

2005年，马西沙的韩国留学生李浩栽完成其博士论文《弘阳教研究》。该论文是将新近出现的六种弘阳教经卷的解读与对韩祖庙宗教现状的田野调查相结合的成果。此后，李浩栽相继发表《韩祖庙会中的宗教文化表现》、《明末清初民间宗教的民族观析论——以〈冬明历〉为例》等文章。中国社会科学院世界宗教研究所的陈进国博士是马西沙指导的博士后，其著作《信仰、仪式与乡土社会：风水的历史人类学探索》业已出版。目前陈进国博士正从事东南亚华人华侨与民间宗教的调查研究，2007年完成《困境与再生：泰国空道教（真空教、空中教）的历史及现状》一文，结合历史文献和田野考察，首次介绍了创立于江西赣州的空道教（空中大道）在泰国的传播史及当前的存在状态。

与大陆学界对民间宗教研究曾经出现过停滞不同，自从 20 世纪 50 年代以来，台湾学界对民间宗教的研究基本没有停步。戴玄之从 60 年代继承萧一山先生秘密社会研究以来，对白莲教系统之青莲、红莲、白阳、青阳、红阳等教派，八卦教系统之各支教派，以及红枪会及不同名称支派的研究作出重大贡献。戴先生去世后，经王尔敏整理，其著作《中国秘密宗教与秘密会社》（上、下）于 1990 年 12 月出版。此外，戴氏著作还有：《义和团研究》、《红枪会》。1995 年王见川、蒋竹山与戴玄之先生弟子王尔敏、王贤德诸君鼎力编纂《纪念戴玄之教授论文集》。中、日两国学者供稿，日本学者酒井忠夫作序，台湾学者王尔敏作传。内地学者马西沙、韩秉方，中国台湾学者王见川、蒋竹山，日本学者浅井纪、野口铁郎、武内房司分别提供重要论文。中国内地、中国台湾、日本两国三方学者共同用论文纪念集的方式悼念戴玄之先生。

庄吉发主要研究方向在会党、义和团，但也发表过数篇有关民间宗教的有价值的论文，如《清代民间宗教的宝卷及无生老母信仰》（载《大陆杂志》第七十四卷第四、五期）、《清代乾隆年间收元教及其支流》（载《大陆杂志》第六十三卷第四期）、《清代青莲教的发展》（载《大陆杂志》1985 年第五期）、《清代嘉庆年间的白莲教及其支派》（《历史学报》第八期）、《清代三阳教的起源及其思想信仰》（《大陆杂志》第六十三卷第五期）、《清代道光年间的秘密宗教》（《大陆杂志》第六十五卷第二期）。2002 年，庄氏发表专著《真空家乡——清代民间秘密宗教史研究》。以上这些文章及专著的共通特点是，以第一手的清档案史料为基础进行写作。庄氏是台湾地区较早、最多应用档案史料的学者。

郑志明是一位涉猎甚广的研究者。其代表著作有：《无生老母信仰溯源》（文史哲出版社 1985 年版）、《中国善书与宗教》（1988 年 8 月学生书局出版）、《明代三一教主研究》（学生书局 1988 年版）、《台湾的鸾书》（正一善书出版社 1989 年版）、《台湾新兴宗教现象——传统信仰篇》（南华管理学院 1999 年版）等 20 余部专著。

林万传的代表作是《先天教研究》（1985）。这部著作是先天教教内经典，加上作者多年考据整理的关于先天教、一贯道、同善社的历史及经典、教义、仪规的一部先天教等的百科全书式的著作。林万传又与王见川一起编纂了《明清民间宗教经卷文献》，收集 150 余种民间宗教经典，共12 册，其中不乏珍贵宝卷。王见川、林万传对学者研究的资料贡献是巨大的。

宋光宇的研究以对台湾一贯道现状的调查研究著称。其代表作是《天道钩沉》（1983 年自印发行）、《龙华宝经》（1985 年版）及若干论文，如《从一贯道谈当前台湾的一些宗教文化》（《九州学刊》第 2 卷第 1 期）、《中国秘密宗教研究情形的介绍（一）》（《汉学研究通讯》第七卷第一期），专著《天道传灯——一贯道与现代社会》（台北三阳印刷公司）。

王见川是台湾研究民间宗教的新锐，于 20 世纪 80 年代末开始研究摩尼教。1992 年，王见川著《从摩尼教到明教》由台湾新文丰出版公司出版。王见川在诸如方腊起义与明教、祆教与摩尼教、摩尼教与明教的异同诸问题上皆有考证和发明，可以和柳存仁、林悟殊有关论文著作并读。王见川研究范围广阔，他利用新发现的史料，对初期黄天道传教弟子及教团分布诸问题都有研究。此后王见川对台湾斋教进行细致及大量的调查，完成他第二部专著《台湾的斋教与鸾堂》（共 30 余万字，台湾南天书局1996 年出版）。王见川还总结一贯道从历史到今日的整体研究史，完成《台湾一贯道研究的回顾与展望——增补〈从新史料看一贯道的历史〉》（见张珣、江灿腾合编《台湾本土宗教研究》）。最近，王见川发表《普庵信仰的起源与流传：兼谈其与摩尼教、先天道之关系》，在对普庵信仰进行细致研究的基础上，指出先天道的关键人物极可能是普庵的信仰者，而不只是金丹道人士或大乘教教徒。[①]

近年台湾年轻学人研究民间宗教的尚有李世伟。作品有《香港孔教学院考察侧记》、《澳门同善社之今昔》、《"中国儒教会"与"大易教"》、《苗栗客家地区的鸾堂调查》（见《台湾宗教研究通讯》及《民间宗教》）。香港学界研究民间宗教者有游子安，《清代善书研究》、《善与人同》是游子安对宝卷、善书进行研究的专著。游子安的研究既有历史学缜密扎实的考证，也涉及广阔、深入的调查研究，两者结合终于构筑扎实的作品。

---

① 文见王见川撰《从僧侣到神明——定光古佛、法主公、普庵之研究》，圆光佛学研究所2007 年版。

1996 年香港中文大学崇基学院与香港青松观道教学院联合召开了道教与民间宗教研讨会。与会者有香港本地学者黎志添、廖迪生，内地学者马西沙、韩秉方、侯杰、范丽珠，台湾地区学者李丰茂、谢剑，加拿大学者欧大年（Overmyer，Daniel），法国学者劳格文（Lagerwey，John）。会后由黎志添主编成《道教与民间宗教研究论集》（学峰文化事业公司出版，1999 年 1 月，共集论文 9 篇）。

对东南亚华人社会民间宗教研究，也颇值得关注。前辈学者罗香林先生曾著《流行于赣闽粤及马来西亚之真空教》（1962 年中国学社出版）。此书对创成于中国江西寻邬县的真空教的创成、创教人廖帝聘生平、创教经书四部经、气功功法以及在东南亚流行的现状、人员构成、教堂、传统与现代社会之关系均有深入研究。陈志明《马新德教会之发展及其分布研究》是对泰国、马来西亚、新加坡华人社会中传播的德教的研究。全书对德教基本特征、在中国的发展、德教四大系统（紫系、济系、赞化系、振系）的发展及教会的分布做了细致的研究。

学界民间宗教研究杂志的出版与发行，以及关于民间宗教文献的编辑也值得关注。王见川与范纯武、柯若朴主编的《民间宗教》杂志已达数辑，特于民间宗教现状（大陆、台湾、东南亚）文章发表大有助力，其中有些篇幅内容新颖、丰富，视角开阔，令人耳目一新。王见川其他工作亦很有意义，如合编纪念戴玄之论文集，合编宝卷经文的出版，都说明他的贡献。濮文起与宋军等人经过长期艰巨的努力出版了 40 册的《宝卷》，收集了一部分相当珍贵的文献。这是民间宗教史研究以来第一次公开出版如此众多的宝卷经书，它给国内外研究者以重要的帮助。其后台湾王见川等人合编的《明清民间宗教经卷文献》初编和续编都已经出版，都为 12 册。2005 年由周燮藩主编，濮文起任分卷主编的《中国宗教历史文献集成：民间宝卷》（共 20 册）由黄山书社出版发行。以上资料可以与 40 册的《宝卷》相互参照，以作研究之用。

第二节 中国民间宗教研究的重要问题

一 "民间宗教"概念的界定

对中国的民间宗教进行研究，首先遇到的问题就是对"民间宗教"这一概念的界定。中国的传统宗教具有复杂性与多样性。目前的学术界基于西方宗教学理论的考量尚未在"民间宗教"的概念上有统一的界说。

　　由于中国传统宗教的复杂性与多样性，对中国传统宗教的区分与界定非常困难，这一点在对中国的"民间信仰"（Folk belief）或曰"民间宗教"概念的确定上体现得尤其明显。中国的正统宗教、民间宗教、民间信仰相互联系，而又互有区别。荷兰的汉学家格鲁特（De Groot，J. J.）在《中国的教派宗教与宗教迫害》（*Sectarianism and religious persecution in China*）一书中，将民间宗教称为"教派"（Sectarianism）。杨庆堃将中国宗教区分为"制度化宗教"（Institutional religion）与"普化宗教"（Diffused religion）两种。杨庆堃的制度化宗教也涵括了格鲁特所指的民间教派（Sectarianism）。① 在社会、文化人类学者看来，"民间信仰"与"民间宗教"同义，也可以称"民俗宗教"或"普化宗教"。而在历史学家和汉学家的眼中，"民间宗教"这一概念则包括民间信仰和民间教派两个不同的类型。加拿大学者欧大年认为民间宗教有"教派的民间宗教"和"非教派的民间宗教"之区分。② 在《民间宗教志》中，马西沙也明确指出，"所谓民间宗教，是指流行于社会中下层、未经当局认可的多种宗教的统称"，民间宗教这一概念比秘密宗教、秘密社会或民间秘密结社"更具有包容性和普遍性"。③"民间宗教与正统宗教虽然存在质的不同，但差异更多地表现在政治领域，而不是宗教本身。……就宗教意义而言，民间宗教与正统宗教之间没有隔着不可逾越的壕沟"。④ 在马西沙那里，道、释等正统宗教及儒学在民间的散布形态（如民间道教和佛教）理所当然地属于民间教派或民间宗教。他甚至还有如下观点："在未来的社会，所谓民间宗教，所谓正统宗教的概念都会消失，将代之以传统宗教、新兴宗教的概念。"⑤ 事实上，在中国历史上，民间信仰、民间宗教与正统宗教之间，历来都处于一种良性的互动关系之中。只有将民间宗教、正统宗教与民间信仰置于相互关联的网络中进行考察，才能更准确地把握中国传统宗教的实态。金泽先生从发生学的角度，将宗教划分为"原生性宗教"和"创生性宗教"。

---

① 参见 Y. C. K，*Religion in Chinese Society*：*A Study of Contemporary Social Functions of Religion of some of Their Historical Factors.* Berkeley，1961，pp. 294 – 295。

② 欧大年：《中国民间宗教教派研究》，刘心勇、严耀中等译，上海古籍出版社 1993 年版，第 2 页。

③ 马西沙：《民间宗教志》，上海人民出版社 1998 年版，第 1 页。

④ 马西沙、韩秉方：《中国民间宗教史》，上海人民出版社 1992 年版，第 2 页。

⑤ 马西沙：《中国民间宗教简史》，上海人民出版社 2005 年版，第 436 页。

他认为中国的宗法性传统宗教和民间信仰属于原生性宗教，而五大宗教及民间教派、新兴宗教等属于创生性宗教。更为关键的是，金先生很好地把握了民间宗教、民间信仰与正统宗教的关联，在更为广阔的维度向我们展示了中国传统宗教的多样性。可以说，民间宗教是扎根于民间的另一种宗教形态，它与民间信仰相比较，有着比较"坚硬"的组织外壳。现今世界上的几大宗教，最初都是由民间教团发展起来的。民间宗教的社会地位可能会因天时地利人和的因素而有上升的变迁，但有些曾经是占统治地位的宗教也可能因为种种因缘际会而下降或分解为民间信仰。并非所有的民间宗教都能够进入主流宗教的行列，像明清之际的罗教、斋教、黄大教、弘阳教、八卦教等，虽然在民间曾有过相当的发展，但始终没有成为正统宗教。①

由于民间宗教在中国历史上大都秘密流传，因此国内还有些学者将中国民间宗教称为"秘密宗教"、"民间秘密宗教"、"民间秘密宗教结社"②。然而，并非所有的民间宗教在任何时代都遭到取缔，某些教派的传教曾有相当的公开性，如元代初、中叶的白莲教，明代中叶的无为教、三一教，等等。因此"不能以秘密宗教加以概括，民间宗教这一概念，更具有包容性和普遍性"。③欧大年也指出，在研究中国民间宗教时，不能将民间宗教与一些自愿结社如秘密会社以及不时爆发的农民起义混为一谈。应该对中国民间各种结社进行更为准确的分类，不仅要注意其政治功能，而且应该重视其内部的历史和宗旨，进而根据源流、教义和实践把各种不同的宗教运动形式区分开来。④

在当今中国宗教史的研究中，学界又往往用"教门"一词指称明清之际的民间宗教教派。马西沙认为，所谓教门是指下层民众以信仰为纽带的结社组织。溯其渊流，东汉末年的太平道、五斗米道；南北朝佛教异端派生出的大乘教、弥勒教；南北朝时期从西域传入中原的摩尼教；隋唐时代摩尼教与弥勒教的融合；北宋的祆教；南宋初在江南问世的白莲教白云

---

①　相关论述可参见金泽先生2001年由宗教文化出版社出版的《宗教人类学导论》一书。另可参见相关论文《民间信仰的聚散现象初探》，《西北民族研究》2002年第2期。

②　濮文起：《秘密教门：中国民间秘密宗教溯源》，江苏人民出版社2000年版。

③　马西沙：《中国民间宗教简史》之"绪言"，上海人民出版社2005年版。

④　参见欧大年《中国民间宗教教派研究》，刘心勇、严耀中等译，上海古籍出版社1993年版。

宗；金元时代在北方出现的被耶律楚材称为"老氏之邪"的全真道、混元道、太一道、真大道等"新道教"①；元代白莲教及弥勒教与摩尼教的混合教派即"香会"等，其初始都是民众以信仰为纽带的结社组织，即教门无疑。进而，马西沙认为就宗教本质而言，明清民间教门与正统宗教之间并无本质不同。② 路遥先生亦以"教门"指称明清民间宗教教派。但是在路遥先生那里，"教门"是一中性的语汇，并不带有思维判断。③ 当然，国内还有一些学者将"教门"作贬义解，指出："把秘密教门归入宗教信仰，从而否定它是民间秘密结社，也是值得商榷的"④，这无疑是认为明清民间"教门"并非宗教。

　　事实上，"教门"一词的使用并非始于明清之际的民间宗教，更不是明清民间宗教的专称。"教门"一词乃是中国历史上多种宗教的称谓，尤以传统的释、儒、道三教为多。明清的民间宗教（民间教门、秘密教门）当为宗教无疑。⑤ 显然，当今学界是从政治学层面对民间宗教进行定义的。这种定义方式虽然能比较确切地反映明清民间宗教与农民运动的紧密联系，但却隐含有先入为主的价值判断。在这种定义下的民间宗教本质上是一种对抗正统政权的政治势力，而宗教只是一种形式而已。⑥ 综观历史上出现的宗教异端，都与政权以及代表官方意志的正统宗教的打压有着密切关系。所谓"异端"是历代统治阶级、宗教界对一些新兴教派的指称，其本质是基于政治上的一种判定。然而，正统宗教与民间宗教的差别更多地表现在政治范畴而不是宗教层面。活泼泼的民间宗教主要不是活在国家政治里，而是活在民众的民俗文化中。⑦ 随着时代的发展，今后所谓正统宗教、民间宗教、民间秘密宗教、教门、民间教派等概念都将代之以传统宗教和新兴宗教。

---

　　① 马西沙认为，全真道兴起于民间，乃是典型的民间宗教，其一反北宋道教的作为，明显带着宗教改革的性质。关于全真道的民间性请参见马西沙《论全真道的民间性》，以及李刚《全真道何以能成立》，载于《全真道传承与开创国际学术研讨会 2003 年论文集》，第 91—96 页及第 56—66 页。

　　② 参见马西沙、韩秉方《中国民间宗教史》，中国社会科学出版社 2004 年版；马西沙：《中国民间宗教简史》，上海人民出版社 2005 年版。

　　③ 参见路遥《山东民间秘密教门》，当代中国出版社 2000 年版。

　　④ 秦宝琦：《中国地下社会》，学苑出版社 1993 年版，第 6 页。

　　⑤ 参见李志鸿《"教门"考》，2007 年未刊论文。

　　⑥ 参见王庆德《中国民间宗教史研究百年回顾》，《文史哲》2001 年第 1 期。

　　⑦ 参见董晓萍《田野民俗志》，北京师范大学出版社 2003 年版，第 578 页。

二　民间宗教研究的方法：文献与田野

长期以来，历史学研究法是中国民间宗教研究的主流倾向。在这种倾向之下，文献学方法的使用，对占有的史料进行考证、梳理是研究的旨趣所在。事实上，自从中国民间宗教研究进入学者的研究视野以来，田野调查历来是对民间宗教进行研究的重要途径之一。荷兰汉学家格鲁特，就是在对龙华教和先天教的仪式活动进行调查的基础上，完成其著作《中国的教派宗教与宗教迫害》（*Sectarianism and religious persecution in China：a page in the history of religions*）的。20 世纪 30 年代，中国的一些人类学家也开始介入对活跃于中国乡土社会的民间宗教的调查。1947 年，李世瑜在华北 62 个村庄进行了实地考察。1948 年年底，《现代华北秘密宗教》一书出版。李世瑜先生是第一个将西方的人类学方法引入中国民间宗教研究的学者。此后，人类学传统中断了。

改革开放后，中国内地对民间宗教的实地调查恢复。这其中有马西沙对八卦教等华北教门以及成都刘门教、福建三一教等的长期调查。还有福建师范大学的林国平先生对福建三一教的调查研究。更有山东大学路遥先生对山东大地民间秘密教门长达 11 年之久的深入调研。2000 年路遥的《山东秘密教门》出版，全书 45 万字。① 作者使用调查搜集来的教门故事、神话、口诀、拳术、气功功法等口头资料，复原了乡土社会的信仰世界。这种方法显然有别于原有的历史文献学的进路。当今学界，民间宗教研究再次进入了民俗学者的视野。民间宗教研究中的这一民俗学倾向，充分体现了民间宗教研究中多学科交叉的进路。② 当代民俗学者董晓萍先生在研究华北民间宗教时指出，探讨民间宗教应该充分关注民众自身的观点。③

三　宝卷与中国民间宗教研究

中国民间宗教研究所涉及的史料众多，但凡历代官书、笔记、杂录、档案、宝卷皆在其列。其中，以清代档案和教派宝卷尤为重要。相对于档

---

① 参见程歗、曹新宇《20 世纪规模最大的中国民间教门田野调查——评路遥〈山东民间秘密教门〉》，《清史研究》2002 年第 4 期。

② 关于民间宗教研究的民俗学倾向可参见陈进国《中国民间宗教研究的学术转向》，《中国社会科学院院报》2004 年 11 月 9 日。

③ 参见董晓萍《田野民俗志》，北京师范大学出版社 2003 年版，第 578 页。

案而言，宝卷是研究民间宗教的另一重要文献群。据统计，国内外公私收藏的宝卷约计有1500余种，5000余种版本。作为尚未被充分发掘、整理、研究的民间文献，宝卷与宋元以来的中国民间宗教有着重要的关联。20世纪20、30年代，顾颉刚、郑振铎、向达等学者开始搜集、研究宝卷。此时的研究主要是将宝卷作为民间俗文学来看待的。早期对宝卷的研究主要是进行文献学上的编目。1927年，郑振铎在《中国文学研究》上发表《佛曲叙录》。40年代，恽楚材先后发表《宝卷续录》、《宝卷续志》。此后，傅惜华的《宝卷总目》，胡士莹的《弹词宝卷目》，李世瑜的《宝卷综录》也相继问世。李世瑜的《宝卷综录》著录国内公私19家收藏宝卷618种，共计1487种版本，还收藏有见诸文献著录不见传本的宝卷35种。日本学者泽田瑞穗著《增补宝卷的研究》，共收入作者以及日本公私收藏宝卷209种，是海外汉学界收集最丰者。综观学者对宝卷的整理，可以分为"叙录"和"编目"两类。在宝卷目录研究上，车锡伦堪称集大成者，其著《中国宝卷总目》共收入海内外公私104家收藏的宝卷1585种，5000余种版本，是目前收入最全的宝卷目录。如前所述，中国的宝卷数量巨大，可以说是独立于佛经、道藏外的另一中国传统宗教的经典。这些为数不少的宝卷，包括了相当种类的劝善书，但作为民间宗教教义的宝卷亦有二三百种。

（一）宝卷的体裁与渊源

1925年顾颉刚在北京大学《歌谣周刊》上刊登《孟姜女宝卷》，并对之进行了考证研究。1934年在《歌谣周刊》上发表《苏州近代乐歌》，指出宝卷是宣扬佛法的歌曲。郑振铎则以"佛曲"来称宝卷，指出宝卷是变文的嫡派子孙。泽田瑞穗则指出，南宋和尚编写的《销释金刚科仪》是更早的宝卷类型的经文，据此，泽田以为：宝卷直接继承忏法，模拟了唐宋以来传承的科仪。李世瑜在《宝卷新研》一文中以为：唐五代俗讲"讲唱经文"以及演佛经故事的"变文"到了宋代成为"说经"，杂糅宋、金、元、明各代的鼓子词、诸宫调、散曲以及其他戏曲等形式，明正德年间出现了宝卷。车锡伦认为，宝卷这种演唱形式形成于南宋时期。宝卷的形成继承了佛教俗讲的传统，又受到佛教忏法演唱仪式化的影响。马西沙则指出，宝卷之始，主要是由唐、五代变文以及讲经文孕育产生的一种传播宗教思想的艺术形式。它多由韵文、散文相间组成，有些卷子可讲可唱，引人视听。最初的宝卷是佛教向世人说法的通俗经文或带有浓厚宗教色彩的世俗故事的蓝本。僧侣借这类宝卷，宣扬因果轮回，以弘扬佛法。

（二）宝卷与明清民间宗教的宗教实践

现有大量的宝卷中，至少有二三百种是明清民间宗教的相关经典、科仪。马西沙认为，至少到了明初，宝卷已开始为民间宗教利用，作为教义的载体形式。宝卷包容的思想极为庞杂，兼杂儒、释、道等传统文化，又有历代积淀的各类民间宗教的思想资料，乃至民间神话、风俗、礼仪、道德规范等内容。就道教而言，影响也是多方面的。道教的哲学、炼养、斋醮、神话传说都深深渗透到多种宝卷之中，其中道教的内丹术及斋醮仪范对宝卷的影响最大。还有一部分民间宗教，有一种自成体系的天道观，这种天道观又与内丹炼养之术汇于一体，则演化成一种极有吸引力的社会政治观点、一种反传统的思潮，这就是"三教应劫"思想。这种教义成为黄天教、闻香教、八卦教、一贯道等多类教门的基本教理，对下层受苦受难者无疑颇具吸引力，成为部分民间宗教反传统思想的核心内容，也是与道教天人合一思想最具分歧之处。

（三）宝卷的调查与研究

20 世纪 50 年代开始，已经有学者开始对宝卷演唱活动进行调查。这一时期，学者在对江苏南部戏曲调查中获得了一些宝卷曲目。[1] 1957 年张颔《山西民间流传的宝卷抄本》载于《火花》第 3 期。80 年代之后，宝卷的田野调查卓有成绩。1991 年，《酒泉宝卷》由甘肃人民出版社出版。江浙的宝卷调查也有成果问世。1992 年，段平《河西宝卷的调查研究》、方步和《河西宝卷真本校注研究》先后在兰州大学出版社出版。随着宝卷调查研究的深入，学者也对宝卷研究进行了反思，[2] 对"宝卷学"[3] 也进行了阐述。

各教派传统经卷的整理与重新流传。在民间宗教历史上，罗祖教的五部六册宝卷对后世有着重大的影响。现今流行于福建闽西地区的罗祖教徒，仍然大量刊印罗祖五部经典，并以一套 300—400 元人民币的价格出售给当地从事念经活动的罗祖教信徒。[4] 黄天教内传有"九经八书"之说。

---

①　江苏省音乐工作组编：《江苏南部民间戏曲说唱音乐集》，音乐出版社 1955 年版。

②　参见车锡伦《中国宝卷研究的世纪回顾》，《东南大学学报》（哲学社会科学版）2001 年第 3 期。

③　濮文起：《宝卷学发凡》，《天津社会科学》1999 年第 2 期。

④　参见李志鸿《闽西罗祖教〈大乘正教宗谱〉初探》，2009 年 10 月未刊论文。

在现今河北易县一带，皇天教的《太阴生光普照了义宝卷》、《太阳开天立极亿化诸神宝卷》仍然是民间音乐社的艺人们讲唱的文本，与《后土宝卷》一同流传。弘阳教经典和忏文之多，居明清诸民间教门之首。这些弘阳教的传统经典在当代华北的弘阳教道场中时常出现，成为该教派传播教义教理、为民众提供仪式服务的重要文本支持。流传于福建西部地区的归根道（或称儒门），改革开放以来也得到了复兴。近年来，该教教徒创新整理、刊印了不少经卷。① 流传于当今河北、天津地区的天地门教，也整理出不少的本教经典。如《董祖立道根源》、《根源记》、《老祖经》等。②在当代河北农村重新流行的大乘天真圆顿教，其传人于 1992 年，将民国时期一位名叫张树松的大乘天真圆顿教信徒假托大乘天真圆顿教创始人弓长名号编写的《弓长出世招贤真经》重新印制，广为散发。③

　　特别值得一提的是，弘阳教、金幢教、天地门教、大乘天真圆顿教中的当家师傅还编写了一批新经卷。如天地门教传人编写了《菩提道》、《做人之道》、《杂谈说道》、《歌词讲日集》等。新流行于当代河北农村的大乘天真圆顿教传人编写了一套《探索人生系列丛书》，成为该教宣讲教义、教理的重要媒介。涿鹿县矾山镇柳树庄村的大乘天真圆顿教传人编写了《弥勒佛天文诗》等经典，广为流传。以上经卷通俗易懂，为民众所喜闻乐见。④ 除了重新刊印传统的教门经卷外，在当代依然活跃于民间的弘阳教徒还经常念诵《千佛歌》以及《人性图》。《千佛歌》是在韩祖庙庙会上信徒念诵得最多的经典，是弘阳教的教理总集，综合了五部经的基本内容，其念诵有一定的仪式。《人性图》则为弘阳教传法者代代相续的秘典，载有教内内丹修炼所需的方寸位置，不轻易示人。⑤ 现在莆田民间的金幢教除了流传《九莲经》等历史上已见记载的文献外，亦传行一些新的经典，如《宝忏一藏白话问》、《大忏解》等，⑥ 这些经卷不仅叙述了金幢教

---

　　① 参见陈进国《外儒内佛——新发现的归根道（儒门）经卷及救劫劝善书概述》，《圆光佛学学报》2006 年第 10 期。

　　② 参见濮文起《当代中国民间宗教活动的某些特点——以河北、天津民间宗教现实活动为例》，《理论与现代化》2009 年第 2 期。

　　③ 同上。

　　④ 同上。

　　⑤ 参见李浩栽《弘阳教研究》，中国社会科学院研究生院宗教系博士学位论文未刊稿，2005年 5 月。

　　⑥ 参见陈松青《福建金幢教研究》，福建师范大学硕士学位论文，2006 年未刊稿。

的本门发展史，而且是该教门为广大民众提供仪式服务的重要典籍。正因为仪式生活的鲜活性，大量教门的新科仪本也正在不断的创造中。此堪为当代民间宗教复兴的一重要特征。

四 关于"白莲教"的论争

20 世纪 70 至 80 年代，中外学术界曾经将明、清时代民间宗教统称为白莲教。70 年代末 80 年代初，美国学者韩书瑞在其著作中将中国的民间宗教以"白莲教"概括之，认为对无生老母的崇拜是其共同的信仰核心。虽然，韩书瑞指出白莲教由一些分散的小集团组成，但是仍然将之统称为白莲教，八卦教等民间宗教是白莲教的支派。在其著作《千年王国运动：1813 年八卦教起义》（*Millenarian Rebellion in China*，*the Eight Trigrams Uprising of* 1813）中，韩书瑞在第一章（the organization and ideology of white lotus sects）即探讨了白莲教的组织形态与教理教义。[①] 显然，韩书瑞已经把白莲教作为论述其他教派的总体框架。日本学者与此不同，他们将明清两代的民间宗教分为白莲教和罗教两个系统。台湾的郑志明先生也认为罗教以无生老母为信仰核心，白莲教以弥勒佛为信仰核心，两教是不同系统的教派。[②] 喻松青则将明清民间宗教都名曰"白莲教"，并指出明清的白莲教主要包括白莲教、罗教、黄天教、弘阳教、八卦教以及由此而衍生出的各种教派。这些教派的教理教义、信仰、仪式、经典、组织活动的形式都与白莲教大体相同。所以可以将之视为白莲教。[③]

马西沙认为，明、清时代民间宗教不应统称为白莲教。当然，作为一个曾经深刻影响时代的民间宗教，白莲教在明、清时代仍然留下了某些历史痕迹。在黄天教中，创教祖师李宾，道号普明，继教业者则是普光、普净、普照、普慧等人。这种以普为号，明显地带着白莲教的印记。同样，在圆顿教中，也有"男普女妙"的记载。在江南斋教中，有一个异名同教——一字教，教徒皆以普字为教名。这些标志，无疑地保留着白莲教的

① Susan Naquin, *Millenarian Rebellion in China*，*the Eight Trigrams Uprising of* 1813. New Haven and London：Yale University Press, 1976；Naquin, Susan, *Shantung Rebellion*：*The Wang Lun Uprising of* 1774. New Haven：Yale and London. University Press, 1981.

② 郑志明：《无生老母信仰溯源》，文史哲出版社 1985 年版；《中国社会与宗教》，学生书局 1986 年版。

③ 喻松青：《明清白莲教研究》，四川人民出版社 1987 年版。

某些特点。但是，人们再也找不到一支以西方弥陀净土为信仰，以家庭寺院为组织，以普觉妙道为道号的白莲教了。宋元时代的白莲教，在漫长的历史演变中，已融进了波澜壮阔的民间宗教运动的大潮之中，已不具备主宰地位了。元代末年以香会为主要领导的农民起义失败，弥勒信仰、明教、白莲教遭禁。此时的农民起义，多香军即红巾军余党，以崇弥勒下生者居多。明中叶仍有"白莲教"活动，但这些"白莲教"并不信仰弥陀净土思想，而是崇拜弥勒佛。这种"白莲教"仅有白莲教之名而无白莲教之实，本质是弥勒教会的信仰了。这一时期，"白莲教"不但与南宋茅子元所倡白莲教迥然不同，与元代普度的白莲教也没有任何内在联系。明、清时代民间宗教有着多种形态。如今的学者如果仍然将明清时代呈现多样化形态的各种民间宗教统称为白莲教，则违背了历史。

五　民间宗教与社会运动

在中国民间宗教史上，存在着民间宗教与农民运动相结合的现象。在一定历史条件下的民间宗教运动，在一定程度上冲击了历代王朝的统治秩序。对民间宗教与社会运动的探讨也成为中国民间宗教研究的重要命题。中外学界对民间宗教与社会运动探讨的方法与角度皆不同。

（一）千年王国运动与民间宗教运动

从格鲁特开始，西方的学者即认识到中国民间宗教与政治反抗运动的密切关系。杨庆堃指出，整个清王朝的军事行动包括两类，一为清朝初年远征边疆同非汉族作战，一为在王朝晚期镇压宗教起义。这显示出宗教力量和社会运动间的密切关系。[1] 韩书瑞将清朝民间宗教运动与西方基督教的异端信仰相比较，指出八卦教起义不是一场简单的农民起义，而是一场千年王国运动。在其著作《千年王国运动：1813 年八卦教起义》（*Millenarian Rebellion in China，the Eight Trigrams Uprising of* 1813）中，韩书瑞以为，民间宗教运动不是清代本身的社会危机引发的。刘广京（Kwang-Ching Liu）和石汉椿（Richard Shek）也着力研究民间宗教信仰、宗教异

---

① Y. C. K, *Religion in Chinese Sosciety：A Study of Contemporary Social Functions of Religion of Some of Their Historical Factors.* Berkeley，1961，又见［美］杨庆堃《中国社会中的宗教：宗教的现代社会功能与其历史因素之研究》，范丽珠等译，世纪出版集团、上海人民出版社 2007 年版，第 204、208、209 页。

端对王朝现行秩序的离心力，以及对反抗王朝运动所提供的动力。[①] 与此不同的是欧大年的研究，欧大年曾经指出，对于学者而言，应该对中国民间各种结社进行更为准确的分类，不仅要注意其政治功能，而且应该重视其内部的历史和宗旨。应该把各种不同的宗教运动形式区分开来。[②]

新中国成立后，中国学界对民间宗教的关注实际上即源于对农民战争的研究。改革开放后，对于民间宗教与社会运动的研究仍然是学界热烈讨论的一个话题。马西沙在《中国民间宗教史》序言中指出，民间宗教运动在特定的一些历史条件下，与农民革命运动相契合，遂从一种宗教力量转化成政治力量、军事力量，形成极大的反抗现行秩序的潮流。特别是近千年来，这种不断涌起的大潮，冲击着宋、元、明、清几个大帝国的根基。这是中国封建专制统治造就的特殊的反作用力。刘平《文化与叛乱》一书，则从文化的角度入手，试图探讨农民叛乱的文化因素和宗教因素。叛乱与文化关系很大，但仅是其中一个因素，且绝不是根本因素。也与造反有理还是无理没有必然联系，具体的造反具体分析，陈胜吴广的篝火孤鸣与王伦造反的劫变不可同日而语。没有草根文化就没有轴心文化，没有民间文化就没有儒、释、道。

（二）民间宗教的救世思想：摩尼教与弥勒教的融合

在中国民间宗教史上，弥勒教与摩尼教的融合是一个十分重要而又有着重大争议的问题。在中国大陆学术界，唐长孺、柳存仁诸位先生较早地重视了中国历史上弥勒信仰与摩尼教的关系。唐长孺先生曾发表《北朝弥勒信仰及其衰落》一文对这一关系进行了研究。[③] 随后，柳存仁发表的一系列成果引起了学术界的重视。1981 年，柳先生的文章《唐前火祆教和摩尼教在中国的遗痕》由林悟殊先生译出，在《世界宗教研究》发表。[④] 该文中，柳先生举证了从公元 471 至 614 年间 13 件带有"宗教成分"的乱事，并指出"有些叛事和摩尼教的联系"还不能定论，但如果找到更有力的理由佐证，"其中有些内容即可以说明问题"。柳先生以《道藏》及摩

---

① 刘广京：《从档案材料看 1776 年省白莲教起义的宗教因素》，《明清档案与历史研究》，中华书局 1988 年版；*Heterodoxy in the Late Imperial China*, Edited by Kwang-Ching Liu and Richard Shek, Honolulu：University of Hawaii Press, 2004, pp. 172—208。

② 欧大年：《中国民间宗教教派研究》，刘心勇、严耀中等译，上海古籍出版社 1993 年版。

③ 唐长孺：《北朝的弥勒信仰及其衰落》，载《魏晋南北朝史论拾遗》，中华书局 1983 年版。

④ 柳存仁：《唐前火祆教和摩尼教在中国之遗痕》，《世界宗教研究》1981 年第 3 期，第 36—61 页。

尼教残片为证据，指出：弥勒教和摩尼教有联系，表面似乎是在中国的创新，其实在原始摩尼教教义中，已有其宗教根源。在此基础上，马西沙则在《民间宗教志》、《历史上的弥勒教与摩尼教的融合》[①] 中，从摩尼教原始教义融入弥勒观念开始考证，继之隋、唐、五代两教融合之史实。再继之钩沉北宋、元代之香会，而至元末之"香军"，"烧香之党"。指出，从宗教史的角度来看，弥勒教、摩尼教实为南北朝、隋唐及北宋时代两大民间教派，且相互交汇融合，形成民间救世思想的主流。

　　学术界在弥勒教与摩尼教融合问题上，有着一些不同的观点。2006年，芮传明发表《弥勒信仰与摩尼教关系考辨》一文，[②] 在文章中，他分析了弥勒信仰与摩尼教貌似雷同的因素，指出：弥勒信仰与摩尼教无论是其实质，还是其渊源，都有区别，不宜动辄称为"互相融合"、"互相借鉴"。杨讷则指出，经社、香会不是摩尼教或摩尼教与弥勒教信仰的混合教派。经社是诵经结社，香会就是焚香聚会，没有更多的含义，不涉及念哪门经、向哪位仙佛敬香的问题，不同的宗教都可以采取经社和香会的集众方式。结社、诵经、烧香、设斋是中国历史上许多宗教共有的活动。[③] 同时，杨讷以为，白莲教本身"明王出世"中的"明王"与明教的明尊、明使均不相干，"明王"就是阿弥陀佛。其典出于《大阿弥陀经》，《大阿弥陀经》称阿弥陀佛为"诸佛光明之王"，"弥陀出世"自然就是"明王出世"。[④]

六　民间宗教的传承与转化

　　民间宗教教派在流传过程中，由于诸多方面的原因，变异与转化在所难免。对这种变化的研究不仅是梳理民间宗教的"源"与"流"的关键，也是进一步认识民间宗教与政治、经济、地域性文化等因素存在着复杂关联的突破口，借此也才能更深入、更全面地认识民间宗教在社会变迁中的真实位置。

---

　　① 马西沙：《历史上的弥勒教与摩尼教的融合》，载《宗教研究》（2003 年），中国人民大学出版社 2004 年版。

　　② 芮传明：《弥勒信仰与摩尼教关系考辨》，《传统中国研究集刊》第一辑，上海人民出版社 2006 年版，第 1—30 页。

　　③ 杨讷：《元代白莲教研究》，上海古籍出版社 2004 年版，第 168—169 页。

　　④ 同上书，第 176—183 页。

（一）罗教与青帮

青帮是中国近现代社会中最著名的帮会组织。但对青帮的渊源，学术界未有统一的意见。可以说，出现于明中叶的罗教与产生于清代的青帮之间的渊源关系一度是中国民间宗教史研究以及清史研究中的重要问题。然而，关于此问题学术界形成了意见相左的两派。马西沙从20世纪80年代初，即开始关注了这一问题。通过多年对清代档案的研究，马西沙以为，青帮远渊于罗祖教，其初是以罗祖教为信仰，以运河漕运水手为主干的水手的行帮会社。他认为青帮的形成是一部纷繁复杂的从宗教到水手行帮会社，再演变成秘密帮会的历史。马西沙在占有大量史料并进行了缜密考证的前提下，发表了一系列的文章对这一问题进行了开创性的研究。1984年，《从罗教到青帮》一文，对罗教与青帮前身——水手行帮会社形成的关系做了明确阐述。① 在1992年出版《中国民间宗教史》第六章中全面考证青帮与罗教的内在联系。②《罗教的演变与青帮的形成》则更加系统地考察了产生于明中叶的罗教与产生于清代的青帮之间的渊源关系。③ 李世瑜先生则与马西沙的论点相对立。李先生在《青帮·天地会·白莲教》一文中，"辨析青帮非罗教支派"。④ 在《青帮早期组织考略》再次坚持了青帮与罗教无涉的观点。⑤

（二）罗教与其他教派

1948年，李世瑜在其著作《现代华北秘密宗教》中披露了一贯道的"道统"传承。1985年台湾学者林万传著《先天教研究》，更系统全面地对这种口头传承进行了介绍。马西沙在《中国民间宗教史》"一贯道源流的变迁"一章中，用清代档案与《先天教研究》相对照考证，互相发明，即用教外史料与教内传说、记录、经典相印证，从而写就成了一部较真实地从罗祖教到大乘教、青莲教、灯花教、金丹道、一贯道的近二百余年的一贯道前史及历史。台湾斋教的源流，也是广大学者在研究民间宗教传承与变化时争论的重要问题。王见川曾经对《中国民间宗教史》"闻

---

① 参见马西沙、程歊《从罗教到青帮》，《南开史学》1984年第1期。
② 参见马西沙、韩秉方《中国民间宗教史》第六章，上海人民出版社1992年版。
③ 参见马西沙《罗教的演变与青帮的形成》，王见川、蒋竹山编：《明清以来民间宗教的探索——纪念戴玄之教授文集》，商鼎文化出版社1996年版。
④ 李世瑜：《青帮早期组织考略》，《近代中国帮会内幕》，群众出版社1992年版。
⑤ 同上。

香教"一章《附录一：福建、台湾金幢教》写了《金幢教三论》给予批评。马西沙则在金幢教创教人、传教经书、教派传承诸根本问题响应了王见川，发表了《台湾斋教：金幢教史实辩证》，韩秉方发表《罗教的教派发展及其演变——兼答王见川先生的质疑》。以上两文皆见江灿腾、王见川主编的《台湾斋教的历史观察与展望——首届台湾斋教学术研讨会论文集》。

七　当代民间宗教的合法化及其转型

改革开放以后，中国大陆社会发生了翻天覆地的变化，宗教信仰的政治环境比较宽松，为民间宗教复兴提供了有利的条件。1980 年代以来，诸如福建莆田的三一教、金幢教，闽西的罗教，闽北的真空教，江南斋教，河北的天地门教、弘阳教，天津的西大乘教，广西普度道、魔公教等民间宗教均在民间复兴。民间宗教现实活动呈现出如下特点：一是公开建造庙宇、佛堂等宗教活动场所；二是部分教派信仰人数增长迅速；三是各教派开始着手整理本门的经卷，以作传播教理教义之用；四是当代民间宗教与民众的民俗生活结合得越发紧密。①

（一）当代民间宗教的合法化历程

在改革开放之前，民间宗教往往以秘密的形式流传，民间宗教与政府的关系基本上是对立的。新中国建立以来，有些民间宗教的领袖开始关注本教门的法律地位，并为争取本教门的合法权益而努力。以三一教为例，虽然改革开放以来，三一教可以公开传播，但未能得到政府的承认，从法律上说，三一教仍然是非法宗教组织。三一教上层人士通过召开学术研讨会、政协提案、书面报告不断地向上级有关部门和领导反映，反复强调三一教不同于其他民间信仰，更不是封建迷信，而是地地道道的民间宗教，具备宗教的一切要素，强烈要求与佛教、道教、伊斯兰教、基督教、天主教一样得到法律保护，承认其合法地位。经过二十多年不懈的努力，2006

---

① 参见濮文起《当代中国社会的民间宗教问题及其对策研究——以河北省天地门教、弘阳教为例》，《当代宗教研究》2005 年第 2 期；濮文起：《民间宗教的活化石——活跃当代中国某些乡村社会的天地门教》，《天津社会科学》2006 年第 3 期；濮文起：《民间宗教的又一块活化石——活跃在当今天津市西青区杨柳青镇的明代西大乘教》，《当代宗教研究》2006 年第 3 期；王熙远：《桂西民间秘密宗教》，广西师范大学出版社 1994 年版；王宏刚：《上海农村城市化过程中的宗教问题研究》，《世界宗教研究》2005 年第 4 期；王宏刚：《上海农村城市化过程中的宗教及民间信仰问题研究》，《宗教与世界》2005 年第 11 期。

年 12 月 8 日，经过莆田市民政局的批准和市宗教局同意，莆田市三一教协会正式成立，标志着莆田市三一教"纳入政府依法管理的轨道"，实现了三一教信徒梦寐以求的愿望。

（二）当代民间宗教向民间信仰的转化

民间宗教与民间信仰存在千丝万缕的联系，所有的民间宗教都包含着民间信仰的某些形式和内容，并逐步向民间信仰演化。改革开放以来，民间信仰颇受大众的欢迎，民间宗教也加快民间信仰化的进程。目前，相当一部分三一教祠堂承担民间信仰的职能，甚至取代"社"、"境主庙"职能，三一教渗透到百姓的日常生活中，诸如祈子、儿童过关、读书、就业、婚丧喜庆等，都要到三一教祠堂祈祷礼拜。多数三一教祠堂内备有签谱、杯筶，供百姓占卜吉凶；不少三一教祠堂还建有戏台，与民间信仰一样，经常演习酬神；还有一些三一教祠堂举行扶乩活动，吸引群众参加。"多数三一教信徒与一般的善男信女没有太大的区别，自己也说不清自己信仰三一教与信仰妈祖等诸如此类的民间信仰有什么不同"。一般的百姓视三一教为民间信仰，对三一教信徒的看法也仅仅局限于他们练习"功法"、道德修养要求较高的层面上。① 在当代民间社会，华北民间宗教转化成了民间文艺形式，改头换脸继续流传。秧歌戏、书会、音乐社等。受到了基层社会组织的保护，它们的讲唱，核心是劝善，已成为农民自我教育的历史方式。华北历史上的说唱经卷以农民意识改造农民，老百姓容易接受，上层阶级也不反对，已形成一套自成体系的文艺形态。②

八　当代民间宗教的斋醮仪式与民间文艺

（一）当代民间宗教的斋醮仪式

民间宗教与社会信众的关系主要体现在对待生、老、病、死的宗教祈祷及相关解灾、超度等仪式活动上，而斋醮的大型仪式又是相关的宗教节日。斋醮活动既有个体家庭的，也有整个社会的。许多民间教派在民间社会中实际充任的角色是僧人、道士的角色，如红阳教、黄天道、刘门教、

---

① 参见林国平《福建三一教现状的再调查》（未刊稿）。

② 参见董晓萍、欧达伟《乡村戏曲表演与中国现代民众》，北京师范大学出版社 2000 年版；董晓萍：《河南宝丰县书会调查》，《田野民俗志》，北京师范大学出版社 2003 年版；董晓萍：《华北说唱经卷研究》，《北京师范大学学报》2000 年第 6 期；尹虎彬：《河北民间后土信仰与口头叙事传统》，北京师范大学 2003 年 6 月博士学位论文。

三一教都对普通百姓的病、死诸事行斋醮活动。当代活跃于民间社会的民间教派，更是通过斋醮、礼仪、宗教节日、慈善活动等方面，展现出了民间宗教促进社会和谐，以及稳定社会秩序的一面。

当代福建金幢教的仪式较丰富，主要有五种，其一为皈依，该仪式主要是为了吸收新的信徒；其二为早晚供茶，指的是福建金幢教佛堂首领每天清晨和黄昏必须进行的向无生老母等神灵献茶的仪式；其三为拜忏，是为信徒们谢恩、求安、求忏悔等而设的仪式，规模较大，过程较复杂；其四为办供，也是为信徒们谢恩、求安、求忏悔而设的仪式，不过规模比拜忏小得多，过程较简单；其五为满桌，这是金幢教的最高仪式，也可以说是大型的佛会。① 在历史上，赣南、闽西各地盛行罗祖教，或称罗祖大乘教。改革开放以后，罗祖教在这些地区重新活跃起来。在闽西 NH 城乡，罗祖教教徒以为人念诵大乘经——即罗祖教的五部六册经典为业，同时，也为广大信众举行一般的念佛、拜忏、祈福、超度亡魂等仪式。当代闽西罗祖教的念经仪式与闽西客家人的念佛习俗互为表里，成为民众信仰世界的重要内容。②

（二）当代民间宗教与民间文艺

从民俗的角度来研究民间宗教，有助于我们对民间宗教的特殊性进行重新认识。在民众的民俗生活中，民间宗教在转化之后，得到了延续。华北的民间宗教在华北民众的群体实践中，被转化成了口头讲唱经卷的形式，几百年以来一直在流传，从未消失。经卷文艺所反映的民间道教、佛教和儒家思想有差异但不矛盾，其原因在于三者没有根本的利益冲突。在民众的日常生活中，这种差异不仅是被允许的，而且是可以被再生产的。③此外，华北的讲唱经卷具有流浪性，以口头文本为主，但是，从民俗来看，经卷的讲唱与一定的基层社会组织黏合在一起，附会了岁时风俗和民间纪念日等活动，全方位地融入了地方社会。④ 我们从民间叙事的角度去关注民间宗教教派与地方民俗的关系，不难发现，讲唱经卷成为了民众自我教育的方式，从文本主题的角度来看，定县秧歌和民间宝卷具有互为文

---

① 参见陈松青《福建金幢教研究》，福建师范大学硕士学位论文，2006 年未刊稿。
② 参见李志鸿《闽西罗祖教〈大乘正教宗谱〉初探》，2009 年 10 月未刊论文。
③ 参见董晓萍《田野民俗志》，北京师范大学出版社 2003 年版，第 578 页。
④ 同上。

本的意义。① 此外，地方性的宝卷和民间叙事传统是在本地的信仰传统中发展起来的。宝卷的演唱包括在民间神灵与祭祀的现场活动中，神灵与祭祀是民间叙事传统的原动力。②

---

① 参见董晓萍、欧达伟《乡村戏曲表演与中国现代民众》，北京师范大学出版社 2000 年版。
② 参见尹虎彬《河北民间后土信仰与口头叙事传统》，北京师范大学 2003 年博士学位论文。

第十二章　儒教研究

王志跃

第一节　引言

中国文化中所谓"儒教"概念的提出，据学者们的研究，最早似乎可以追溯到司马迁的《史记》，在其《游侠列传》中，司马迁以对比的形式，指出"鲁朱家者，与高祖同时。鲁人皆以儒教，而朱家用侠闻"。显然司马迁此处所说的应该不是宗教学意义上的。[①] 至于汉儒蔡邕所谓的"世笃儒教"，这里的"儒教"概念，从其前后相关的论述来看，与司马迁所述相去不远，同样也不应该从宗教学的意义上来理解。其实，汉魏时期的文献中所提到的"儒教"概念，大都可以这样来解释。

就中国文化而言，所谓的"儒教"问题，实际上应该与中国古代的各种宗教形态相对应而言才有意义，是在与其他各种宗教形态的比较中，人们才提出了所谓的"儒教"问题。道教的产生，佛教的初传，当人们来处理古代中国文化与这样一些宗教形态的关系问题时，"儒教"问题才产生，就是说，所谓的"儒教"，只有相对于道教、佛教这样一些宗教形态才有意义，也只有通过与这样一些具体的宗教形态的比较才能确定其内涵。这可以从两个方面来说：一方面是理论的阐释，另一方面是具体的宗教形态的建构。所谓的儒道互补、三教合一、儒耶对话等其实都是从理论形态上来解决"儒教"与其他宗教形态的关系问题，宋元之际著名的《三教平心

[①] 关于如何解读"鲁人皆以儒教"，我曾从思想史的角度进行疏解，撰写了《"鲁人皆以儒教"历史解读》一文，刊载在我所儒教研究中心的《儒教研究》上，可供关心此问题的学者参考。

论》即是一例。而所谓的"三一教"以及各种各样的民间宗教，都试图把"儒教"与其他的宗教形态相结合，创建一种新的宗教形态，在这些宗教形态中，"儒教"都提供了十分有用的资料。因此，在中国文化中，从"儒教"与各种宗教形态相关的方面来论述，是理解所谓"儒教"问题的一个重要的维度。

各种宗教形态都有其自身的特点，但只要是作为一种宗教形态的存在，应该都有其共性，国内外的宗教学界，关于宗教有各种各样的定义及其内容分析。在国内，普遍为人所接受的是所谓的"宗教四要素说"。在构成宗教的各种要素中，其存在形态是十分重要的方面。以此来衡之于"儒教"，它具有一种什么样的存在形态呢？要把中国古代文化中所谓的"儒教"问题构建成为一种客观存在的宗教形态，就必须指出在中国文化中，存在着作为任何一种宗教所具有的形态，这样的宗教存在形态既有共性，也有其自身的特殊性，而且它在中国古代是客观的存在。那么在中国古代文化中，这样一种客观的"儒教"存在形态何在？这是倡导"儒教是宗教"的学者们必须要解决的问题。事实上自从任继愈先生重新提出儒教问题以来，存在着极大的争论，一个很重要的方面就在于儒教是宗教的倡导者们，在很长的时间内没有给人们指出来儒教的实存形态是什么样的，当任继愈先生说宋明理学的建立就是儒教的完成，这与人们的认识实在相差太远了，并没有得到人们的认同。而且任继愈先生在主持编撰《中国哲学发展史》时，在其《导言》中说："宋元明清，儒教建立，形成体大精思的宗教神学体系，不但关联到中国近千年国运的兴衰，也影响到东亚诸国。由于儒教的内容复杂，体系庞大，在人们的精神生活中直到今天还在起作用，《宋元明清哲学发展史》将分第五、第六两卷叙述。"言犹在耳，且斯人已辞，而专以论述儒教的分为两大卷的《宋元明清哲学发展史》至今未见，其为遗憾！被李申先生称为"正宗大教"的、由牟钟鉴先生提出的所谓"宗法性传统宗教"，在李申先生看来就是所谓的儒教，但牟钟鉴先生自己对此是极力否认的，他试图去撇清"宗法性传统宗教"与"儒教"的关系。在这样的情形之下，儒教的存在形态是怎样的呢？

事实上，当人们为"何谓儒教"以及中国历史上是否客观地存在一种作为宗教形态的儒教而争论不休的时候，就中国文化中的所谓"儒教"问题而言，核心的问题在于中国文化中所谓的"儒教"，是否就是如同道教、佛教那样的宗教性形态？还是一个为了与道教、佛教相对应比较而言，只是一个方便的称谓？如何来分析这一问题，中国古代的宗教界其实都有所论列，如道教与天主教耶稣会，听听他们的意见或许对于如何来界定所谓中国文化中的"儒教"问题，应该会给予学界一定的启示。其中特别可以提出的是元代的道书《道书援神契》说，"儒之不可谓教，天下常道也"；学界更为耳熟能详是，当以利玛窦为代表的天主教耶稣会来到中国传播天主教时，它们所面临的挑战就是如何来看待"儒教"的问题，这一批传教士的态度是坚定而明确的，认为"儒教不是宗教"。

如上数点大致勾勒出了所谓"儒教"问题广阔的文化背景，也是认识中国文化中所谓的"儒教"问题的几个维度。事实上，就"儒教"问题而言，儒教的定义、三教关系中的"儒教"、儒教的存在形态以及如何来看待宗教界对儒教的认定，这些都是研究儒教问题不能跳过的，需要学界来回答的问题，只有回答了这些问题，才能厘清所谓中国文化中的"儒教"问题，不管是同意"儒教是宗教"，还是否定"儒教是宗教"。

事实上在中国历史上，有关"儒教"问题就有过两次争论，第一次发生在天主教耶稣会明末清初在中国的传播之时，第二次是在晚清出现的"定孔教为国教"之际。这两次关于儒教问题的讨论，在中国宗教史上固然掀起若干涟漪，但毕竟影响有限，而且这两次争论都在不久之后的岁月里烟消云散，无复有人再提。新中国建立以后，百废待兴，就中国当时的学术研究而言，建立起了以马克思主义为意识形态核心，用于指导学术研究的基本指导原则，而由于种种主客观的原因，一方面中国古代的传统文化被视为负面的因素，对于新中国的新的思想文化建设来说，主要属于要被清算的东西，从而受到了批判；而宗教正如人们所熟知的那样，也由于特定的历史遭遇，被认为是鸦片的认识占据了主导的地位，是毒素，是麻醉剂，因而更是被立为禁绝之列。在这样两个认识论前提之下，中国历史上的所谓"儒教"，不管其确切的含义如何，由于它结合了中国古代的传统文化与宗教两个因素，因而在很长的一段时间之内，在学术研究领域，它几乎不曾被关注过，进入到学术研究的视野之中，这个时期就没有所谓的"儒教"研究。

"儒教"问题真正受到学界的高度关注是在当代，即在任继愈先生重提"儒教是宗教"，认为中国历史上存在着一种可以称为"儒教"的宗教形态，并明确指出宋明理学的建立就是儒教的形成。自任继愈先生此论的提出，在三十年的时间里，关于"儒教"问题引起了学界前所未有的关注，以至于儒教研究成为显学。而其影响不再局限于学界，而具有多方面的意义。而当任继愈先生提出"儒教是宗教"的观点时，兼具了学术与意识形态的双重意义，但毕竟在当时围绕着任继愈先生的论述所进行的讨论与争论，在大多数参与者看来，只是把"儒教"作为研究的对象，抑或是批判的对象。而今天在中国的伟大复兴中，中国优秀的文化传统的复兴，尤其是儒家文化（或儒教）的复兴看成为一种中华民族复兴的强有力的推动力量，在当今的儒教研究中，儒教复兴或者重建儒教的努力与尝试成为主流，这一根本性的转变，相信是任继愈以及当时论争"儒教"是不是宗教的学者们所始料未及的。

在儒教研究的三十年中，关于儒教是否是宗教，中国古代文化史上是否存在着一种可以称为宗教的"儒教"形态，学术界提出了一系列的观点，尤其是儒教是宗教的倡导者们，他们对于儒教是宗教的观点进行了论证，通过梳理中国古代儒教发展的历史，建构了儒教的结构框架，建立了论证儒教的理论体系，从而在学术界兴起了广泛的讨论，这些观点及围绕这些观点所进行的讨论，无论是对于学术界，还是更为广泛的意义上，对于当代中国社会的思想文化建设都产生了极为深刻的影响。

与其他学科的学术研究不同，当代儒教研究，是与一个广阔的社会背景紧密地联系在一起的，其显著的特点是围绕着所谓儒教问题出现的争论与讨论展开的，这种争论与讨论是在两个方面进行的：其一是所谓的意识形态的层面；其二是所谓的学术层面。就其过程而言，当任继愈先生在20世纪70年代末重提儒教问题时，他的着眼点主要是基于意识形态的考虑，深刻地认识到了所谓的儒教是现代化建设的阻力，这样的认识与当时把宗教简单地看成是鸦片的观点完全一致。而学术层面的争论不能说完全没有意义，但却居于次要的地位。从20世纪80年代中期到这一世纪的结束，围绕儒教问题的研究之争论进入第二个阶段，在意识形态层面上，就认为儒教是宗教这一方面而言，这一时期任继愈先生的观点依然起着主导的作用，但对于儒教的意识形态方面的意义，已经有学者从一个全新的角度来认识，他们不再把儒教看成是现代化建设的阻力，在他们看来儒教或许可以成为中国现代化建设的推动力量，并可以给予中国的现代化建设一种文化上的解释，因而不是批判儒教，把它清除出历史的舞台，相反，他们主张要复兴儒教。同时这一时期就学术层面而言，有两个重要的特点，一方面儒教研究的深入展开，认为儒教是宗教的学者们，从各个不同的方面来充分研究，从而对此加以论证。另一方面儒教研究已经不再如前一阶段那样零敲碎打，缺乏系统性，而是出现了对于儒教的系统性研究的专著，从而在学术层面上把儒教研究提高了一大步，也为关于儒教是宗教还是非宗教的争论中认为儒教是宗教这一方面的学者，提供了学术上的支撑。进入新世纪以来，儒教研究出现了新的趋向，这主要反映在对于儒教问题认识的意识形态层面上，这个时期的儒教研究，已经不是局限于儒教是宗教还是非宗教的问题上，而是试图去说明在现代化建设中儒教所应具有的意义与价值，指出中华民族的伟大复兴必须要有传统文化的复兴作为支撑，这一批学者同时试图就改革开放以来所取得的伟大成就作出不同于西方文化立场上的解释，因而可以看出这一时期关于儒教的讨论主要是就其意识形态方面而论的。当然这个时期对于儒教问题的研究与争论，也依然有着学术层面的意义。

第二节　儒教是宗教观点的提出及引起的争论

"儒教是宗教"这一论断首先是由任继愈先生提出来的。1978年年底，任继愈先生在南京中国无神论学会成立的会议上，首次公开提出"儒教是宗教"，随后于1979年"文化大革命"结束以后在太原召开的中国哲学史年会上，并且在同年访问日本时，任先生也谈到儒教是宗教的问题。根据这三次会议上的讲话，整理成文，以《论儒教的形成》为题发表在1980年第一期的《中国社会科学》上。

在《论儒教的形成》一文中，任继愈先生首先分析了中国封建社会的历史特点与历史过程，指出这样的历史特点与历史过程，"造成了以儒教为中心的封建意识形态，这种同封建宗法制度和君主专制的统一政权相适应的意识形态，对劳动人民起着极大的麻醉欺骗作用，因而它有效地稳定着封建社会秩序。为了使儒家更好地发挥巩固封建经济和政治制度的作用，历代封建统治者及其思想家们不断地对它加工改造，逐渐使它完备细密，并在一个很长时间内，进行了儒学的造神运动：把孔子偶像化，把儒家经典神圣化，又吸收佛教、道教的思想，将儒学搞成了神学。这种神学化了的儒家，把政治、哲学和伦理三者融合为一体，形成了一个庞大的儒教体系，一直在意识形态领域占据着正统地位，对于巩固封建制度和延长其寿命，起了十分巨大的作用"。① 不难看出，这样一段话无疑是对于儒教的形成、性质与作用做了经典的说明。

任继愈先生提出"儒教是宗教"的论断时，正值我国结束"文革"不久：一方面需要对于"十年文革"的动乱进行反思，进而对于中国传统文化进行反思，正确认识中国传统文化的本来面目；另一方面通过拨乱反正，实事求是，解放思想，我国进入到改革开放的新时期，尽心于现代化建设成为一切工作的重中之重，在此之时，任继愈先生提出这一论断，应该是希望引起人们关注以儒教为基本内容的中国传统文化对于现代化建设的影响，从这一点来看，其意义是不言而喻的。就任继愈先生本人的认识来看，儒教当然对于现代化建设起到了阻碍作用，他从历史与现实两个方面论述了这一点。任继愈先生说："儒教本身就是宗教，它给中国历史带来了具有中国封建宗法社会的特点的宗教神权统治的灾难。"任继愈先生还说："儒教的建立标志着儒家的消亡……说孔子必须打倒，这是不对的；如果说儒教应当废除，这是应该的，它已成为阻碍我国现代化的极大思想障碍。"基于这样的理解，那么，我们对于任继愈先生在文章的结尾处所说的话，是完全可以理解的了："总之，历史事实已经告诉我们，儒教带给我们的是灾难、是桎梏、是毒瘤，而不是优良传统。它是封建宗法专制主义的精神支柱，它是使中国人民长期愚昧落后、思想僵化的总根源。有了儒教的地位，就没有现代化的地位。为了中华民族的生存，就要让儒教早日消亡。"

除了《论儒教的形成》一文外，在20世纪80年代初，任继愈发表了若干篇论文，来论证"儒教是宗教"论断，其中包括《儒家与儒教》（载《中国哲学》第3辑，三联书店，1980年8月），《儒教的再评价》（载《中国社会科学》1982年第2期），《朱熹与宗教》（载《中国社会科学》1982年第5期）等。这些文章的核心就是阐发"儒教是宗教"的思想，反复论证宋明理学的建立就是作为宗教形态的儒教的完成。

任继愈先生在三十年前最先提出儒教是宗教，他的观点是很明确的，他坚持认为中国古代历史上就存在着作为宗教的儒教形态，认为儒教就是作为宗教学意义上的宗教，通过分析他的这种基本观点，我们可以看到其

---

① 任继愈：《论儒教的形成》，参见任继愈主编《儒教问题争论集》，宗教文化出版社2000年版，第2页。

实是从两个方面来论述，其一是所谓历史的梳理，他的基本的观点就是孔子所创建的儒家学派，经过历史上的两次改造，到了宋明时期是作为宗教形态的儒教的完成。其二是对儒教在中国历史上的功能与作用进行了分析，指出儒教在中国历史上所起的消极作用，它阻碍了中国社会历史的发展，其实就是说"儒教"是宗教，因而它所起的作用也就是鸦片烟作用。这就是任继愈先生提出儒教是宗教的这一基本论点的两个认识论前提。任继愈先生关于儒教是宗教的这两个基本观点的提出，其实有着极为深刻的社会意义，就是说当中国社会走出"文革"的十年动乱，经过拨乱反正，进行现代化建设，在这样的历史背景下，支撑现代化建设的指导思想是什么？传统文化在当今的现代化建设中是否还能起作用？又能起什么样的作用？任继愈先生通过提出儒教是宗教，其实就是对这一系列问题所作的回答。

在 20 世纪 80 年代的最初几年，自提出"儒教是宗教"以后，根本没有赞同者，从这一现象可以看出，所谓的"儒教是宗教"说在当时的学术界并没有得到大家的认同。任继愈先生就像一个独行客，在论证"儒教是宗教"的道路上独自跋涉。可以说，当时认为"儒教是宗教"说的学者，只有任继愈一人。

不仅没有赞同者，就是批评、质疑之声也很少，仅仅有不多的几篇文章提出了不同的意见，但这些商榷文章主要或是基于对儒学传统的认识，都是阐述一些在学术界被公认的观点，其实缺乏新意，也缺乏深度，对于任继愈先生在提倡儒教是宗教这一观点所反映出来的深刻认识，没有充分展开讨论，在对儒教的性质、作用与意义重新加以论述，推动加深对于传统文化的研究从而说明传统文化对现代化建设的意义，到底是起促进还是阻碍的作用等方面这些争论文章似乎做得不够，也就是说，对任继愈先生关于"儒教是宗教"的观点背后的思想，这些商榷文章并没有给予充分的注意。就这几篇文章来看，讨论的问题主要集中在两个方面：

其一，关于宋明理学的性质问题。

所谓宋明理学（或道学）的性质问题，其关注的焦点在于宋明理学（或道学）的建立是否标志着儒教的完成？宋明理学（或道学）是否就是一种作为宗教形态的儒教体系？简单地说宋明理学（或道学）是否就是宗教？与任继愈先生作出的肯定答复不同，学术界对于这样一些问题作出了否定的答复，集中体现在张岱年先生《论宋明理学的基本性质》与冯友兰先生《略论道学的特点、名称和性质》两篇论文中。

　　张岱年先生指出，理学虽然可以分为三派，但是这三个理学的不同派别具有一些共同的特征点，他们主要表现在三个方面，这三个特点是统一的，不可分割的。而他们基本的精神就是"理学强调在'人伦日用'中体现'至理'，在平时'履践'中'尽性至命'。所谓'日用'即日常生活，所谓'履践'即实际活动，所谓'尽性至命'即实现最高理想。理学不信仰有意志的上帝，不肯定有不灭的灵魂，反对'三世轮回'之说，主张在现实生活中达到崇高的精神境界"。① 在对于宋明理学的基本特点做了这样的论断以后，张岱年先生认为，理学是先秦儒家孔孟学说的进一步发展，虽然探讨了佛老提出的一些问题，吸取了佛老的一些思想观点，而其基本倾向是与先秦儒家一致的。张岱年先生通过具体的比较分析，认为宋明理学不是宗教。在张岱年先生看来，理学只是哲学，不是宗教。"理学不信仰有意志的上帝，不信灵魂不死，不信三世报应，没有宗教仪式，更不作祈祷，所以理学不是宗教。"②

　　冯友兰先生的《略论道学的特点、名称和性质》一文，是直接针对任继愈先生关于宋明理学的建立是儒教的完成这一观点而来的，在冯友兰看来，宗教都有一个教主，就是任继愈先生也承认教主必须具有半人半神的地位。但是一个思想流派也可以有它自己的思想体系，自己的经典。每一个思想流派也是可以分成许多的流派，并且每一个流派也都可以认为自己是正统，这与宗教有相同的情况，但是不能因为这种相同的情况，就认为这个思想那个流派就是宗教了。而在冯友兰看来，道学所讲的儒家思想，不同于基督教的天国，也区别于佛教的西方净土，在冯友兰看来，任继愈先生所说的宗教的那些特点，不是宗教所特有的，依此来分析儒学，像天国、西方净土这些宗教的特点，它也不具备，因此它不是宗教。

　　总之，关于宋明理学（或道学），张岱年与冯友兰两位先生都认为它是哲学，而不是宗教，根本否定了任继愈先生关于宋明理学的建立是儒教的完成这种观点，从而为准确理解宋明理学（或道学）的性质、特点、作用等问题，更为广义地说是为准确理解中国文化的性质、特点、作用等问题提供了认识论基础，也许张岱年与冯友兰两位先生并没有完全意识到任

---

　　①　张岱年：《论宋明理学的基本性质》，参见任继愈主编《儒教问题争论集》，宗教文化出版社 2000 年版，第 52 页。

　　②　同上书，第 55 页。

继愈先生关于宋明理学的建立是儒教的完成这种观点对于研究传统儒学来说所具有的突破性，但是不能否认这样的争论却是对于深入研究宋明理学（或道学）、深入研究传统中国文化有意义的。

其二，关于儒教是不是宗教的问题之分歧。

在这个时期，除了张岱年、冯友兰两先生专门针对宋明理学（或道学）提出不同看法之外，其他的几位学者就儒教是不是宗教这个论断也提出了批评意见，他们不再局限于宋明理学这一儒学发展的特定阶段上，而是针对儒学的性质进行广义的讨论，当然有些学者也涉及宋明理学问题。

李国权、何克让两位先生于1981年在《哲学研究》第7期上，发表了《儒教质疑》一文，他们认为，儒家天命观的精髓有两个方面：一方面孔子之天不是上帝的天，不是虚幻的精神世界，在孔子的思想中，天是不断运行的自然界；另一方面凡信天者，都笃信冥冥之中神的支配力量，而孔子十分强调人的主观努力，尊重人的意志，尤其是结合到孔子对于鬼神的存疑，绝口不谈鬼神问题，由此看到儒家的天命观是对于殷纣祖先崇拜、天命神学的否定。而他以仁学为中心的思想体系，提出仁者爱人等命题，是要摆脱宗法制度的羁绊，如果再结合孟子民贵君轻思想，那么，仁学实际上是对于尊尊的改造，可见不是什么祖先崇拜的宗教思想的发展，不是用来维护君父的绝对统治地位，巩固专制宗法的等级制度的东西。①经过分析后，他们认为，汉、宋两代对于儒学的改造，不是把儒学改造成为儒教，尤其是宋明理学的建立并不是标志着儒教的完成。总之他们得出结论，儒家不是儒教（宗教）。

继李国权、何克让《儒教质疑》之后不久，崔大华也于1982年在《哲学研究》第6期上，发表了《"儒教"辩》一文，也对于任继愈先生儒教是宗教的观点提出反对意见。崔大华先生认为，一方面儒家思想不是从殷周宗教思想发展而来，而是从西周的伦理道德思想发展而来。尽管在西周的伦理思想中包含了很重要的宗教思想内容，但是，它与殷商的宗教思想既有联系，也有区别。主要是在殷周之际，中国古代宗教思想与伦理思想发生了换位，此后伦理思想逐渐成为中国思想的主导成分，而宗教思想只是伦理思想的补充。孔子所处理的儒家学说，进一步巩固了殷周之际

---

① 李国权、何克让：《儒教质疑》，参见任继愈主编《儒教问题争论集》，宗教文化出版社2000年版，第36—37页。

已经开始形成的那个中国古代文化的发展方向，即伦理的而非宗教的。另一方面从先秦儒家到宋明理学的发展过程，也不是儒教的造神运动的完成过程，而主要是对儒家所主张的伦理道德的根源及其修养方法不断提出新的论证的过程。崔大华先生在对这个过程进行了简单的梳理以后指出，儒学在异己思想的影响之下，理论形式不断发生变化，但伦理的理论核心与本质始终没有变化；基于这样的认识，理学完成的不是造神运动，而是对儒家伦理道德根源的哲学论证和对儒学中宗教神学的哲学改造。

值得注意的是林金水的论文，他主要从事中外关系史、中国基督教史的研究，对于明清时期在华传教士的研究颇有心得。出于这样的学术背景，作为一个研究在华传教士的专家，在关于儒教是否宗教的争论中，主要介绍了耶稣会传教士利玛窦关于儒教不是宗教的思想，无疑林金水的论文对于讨论儒教是不是宗教的问题，提供了一个较为新颖的视角，是有意义的，开阔了人们的思路。他认为"关于儒教的宗教属性问题，并不是今天才开始引起人们的关注，早在明朝万历年间意大利人耶稣会士利玛窦来华时就已经加以注意了，当时他就提出了儒教不是宗教的看法"。① 林金水认为"利玛窦作为一个宗教家、天主教神学家，对于如何区分宗教，是有其一套识别标准的。……（他）关于儒教不是宗教的看法，对于当前哲学界讨论这个问题，是有一定的参考价值的"②。

第三节　儒教研究的深入展开

与前一阶段只有任继愈先生一个人站在儒教研究第一线，独撑局面不同，这一阶段，出现了新的局面。首先是尽管对于如何界定儒教有不同的理解，但是主张或者同意儒教是宗教的学者逐渐增多，"儒教是宗教"说在何光沪、李申等中青年学者加盟的情况下，取得了重大进展，构筑了理论体系。赞同的学者逐渐增多，尽管人数有限，但由于在学术界产生了相当的影响，形成了所谓的"儒教宗教论派"；研究的领域也不断拓宽，范围扩大，从哲学界扩展到宗教学和历史学、文学界等；同时这个时候，关

---

① 林金水：《儒教不是宗教》，参见任继愈主编《儒教问题争论集》，宗教文化出版社2000年版，第164页。

② 同上书，第170页。

于儒教的争论也越来越激烈，争论呈现出多元化的趋势，各种观点层出不穷，如"准宗教"、"传统宗法性宗教"、"非学非教、亦学亦教"、"原生宗教"、"政治宗教"等；核心问题仍是"儒教是否宗教"。值得一提的是，与先前零零散散只有寥寥数篇文章不同，这个时期，围绕儒教问题所进行的讨论与争论，成果丰硕，出版了一批论著。①

当然这个时期，任继愈先生仍然是主角。自1980年前后提出儒教是宗教的论断，并受到学术界的质疑、反对之后，任继愈先生并没有表现出退让的迹象，而是继续撰文，阐述儒教是宗教的观点。这些文章对于《论儒教的形成》与《儒家与儒教》两文中的思想，从不同的层面加以论述，特别集中于宋明理学的儒教特征的论述上，对前一阶段自己提出的观点充实了十分具体的资料，这些文章篇幅都不是很大，但文笔优美，读来朗朗上口，具有很强的感染力，抛开儒教是不是宗教这个引发争论的话题不说，就对于宋明理学的研究本身看，也是很见功力的。

平实说来，任继愈先生对于所谓的儒教问题缺乏系统的阐述，除了《论儒教的形成》与《儒家与儒教》等文章较有分量外，另一些文章都是点到为止，对于被其倡导者及其追随者看做是中国文化中最重要的问题之一的儒教来说，任继愈先生论述固然具有开创之功，但显然是远远不够的，对于儒教研究需要有足够说服力的论著来为儒教是宗教说提供学术上的论证，包括对于儒教史的梳理与儒教研究理论体系的建构。

对于儒教问题进行深入分析与系统论述的是任继愈先生的高足李申先生，在儒教研究中，李申先生不仅撰写了一系列的文章来回答对于儒教是宗教论的批评，而且出版了一部洋洋大观、达150余万字的《中国儒教史》，这是学术界第一部明确把儒教作为一种宗教形态来研究的专书，重点在于对中国儒教史的梳理。除此之外，李申先生还在一些学术讨论会、座谈会、笔谈的一切可能的场合论述儒教是宗教的观点。在这一时期，李申先生撰述论著，对于倡导儒教是宗教说可谓不遗余力，成为主张儒教是宗教的中坚力量。也许这里可以有一个不尽恰当的比喻，在倡导儒教是宗教的学者之中，任继愈先生有点像倡导进化论的达尔文，而李申先生当然是赫胥黎了，这样说当然不是无根之论，李申先生自己表达过这样的意

---

① 参见《儒教问题争论集》附录二《儒教有关论著存目》。

思，① 说得十分明白，李申先生撰写论著，论述儒教是宗教，是为任继愈先生的儒教是宗教说提供论证，立说者是任继愈先生，这书是为立说者作论证。

自任继愈先生所提出的儒教是宗教这样的观点，受到学术界一些学者的批评之后，任继愈先生本人对于这些批评意见并没有作出回应，如何来看待这些批评意见，其实应该是倡导儒教是宗教的学者必须来说明的，李申先生于 1995 年发表在《世界宗教研究》第 2 期上《关于儒教的几个问题》可以说是对于这些批评意见较为系统的回应，全书从"孔子与鬼神"、"儒教的上帝与神灵"、"儒教的彼岸世界"、"儒教的组织与祭仪"几个方面，阐述了儒教是宗教的观点，针对那些批评意见，一一作出回答。此文是自任继愈先生重新提出儒教是宗教的论点，并受到学界的质疑以后，第一篇较为系统地论述儒教问题的文章，回答了质疑者的批评意见，同时也是对于任继愈先生的论点在一定的程度上做了展开，应该说对于儒教研究及其围绕着儒教问题的争论来说，这是一篇重要的论文。

在这个时期，如前所述，李申先生还有其他的一些文章，来阐述儒教问题，如《儒教、儒学和儒者》、《朱熹的儒教新纲领》等，对于儒教研究来说，这同样是两篇重要的论文。当然，李申先生对于儒教的研究，最主要的是《中国儒教史》一书，此书是国家社会科学基金资助项目，作者通过对中国古代儒释道三教和哲学、科学的综合考察，确认并接受了任继愈的观点。在经过多年深入研究并撰写了一系列论文的基础上，完成了这部 150 万言的学术专著。该书阐明了中国儒教发生、发展和消亡的全部历史，这是第一部站在"儒教是宗教"立场上研究儒教的专书，任继愈先生在论到这部书时，曾说："这部书稿为研究中国文化史、思想史、哲学史打开了一堵墙。这堵墙曾在很长一段时期内挡住了我们的视野。"还说："这部书稿的出版，必将为中国宗教史的研究、中国文化史的研究提供一条新思路。"②《中国儒教史》出版在学术界引起了很大的争议，赞同者认为这是哥白尼似的革命，而反对者提出了尖锐的批评。

当任继愈先生独自一人撰文论述儒教是宗教的时候，在一段时间内，没有一个学者追随上来。只是到了 1988 年，何光沪先生撰文也开始讨论

① 参见李申《中国儒教史·后记》，上海人民出版社 2000 年版，第 1096 页。
② 任继愈：《中国儒教史·序》，参见李申著《中国儒教史》，上海人民出版社 1999 年版。

儒教问题，认为中国古代有一个儒教，随后又于 1994 年与 1995 年两度撰文讨论与儒教相关的问题。何光沪先生是研究宗教思想，尤其是研究西方基督教思想的宗教学研究专家，他的宗教学方面的知识与素养，对于关注儒教问题的讨论来说，当然是有意义的，他的意见也是值得重视的。也正是由于像何光沪先生这样的宗教学者的加入，对于儒教是宗教与不是宗教的论述及其争论，提供了一个宗教学的视野，尤其是西方宗教主要是基督教的视野，因而也能够使论述及其争论向广度与深度方面发展。

严格说来何光沪先生所说的儒教，是为他在当代的文化背景下来为重建儒家思想文化体系服务的，其现实的针对性是十分强力的，我们在读他的论著中可以强烈地感受到这一点。由于他尝试重建儒教的努力，提出要从儒学之花，返归到儒教之根，也就是从儒学对于天理天道的哲学解释返归到儒教所继承的三代宗教之天帝观念，这就是现代儒学所应该采取的思想进路。换句话说，现代儒学的复兴或者重建，就是要使它返归或者重新获得原先就有的，但后来失去了它的宗教性，认为这是复兴儒教的关键。事实上，何光沪先生对于复兴儒教有着很大的期待。何光沪先生这样的思想进路确实是应该重视的，但儒学之重建或者复兴采用返归于其所谓的原始儒教的天帝观念这样一种宗教之根，其现实性与可行性是可以讨论的。

如上所介绍的任继愈、李申、何光沪的研究构成了这个阶段关于儒教或者围绕着儒教问题进行的讨论与争论所取得的主要成果。任继愈、何光沪与李申三位先生关于儒教问题的研究确实是做了很多的工作，而且正如陈明先生所说的那样，他们功不可没。关于这些成果的意义，陈明先生的一段评价对此作了较为中肯的说明，这一评价不再拘泥于儒教是宗教或者不是宗教这样比较狭隘的分歧与争论上，而是站在对于传统思想文化的理解进行深化，并且尝试在当代的背景下思考如何重建儒家文化这样的角度，来评述这几位先生的研究成果的。[①] 邹昌林先生则从另一个视角对这个时期有关儒教的讨论进行了评述，尤其是对于有关“儒教是宗教”这一问题的提出与论证，及其对于提倡者与论证者的文化背景与立场加以分析，是很有见地的。[②]

---

① 参见陈明《中国文化中的儒教问题：起源、现状与趋向》，参见《宗教研究四十年》，宗教文化出版社 2004 年版。

② 参见邹昌林《中国古代国家宗教研究·前言》，学习出版社 2004 年版，第 11—12 页。

相比较而言，在这一阶段，否认儒学是宗教的这一面的成果较为有限，严格说来甚至没有值得称道的成果。必须指出的是，这一时期对于儒教是宗教论者的批评，并没有跟上倡导儒教是宗教论者的步伐，他们对于任继愈、李申等先生的最新论著关注不够。还有一点可加注意的是，一些学者在这一时期似乎修正了自己早些时候的观点，如张岱年先生，到了1998年《文史哲》编辑部组织的文章中，张岱年先生有了另一种说法，他说："假如对于宗教作广义的理解，虽不信鬼神、不讲来世，而对于人生有一定理解，提供了对于人生的一定信念，能起指导生活的作用，也可称为宗教。则以儒学为宗教，也是可以的。"① 如果说张岱年先生这里所说还有一个假设性的前提，那么，下一段话就是直言了，他说："孔子提出的人生必须遵循的为人之道，使人民有坚定的生活信仰。在这一意义上，孔子学说又具有宗教的功用。可以说孔学是一种以人道为主要内容、以人为终极关怀的宗教。"② 由此可见，儒学与儒教具有相当复杂的关系，而人们对于它是否宗教的认识，也可以表现出相当复杂的情况。

第四节　儒教问题研究的新进展

进入新世纪，总体说来，对于儒教问题的研究，已经超越了儒教是宗教还是非宗教，并对此展开争论的狭隘模式，而呈现出多元化的趋势，当然这并不是说学界已经完全跳出了争论，不再论述儒教是宗教还是非宗教的问题。更确切地说，这个时期关于儒教问题的研究，不是就此问题进行解构，而是重在建构，即是说，持儒教是宗教论者，他们在这个时期的工作是要论述为什么说儒教是宗教，对此他们在建构儒教是宗教的理论体系；而认为儒学不是宗教的学者，同样在解释它为什么不是宗教，尝试从理论上加以说明，也同样在建构体系。因此这一时期，少了些喧闹与浮躁，多了些沉潜与理性。并且与1980年前后任继愈先生重新提出儒教是宗教说时，对儒教的性质之认定完全不同，在这一阶段，何光沪先生早先提倡的重建儒教的构想似乎得到了一些儒教研究者的认同，尽管在具体的

---

① 《"儒学是否宗教"笔谈》，参见任继愈主编《儒教问题争论集》，宗教文化出版社2000年版，第411页。

② 同上。

做法上有着明显的差异，因为何光沪先生是借助于基督教的模式，而这个时期倡导儒教的学者们主要是站在中国文化本位的立场上，而这种立场正是基于在全球化的大潮中，中国文化的定位及其如何参与到全球文化的建设之中这样的思考下，来建构儒教传统的，一批具有深厚儒学素养，并且具有当代文化视野的年轻学者给予儒教在当代学术氛围中的重建问题提供了许多很有价值的思考，这些思考或许不尽完善，但确实富有启发性，这些年轻的学者包括陈明、康晓光、彭永捷等先生。

在新世纪的儒教研究与争论中，首先要特别提到的是余敦康先生，严格说来他并没有参与其中，他自己就说不参与这类讨论，没有为此写过文章，在公开的场合也很少谈论所谓的儒教问题。当然有例外，那是2002年年初，在"儒家与宗教"研讨会上，余敦康先生有一个发言，这个发言横空出世，引起了轰动，也引起了新的争议。这个发言主要是说，"这个'儒学与宗教'的问题，在我看来，在大陆学界是个假问题，是一个意识形态争论的问题，而不是一个真正的学术问题"。① 为什么是个假问题？余敦康先生解释，"首先有一个意识形态的顽固性，这一点我极为不满。另外呢，事先设定儒学是个不好的东西，不好的东西，那就是宗教。宗教是什么呢？就是鸦片，就是维护那个专制王权，为那个而服务，一整套专制王权靠儒学来支撑了几千年，现在我们不要它。儒学在这里面，起了这么一个作用，所以把它定位为儒学是宗教"。如果针对1980年前后关于儒教问题的讨论与争论来说，余敦康先生的这个发言可谓一语中的，提醒人们注意引发这个争论的背景。② 当然"儒学是宗教"的问题虽然是个假问题，余敦康先生认为只要不是从意识形态上来推定，把儒学是不是宗教作为一个政治原则，而是把它作为一个学术问题，进行学术上的争论，这种争论没有必要作出定论，完全可以长期争论下去。余敦康先生的这个思想，其实早在1994年发表在《世界宗教研究》上《关于儒教的研究》一篇短文中就说得十分清楚了，他说："关于儒教能不能算作一种宗教，作为一个纯粹的学术问题，见仁见智，是可以长期争论下去的，一时半时恐怕难以做出定论，实际上也不必有什么定论。但是儒教（或称儒学）在中国传统

---

① "儒家与宗教"研讨会现场录音（一），参见 www.confucius2000.com 网站，2002年2月11日。

② 同上。

文化中一直居于主导地位，并且从总体上规定了包括宗教文化在内的传统
文化的面貌，却是一个不争的事实，许多有识之士对这一点都达成了共
识。儒教的思想基调是入世的，关注的重点在于现实世界的人伦日用之
常。这种世俗性的特点，对中国宗教文化的发展产生了极为深远的影响。
佛教的中国化，道教与佛教抗衡之所以立于不败之地，伊斯兰教以及基督
教在中国的传播、演变，都和接受儒教的影响有着十分密切的关系。如果
不充分估计这种影响，忽视儒教的研究，便无从深入准确地把握中国宗教
文化的特点。"① 余敦康先生对于儒教的研究之重要性看得十分透彻，不仅
如此，他还提到了儒教研究参与全球文化交流的问题，说："随着中国国
力的增强，中国的文化走向世界，参与世界性的文化交流了。我觉得，关
于儒教的研究应该提到议事日程上来予以高度的重视。"② 余敦康先生的观
点，实际上已经超越了儒教是宗教还是非宗教的争议，站在世界文化的交
流这个角度，为儒教研究提供了新的活力。只是在一段时间内，他的意见
并没有受到重视，到了新世纪后，儒教研究与争论才有了一些新的思路与
方向。

　　陈咏明先生的《儒学与中国宗教传统》于 2003 年在大陆与台湾同时
出版，通过分析儒学与中国宗教传统的关系，解释儒学为什么不是宗教的
问题，厘清了儒学与宗教的关系，应该说，就坚持儒学不是宗教的学术成
果来说，这是一本重要的著作，可惜未能受到学术界的重视。这是一部从
宗教视角研究儒学的著作，探讨了儒学的宗教观。陈咏明先生认为，儒学
作为中国古代社会两千多年的正统思想，它其实是缺乏我们现代意义上所
谓的定义"宗教"一些重要的属性与内涵的。举例说来，它不以出世解脱
为终极目标，也不存在严格意义上的、与世俗职务划清界限的那种专门的
教会或者独立的神职人员团体，还有它缺乏如别的宗教那样所建构的宗教
性宇宙结构论，在形态上也不存在超验与世俗的紧张对立。陈咏明先生认
为，儒家的社会政治理想，明显地诉诸于世俗的道德而不是宗教的权威。
尤其重要的是儒家基本上否定灵魂、神灵和神性意义上的鬼神存在。正如
人们所知的那样，灵魂观念是宗教的一般特性与理论基础，而儒家则以无
神论的倾向和现实世界的定位，凸显出了鲜明的特性。这种观点，是贯穿

---

① 余敦康：《关于儒教的研究》，参见《世界宗教研究》1994 年第 4 期。
② 同上。

于《儒学与中国宗教传统》一书的主题。

就坚持儒教是宗教的学者来看，在这一时期，李申先生依然唱着主角，他继续着儒教问题的研究，不断有新的论著问世，主要有四川大学出版社出版的《儒学与儒教》，河南人民出版社出版的《中国儒教论》等论著，尤其是《中国儒教论》一书，试图从儒教研究的理论体系的建构上来回答什么是儒教的问题，应该说这是倡导儒教是宗教论者又一项十分重要的工作；任继愈先生在为《中国儒教论》所作的序中称此书是对中国儒教的全面剖析，它以问题为中心，对儒教性质、理论价值、社会作用、思维方式各方面进行了横剖面的展示。在李申先生看来，要回答儒教是"教"非"教"，首先还不能完全按照著者本人对于什么是宗教的理解来论述，还必须首先回答当前学术界对于儒教是"教"非"教"所提出的一系列问题。这些问题包括儒者是否信神？孔子是人还是神？孔子对待鬼神的态度如何？儒教有没有自己的彼岸世界？儒教有没有自己的组织？谁是教徒？此外还有出世、入世问题，等等。李申先生认为，要回答这些问题，就必须确立起以神的信仰为中心。

如何评价儒教在历史上的作用问题，一直是关于儒教是宗教还是非宗教的研究与争论中一个十分重要的问题，前面已经多次说到这个问题，至少可以确定在早期的讨论中，持否定的意见占据主要地位，不管是承认儒教是宗教，还是否认儒教是宗教的学者。而在《中国儒教论》中李申先生的认识是对它进行二分法：一方面提出要充分认识到作为封建文化主体的消极性，指出它有不适应现代社会生活与社会制度的一面，同时也肯定了它所具有的历史意义的一面。儒教适应当时的社会生活所规定的人的言行规范和价值观念，已经不再为现代社会所需要，也不能与现代社会相适应了。同时必须看到，尽管这些规范和是非美丑的价值观念不适用了，但是这些规范和价值观念由于出发的认识成果，却永远是我们的宝贵财富。就像当我们拆掉旧房盖新房的时候，我们所依据的盖房原理，是在旧房基础上发展起来的。这些原理，其中一部分在今天还能继续运用，即使那些过时的部分，也具有历史的意义。这样的认识，对于倡导儒教是宗教的学者们来说，特别是在1980年前后这样的特殊背景下所提出的儒教是宗教这样的观点时，从他们的认识来看，已经有了很大的不同，无疑是值得充分肯定的。

2005年中国社会科学院世界宗教研究所儒教研究中心成立，这是国内第一个开放式的国家级儒教研究基地，中心成立后，编辑出版了《中国儒教研究通讯》的内部刊物，此刊成为有关儒教研究与争论的主要阵地，刊载了儒教研究的文章，由这些论文可以看出这一阶段儒教研究与争论的一些新的信息与倾向，这也成为这时期儒教研究与争论的新的特色，这个新的特色是，儒教研究试图超越儒教是宗教还是非宗教这一狭隘模式，从与世界其他文化的交流和在全球化的背景下中国文化的复兴或者重建这一高度来讨论儒教问题，对此提出了一些富有启发性的观点。

在这些论文中，蒋庆先生的《关于重建中国儒教的构想》一文是篇重要的文章，也引起了很大的争议。我们可以这篇文章为例，来看看《中国儒教研究通讯》所刊发文章对于儒教研究提出了怎样的新思路。这篇论文首先对于儒学、儒家与儒教进行了辨析，关于儒学与儒教的关系，蒋庆先生认为，儒学是儒教的教义系统，其价值渊源则是儒经。儒学与儒教的关系相当于基督教神学与基督教的关系，儒学只是儒教的一个具体内容。儒教的历史长河是一文明体，伏羲画卦即开创了中国文明。此外，"圣王合一"、"政教合一"、"道统政统合一"是儒教的本质特征，也是儒教的追求目标，伏羲时代即具备了这些特征，故伏羲时代即有了儒教。春秋、战国、秦汉之际儒教退出中国文化权力中心边缘化为儒家，汉武帝"独尊儒术"后儒家又回到中国文化权力中心的位置上升为儒教，一直到 1911 年儒教崩溃，儒教又退出中国文化权力中心的位置下降为儒家。基于对于儒学与儒教的关系有如此的认识：一方面蒋庆先生指出，在当今面对西方文明的全方位挑战时，就必须全方位地复兴儒教，在他看来，只有以儒教文明回应西方文明，才能完成中国文化的全面复兴。当今中国儒家学派的建立、儒学体系的建构、儒家文化的回归都是为了复兴中国独特的儒教文明，以承续源自古圣人道统的中国文化的精神慧命。反过来说，如果离开儒教的重建来谈儒家与儒学的重建，将是放弃复兴中华文明的努力，把中华文明降到思想学派的位置与西方文明对话，这是中国文化的自我贬黜。这样看来，在蒋庆先生的观念中，复兴儒教是复兴中国文化重建中华文明的当务之急，对此应该是完全可以理解的了。另一方面指出儒教之教的宗教学含义，并进而肯定儒教是宗教，关于儒教的"教"字，他认为既有中国文化中"礼乐教化"与"道德教育"之义，又有西方文化中"神人交通"的"宗教"之义；既有信奉"天道性理"、"良知心体"的超越信仰之义，又有实现"神道设教"的治世功能之义。因此，他说，如果不拘泥于西方的宗教概念，儒教肯定是一种宗教，只不过是一种与西方宗教不同的独特的中国宗教。儒教具有人类宗教的某些共同特征，如具有某种程度的人格神信仰、经典的教义系统、以超越神圣的价值转化世俗世界等，但儒教也有自己的独特特征，如信奉多神教、万物有灵论、没有国家之外的独立教会组织等。但这并不影响儒教是一种独特的宗教，不能因为儒教与西方宗教不同就否认儒教是宗教。尤其值得重视的是，蒋庆先生在此文中提出了重建儒教的所谓"上行路线"与"下行路线"问题，受到了学术界的高度关注，当然也引起了很大的争论。

发表在《中国儒教研究通讯》上的其他各篇文章，也各具特性，提出了各自的看法，观点不尽相同，甚至互为对立，但有一个共同点，这些文章对于儒教的论述，不再局限于儒教是宗教还是非宗教这样狭隘的论题上，也不再把儒教看成是随着清朝的覆灭而在体制形态上已经退出历史舞台的东西，当然也不再简单地把它看成在中国历史上起负面影响的东西，而是站在全球文化交流与中国文化重建的高度，试图把儒教看成是这一文化重建过程中的一个建设性因素，甚至是一个主要的因素，这是新世纪儒教研究的一个重大突破。

康晓光先生在 2003 年第 2 期《战略与管理》杂志上发表了题为《文化民族主义论纲》一文，这样一个民族文化主义论纲，其核心的内容就是提出了儒教复兴的构想，把儒学塑造成为适应现代社会的新宗教作为文化民族主义的核心内容，这是康晓光先生反复提倡的，他所谓的文化民族主义，有三个层面，其中的第三点讲儒教，他说："提倡力行，反对空谈，提倡通过社会运动，建立一种渗透到日常社会生活之中的、与现代社会相适应的民族宗教，即新儒教。"[1] 之所以对于儒教这么重视，就在于他认为，在中国历史上，儒家不仅仅是一个学派，而是发挥着教化功能的、得到国家支持的全民宗教。此所谓"政教合一"。康晓光认为，就中国的历史来看，每当面临外来冲击的时刻，就会出现儒学宗教化的呼声。这不是偶然的。在外来冲击的作用下，儒学逐步宗教化是文化自卫的正常策略或自卫性反应。今天重提复兴儒教，绝不是为了重新挑起新一轮文化论战。他认为他所期待的是掀起一场社会运动，并借助这一运动实现中华文化复兴，进而实现中华民族复兴的目的，即建设一个超越民族国家的文化中

---

① 康晓光：《文化民族主义论纲》，参见《战略与管理》2003 年第 2 期。

国。正是在这样的背景下，康晓光提出了他的儒教复兴方案，他的方案，固然提出了任务与完成任务的措施，看起来似乎具有某种操作性，但实际上也许没有现实的可行性，好在他自己也完全清楚地意识到这一点，他自己说："在这个物欲横流的时代，我们需要想象力和想象的勇气，需要追求理想和追求理想的勇气。一句话，我们需要乌托邦。"① 对于复兴儒教来说，也许这才是最重要的。

彭永捷先生在中国社会科学院哲学研究所主办、东北师范大学历史文化学院协办，于 2004 年 3 月 27—28 日召开的"儒教与东亚的近代国际学术研讨会"上发表了题为《论儒教的体制化和儒教的改新》的论文，提出了儒教改新的思路，他认为从总体上看，已有的讨论主要集中在对历史中的儒学或儒教是否属于宗教这一性质上的判定。而《论儒教的体制化和儒教的改新》则将视角从学术史的考察转向当下的现实思考，关注当代儒教的重新体制化与儒教的改新。当然这种改新是与以前关于儒教的争论和儒教史研究一脉相承的，他认为，从迄今为止的儒教问题论争和儒教史研究中，"我们可以重新发现其对于当代文化建设的重要意义。儒教问题论争，在学术讨论中是一个纯粹的学术问题，在学术讨论之外却是一个当下的文化建设问题：论证儒教是中国传统儒、释、道三教之一，是一个具有高度发达成就的历史宗教，无疑在客观上就为帮助儒教在当代社会获得它的合法身份提供了证明；种种赞成与反对，则无疑是儒教获得这一合法身份的'学术听证会'，是对儒教合法身份的学术审查。"他认为，肯定儒教的作用，呼吁给予儒教合法身份入场，当然并不意味着在儒教与现代社会的契合性方面，儒教就是一个可以当下现成拿来亮相的，相反，儒教是一个需要经过改新的宗教。即使承认儒教是一个历史宗教，那么它也仍然需要大刀阔斧的自我完善和自我建设。在当代文化中的儒教，应当是一个从以皇权政治为中心的国家宗教，彻底向切乎百姓安身立命和人伦日用的民间化的宗教的转变，应当具备恰当的宗教仪式，把儒教和信众联系在一起。同时，强调在现代化条件下，人们如何利用儒家资源来修身养性、安身立命，这其中当然就涉及儒教的教义如何和当代社会相适应的问题。儒教研究的课题应当关注现代人生存中的精神焦虑，关注人在社会、家庭及人与人之间的矛盾牵涉，关注人生的信念支柱、人的终极关切、人的精神生命

---

① 康晓光：《文化民族主义论纲》，参见《战略与管理》2003 年第 2 期。

质量的提升，总之，儒教在面对"外王"带来的种种心灵的问题而寻求
"内圣"之路。儒教的宗教仪式和教义变革是儒教改新中最重要的问题，
此外诸如宗教设施、教职人员等问题也很重要。对这些问题的研究，还可
以参考海外的儒教孔教、德教成果。

　　就这一时期对于儒教的认识与研究而言，与任继愈先生在约三十年
前提出儒教是宗教时相比，不难看出，已经有了根本性的不同，在基本
点上，这几年的认识与研究已不再认为儒教是一种消极、负面的，应该
完全否定的意识形态，把它看成是现代化建设的障碍，而是从积极、正
面的方面来看，认为是一种肯定的意识形态，儒教作为中国文化的主体，
可以既在中华民族的伟大复兴中，也在全球化的过程中，起主导的作用。
这是进入新世纪以来所谓儒教研究的最大转变，这样的转变所具有的意
义：一方面随着中国社会的发展，中华民族的复兴取得巨大的进展；另
一方面随着对于以儒教为核心的中国传统文化在这种民族复兴中所起的
巨大的作用之认识的深入，以及对于儒教（儒学）研究的深入，而会更
加凸显出来。

　　事实上，就最近的儒教研究来说，出现了两个新的更应该引起学界注
意的趋向：其一，儒教研究的着重点在于重建，而儒教的重建不在于仅仅
停留在学术的层面，简单地作为一种理论层面的论述，而试图把儒教的重
建与中国社会的发展方向有机地结合起来，指出儒教的重建对于当今与而
后中国社会发展所能提供的有用资料，如 2006 年《中国儒教研究通讯》
（第 2 期）刊载了陈勇先生翻译的罗伯特·贝拉所著《美国的公民宗教》
一文以及陈勇自己的论文《公民宗教综论》，这两篇论文的刊载，按照这
一期刊物的《编后》的说法，贝拉是美国所谓公民宗教的有力倡导者，他
之所以提出公民宗教问题，用意在于"要为美国的立国精神和核心价值与
其神性根源之间的关系进行论证和表述，他所谓的公民宗教是指在其历史
发展过程中形成的关于其国家、人民与神及其世界关系和意义的具有宗教
性的共识或意识"。认为贝拉的探讨"不仅为考察美国社会的宗教和政治
之间的关系提供了一个独特的视角，而且也为我们思考中国现代化过程中
出现的问题不无助益"。陈勇的《公民宗教综论》的立意就在于此，他的
文章通过分析，为儒教公民宗教化的进路提供了一定的理论支持。而儒教
如何能够公民宗教化，以公民宗教作为构建路向，就在构建过程中必须解
决三个相关的问题，首先，儒教能否"体现一个国家的立国精神和核心价

值，并在这些精神和价值之上建立一套超越的、神性的评判标准，为政治或政道提供终极合法性"；其次，儒教如何既"建立在传统的建制宗教的基础之上，又要与任何具体的建制宗教有所区别"；最后，作为一种公民宗教的儒教如何面对什么是"人"和什么是"中国人"的问题。文章认为，参照美国的公民宗教，在解决了如上所提的三个问题方面，儒教确实能够为此提供有用的资料。① 基于如此的理解，在陈勇看来从公民宗教这一角度来重建儒教就具有可能性。其实，不仅陈勇是从公民宗教的角度来讨论儒教的重建问题，为儒教的重建提供了一个比较具体而又现实性的视角，在最近讨论儒教的文章中，关于儒教的复兴与重建问题成为学界关注的焦点，其核心就在于指出儒教在中国和世界的发展中确实有可资利用的资源。对此，中国社会科学院儒教研究中心最近出版的《儒教研究》，② 提供了更多的资讯。《儒教研究》是在该中心先前刊印的《中国儒教研究通讯》的基础上正式公开出版的有关儒教研究的书刊，不仅容量增加了，而且涉及的范围也扩大了，为儒教研究提供了一个讨论与争论的平台，相信它的出版对于儒教研究来说将会起到很大的作用。

其二，儒教研究在最近的发展其实是与儒教能否复兴和重建紧密结合在一起的，理论的探讨固然重要，提出如何来复兴与重建儒教也成为学界思考儒教问题的重点，由此推动了儒教问题研究向广度与深度的发展，就是说在最近的儒教研究中，儒教研究有了更深刻的意义和更广阔的视角。而与此相应的是有关儒教问题的实证研究，具体说，儒教作为中国传统文化的主要表现形式，它是与广大的中国人的生活世界结合在一起的，它不仅是传统，是历史，也是实实在在的活生生的生活世界，是与广大的中国人的现实生活联系在一起的，因此，在学术界讨论儒教问题的理论方面的内容时，它的实存状态同样也引起了关注，事实上，研究儒教，复兴或者重建儒教，它的现实基础是什么？这必须进入到学者的视野，因而展开社会调查，摸清儒教的实存状态，成为最近儒教研究的一个领域，中国社会科学院世界宗教研究所儒教研究中心启动了有关儒教的存在形态的社会调研项目，通过调研试图说明儒教在当代的具体存在状况，由此来进一步讨论中国的传统文化中所谓的儒教问题，结

① 参见《中国儒教研究通讯》2006 年第 2 期编后。

② 参见《儒教研究》，社会科学文献出版社 2009 年版。

合现状应如何定义的问题，并说明中国的传统文化不只是作为一种历史的形态而存在，它也是一种现实的存在形态，因而它对于中国社会今后的发展依然起着重要的作用，确实能够为我国今后的发展提供许多有用的资料。其实不仅是儒教研究中心在做这样的事，其他学术研究机构和学者也同样重视这种儒教实存状况的调研，如首都师范大学儒教文化研究中心组织了一些相关研究生进行调研，以此作为硕士学位论文。由此可以说明当今的儒教研究，它的范围更为广阔。

同时，就学术层面来说，这三十年来关于儒教研究与争论，其可资运用的学术资料是什么？有哪些？其实这是个一直没有解决的问题。作为一种研究对象，如果没有与之相应的、具有本学科特点的学术资料，又如何能够科学与合理地构建这一研究领域？长期以来这个问题确实被学界所忽略了，以至于我们看到在儒教方面的学术研究成果，其资料的可靠性与合理性会受到人们的质疑，对于有些资料的引用与解释存在着很大的争议。儒教有没有自身的资料？如果有，那又是什么样的？因此搜集与整理儒教研究资料应该成为儒教研究的重要组成部分，可以说是儒教研究的基础性工作，事实上不解决这个问题就无法推动儒教研究进一步向前发展。由此可见，其重要性是不言而喻的，而且经过了三十年的儒教研究与争论，它的重要性越来越为人们所认识。或许正是基于这样的考虑，从事儒教研究的学者已经开始了对中国历史上儒教资料的搜集与整理的工作，如由李申先生主持的就有如下一些工作：一是编撰《中华大典·宗教典·儒教分典》；二是《儒教资料类编》，据李申先生说，前者已经基本编就，后者共有30余册，已经陆续出版。在编辑这两部分资料的同时，还有一套可以影印的大型的资料丛书《儒教资料选汇》也已选定目录。① 相信这些资料的编辑出版，能够为儒教研究提供有用的资料，从而推动儒教研究更上层楼。

第五节　简短的结语

如果以任继愈先生在 20 世纪 80 年代前后提出"儒教是宗教"的观点，作为当代儒教研究的开端算起，至今已有了 30 年的历史，总结这 30

---

① 参见宗教蓝皮书《中国宗教报告》（2009），第 156—157 页。

年的儒教研究，尤其是围绕着儒教问题所进行的讨论与争论，其意义是不言而喻的，我们尝试着举出下列数点，供关心儒教问题研究的学界来讨论。

第一，儒教问题由任继愈先生重新提出来加以讨论，事实上有着深刻的背景，是有其内在动因的，这个内在的动因就是当结束了"文革"的十年动乱以后，中国社会需要把主要的精力放到经济建设的正确轨道上来，当时就是提出要进行现代化建设，而经济建设同样需要有正确的理论先导，即进入现代化建设后，支撑现代化建设的思想文化基础，或者意识形态的动因是什么？在当时的背景下，有两个认识论的前提：其一所谓的传统文化的前提，在任继愈看来中国的传统文化是现代化发展的阻碍；其二是宗教的前提，在任继愈先生看来，宗教是鸦片，它只能起所谓的欺骗麻痹作用。基于这两个认识论前提，即对于传统文化的否定和认为宗教是鸦片，而儒教恰恰是综合了传统文化与宗教两个方面的内容，因而我们可以理解为什么任继愈先生在当时重新提出儒教是宗教问题时，完全是一种否定与批判的态度。提出这一点，是试图说明任继愈先生当时提出"儒教是宗教"的客观的历史背景，我们一方面不必为尊者讳；另一方面当然也不必苛求任继愈先生，毕竟谁都不可能脱离时代所提供的条件。当我们今天再重新来看待儒教问题时，当然是以一种完全不同于任继愈先生当时的态度来认识与研究儒教问题，不管是赞同者抑或是反对者。

第二，儒教问题的提出，一个显著的特点是与对儒教问题的争论联系在一起的。任继愈先生关于儒教有两个著名的观点：其一就是所谓儒教是宗教；其二就是宋明理学的建立是儒教的完成。这两个观点的提出确实是石破天惊的，在当时，甚至至今依然引起了学界不同的认识，对此进行商榷与讨论，赞同者与追随者有之，批评与反对者也不乏其人。事实上关于儒教问题在这 30 年的时间内所引起的争论，大致可以归结为两个大类，其一，所谓的儒教是宗教还是非宗教之争，这个争论也一直延续至今；这样的争论是泾渭分明的，主张儒教是宗教与主张儒教是非宗教的观点都曾引起激烈的讨论，而且各不相让，见仁见智，各有自己的一套说辞，从而构成了 30 年来儒教研究的特色，相比较于其他学科的研究，事实上儒教研究这 30 年就是在争论中展开的。其二，即便是在同意儒教是宗教的学者中，他们的观点也是有着很大的差异，如任继愈先生认为到了宋明理学的建立才可算是儒教的完成，而朱熹成为晚期儒教的集大成者。[①] 他反复论证了孔子所创立的儒学是哲学不是宗教，儒学在历史上经过了两次改造，从而从哲学转变为宗教，这两次改造包括了汉代的董仲舒与宋明理学，而只是到了宋明理学的建立才标志着儒教的完成。而李申则认为儒教形态的形成是从董仲舒开始的，可以说董仲舒就把儒学转变成了儒教，一部洋洋一百五十万言的《中国儒教史》，把董仲舒以前的儒家或者儒学称为儒教前史，而董仲舒标志着儒教的成立。更有甚者，如《中国儒教史话》的作者，认为孔子所创立的就是儒教。再举一例，何谓儒教与如何定义儒教，应该是儒教研究中首先应该说明的问题，如果这样的问题在儒教研究中不能加以定义，儒教研究如何进行？任继愈先生作为儒教是宗教的当代倡导者，在他的论文中其实并没有解释何谓儒教与如何定义儒教的问题，即便到了李申先生的大作《中国儒教史》的出版，依然没有来回答这个问题。后来断断续续有学者来回答何谓儒教与如何定义儒教的问题，我们可以举何光沪先生与蒋庆先生为例，很有意思的是，它们都是复兴或者重建儒教的坚定支持者，可谓不遗余力。但他们的观点却是大相径庭的，何光沪以研究基督教的学者身份，主张以基督教作为参照角度来定义儒教，他的观点是众所周知的，作为一个对于西方宗教思想文化有着深厚学养的宗教学者，他看到了儒教与基督教的相通之处，如他就认为，先秦的天帝观念就与西方的上帝观念颇为接近，因而，儒教的复兴，可以从基督教那里获得某种启示，这些认识确实是具有启发性的。而蒋庆则完全相反，他反对从基督教的角度来看儒教，一方面蒋庆先生指出，在当今面对西方文明的全方位挑战时，就必须全方位地复兴儒教，只有以儒教文明回应西方文明，才能完成中国文化的全面复兴。另一方面指出儒教之教的宗教学含义，并进而肯定儒教是宗教，如果不拘泥于西方的宗教概念，儒教肯定是一种宗教，只不过是一种与西方宗教不同的独特的中国宗教，这并不影响儒教是一种独特的宗教，不能因为儒教与西方宗教不同就否认儒教是宗教。其实，有关这一类的不同观点，就是在赞成儒教是宗教这中间也是多有所见。这样不同观点的争论，可以罗列出很多来，如果对它们进行分析比较，加以归类，相信不会是没有意义的。就这样不同观点的争论来看，尽管各有坚持，但正是这种各不相同的观点之争论，使得这 30 年来

---

① 参见任继愈先生为张立文著《朱熹思想研究》所作之序。

儒教研究精彩纷呈。

第三，没有哪一种学术研究如同儒教问题这样，在短短30年的时间内成为显学，而且经过这30年的争论与讨论之后，对于儒教的认识有了如此根本性的转变。如前所述，任继愈先生在20世纪80年代前后提出儒教是宗教的认识，是基于这样两个认识前提，或者说是认识误区，由此决定了任继愈先生对于儒教的认识与态度，总的说来，他对于儒教是采用了否定与批判的态度，认为它是中国现代化的阻碍，我们读任继愈先生有关儒教问题的论述，如《论儒教的形成》、《儒家与儒教》都能强烈地感受到这一点。对任继愈先生这样看待儒教问题，即便是赞同儒教是宗教者，其实也已有着根本不同的看法，如被称为第一个站起来支持儒教是宗教说的何光沪先生，他所说的儒教，是为他在当代的文化背景下来重建儒家思想文化体系服务的，其现实的针对性是十分强力的，我们在读他的论著中也可以强烈地感受到这一点。在他看来儒教不仅不是负面的，应该否定的东西，不仅不是现代化的阻碍，而且能够对于中国的现代化建设提供强大的理论支撑；正因为如此，他才提倡要重建儒教，并以之与世界其他文化进行交流，只不过他是站在以基督教为参照的立场上来说的。而今天儒教的赞同者们，他们所提倡的复兴与重建儒教，是站在中国文化本位的立场上来说的，这不仅完全不同于任继愈先生的认识与看待儒教的态度，而且与何光沪先生有关儒教的认识也有着根本性的不同。在他们看来儒教可以成为中国现代化建设的推动力量。不仅如此，复兴与重建儒教并且可以参与到世界文化的交流之中去，为当今世界提供一种思想文化资源，由于包括儒教在内的中国文化自身的特点，相信这样一种文化资源可以促进世界的进步与文明的发展。总之我们看到，30年来通过对儒教问题的争论与讨论，学术界对于儒教的认识已经有了根本性的转变，儒教无论是对于学术界还是其他方面，它不再是一种负面的否定的东西，不再是对于中国社会的发展只能起阻碍作用的消极的因素，而是一种正面的积极的肯定的力量，对于中国与世界的发展能够起到推动的作用。这样的认识与态度的转变确实是巨大的，也是有意义的。

第四，30年来的儒教研究，其实兼具了学术与意识形态的双重意义。就儒教研究的学术意义而言，应该是不言而喻的，简单说来有两个方面可加以论述：其一，通过这30年来的儒教讨论与争论，无论是承认儒教是宗教还是否认儒教是宗教，人们加深了对于儒教的认识，并且由此进一步加深了对中国文化的性质、价值与意义的认识，拓展了人们的认识视野，开阔了人们对中国文化的认识空间，如此等等。其二，通过这30年来儒教问题的讨论与争论，在学术方面出了一大批论著，可谓成果丰硕，这是有目共睹的。然而，当今的儒教研究不仅仅是一个学术问题，或者说主要不是学术问题。前一点我们已经说到了经过30年的儒教问题的讨论与争论，学术界对于儒教的认识与态度发生了根本性的转变，而这种转变其实是与学术界对于中国社会的发展过程中，复兴与重建儒教所具有的意义之认识分不开的。诚如余敦康先生在论述被任继愈先生重新提出儒教是宗教的观点时所指出的那样，认为把儒教看成是如同佛教道教那样的一种宗教形态，是出于一种意识形态的顽固性，其认识的误区就在于宗教是鸦片，而儒教是宗教，所以儒教只能起到欺骗与麻痹作用。余敦康先生的论断确实是一针见血的，他准确地把握了当时儒教是宗教的提倡者的思想逻辑，为人们认识当时儒教问题的重新提出提供了意识形态上的依据。就当时任继愈先生重提儒教问题，就凸显了所谓的意识形态问题，这一点余敦康先生的论断是有根据的，也是符合当时的实际情况的。其实任继愈先生关于儒教问题的论述从来也不只是局限于学术问题上，而是有着更深层的意识形态方面的深刻思考，我们如果对任继愈先生的论著不作价值上的判断，就不难发现其实任继愈先生的观点就是要为推动中国社会的现代化建设提供理论指导，因为他的认知是传统文化是现代化的阻碍，宗教起着欺骗与麻痹作用，他的意识形态方面的意义是十分明显的，也是毋庸讳言的，这就同样说明了为什么当时像冯友兰、张岱年等诸位先生在批评任继愈先生的"儒教是宗教"的观点时就显得苍白乏力的缘故，因为他们没有认识到任继愈先生论述儒教是宗教这一基本观点时背后的深意。但是随着社会的发展，尤其是学术界对于传统文化与宗教这两个领域的认识发生了深刻的变化，对于儒教的意义形态方面的意义就有了完全不同于任继愈先生当时的认识，指出这一点对于当前儒教问题研究的深入发展是很重要的。而且随着中国经济政治文化的不断发展，传统文化本身所具有的意识形态方面的功能也就越来越为人们所认识，特别在今天人们已经能够从正面的积极的肯定的角度来认识儒教的价值，因而它的意识形态方面的意义也就更加凸显出来了。不仅如此，今天的儒教研究，已经着眼于用包括儒教在内的中国文化参与到世界文化的交流之中，为中国与世界社会文化的发展提供有用的思想资源。更进一步来说，当前我们正在努力促使中华民族的伟大复兴，而抽象地说来民族是文化的载体，文化是民族的灵魂，中国民族的伟大复兴，首先必须是包括儒教在内的中国文化的复兴，没有文化的民族只是一个躯壳，世界上哪有只有民族的复兴而没有文化复兴之理？通过这样的复兴，使得儒教能够对于中国与世界的发展进步提供一种论述，这就是今天学界提倡复兴或者重建儒教的意识形态方面的意义之所在。

第十三章 萨满教研究

郭淑云

　　中国萨满教研究肇始于 20 世纪 30 年代，与中国民族学起步相伴随。经过 80 年的艰苦努力，已由零星的研究到形成可观的规模；由"政学一体"到学术自觉自立；由以西方民族学的理论为基础，在推动西方民族学理论本土化进程中的尝试性研究，到以马克思主义宗教理论为指导的学科基础理论奠基，再到学科理论多元并举；由个别学者到一支包括专业研究人员、民族和民间文艺工作者、萨满文化传承人等专兼职人员构成的学术队伍的形成；由依附于民族学、历史学等少数学科的专题研究到涉及民族学、人类学、宗教学、历史学、民俗学、文学、艺术学、生理学、心理学、哲学、考古学等诸多学科的专门的研究领域。已出版学术著作、文集、资料集等逾百部，发表论文数千篇，一批具有较高创新价值的学术著作相继问世。中国萨满教研究异军突起，取得了令人瞩目的成就。当然，中国萨满教研究起步晚，与已有二百多年历史、业已成为一门独立学科的国际萨满教研究相比，还有相当大的差距，存在诸多问题。考察中国萨满教研究的历史进程及取得的成绩、存在的问题，探索中国萨满教研究的发展轨迹，有助于进一步完善中国萨满教研究的学科体系，促进中国萨满教研究向纵深发展。

第一节　中国萨满教研究的历程

　　我国古代向以"内诸夏而外夷狄"的大一统观念为正统思想，视为"天地之常经，古今之通谊"。① 在这样一个国度里，作为北方少数民族信

---

① 《汉书·董仲舒传》。

奉的、主要在民间下层流传的萨满教，自然难登官方史乘，难入文人视野。

对中国萨满教进行科学考察与研究的先行者是凌纯声先生。从他到赫哲族地区考察至今，已经整整 80 个年头。80 年来，中国萨满教调查研究大体经历了三个发展阶段，每一个阶段的调查研究无不体现鲜明的时代特征，其成就与局限，均与当时整体学术环境、国家的民族、宗教、文化政策及其所依托学科的发展水平息息相关。

一 中国萨满教研究起步阶段

20 世纪 30 年代至新中国成立，可谓中国萨满教研究的第一阶段，即起步阶段。

20 世纪初，随着西学东渐之风的日盛，西方民族学被介绍到中国。一些先行者尝试着将西方民族学理论和方法应用于中国少数民族的调查与研究，实现民族学的本土化。蔡元培担任中央研究院院长期间，即大力推进对边疆少数民族地区的田野调查，积累了丰富的资料，形成一批研究成果。凌纯声的民族志代表作《松花江下游的赫哲族》就是在这种学术背景下产生的。

《松花江下游的赫哲族》系统地记述了赫哲族灵魂观、宇宙观等萨满教观念，萨满的派系、类型、传承和职能，萨满仪式（跳鹿神、求子仪式、治病仪式、星祭、祭天、家祭）、占卜等赫哲族萨满教的基本内容。该书虽不是一部萨满教的专门著作，但在中国萨满教研究史上仍具有重要的意义。

1. 开创了中国萨满教研究的民族学传统。萨满教所具有的原始文化综合体的特质，使其成为多学科的研究对象。但从民族学的视角考察萨满教始终是中国萨满教研究的传统，民族学也是中国萨满教研究最基本的理论与方法，是其他学科研究的基础。

2. 提供了萨满教民族志著作最典型的范式。该书对赫哲族萨满教的主要方面做了详尽的描述，内容丰富，材料翔实，图文并茂，体系完整，不仅是赫哲族萨满教研究的经典作品，而且为萨满教研究者从事田野调查和撰写调研报告提供了范本。

3. 开启了萨满教比较研究的先河。该书视野开阔，并非囿于赫哲族萨满教展开论述，而是以一种历史的眼光和跨文化的视野，将赫哲族萨满教与中国古代文献中的巫文化和西伯利亚诸民族的民族学资料相观照，进行比较研究。这既体现出一种方法论的自觉，也体现了凌纯声先生在民族学本土化的过程中，对中西方文化交汇方面的领悟。使中国萨满教研究在发轫之端，即显示出开阔的视野。

中国素有治史之传统。从历史学的视角考究萨满教，也是这一阶段中国萨满教研究的特色之一。姚从吾、孟森、郑天挺等史学大家，在从事断代史研究的过程中，开始关注萨满教，并做了一些零星的专题研究，① 开创了萨满教史学研究的传统。

总体上说，这一阶段的主要特点为萨满教研究还是少数学科个别学者的零星性的研究，并附属于其他的学科。但凌纯声先生《松花江下游的赫哲族》的问世，无疑是这一阶段具有标志意义的一件大事，科学的萨满教民族志研究在中国已经有了典型的范例。

二　中国萨满教研究奠基阶段

从新中国成立至改革开放，为中国萨满教研究的第二阶段，即奠基阶段。

新中国成立后，中国社会发生了翻天覆地的变化。这种变化给社会科学研究带来了深刻的影响。如前所述，20 世纪上半叶，中国萨满教研究主要依托于民族学和历史学。随着中国社会和这些学科格局的变化，萨满教调查研究也呈现出鲜明的时代特色。在这一阶段，历史学的研究视角是当时社会科学研究的普遍倾向，这无疑有助于强化萨满教历史研究的传统。对满族和蒙古族萨满教的考察，散见于个别民族史或断代史的著作中。其中，莫东寅的《清初满族的萨满教》② 一文，是这一时期一篇很有分量的论文。该文虽主要探讨清初满族萨满教形态，但其视野却相当广阔，将满族萨满教置于萨满教发展、演变的历史进程中加以考察，分别论述了满族萨满教的早期信仰和发展演变形态。在此基础上，莫氏又将清代满族的萨满祭祀分为清朝宫廷的萨满祭祀和满洲八旗的萨满祭祀两种类型。

20 世纪 50—60 年代，在全国范围内开展的中国少数民族社会历史调

---

① 参见姚从吾《成吉思汗的萨曼时代》，《治史杂志》1937 年第 1 卷第 1 期；孟森：《清代堂子所祀邓将军考》，国立北京大学《国学季刊》1935 年第五卷第一号。

② 莫东寅：《满族史论丛》，人民出版社 1958 年版，第 175—205 页。

查，旨在弄清各主要少数民族的经济基础、社会结构、历史沿革以及特殊的风俗习惯等，作为民族工作的依据。尽管这项由国家组织的全国性的调查工作带有明显的政治色彩，也因此影响着新中国民族学的进程和轨迹，形成这一时期"政学一体"的特色。但这次少数民族社会历史调查规模之大，意义之深远，都是史无前例、举世罕见的，不仅在新中国民族学研究史上产生了深远的影响，对中国萨满教研究也具有重要的意义，为我国萨满教研究奠定了基础。

1. 收集了丰富的萨满教田野调查资料

在调查组撰写于 20 世纪 50 年代末和 60 年代初的调查报告中，萨满教方面的内容还是占有一定的比重。主要包括萨满教的神灵、萨满的类型和职能、萨满仪式类型、萨满传说故事、萨满的神偶、法器及萨满传记等方面的内容，涉及萨满教的主要方面。此外，各调查组还拍摄了大量的萨满教图片，收集一些萨满教实物和手抄本。迄今为止中国收藏的唯一的一部《尼山萨满》满文手抄本（现藏于中国社会科学院民族学与人类学图书馆，被学术界称为"民族所本"）[1] 就是在这个时期得到的。这些弥足珍贵的资料为中国萨满教研究的兴起奠定了重要的资料基础。

2. 培养了萨满教研究的人才

少数民族社会历史调查的一个重要成果是培养、造就了一批民族学及相关学科的专门人才。我国萨满教研究的几个重要奠基人秋浦、满都尔图、吕光天、蔡家麒等都是民族调查的参加者。他们在长期的民族调查实践中认识到了萨满教在北方民族社会生活中的重要地位，并较早着手介绍和研究萨满教。20 世纪 60—70 年代出版的《鄂温克人的原始社会形态》[2] 和《鄂伦春人的社会发展》[3] 等，分别设专节和专章，论述了鄂温克和鄂伦春族的萨满教崇拜观念、萨满的产生、职能及其宗教活动，开创了新中国民族学视域下的萨满教研究的先声。在长达八年的调查实践中，他们掌握了民族学调查的方法，积累了丰富第一手材料，成为训练有素的学者。调查结束后，他们分别走上不同的专业研究岗位，先后发表一系列萨满教论著，为中国萨满教研究的兴起作出了巨大的贡献，产生了深远的影响。

---

① 已知《尼山萨满》共有六个满文手抄本，除"民族所本"外，其他手抄本均藏于俄罗斯科学院民族研究所。

② 秋浦等：《鄂温克人的原始社会形态》，中华书局 1962 年版。

③ 秋浦：《鄂伦春人的社会发展》，上海人民出版社 1978 年版。

3. 积累了丰富的田野调查经验

少数民族社会历史调查是一项科学的民族学考察工作，也是一项系统工程。调查组成员在专家的指导下，结合实际，探索出行之有效的调查工作方法，积累了丰富的田野调查和撰写调研报告的经验。使这些调查组出身的学者形成重调查和实证的学风，写出一些有分量的萨满教调查报告。

尽管由于这次民族大调查重经济基础、轻上层建筑，厚今薄古的既定方针，使萨满教调查的深度和广度远远不够，甚至被排除在调查范围之外，留下了诸多难以弥补的遗憾，但总的来说，少数民族社会历史调查在中国萨满教研究史上写下了重要的篇章，在资料的收集、研究方法的积累、人才培养等方面为中国萨满教研究的兴起，提供了必要的准备。

三 中国萨满教研究发展阶段

改革开放以来的 30 年为中国萨满教研究的第三阶段，即发展阶段。

改革开放的春风带来了学术研究的繁荣，也给萨满教研究带来了春天，中国萨满教研究从此进入一个新的历史时期。1981 年是中国萨满教研究史上的一个重要年份。这一年，满都尔图、秋浦、吕光天、蔡家麒、夏之乾、刘建国、孟志东等人，先后在北京、内蒙古、吉林等地的杂志上率先刊发萨满教研究方面的论文，[①] 开风气之先。

1981 年，对中国萨满教研究同样具有开拓之功的几位先生也登上了萨满教调查研究的历史舞台。是年 2 月中旬，在富育光先生主持下，中国社会科学院民族文学研究所举办了满族萨满专题调查座谈会，邀请满族萨满文化的重要传承人傅英仁、石光伟及满族石氏家族的几位萨满和助手到该所进行为期半月之久的访谈、交流和萨满表演。该所从事满语研究的宋和平女士参加了此次调查活动，并进行了全程录音。此次活动，开创了我国系统挖掘、抢救萨满文化遗产的先河。富育光、石光伟、宋和平等先生也从此踏上了萨满教调查研究之旅，为开拓中国萨满教研究作出了重要的贡献。特别是富育光先生作为一位满族学者，怀着对民族文化挖掘、抢救的

---

① 岳青：（满都尔图的笔名）《中国的萨满教》，《世界宗教资料》1981 年第 1 期；满都尔图：《中国北方民族的萨满教》，《社会科学辑刊》1981 年第 2 期；刘建国：《关于萨满教的几个问题》，《世界宗教研究》1981 年第 2 期；伍韧：《萨满教的演变与没落》，《社会科学战线》1981 年第 3 期；孟志东、瓦仍台布、尼伦勒克：《鄂伦春族宗教信仰简介》，《内蒙古社会科学》1981 年第 5 期。

使命感和责任感，在萨满教调查研究、组织学术活动和人才培养等方面做了大量的开拓性的工作。

30 年来，中国萨满教研究取得了长足的发展，主要表现在以下几方面：

1. 研究成果丰硕，成果形式多样

改革开放以来，我国萨满教研究空前活跃，成果卓著。据不完全统计，30 年来大陆学者在全国及港台地区、国外的报刊、文集中发表的萨满教研究方面的文章有数千篇，其中包括学术论文、调查报告、介绍文章、译文、书评等，以学术论文居多。这些论文从民族学、哲学、历史学、文学、艺术学、民俗学、宗教学、人类学、心理学、社会学等多维学术视野对萨满教进行研究，涉及萨满教的诸多方面。已出版的各种形式的研究成果逾百部（含内部资料）。[①] 这些论著多为汉文，亦有以蒙文、维吾尔文等少数民族文字发表的成果和以英、德、韩、日等文字在国外发表的成果。此外，在阿尔泰语系诸民族宗教史、民族史、文学史及专题研究的著作中，对萨满教问题多有涉猎，甚至做过深入探讨，这方面的成果不胜枚举。

2. 一支专兼职结合的研究队伍正在形成

如同我国萨满教研究带有较强的自发性、随意性一样，萨满教研究队伍也是自然形成的。20 世纪五六十年代的少数民族社会历史调查和八九十年代的民间文艺"十套集成"两项全国性系统工程，培养、造就了一批萨满教研究人才。他们是在从事民族社会历史调查和采录民间故事、民歌、民间音乐、舞蹈、曲艺等民间文艺形式的过程中，逐渐发现并认识到萨满教在民族生活中的地位及对民族民间文艺的影响，并开始走上萨满教调查研究之路的。因此，萨满教研究队伍形成之初即具有多元性，既有民族学、宗教学、历史学、民俗学、民间文艺学等学科的专门研究人员，也有一些民族工作者、民间文学艺术工作者；既有专职研究人员，也有兼职学者和萨满文化传承人。

3. 专业学术团体和研究机构的相继成立

对任何一个学科或研究领域来说，专业学术团体和研究机构的设立都具有重要的意义，标志着学科发展进入了新的历史阶段。2001 年 2 月 9

①　限于篇幅，具体著作名称，无法在此列出。

日，我国第一个以研究萨满文化为宗旨的学术团体——中国社会科学院萨满文化研究中心，在北京成立。2009 年 7 月 10 日，吉林省萨满文化协会在伊通满族自治县宣告成立，同时召开第一次全体大会，选举张笑天为会长。

除了萨满教研究的学术团体外，专门的研究机构也相继成立。2004 年 4 月，我国首家萨满文化专门研究机构——长春师范学院萨满文化研究所成立，聘请我国著名萨满教专家富育光先生为名誉所长，郭淑云为所长。2004 年 6 月，长春大学萨满文化研究中心成立。

此外，30 年来国内外学术交流进一步加强。我国萨满教学术界在这方面也做了大量的工作，开阔了眼界，拓宽了思路，促进了萨满教研究的深入开展。

第二节　改革开放以来中国萨满教研究的主要成就

改革开放 30 年来，中国萨满教研究经历了一个由不成熟到逐渐成熟的过程。萨满教学科基础建设、理论和方法的多样化、研究领域的拓展、国际对话能力的加强、整体水平的提升等方面都体现着这种变化，在学术研究方面的建树和贡献也体现了这一学科的发展趋势。

一　萨满教田野调查的深入开展

田野调查方法是萨满教研究最基本的方法，是获取研究资料的最直接的方式。改革开放后，中国萨满教研究的民族学田野调查的传统得到进一步的发扬和强化，深入少数民族地区，通过访谈、现场观察、座谈等方式，全面、系统地收集萨满教研究资料已成为研究者的自觉行为，乐此不疲。

30 年来我国萨满教田野调查不断深化，调查内容不断拓展，田野调查的手段也不断优化，极大地提高了萨满教田野调查的质量和效率。这种多元化的萨满教调查所收获的成果也是多方面的、多种形式的。

1. 调查报告和基于田野调查的学术成果大量涌现

调查报告是萨满教田野调查的直接成果，反映田野调查的深度和广度，也体现着调查者的学术旨趣。应该说，萨满教研究者多数是在调查实践中学习田野作业的方法，许多研究者对于撰写调查报告还缺乏足够的重视，更倾向于将自己的调查资料用于学术著作中。因而，这方面的成果与大量的田野调查工作实践还不尽相应。

值得称道的是，满都尔图等萨满教研究的开拓者凭借少数民族社会历史调查时期积累的田野工作经验，多次深入东北、西北、内蒙古等少数民族地区，进行萨满教实地考察，开创了改革开放后萨满教田野调查的先河，并为学术界贡献了一系列规范的萨满教民族志田野调查报告。1980 年 8 月，满都尔图和夏之乾赴新疆察布查尔锡伯族自治县金泉公社（现乌珠牛录和依拉奇牛录）进行田野考察，后发表调查报告《察布查尔锡伯族的萨满教》。① 1992 年 7 月 15 日—8 月 28 日，满都尔图同意大利的几位学者合作，对新疆维吾尔族、哈萨克族、柯尔克孜族的萨满教进行了为期一个月的田野考察，撰写了《哈萨克族萨满教调查》、《维吾尔、哈萨克、柯尔克孜族萨满教调查》② 两篇调查报告，详细地记述了上述新疆突厥语族诸民族萨满活动的现状、萨满访谈实录及仪式过程。这些萨满教调查报告，对学术界产生了较大的影响。

忠录的《锡伯族萨满文化调查》③ 是作者依据其 1989 年 12 月，1990 年 5 月，1990 年 5 月、6 月、8 月，1993 年 9 月在察布查尔锡伯族自治县对十余位萨满文化传承人访谈调查撰写而成。仲高、迪木拉提、贺灵、佟克力合著的《锡伯族民间信仰与社会》是第一部锡伯族民间信仰和萨满教方面的专题研究报告。全书共分 14 章，系统地梳理和整合了锡伯族民间信仰和萨满教调查资料，对锡伯族民间信仰这一庞杂的系统进行条分缕析，并以整体的面貌加以呈现。

迪木拉提·奥玛尔早在 20 世纪 80 年代末至 90 年代初就曾先后 3 次深入新疆天山南北农村、牧区，对突厥语族诸民族的萨满教遗俗进行过专门的调查，获得第一手调查资料。他撰写的《突厥语族诸民族萨满教的族群性分析报告》，④ 对维吾尔、哈萨克、柯尔克孜族的萨满教仪式、萨满的类型、领神途径、神灵体系等做了详细的描述和分析。热汗古丽的《维吾尔

① 满都尔图、夏之乾：《察布查尔锡伯族的萨满教》，《世界宗教研究》1984 年第 2 期。

② 满都尔图：《哈萨克族萨满教调查》、《维吾尔、哈萨克、柯尔克孜族萨满教调查》，参见中国社会科学院民族研究所编《民族文化习俗及萨满调查报告》，民族出版社 1993 年版。

③ 忠录：《锡伯族萨满文化调查》，参见新疆师范大学文化人类学研究所编《文化人类学辑刊》第一辑，新疆人民出版社 1995 年版。

④ 迪木拉提·奥玛尔：《突厥语族诸民族萨满教的族群性分析报告》，收入朝戈金主编《中国西部的文化多样性与族群认同》，社会科学文献出版社 2008 年版。

族萨满信仰现状调查研究——以新疆阿图什等地区萨满信仰活动调查为例》① 是一篇颇见功力的调查报告，该文不仅详细地描述该地区维吾尔族萨满信仰观念、神灵体系，而且对萨满的现代功能也予以关注，并对一些相关理论问题进行分析，是一篇理论与调查结合的优秀调查报告。

对满族萨满教的调查，以富育光先生为首的吉林省萨满教考察组取得的成绩最为突出。从 1983 年起，这个考察组对松花江中上游地区的满族瓜尔佳氏、尼玛察氏、锡克特里氏、扈伦瓜尔佳氏、赵氏家族进行了长期的萨满教跟踪调查。这些调查资料集中发表在富育光、孟慧英合著的《满族萨满教研究》，王宏刚的《满族和萨满教》，郭淑云、王宏刚《活着的萨满——中国萨满教》，郭淑云《追寻萨满的足迹——松花江中上游满族萨满田野考察札记》等著作中。一些来自田野调查的报告和学术论文也受到国外学术期刊的欢迎。郭淑云以满族石氏家族田野调查为基础撰写的两篇学术论文②连续在国际萨满教研究会会刊《萨满》（Shaman）上发表，在国外学术界产生一定的影响。此外，宋和平等学者也较早地开拓了黑龙江地区满族萨满教调查。③

蒙古族萨满教调查起步早，成果显著。其中，白翠英等人对科尔沁蒙古族萨满教进行了系统考察，挖掘和抢救一批珍贵的萨满资料，在此基础上完成的《科尔沁博艺术初探》④ 一书，虽以艺术的视角考察东蒙地区蒙古族萨满教，实为科尔沁蒙古族萨满教的系统研究之作，探讨了科尔沁蒙古族萨满教的基本问题，具有较高的学术价值。波·少布先生对黑龙江省杜尔伯特蒙古萨满教遗存的调查开辟了蒙古族萨满教调查研究的新领域。他发表的一系列蒙古族萨满教论著多有新意，如《多克多尔山祭奠仪式研究》、⑤《杜尔伯特努克图人原始文化遗迹浅析》、⑥《东蒙萨满的派系及其

① 热汗古丽：《维吾尔族萨满信仰现状调查研究——以新疆阿图什等地区萨满信仰活动调查为例》，《西部人文通讯》2005 年第 2 期。

② Guoshuyun, Religious Education in Manchu Shamanism, as Seen from Jiaowuyun—Based on field-work conducted among the Manchu Shishi Clan in Jiutai City, Jilin Province, Shaman Spring/Autumn 2008；Analysis of the Grandfather God of the Manchu Shi Clan, Shaman Spring/Autumn 2009.

③ 参见宋和平、魏北旺《瑷珲富裕两地萨满文化调查报告》，《民族文学研究》1987 年第 3 期。

④ 白翠英、邢源、福宝琳、王笑：《科尔沁博艺术初探》，哲里木盟文化处编印（内部资料）1986 年。

⑤ 参见波·少布《多克多尔山祭奠仪式研究》，《黑龙江民族丛刊》1987 年第 2 期。

⑥ 参见波·少布《杜尔伯特努克图人原始文化遗迹浅析》，《黑龙江民族丛刊》1998 年第 1 期。

职能》① 等论文，均为基于田野调查的创新之作。

鄂伦春、鄂温克、达斡尔族萨满教形态古老，特色鲜明，具有重要的学术价值。对这些民族萨满教调查、研究起步较早。秋浦、满都尔图等前辈萨满教学者主要是基于对上述民族萨满教的调查开拓了中国萨满教研究。20 世纪 80 年代后，一些本民族学者和地方文史工作者、民族工作者，也开始致力于本民族或本地区萨满教调查与研究，并具有亲历性和来自第一手调查的实证性等特点。②

来自北京、吉林等地的学者对鄂伦春、鄂温克、达斡尔族萨满教也进行了长期的跟踪调查。1990 年春，富育光、王宏刚在大兴安岭考察期间，与鄂伦春族学者关小云一同调查了自 20 世纪 30—80 年代十八站、白银纳两地 17 位萨满的基本情况。上述调查资料发表在《鄂伦春族萨满教调查》③ 一书中。该书以丰富的第一手资料展示了鄂伦春族萨满教的基本面貌，为研究萨满教的原始形态提供了宝贵的实证资料。富育光、王宏刚、郭淑云等人也曾多次深入海拉尔、齐齐哈尔等地区，考察鄂温克族、达斡尔族的萨满教。吉林萨满教考察组的田野收获及国内同仁的调查成果一并汇集在郭淑云、王宏刚主编的《活着的萨满——中国萨满教》④ 一书中。该书收录中国北方鄂伦春、鄂温克、满、锡伯、赫哲、蒙古、达斡尔、维吾尔、哈萨克、柯尔克孜、裕固和朝鲜族等 12 个民族的萨满教及相关民俗的写真图片 258 幅，图文并茂，系统、形象地展现了中国北方民族萨满教的现存形态及萨满教对北方民俗文化的深远影响。满都尔图、孟和曾在内蒙古自治区的鄂温克自治旗、陈巴尔虎旗、鄂伦春自治旗，黑龙江省齐齐哈尔梅里斯区、富拉尔基区对达斡尔、鄂温克、蒙古（陈巴尔虎）、鄂伦春萨满教进行田野调查，其成果汇集在满都尔图主编的《中国各民族原始宗教资料集成·萨满教卷》⑤ 中。孟慧英将其在北方民族中获得的萨满

① 波·少布：《东蒙萨满的派系及其职能》，《黑龙江民族丛刊》1998 年第 3 期。

② 参见德世岫《达斡尔族萨满的着装》，齐齐哈尔市政协文史办公室编：《嫩水达斡尔人》（内部资料），1989 年；塔娜：《达斡尔族的神话与萨满教》；孟志东、恩和巴图、吴团英主编：《达斡尔族研究》第 2 辑，内蒙古达斡尔历史语言文学学会编印，1987 年；白兰：《鄂伦春社会与萨满教》，《东北地方史研究》1988 年第 3 期。

③ 关小云、王宏刚：《鄂伦春族萨满教调查》，辽宁人民出版社 1998 年版。

④ 郭淑云、王宏刚：《活着的萨满——中国萨满教》，辽宁人民出版社 2001 年版。

⑤ 满都尔图：《中国各民族原始宗教资料集成·萨满教卷》，中国社会科学出版社 1999 年版。

教资料及其调查心得集中发表在《寻找神秘的萨满世界》① 一书中。吕萍、邱时遇的《达斡尔族萨满文化传承——斯琴掛和她的弟子们》②，以斯琴掛萨满及其弟子们的萨满活动为主线，详尽地记述了达斡尔族萨满文化传承的基本情况。

2. 萨满神歌的收集、翻译与整理

萨满神歌（又称仪式歌、神词、祭词、祷词）是萨满及其助手在萨满祭祀仪式上吟诵、咏唱的歌。萨满神歌集中体现了萨满教的观念体系，记述了各民族萨满教仪式的过程，是萨满教研究中最直接的第一手资料，具有独特的学术价值，受到研究者的高度重视。

萨满神歌包括口承和文本两种形式。对于口传萨满神歌的搜集，蒙古族学者起步较早，20 世纪 50 年代即已展开，七八十年代后进入发展时期。自 20 世纪 70 年代末，包玉林、泰·满昌、巴特尔、乌兰杰等人先后深入科尔沁草原，搜集记录萨满教祭词、神歌。乌兰杰的《蒙古族古代音乐舞蹈初探》、白翠英等人的《科尔沁博艺术初探》③ 等书，分别收录了作者在科尔沁地区采集的萨满教神歌。《鄂尔多斯祭奠赞祝词选》一书收录了鄂尔多斯地区传承的 120 余首萨满教祭词、神歌以及民俗化的祝词、赞词。2007 年热得那班斯尔整理、其布热审订出版的《哈布图哈萨尔的阿拉格苏里德》（蒙文）④ 一书中，收录祭祀成吉思汗二弟哈布图哈萨尔旗帜的祭词。

锡伯族学者先后在察布查尔民间发现数部萨满神歌，是研究锡伯族萨满教的第一手资料。锡伯族学者在翻译、整理《萨满神歌》方面做了大量的工作。目前，已公布的《萨满神歌》有 5 部，均为满文诗体。其中，发现较早，整理和研究起步也较早的是由南金保收藏的两部萨满歌《祈告、祝赞、祷告之神歌》、《治病时送巫尔虎之神歌》。这两部萨满歌主要有两个整理本，一是奇车山、贺灵、佟克力整理的《锡伯族〈萨满

---

① 孟慧英：《寻找神秘的萨满世界》，西苑出版社 2004 年版。

② 参见吕萍、邱时遇《达斡尔族萨满文化传承——斯琴掛和她的弟子们》，辽宁民族出版社 2009 年版。

③ 乌兰杰：《蒙古族古代音乐舞蹈初探》，内蒙古人民出版社 1985 年版；白翠英、邢源、福宝琳、王笑：《科尔沁博艺术初探》，哲里木盟文化处编印（内部资料），1986 年。

④ 热得那班斯尔整理，其布热审订：《哈布图哈萨尔的阿拉格苏里德》（蒙文），内蒙古人民出版社 2007 年版。

歌〉译注》,① 另一个为永志坚的整理本。②

满族萨满文本的大量发现,可谓举世罕见,在世界萨满教研究史上具有独特的价值。近 20 年来,中国学者在整理、研究满族萨满神歌方面做了大量卓有成效的工作。这方面的成果主要有石光伟参与整理的《中国民间歌曲集成·吉林省卷》(满族石氏等家族神歌、神词)、③ 石光伟、刘厚生编著的《满族萨满跳神研究》、宋和平译注《满族萨满神歌译注》、宋和平、孟慧英著《满族萨满文本研究》和尹郁山编著《满族石姓家族祭祀神歌比较研究》等。

二 萨满教基本问题的讨论与争鸣

近 30 年来,中国萨满教研究的成就还体现在研究领域的不断拓展,学术研究的日益深入、学术问题的逐步解决和理论建设的不断加强。从某种意义上说,这些成果更能体现中国萨满教研究 30 年的成就,也标志着中国萨满教研究逐渐走向成熟的发展阶段。

改革开放之初,人们从过去的思想禁锢中获得解放,整个学术界空前活跃。在这种大的学术背景下,关于萨满教问题的讨论也异常活跃,学术争鸣蔚然成风。尽管那个时期,萨满教研究成果有限,但却涉及诸多萨满教研究的基本问题和前沿问题。30 多年来,中国学术界对萨满教基本问题的关注和讨论从未停止。经过多学科学者的共同努力,有些学科的基本问题已经解决;有些研究回应了国际学术界的讨论;有些原本即是国际萨满教研究中尚未达成共识的前沿问题,讨论至今方兴未艾;有些问题则历久弥新,成为萨满教研究的前提。

1. 萨满教的宗教性

萨满教的宗教性问题由来已久,古今中外歧说纷纭。不主张或否定萨满教是宗教的观点主要有五方面的意见,即强调"萨满教的思想系统是一种哲学并是一种医术",④ 认为萨满教不是宗教而是一种文化

---

① 参见奇车山、贺灵、佟克力《锡伯族〈萨满歌〉译注》,收入新疆社会科学院宗教研究所编《新疆宗教研究资料》第 15 辑,1987 年。

② 参见永志坚译注《萨满神歌》,《世界宗教研究》1989 年第 2 期。

③ 参见石光伟参与整理的《中国民间歌曲集成·吉林省卷》(满族石氏等家族神歌、神词),吉林省文化局、中国音乐家协会吉林分会,内部资料,1982 年。

④ 参见凌纯声《松花江下游的赫哲族》中研院历史语言研究所单刊甲种之十四,1934 年。

现象，① 萨满教的本质是巫术而非宗教②，萨满教与巫医、神汉一样，具有欺骗性，是封建迷信的残余和萨满教不具备宗教的基本要素，因而不能称之为宗教。其中后两种观点曾产生较大的影响。视萨满教为封建迷信的观点，是受极"左"思想影响的产物，在学术界和社会上曾产生广泛的影响，在改革开放之初仍具有一定的影响力。从宗教学的视角审视萨满教，使萨满教研究拓宽了广度，增加了深度。但一些学者习惯以人为宗教为标准对萨满教的宗教性进行审定。如乌丙安先生即指出"用现代宗教观来衡量萨满教，它其实不过是近似宗教的一种独特的信仰活动和现象，或者可以叫做自然民族的自然信仰。"他从五个方面考察了萨满信仰与人为宗教的不同，揭示其基本特征。③ 这种视萨满教为信仰而非宗教的观点，在中外学者中都有一定的影响。近年，有些学者也接受了这种观点。刘桂腾在其新作《中国萨满音乐文化》一书中指出："萨满信仰是一个开放的观念体系，取最为接近局内观的表述方法，本书使用'萨满信仰'概念。"④

认为萨满教是一种宗教形态或一种宗教类型的观点，一直是我国萨满教研究中占主导地位的观点。改革开放之初，刘建国先生率先撰文论证了萨满教的宗教性质。他以马克思主义的宗教观为理论指导，以宗教的基本要素为依据，论证了"萨满教是宗教"的主张。⑤ 刘建国关于萨满教宗教性方面的论述和理论依据，代表了当时多数萨满教学者的意见。

孟慧英的《中国北方民族萨满教》一书对萨满教宗教性的界定方面具有理论建树。该书借鉴中国宗教学家吕大吉教授"宗教四要素"理论，对中国北方民族萨满教作综合考察，提出萨满教的宗教观念—宗教感情和体验—宗教行为与活动—萨满教的社会组织是构成萨满教体系的基本要素。这四要素之间按照上述序列存在着内在的结构性的关系，从而对萨满教进行了整体的、系统化的概括。该书是第一次运用中国的宗教学理论对萨满教性质进行结构性的界定，具有很高的创新意义。

---

① 徐昌翰：《论萨满文化现象——"萨满教"非教刍议》，《学习与探索》1987 年第 5 期。

② 杨朴：《"萨满教"的本质是巫术而不是宗教》，《吉林师范大学学报》（人文社会科学版）2005 年第 33 卷第 1 期。

③ 乌丙安：《神秘的萨满世界》，三联书店 1989 年版，"引言"，第 6—7 页。

④ 刘桂腾：《中国萨满音乐文化》，中国音乐学院出版社 2007 年版，第 30 页。

⑤ 刘建国：《关于萨满教的几个问题》，《世界宗教研究》1981 年第 2 期。

2. 萨满教的性质

认同萨满教是宗教，就涉及另外一个问题，即萨满教是一个什么性质的宗教。关于这个问题，我国学术界也是其说不一，大体可分以下几种意见：

（1）"原始宗教"说

萨满教是原始宗教的界说在我国学术界颇具影响力。"原始宗教"这个来自马恩经典作家的概念引入我国后，即成为一个内涵丰富、应用广泛的学术术语。长期以来，尽管国内外学术界对"原始宗教"这一概念提出诸多质疑，但中国学术界将中国古代的宗教、南方少数民族的传统宗教和北方阿尔泰语系诸民族的萨满教统称为"原始宗教"，已约定俗成。在这种学术背景下，萨满教被看做原始宗教的组成部分，为许多学者所接受。①

原始宗教是一个非常宽泛的概念，包含不同的历史形态和丰富的内容。基于此，学者们对萨满教的界定也更为具体。任继愈先生主编的《宗教词典》将萨满教界定为"原始宗教的一种晚期形式"②。满都尔图提出"萨满教是一种原始多神教"③，是将萨满教与人为宗教相比较而言的。《萨满教研究》的作者对这种观点做了进一步的阐发。王叔凯提出的"萨满教是一种世界性的原始宗教"④，揭示了萨满教的流布区域和跨国性。这些界说使萨满教的原始宗教界说更为具体和深化，从不同的侧面揭示了萨满教的特征。

（2）"自然宗教"说

自然宗教是以崇拜自然事物和自然力为基本特征的宗教，由此构成人类最早的宗教崇拜形式。尽管自然宗教和原始宗教的内涵并非完全一致，但我国学术界多将两个概念等同、互用，这种情况在萨满教研究中也存在。色音对萨满教的界定为："萨满教是基于万物有灵论基础上的一种自然宗教形态。"⑤

---

①　参见来光《萨满教文化座谈会综述》，《北方民族》1989 年第 1 期。

②　任继愈：《宗教词典》，上海辞书出版社 1985 年版，第 930 页。

③　满都尔图：《中国北方民族的萨满教》，《社会科学辑刊》1981 年第 2 期。

④　王叔凯：《古代北方草原诸游牧民族与萨满教》，《世界宗教研究》1984 年。

⑤　色音：《热闹非凡的万神殿——北方民族萨满教的神灵世界》，黄强、色音：《萨满教图说》，民族出版社 2002 年版，第 3 页。

（3）"原生宗教"说

邹昌林基于他所提出的世界文化可划分为原生道路的文化和次生道路的文化两大单元，也将宗教划分为原生宗教和次生宗教（即创生宗教）两类。[①] 这种对宗教类型的界定对我国宗教学研究产生较大的影响。孟慧英也将这种理论引入萨满教研究，提出"萨满教是原生性宗教"。"在那些强调萨满教地方性传统的学者中，萨满教只是原生性宗教的一个类别。我们把萨满教作为地方性的原生性宗教，是原生性宗教的一种，把中国北方民族萨满教作为全部萨满教中的特殊部分。"[②] 萨满教是"原生性宗教"的界定，虽与自然崇拜、自发宗教并无本质的区别，但它既强调宗教的起源及其意义，又关注宗教的演变与发展，更切合萨满教的特征及其发展轨迹。

关于萨满教的性质问题，还有很多界说。如"萨满教是一种特殊形式的巫教"[③]、"是原始的自发的多神教向人为的一神教过渡的宗教"[④]、"是一种近乎巫术的宗教"[⑤]、"是古老社会后期形成的比较完整的宗教"[⑥]、"满族的萨满教是一种典型的民族宗教"[⑦]、"萨满教是以天神为主的一神教"[⑧]、"蒙古族萨满教是一种不发达的人为宗教或过渡型宗教"[⑨] 等，不一而足。

3. 萨满教产生的时代

萨满教起源问题不仅是萨满教研究中的一个至关重要的理论问题，对于宗教学理论建设也具有重要的意义。基于此，我国学术界在萨满教起源问题研究方面付出了艰辛的努力。满都尔图在《中国北方民族的萨满教》一文从萨满的产生这一视角，探讨萨满教的产生时代，认为我国北方民族萨满的产生可能在母系氏族社会的中期

---

① 参见邹昌林《中国礼文化》，社会科学文献出版社 2000 年版，第 323 页。

② 孟慧英：《中国北方民族萨满教》，社会科学文献出版社 2000 年版，第 23 页。

③ 杨堃：《民族学概论》，中国社会科学出版社 1984 年版，第 283 页。

④ 刘建国：《关于萨满教的几个问题》，《世界宗教研究》1981 年第 2 期。

⑤ 李勤德：《中国区域文化》，山西高校联合出版社 1995 年版，第 264 页。

⑥ 卡丽娜：《驯鹿鄂温克人文化研究》，中央民族大学出版社 2006 年版，第 231 页。

⑦ 刘厚生：《满族的萨满教是一种典型的民族宗教》，《东北师大学报》（哲学社会科学版）1993 年第 1 期。

⑧ 莫东寅：《清代满族的萨满教》，莫东寅：《满族史论丛》，人民出版社 1958 年版，第 176 页。

⑨ 参见朋·乌恩《国内蒙古萨满教现状》，《蒙古学信息》1993 年第 3 期。

和晚期。① 吕光天、富育光、佟德富等学者也持这种观点，并在各自的论著中加以阐述。②

与上述观点相异者，一是将萨满教的产生推至血缘家庭阶段。秋浦曾指出："至于宗教究竟产生于原始社会那个阶段，那是一个十分复杂和困难的问题。一般多认为宗教产生于母系氏族社会，依据对于萨满教的研究结果，我认为其时间还要推前，即推到血缘家庭阶段。"③ 一是认为萨满教形成于"母系氏族公社的衰落期，在父系氏族公社的时期发展为全盛阶段"。④

萨满教起源问题是一个难度很大的问题，既有赖于考古学资料的发现，也有赖于宗教学理论的发展。就中国阿尔泰语族各民族萨满教而言，不仅各民族萨满教产生、发展、演变不平衡，而且同一民族各种崇拜观念和宗教活动的产生也不尽相同，形成大致的发展序列。因此，对萨满教起源进行具体、动态的分析，给萨满教起源问题以更加清晰的认识，是切实可行的。

4. 萨满教流布的区域

我国学术界对萨满教流布区域问题的讨论，既与国际学术界对这个问题的讨论密切相关，也以我国萨满教的历史、现实为基础，是一个由来已久，各持己见，尚待深入研究的问题。

国际学术界对萨满教流布区域的界定有广义、中义、狭义之分。广义的萨满教指存在于世界各地原始民族中的一种宗教形态，发达民族原始时代的宗教亦属于萨满教，甚至在当代发达民族的民俗生活中也残存着它的遗风。中义的界定认为，萨满教流布于广阔的欧亚大陆高纬度区域诸渔猎、游牧民族中。狭义萨满教主要限定在"萨满"一语来源地的通古斯语系诸民族的范围之内。对中国萨满教形态的界定也是在国际学术界这种讨论和认识的背景下进行的。30 年来，我国学者对这个问题的思考形成了多

① 参见迪木拉提·奥玛尔《阿尔泰语系诸民族萨满教研究》，新疆人民出版社 1995 年版，第 25—28 页。

② 参见吕光天《论我国北方各族萨满教概况》，吕光天：《北方民族原始社会形态研究》，宁夏人民出版社 1981 年版，第 258—259 页；富育光：《萨满论》，辽宁人民出版社 2000 年版，第 9 页；佟德富主编：《蒙古语族诸民族宗教史》，中央民族大学出版社 2007 年版，第 27 页。

③ 秋浦：《关于萨满教研究的几个问题》，《社会科学战线》1989 年第 3 期，秋浦：《当代人看原始文化》，中国经济出版社 1993 年版，第 266 页。

④ 刘小萌、定宜庄：《萨满教与东北民族》，吉林教育出版社 1990 年版，第 5 页。

种不同的界说，而且各种界说还在变化与完善的过程中。我国学者对此问题的思考可以概括为三种界说，与国际学术界的理论互有异同。

（1）狭义说，即主张萨满教是阿尔泰语系诸民族信仰的一种宗教形态。其内涵要比国际学术界的狭义说宽泛。迪木拉提·奥玛尔主张："萨满教是阿尔泰语系各民族曾信仰过的或尚在信仰的原始宗教。属于这个语系的诸民族，在语言、文化、历史上有着一定的渊源关系……离开阿尔泰语系的民族来谈论萨满教的分布是不很妥当的。"[①]

（2）中义说，即主张萨满教流布于欧亚大陆北部渔猎、游牧民族中。这种观点与国际学术界的中义说基本相同。这种观点与我国萨满教历史现实相符，也与我国萨满教研究的历程契合，为我国学者所广泛使用，并做了具体的阐释。其中蔡家麒先生对萨满教地域及民族分布表述清晰明确，为我国学术界所接受。他指出："萨满教系指曾经盛行在东起白令海峡、西迄斯堪的纳维亚半岛，横跨亚、欧北部操乌拉尔—阿尔泰语系的渔猎或游牧各民族的原始宗教。"[②] 这个界定除了观照地理分布、民族两个要素之外，又提出经济形态为渔猎、游牧经济这一要素，更加缜密。

应该指出的是，与国际学术界由格莱纳（F. Graebne）、史密特（W. Schmidt）、库柏（W. Koppers）等人从文化人类学角度提出的文化圈理论（后来被称做"格莱纳—史密特—库柏文化圈理论"），认为萨满教只是一种北极地区的文化现象的"萨满文化圈"理论[③]相呼应，我国学者对"萨满文化圈"的内涵、要素等也多有阐发。乌丙安、富育光等学者较早使用"萨满文化圈"这一概念，[④] 但并未作系统、全面的界定。台湾学者庄吉发先生对这一文化圈提出自己的界定，认为："萨满信仰盛行于东北亚、北亚以迄西北亚的草原地带，以贝加尔湖附近及阿尔泰山一带为发祥地，表现最为典型……萨满信仰的盛行，就是东北亚或北亚文化圈的文化特质。"[⑤]"萨满教文化圈"如今已成为一个广为使用的概念。唐戈曾依据文化圈的基

① 迪木拉提·奥玛尔：《阿尔泰语系诸民族萨满教研究》，新疆人民出版社1995年版，第10页。

② 蔡家麒：《中国北方民族的萨满教》，《史前研究》1984年第4期，收入蔡家麒《论原始宗教》，云南民族出版社1988年版，第111页。

③ 汤惠生：《关于萨满教和萨满教研究的思考》，《青海社会科学》1997年第2期。

④ 参见乌丙安《神秘的萨满世界》，三联书店1989年版，第249、276页；富育光：《萨满教与神话》，辽宁大学出版社1990年版，第7页。

⑤ 庄吉发：《萨满信仰的历史考察》，（台北）文史哲出版社1996年版，第165页。

本理论，从形的标准、数量的标准和文化层等构成文化圈的基本要素，论证了东北亚萨满文化圈的基本特质。[1] 刘厚生则从历史渊源、文化传统等方面探讨了萨满教文化圈的形成、源头及共同的文化特质等问题。[2]

（3）广义说，即认为萨满教不仅存在于东北亚、北欧、北美等原住民族中，而是具有广泛性。至于具体的地域分布，每位学者的观点可谓千差万别，其内涵和外延均不尽一致。吕光天指出："有人认为萨满教只盛行于中国北部和西伯利亚及欧洲北部的寒冷地带。其实不然，经许多学者的研究，发现我国中原古代的巫教，南方少数民族如彝族的毕磨，苗、瑶、畲等族的鬼师都与萨满教有着密切的关系。另外，随着世界各地原始宗教的调查研究，证明自古以来世界各地也都存在着许多萨满教的现象，虽然名称互不相同，但本质上都与萨满教相类似。如发现美洲印第安人，亚洲南部马来群岛，澳洲、非洲等地都有类似萨满的存在。萨满教作为历史现象来研究，它的分布地区就远远超出了原来的范围了。"[3] 秋浦认为萨满教并不是国内阿尔泰语系各民族所独有，而是一种国际现象，不仅亚非拉美各大洲普遍存在这种萨满教，甚至有人把一切原始宗教也称为萨满教。[4] 乌丙安先生认为萨满教几乎遍及北亚、北欧、南北非和南北美及太平洋诸岛的土著民族中。[5] 富育光、孟慧英两先生则主张不仅阿尔泰语系各族——通古斯语族、突厥语族、蒙古语族之各民族信仰萨满教，而且欧洲的北部、西伯利亚、中亚和西亚，乃至北美、南美，非洲、南亚的某些地区也都有萨满教的影迹。[6]

萨满教地域分布问题在国际学术界是一个争议颇多的问题，至今没有达成共识。我国学者关于这个问题的讨论和争鸣也相当活跃，不仅各抒己见，而且互陈弊端。汤惠生先生认为萨满教狭义说不利于萨满教研究："'萨满教是我国北方阿尔泰语系一些民族普遍信仰的一种原始宗教'，这一定义中所包括的对分布范围和性质的界定实际上大大地局限了我们对萨

---

① 参见唐戈《文化圈理论与萨满教文化圈》，《满语研究》2003 年第 2 期。

② 参见刘厚生《论东北亚地区的萨满文化圈》，郭淑云：《萨满文化研究》第一辑，吉林大学出版社 2007 年版，第 81—95 页。

③ 吕光天：《论我国北方各族萨满教概况》，收入吕光天《北方民族原始社会形态》，宁夏人民出版社 1981 年版，第 251—252 页。

④ 秋浦：《关于萨满教研究的几个问题》，《社会科学战线》1989 年第 3 期。

⑤ 参见乌丙安《神秘的萨满世界》，上海三联书店 1989 年版，第 6 页。

⑥ 参见富育光、孟慧英《满族萨满教研究》，北京大学出版社 1991 年版，第 1 页。

满教研究的范围和深度。"① 反对广义说的学者也从不同的侧面提出了质疑。刘建国旗帜鲜明地批驳了莫东寅先生所持的广义说。② 刘桂腾则认为"泛萨满主义"的定义模糊了具体研究对象的特质及其民族、宗教、历史渊源。③ 上述讨论和思考,为进一步深入研究萨满教的地域分布及其他相关问题提供了宝贵的认识。

(4) 萨满教的基本特征。萨满教的基本特征不仅对于认识萨满教的性质至关重要,对于界定萨满教的地域范围也将提供重要的支撑。我国学术界对萨满教特征的认识,是将其作为原始宗教(或自然宗教、自发宗教)与人为宗教比较基础上建立起来的。《萨满教研究》一书从创始人、教义、神灵体系、宗教组织、宗教活动场所、宗教神职人员等方面论述了萨满教区别于人为宗教的特征。④ 张晓光对此提出质疑,认为萨满教与人为宗教并非具有上述六方面不同的特征,二者之间有诸多共性和联系。⑤

在系统研究阿尔泰语系萨满教的基础上,认识萨满教的特征,是另一种研究途径。迪木拉提·奥玛尔即据此揭示了萨满教的四点基本特征:萨满教因萨满而得名;萨满的主要活动是跳神;每个萨满都有自己的保护神;萨满教有一个庞杂的神灵体系。⑥

(5) 萨满教的功能。萨满教对于原始文化的传承和整理功能,学者们基本形成共识。秋浦主编的《萨满教研究》从萨满的作用为切入点,探讨萨满教的功能,提出萨满是"最初的歌手,最初的舞蹈家,最初的魔术师"。⑦ 王宏刚认为:"在萨满教发展演化的漫长道路中,以一种独特的方式不断地总结着生长在实践中得到的生产、天文、医学、艺术等知识与经验,又吸收了外来文化的某些养分,汇成了民族文化的巨川,因此,它在当时历史条件下,是有一定积极意义的。"⑧ 郭淑云对萨满教与原始文化的

① 参见汤惠生《关于萨满教和萨满教研究的思考》,《青海社会科学》1997 年第 2 期。
② 参见刘建国《关于萨满教的几个问题》,《世界宗教研究》1981 年第 2 期,收入吉林省民族研究所编《萨满教文化研究》第一辑,吉林人民出版社 1988 年版,第 30—31 页。
③ 参见刘桂腾《满族萨满乐器研究》,辽宁民族出版社 1999 年版。
④ 参见秋浦《萨满教研究》,上海人民出版社 1985 年版,第 169—172 页。
⑤ 参见张晓光《关于萨满教研究的几点探讨——兼谈氏族本位系宗教与社会性宗教的差异》,《北方民族》1993 年第 2 期。
⑥ 参见迪木拉提·奥玛尔《阿尔泰语系诸民族萨满教研究》,新疆人民出版社 1995 年版,第 10—11 页。
⑦ 秋浦:《萨满教研究》,上海人民出版社 1985 年版,第 173—177 页。
⑧ 王宏刚:《萨满教问题的探讨》,《北方民族》1991 年第 1 期。

关系做了具体的分析，认为"萨满教本身即如同一部百科全书，几乎无所不包"。并在具体剖析萨满教与原始哲学、原始自然科学、医学、文学、艺术等关系的基础上，对萨满教与原始文化的关系及萨满教的文化特质加以概括，全面、系统地揭示了萨满教的文化功能，认为"萨满教是原始文化的综合体，具有综合性的历史文化价值。从原始文化研究的角度看，萨满教无疑是北方远古社会极其珍贵的'活化石'，它如同一面透视镜，再现着原始文化的基本面貌"①。

萨满教对氏族或民族精神心理的影响，是萨满教功能的重要方面。富育光先生对此有过精辟的论述：萨满们"一代又一代地铸造、陶冶、培育着北方诸民族的精神、性格和心理素质。萨满是民族之师、民族之神、民族之魂，承继着民族精神文化的全部遗产，从而享得全民族的尊重"②。

萨满教其他方面的功能也逐渐得以认识和揭示。刘小萌在《满族萨满教信仰的多重文化成分》一文中指出：满族萨满教有助于满族社会协调其成员思想与行为、减少满族与外民族及其文化的隔膜与冲突和维系满族民族心理的稳定。③ 郭淑云从萨满出神现象这一侧面，探讨了萨满教具有解除群体危机的功能、实现身心平衡的功能、增强群体凝聚力的功能、确立氏族神系的功能。同时简述了萨满出神现象的负面作用。④ 她在《萨满领神仪式与青春期危机》一文中，专题讨论了萨满领神仪式与青春期危机问题，认为萨满领神仪式对于萨满这个特殊的群体来说，具有解除或缓解他们青春期身心危机的意义。⑤

（6）"萨满"词源与词义。在国内外萨满教研究中，对于"萨满"一词词源的界定和词义的阐释都有种种不同的说法。应该说，我国学术界对"萨满"词源与词义的解说与分歧无不来自国际学术界的认识。国外两种颇具倾向性的观点，即"萨满"词源外来说和土著说，在不同的历史时期对中国学者产生着影响。在外来说中，"萨满"一词源于印度，与"沙

---

① 郭淑云：《原始活态文化——萨满教透视》，上海人民出版社 2001 年版，第 4 页。
② 富育光：《萨满教与神话》，辽宁大学出版社 1990 年版，"引论"，第 1 页。
③ 参见刘小萌《满族萨满教信仰的多重文化成分》，《中国社会科学院研究生院学报》1989 年第 3 期。
④ 郭淑云：《中国北方民族萨满出神现象研究》，民族出版社 2007 年版。
⑤ 郭淑云：《萨满领神仪式与青春期危机》，《宗教学研究》2006 年第 4 期。

门"有关①的观点，在早期萨满教研究史上颇有影响。清末徐珂所著《清稗类钞》记述的萨满教"其教旨与佛氏与默宗相似。疑所谓萨满者，特沙门之音转耳"，即接受了这种外来语学说。新中国成立以来，我国学术界多持"萨满"一词源于满 + 通古斯语的土著说。这一方面与由 И. Э. 费舍尔等学者较早提出"萨满"词源通古斯语说在国际学术界日益得到认同有关，更是我国学者根据我国满—通古斯民族语言志调查研究得出的结论。

有关"萨满"词义的解析，国外学术界多有歧义，而国内学术界的分歧和争鸣与国际学术界的认识密切相关。其中最具代表性的解说有两种，即"兴奋狂舞说"和"知晓说"。波兰学者尼斡拉兹和苏联宗教学家谢·亚·托卡列夫等世界著名学者均持前说，并从语言学的视角加以论证。②20 世纪 90 年代以前，我国萨满教研究者也多承此说，成为众口一词的通说。《中国大百科辞典·宗教卷》（1988 年）和《辞海》（1988 年）"萨满"条也分别将"萨满"释为"激动不安和疯狂乱舞"者和"因兴奋而狂舞的人"。

对于"萨满"词义的解析，已故匈牙利著名萨满教专家 V. 迪欧塞吉可谓独树一帜。他从构成 Saman 的词根入手，认为"萨满"（Saman）一词"由动词'萨'（Sa）（知道）构成，这样，'萨满'照字面讲意为'无所不知的人'"。③应该说，V. 迪欧塞吉的解释更切合"萨满"一词的原义，但这种解释并未得到国外学术界的认同。近二十年来，我国满—通古斯语族的学者贺灵、富育光、赵志忠、杜·道尔基等人以其民族语言方面的优势，分别论证了"萨满"一词在满语、锡伯语、女真语和鄂温克语中的意义和词性演化过程，所得结论与 V. 迪欧塞吉的解释恰相契合。④中国学者依据我们丰富的历史文献资料和民族语言志资料，对国际学术界

① 波普：《亚洲的司祭》，参见［日］赤松智城《萨满教的意义与起源》，孙文康译，吉林省民族研究所编：《萨满教文化研究》第 2 辑，天津古籍出版社 1990 年版，第 3 页。

② ［波］尼斡拉兹：《西伯利亚各民族之萨满教》，金启琮译，辽宁省民族研究所编：《满族研究参考资料》1986 年第 1 期；［苏］谢·亚·托卡列夫《世界各民族历史上的宗教》，魏庆征译，中国社会科学出版社 1985 年版，第 178 页。

③ 于锦绣译：《不列颠百科全书·萨满教》，《世界宗教资料》1983 年第 3 期。

④ 参见佟克力《锡伯族历史与文化》，新疆人民出版社 1989 年版，第 204 页；富育光：《萨满教与神话》，辽宁大学出版社 1990 年版，第 3 页；赵志忠：《"萨满"词考》，《中央民族大学学报》2002 年第 3 期；杜·道尔基：《萨满词考》，《北方民族》2002 年第 4 期。

长期存有争议的萨满词义问题提出了富有说服力的论据，作出了应有的贡献。

（7）萨满其人及其出神现象。在国际萨满教研究史上，有关"萨满其人"的话题历久弥新，几乎与萨满教研究的历史相始终。"萨满其人"问题讨论的焦点主要围绕萨满的生理、心理特点问题进行的，国际学术界长期就此问题展开讨论，由此而引发的学术争论至今方兴未艾。

长期以来，我国学者对此问题多采取回避的态度，或只是进行现象描述，致使国内学者对这一问题的研究非常薄弱。富育光的《萨满敏知观探析》较早地开始了这方面的探讨。该文以生理学、心理学的方法，从萨满的认知层面切入，剖析了萨满所具有的特异的认知能力和思维特征，即萨满的敏知术、感知术。①

郭淑云的《中国北方民族萨满出神现象研究》以作者近20年来在北方民族中调查的著名萨满的口述资料和仪式现场调查资料为基础，对国际萨满教学界关于"萨满其人"的一些焦点问题作出回应，提出了自己的主张，认为萨满是身心健康的人；萨满病等症状是一种复杂的现象，从某种意义上说是特定宗教文化的产物；萨满病是解决个体生命危机的一种手段；萨满作为传统社会中的一个特殊的群体，具有与众不同的品质和生理、心理、思维特征。② 这些基于中国北方民族萨满教历史与现实实际的思考，是对萨满其人问题作出的自己的回答。

萨满出神现象的成因与机制问题，是萨满出神现象研究的核心。近年来，这方面的研究成果不断涌现。色音在《试析萨满癫狂术的心理生理机制》一文中，将萨满附体纳入巫师附体的范畴内加以考察，论述了巫师与神灵关系的三种类型。在此基础上，探讨了萨满癫狂术的心理生理机制。③ 张雨海、徐光志在《萨满昏迷行为的心理学分析》④ 从催眠术和心理暗示等方面论证了萨满昏迷行为的机理。周普元、李小林在《萨满"通神"心理机制初探——兼谈弗洛伊德意义的"潜意识"》一文中，从选萨满、传

① 参见富育光《萨满敏知观探析》，白庚胜、郎樱：《萨满文化解读》，吉林人民出版社2003年版，第60—73页；收入孟慧英《原始宗教与萨满教卷》，民族出版社2008年版，第323—327页。

② 参见郭淑云《中国北方民族萨满出神现象研究》，民族出版社2007年版。

③ 参见色音《试析萨满癫狂术的心理生理机制》，《黑龙江民族丛刊》2000年第3期。

④ 张雨海、徐光志：《萨满昏迷行为的心理学分析》，《长春大学学报》2006年第11期。

授萨满知识、萨满"通神"三方面讨论了萨满性意识是一种潜意识；又从对萨满所通"神"形象的原型探讨，指出"神"是一种潜意识信息的流露。[①] 郭淑云的《中国北方民族萨满出神现象研究》一书，在大量田野调查的基础上，试将中国北方民族萨满出神现象置于多学科的视域下，运用心理学、宗教社会学等理论对这种现象作综合考察和研究。一方面将这种现象置于其所属的传统社会中予以考察，另一方面考察了萨满个体生理心理特质的特殊作用。[②] 总体而言，我国萨满教学界对此项课题的研究还刚刚开始，距国际前沿性的学术研究还相距较远，但近十年来对这一问题的研究还是取得了可喜的进展。

综上所述，30 年来我国学者对萨满教基本问题的研究取得了显著的进展，提出并解决了一些基本理论问题；依据中国北方民族萨满教丰富的实证资料，积极回应了国际萨满教学界的一些前沿问题和热点问题，提出了自己的主张，丰富了国际学术界对一些问题的思考。当然，对其中的一些问题还有待于进一步深入的研究和多学科学者的通力合作。

三　萨满教研究在多学科领域的丰硕成果

萨满教研究具有多学科性，这是由萨满教的特点决定的。萨满教是原始文化的综合体，是一个综合性的研究对象，涉及诸多学科。经过我国学者 30 年的努力，中国萨满教研究向纵深发展和研究水平提高的一个重要标志即萨满教调查研究的范围不断拓宽，形成多学科交叉、多层面共进、多方法并举的萨满教研究的局面。这种多学科发展的轨迹与国际萨满教研究的发展进程大体相同。萨满教吸引着越来越多的来自不同学科学者的倾心投入，研究的内容涉及历史学、民族学、人类学、宗教学、民间文学、神话学、民俗学、音乐学、舞蹈学、美术学、哲学、心理学、生理学、医学、考古学、社会学、语言学、法学、政治学等学科和预测学、人体科学等研究领域。不仅如此，有学者还将萨满教研究拓展到人类文明史的广阔领域，将萨满教资料与文献学、考古学、神话

---

① 参见周普元、李小林《萨满"通神"心理机制初探——兼谈弗洛伊德意义的"潜意识"》，《新疆师范大学学报》2006 年第 3 期。

② 参见郭淑云《中国北方民族萨满出神现象研究》，民族出版社 2007 年版。

学资料相结合，探索人类文明起源的轨迹及其模式。萨满教的实证资料和研究成果还广为其他学科所用，成为其他学科探索相关问题的佐证。

1. 历史学

从史学的视角研究萨满教，是我国萨满教研究的传统。改革开放以来的 30 年，这一传统仍得以继承。

我国北方是萨满教流布的核心区域，古代北方民族或部族，肃慎、挹娄、勿吉、靺鞨、女真、契丹、匈奴、东胡、乌孙、乌桓、鲜卑、柔然、扶余、高句丽、回鹘、高车、西羌、突厥、鞑靼、吐谷浑、月氏、黠戛斯和蒙古族等都曾信仰萨满教。其中有的民族已经在历史的长河中消失，融入其他民族，有的则经过演变、融合，形成现代民族。这些古代民族的萨满教既是中国古代史、中国古代民族史的研究对象，也是萨满教研究中不容忽视的课题。其中东胡族系的契丹、匈奴族系的回鹘、肃慎族系的女真等民族的萨满教研究取得了较为丰硕的成果。①

清代满族萨满教一直是学术界比较关注的问题。满族入关前后萨满教的变迁及性质等问题，还一度成为学术界讨论的热点。周昌元的《论清人入关前满族的萨满教及其社会影响》，② 张树卿、王喆的《满族入关前的萨满教》③ 是考察这个时期满族萨满教的专题论文。张树卿、王喆认为，17 世纪中叶满族入关前的萨满教已由"自发宗教"转变成了"人为宗教"。姜小莉的《试论清入关前的萨满教改革》在对明末女真社会的萨满教进行考察的基础上，认为清入关前的改革是势在必行，并探讨了清入关前萨满教改革的主要内容及其意义。④

清代萨满教的另一个热点问题是清宫萨满祭祀问题。30 年来，我国学术界对清宫萨满祭祀的研究逐渐走向深入，研究内容更加细化，在堂子祭祀起源与演变、祭祀仪式的考释、堂子祭祀神灵的考证及清宫祭祀体现的

---

① 参见朱子方《辽代的萨满教》，《社会科学辑刊》1986 年第 6 期；黄凤歧：《辽代契丹宗教述略》，《社会科学辑刊》1994 年第 2 期；田广林：《契丹礼俗考论》，哈尔滨出版社 1995 年版；王承礼：《契丹祭黑山的考察》，《社会科学战线》1990 年第 2 期；富育光、孟慧英：《金代女真族的萨满教》，《黑河学刊》1988 年第 3 期等。

② 周昌元：《论清人入关前满族的萨满教及其社会影响》，《松辽学刊》1988 年第 3 期。

③ 张树卿、王喆：《满族入关前的萨满教》，《北方民族》1990 年第 1 期。

④ 姜小莉：《试论清入关前的萨满教改革》，郭淑云主编：《萨满文化研究》第 1 辑，吉林大学出版社 2007 年版，第 64—68 页。

文化内涵等方面，取得了显著的成果，探讨了"堂子"的来历、[①] 堂子祭祀的历史演变，[②] 姜相顺的《神秘的清宫萨满祭祀》[③] 一书是清宫祭祀研究方面的代表作。作者在对大量清宫祭祀历史文献资料进行系统梳理的基础上，对清宫祭祀的主要内容和学术问题进行了系统的研究，考察了从满族萨满教到清宫萨满祭祀的历史演变过程，梳理并回应了清以来有关清宫堂子祭的学术讨论，揭示了清代宫廷祭祀所具有的国祭、爱新觉罗家族族祭的性质，受到学术界的好评。乌丙安先生在为该书所作的序言中指出："这部书作为萨满文化史的重要科学研究成果，不仅论据翔实，论证清晰，而且体系完整，科学性强，堪称近年来不多见的优秀论著；它对于研究清代文化史，对于研究国际萨满文化史及满族文化史，都有重要的价值。"[④]

中国北方民族萨满教历史悠久，有些民族萨满教历史传承与演变的脉络清晰；那些在历史上建立过政权的民族，萨满教多进入宫廷，与王权形成密切关系。帝王们"一方面虔诚地信奉萨满教，而另一方面又巧妙地利用萨满教，为其政治利益服务"。[⑤] 萨满教也因此登上政治的舞台，在一定程度上影响着特定民族的历史进程。色音的《萨满教与北方少数民族帝王》一文，对中国历史上的巫王关系做了鞭辟入里的分析。

2. 考古学

萨满教与考古学的关系，是建立在萨满教具有历史性这一特征基础上的。考古学的发现对研究萨满教的本质、起源与发展有着重要的意义。考古发现的萨满教遗迹和遗存物是北方先民萨满教思想观念和宗教活动的产物，借助民族学、文化学、历史学的理论和方法，揭示其所蕴藏的宗教意义，是探求宗教古迹的重要途径。孟慧英在《考古与萨满教》一文中，从旧石器时代和新石器时代不同文化时期的遗址发现，世界各国在原始洞穴画、岩画的发掘成果，来研究萨满教文化的起点与发展轨迹，展示考古学

① 参见富育光《清朝堂子祭祀辨考》，《社会科学战线》1988 年第 4 期；李国俊：《努尔哈赤时期萨满堂子文化研究》，《满族研究》2002 年第 4 期。

② 参见白洪希《清宫堂子祭祀研究》，《民族研究》1996 年第 4 期；姜相顺：《神秘的清宫萨满祭祀》，辽宁人民出版社 1995 年版，第 143—145 页。

③ 姜相顺：《神秘的清宫萨满祭祀》，辽宁人民出版社 1995 年版，第 143—145 页。

④ 乌丙安：《神秘的清宫萨满祭祀·序》，辽宁人民出版社 1995 年版，第 3 页。

⑤ 色音：《萨满教与北方少数民族帝王》，白庚胜、郎樱：《萨满文化解读》，吉林人民出版社 2003 年版，第 207 页。

对研究萨满教现象所特有的学术价值。①

对于萨满教与考古方面的研究不仅有张光直等学者从人类文明起源的视野审视萨满教，将萨满文化看做人类早期文明的一种类型的宏观考察，也有一些具体的研究。总体来说，可分为三方面的内容，即对萨满文化遗迹遗址和文物的考察②、用萨满教知识体系解读考古遗存③和从考古发现研究萨满教④等三方面。

3. 哲学

萨满教与哲学的关系是国际萨满教研究的前沿课题之一。1993 年 3 月，在韩国全北大学召开的"东北亚萨满教与哲学"国际学术会议，即以萨满教信仰体系与哲学思想、萨满教与原始思维等为主要议题。

我国学术界对萨满教哲学的研究，与北方少数民族哲学史的研究密切相关。佟德富先生在萨满教哲学内涵的界定、表现形式及其特征等方面做了有益的探索。这方面的认识反映在他所著的《中国少数民族哲学概论》⑤等书中。

萨满教哲学作为少数民族哲学的一部分，具有少数民族哲学的共性特征，即它不同于汉族哲学和西方哲学，具有严密的体系和逻辑结构，萨满教哲学蕴藏在萨满教思想观念中，存在于神话、神歌中，具有鲜明的特征。色音的《论中国少数民族萨满教哲学的滥觞——关于一种民间思想的哲学人类学探讨》⑥ 一文从哲学人类学的角度分析了萨满教的宇宙观、自然观、灵魂观等观念体系，提出了中国少数民族的萨满教哲学是一种萌芽状态的直观哲学，是一种带有直观性、混沌性、类比性的综合思想体系。郭淑云的《萨满教灵魂观及其哲学思想》⑦ 和《萨满教宇宙观及其哲学思想》⑧ 分别通过对萨满教灵魂运动特征和萨满教宇宙结构模式的演变等方

---

① 参见孟慧英《考古与萨满教》，《北方文物》2002 年第 1 期。

② 宋兆麟：《中国史前考古发现的萨满遗迹》，《黑龙江民族丛刊》2001 年第 1 期；张志尧：《我国早期萨满教文化遗存——富蕴唐巴勒洞窟岩画》，《北方民族》1990 年第 1 期。

③ 孙其刚：《人神之间的使者——东魏茹茹公主墓出土的萨满巫师小议》，《文物天地》1988 年第 6 期；冯恩学：《吐尔基山辽墓墓主身份解读》，《民族研究》2006 年第 3 期。

④ 参见林树山《黑龙江沿岸女真人的宗教信仰》，《北方民族》1992 年第 2 期。

⑤ 佟德富：《中国少数民族哲学概论》，中央民族大学出版社 1997 年版。

⑥ 色音：《论中国少数民族萨满教哲学的滥觞——关于一种民间思想的哲学人类学探讨》，《宗教学研究》1999 年第 3 期。

⑦ 郭淑云：《萨满教灵魂观及其哲学思想》，《云南社会科学》2001 年第 3 期。

⑧ 郭淑云：《萨满教宇宙观及其哲学思想》，《社会科学战线》2002 年第 2 期。

面的探讨，揭示其中蕴涵的丰富的哲学思想。汤惠生对萨满教原始思维颇为关注，素有研究，在多篇论文中阐发了他的主张。他在《萨满教二元对立思维及其文化观念》① 一文中提出萨满教思维是二元对立思维，并从创世记和宇宙观、萨满教艺术和萨满教仪式等方面论述了萨满教二元对立思维的内涵和表现形式。该文弥补了国内学术界研究的不足，具有较高的学术价值。

4. 文学

萨满文学是北方民族民间文学的重要组成部分。萨满文学既具有民间文学或口头文学的共性特征，从而与作家文学形成本质的区别；又具有鲜明的特征，即宗教性和神圣性。正因如此，其价值和研究既体现在宗教学、人类学、文化学等层面，也因其独特的文学价值和审美价值，而体现于民间文学层面，具有文学性。

（1）萨满神话研究

萨满神话研究从一开始即是概论与分论并举，既有对萨满神话或一个民族的萨满神话的综合研究，又有对萨满神话的专题考察，涉及的内容也相当广泛。在神话研究中，学者们常常围绕一个主题，从不同的视角展开论述，使研究更为细化，成为萨满神话研究日益深入的标志之一。乌丙安以《满族神话探索——天地层·地震鱼·世界树》② 这样生动的题目和具体的内容，论述满族萨满教的宇宙神话；富育光的《萨满教天穹观念与神话探考》③ 运用神话资料解读萨满教天穹观；赵永铣的《蒙古族创世神话与萨满教九十九天说探新》④ 从神话学的视角，对蒙古族九十九天说探新提出了新的界说。

在萨满神话研究中，学者们对新的神话资料给予极大的关注。富育光在《满族火祭习俗与神话》⑤ 一文中，首次公布了满族创世神话《天宫大战》中盗火女神托亚拉哈为了给人间盗来天火，不惜牺牲自己的女神神话，引起了学术界的广泛关注和运用。汪玢玲的《中国的普罗米修斯：托

①　汤惠生：《萨满教二元对立思维及其文化观念》，《东南文化》1996 年第 4 期。

②　乌丙安：《满族神话探索——天地层·地震鱼·世界树》，《满族研究》1985 年第 1 期。

③　富育光：《萨满教天穹观念与神话探考》，《满族研究》1987 年第 4 期。

④　赵永铣：《蒙古族创世神话与萨满教九十九天说探新》，《内蒙古社会科学》1989 年第 4 期。

⑤　富育光：《满族火祭习俗与神话》，《民间文学论坛》1986 年第 4 期。

亚拉哈和托阿恩都哩——东西方盗火英雄比较研究》① 从比较神话学的视角，将满族萨满神话中的火神与希腊神话中的火神相比较，说明中国盗火女神显示了母系社会女神的特点和它所反映的东方原始宗教火崇拜的浓重意味。孟慧英的《萨满教与萨满神话中的火神及盗火英雄》，② 也主要是对满族盗火神进行神话学和文化学的解读。钟进文的《北方阿尔泰语系各民族民间文学中的火神》③ 一文，则根据民间文学中的火神形象探析阿尔泰语系民族的火神崇拜观念，并对南北方少数民族的火神予以比较。

富育光的《萨满教与神话》一书被视为标志性的研究成果，"是我国萨满教研究走向具体化、范畴化阶段的代表性著作"④。"向人民展示了萨满教丰富多彩的萨满世界……是对北方神话作系统的拓荒之作。"⑤ 作者在该书中首次公布了大量的满族神话，其中尤以流传于古代黑水女真人中的创世神话《天宫大战》最有价值。这些神话和史诗的公布，丰富了我国神话学的文化宝库，填补了我国北方神话学研究的空白。

萨满教女神研究取得的成果在神话学研究中可圈可点。其代表性的成果为富育光、王宏刚所著的《萨满教女神》⑥ 一书。该书以北方诸民族古文化史为背景，依据丰富的第一手资料，首次系统地梳理出萨满教女神神系，即创世女神、自然—文化女神、图腾—始母神、萨满女神，从中探索女神神系及萨满教萌生、形成，演变的历史轨迹，展示北方先民生动而丰富的精神景观，填补了国内系统研究萨满教女神神系的空白。

（2）萨满神歌研究

萨满神歌是萨满文学的重要组成部分，我国萨满神歌研究有以下几个特点：

首先，萨满神歌研究是与其收集、整理工作密不可分的。收集、整理不仅是神歌研究的基础，其中也饱含着整理者的研究心得和学术思考，本身就具有研究性，其研究是建立在对神歌整理基础上的，或贯穿于神歌整

---

① 汪玢玲：《中国的普罗米修斯：托亚拉哈和托阿恩都哩——东西方盗火英雄比较研究》，《北方民族》1988 年第 1 期。

② 参见孟慧英《萨满教与萨满神话中的火神及盗火英雄》，《满族研究》1998 年第 1 期。

③ 钟进文：《北方阿尔泰语系各民族民间文学中的火神》，《北方民族》1990 年第 1 期。

④ 孟慧英：《〈萨满教与神话〉提要》，载阎崇年主编《20 世纪世界满学著作提要》，民族出版社 2003 年版，第 433 页。

⑤ 潜明兹：《萨满的神话世界》，《北方民族》1992 年第 2 期。

⑥ 富育光、王宏刚：《萨满教女神》，辽宁民族出版社 1995 年版。

理的过程中。前述的几部满族神歌（即文本）著作即是整理与研究的结合之作。

其次，注重从宗教学、文化学、人类学、民俗学的视角研究神歌。如刘建国的《〈科尔沁萨满教诗歌〉初探——再论萨满教的宗教性质》，① 将科尔沁萨满神歌作为论证萨满教宗教属性的基本资料。孟慧英的《神歌与萨满教仪式》、② 汪立珍的《从满族萨满神歌的神名看满族宗教信仰》③ 和郭淑云的《从神歌看鄂伦春族萨满教》，④ 都是通过萨满神歌考察该民族的萨满教信仰观念或萨满教仪式。

再次，萨满神歌研究带有突出的民族性，其中以满族、锡伯族和蒙古族萨满神歌研究成果最为突出。从文学的视角研究满族萨满神歌的成果包括对神歌思想内涵、艺术特色、程式与结构等方面的探讨。⑤ 此外，神歌的结构也为学者们所关注。孟慧英的《满族萨满神歌结构》⑥ 一文从神歌语言、唱段组合和神歌结构三方面探讨了满族神歌的结构特点。高荷红的《满族萨满神歌的程式化》⑦ 一文，运用口头程式理论和方法，解析了满族萨满神歌的八种程式。这种运用西方民俗学和民间文学理论解读和分析满族萨满神歌的尝试，给人以耳目一新之感，也为神歌研究注入了活力。

锡伯族萨满神歌研究也是与《萨满神歌》的整理工作相伴随的。自《萨满歌》公之于世后，引起有关学者的广泛关注，相关研究、考证文章陆续发表。贺灵的《锡伯族〈萨满歌〉初探》⑧ 一文是作者在对《萨满歌》进行系统整理的基础上所做的初步研究，详细介绍了《萨满歌》文本的发现及收藏情况和主要内容，揭示了它的历史文化价值和研究价值。

---

① 参见刘建国《〈科尔沁萨满教诗歌〉初探——再论萨满教的宗教性质》，《黑龙江民族丛刊》1989 年第 1 期。

② 参见孟慧英《神歌与萨满教仪式》，《满族研究》1995 年第 2 期。

③ 参见汪立珍《从满族萨满神歌的神名看满族宗教信仰》，《满语研究》1997 年第 2 期。

④ 郭淑云：《从神歌看鄂伦春族萨满教》，《多维学术视野中的萨满文化》，吉林大学出版社 2005 年版，第 297—310 页。

⑤ 参见宋和平《满族萨满神歌内容浅析》，《满族研究》1995 年第 2 期；刘厚生：《满族萨满教神词的思想内涵与艺术魅力》，《民族研究》1997 年第 6 期；郭崇林：《满—通古斯语族民族萨满祭词研究》，《黑龙江民族丛刊》1999 年第 1 期。

⑥ 孟慧英：《满族萨满神歌结构》，《民族文学研究》1996 年第 2 期。

⑦ 高荷红：《满族萨满神歌的程式化》，《民族文学研究》2005 年第 3 期。

⑧ 贺灵：《锡伯族〈萨满歌〉初探》，《新疆社会科学》1987 年第 6 期，收入《锡伯族研究》，新疆人民出版社 1990 年版。

蒙古族萨满神歌整理与研究方面的成就及水平，是与蒙古族文学研究的进程与水平相一致的。大量萨满教神歌整理问世，受到蒙古族萨满教研究者和文学、文化学者的高度重视，促进了萨满教研究的深入开展，也为蒙古文学史的研究提供了丰富的第一手资料。此后，有关蒙古族萨满神歌的研究成果相继问世。这些成果大多将萨满神歌置于蒙古族民间文学源头的地位加以考察，并从文学的视角分析其性质、特征和价值。荣苏赫、赵永铣、梁一儒、扎拉嘎主编的四卷本《蒙古族文学史》，在萨满神歌研究方面取得了新的成就。该书将萨满教祭词、神歌作为蒙古族远古文学的组成部分加以考察，看做蒙古族文学的源头，对其在蒙古族文学史上的地位给予充分肯定。在此基础上，系统地论述了萨满神歌的性质、分类、思想内容、艺术特征、历史地位及其影响，提出了一系列新的观点。

综上可见，萨满神歌研究取得了可喜的成绩，但也有一些不足，各民族萨满神歌研究很不平衡，上述满、锡伯、蒙古三个民族的萨满神歌研究成果较为显著，北方其他民族的萨满神歌研究成果和综合性的理论研究还不多见。

（3）萨满传说《尼山萨满》研究

《尼山萨满》是一部广泛流传于我国满、鄂伦春、鄂温克、达斡尔、赫哲族中的萨满传说，既有用满文书写的手抄本，更有活态传承的民间口承本。《尼山萨满》的内容涉及上述民族生活的多个层面，包括文学、宗教、习俗、语言、社会等，故有"百科全书"之美誉。

《尼山萨满》手抄本汉译和民间口承本的采录、整理工作，是我国《尼山萨满》研究的基础。30年来我国满学界和北方民族工作者、民间文学工作者在采录、整理、翻译《尼山萨满》方面做了大量的工作，翻译、整理、出版了一大批《尼山萨满》文本。目前已知的满文手抄本共有六种，即海参崴本、齐齐哈尔本、瑷珲甲本、瑷珲乙本、海拉尔本和民族所藏本。这些版本都有汉译本在我国出版。此外，还有数量可观的民间口承整理本。这些文本的发现翻译、整理与出版为尼山学的兴起和开展奠定了坚实的基础。

《尼山萨满》涉及诸多学科和诸多方面。因而，从不同的视角诠释《尼山萨满》，揭示其多学科价值，并据此探索满族及北方相关民族的宗教、历史、民俗、艺术等相关问题，是我国《尼山萨满》研究的基本思路。

《尼山萨满》与萨满教的关系问题最为学者们所关注。宋和平对这一问题做了深入系统的研究，发表《〈尼山萨满〉与萨满教文化》（与魏北旺合作）、①《〈尼山萨满〉与满族灵魂观念》② 等论文，集中讨论《尼山萨满》中反映的萨满文化的思想内涵。赵志忠、姜丽萍的《〈尼山萨满〉与萨满教》、③ 乔天碧的《〈尼山萨满传〉中的满族信仰民俗》④ 等论文也对《尼山萨满》与萨满教做了专题讨论。

关于《尼山萨满》的艺术特色，学者们进行了多视角的讨论。宋和平在《〈尼山萨满〉语言艺术论析》、⑤《〈尼山萨满〉传说中人物论析》、⑥《满族说唱文学〈尼山萨满〉考》⑦ 等文中，分别探讨了《尼山萨满》的语言艺术风格、人物形象的塑造等方面的艺术成就。陈立萍的《论尼山萨满形象的女性美》⑧ 从性别角度介入尼山萨满研究，揭示了作品主人公尼山萨满所具有的女性独特的端庄矜持、珍爱生命、沉着机智、口齿伶俐、善于答对、明辨善恶、节制自律等特点，在对待丈夫方面，既尽妇道又不受制于丈夫，具有独立自处的美德。该文视角新颖，从一个侧面提示了《尼山萨满》的艺术特色。

宋和平的《〈尼山萨满〉研究》⑨ 和赵志忠的《萨满的世界——尼山萨满论》⑩ 两部专著对《尼山萨满》做了系统的综合性研究，被视为我国《尼山萨满》研究领域的标志性成果。

5. 艺术

德国学者洛梅尔提出萨满教是"各种艺术的综合体"。萨满教活动就其主要部分而言是属于艺术范畴的，即戏剧表演、歌唱、舞蹈和造型艺术。⑪ 从某种意义上说，洛梅尔的观点揭示了萨满教的主要特征。国内外学者从艺术的视角考察萨满教，也正是基于萨满教的这一特征的。

---

① 参见宋和平、魏北旺《〈尼山萨满〉与萨满教文化》，《民族文学研究》1988 年第 4 期。
② 宋和平：《〈尼山萨满〉与满族灵魂观念》，《黑龙江民族丛刊》1998 年第 1 期。
③ 参见赵志忠、姜丽萍《〈尼山萨满〉与萨满教》，《满族研究》1993 年第 3 期。
④ 乔天碧：《〈尼山萨满传〉中的满族信仰民俗》《满族研究》1998 年第 3 期。
⑤ 参见宋和平《〈尼山萨满〉语言艺术论析》，《民族文学研究》1999 年第 1 期。
⑥ 参见宋和平《〈尼山萨满〉传说中人物论析》，《民族文学研究》1998 年第 2 期。
⑦ 宋和平：《满族说唱文学〈尼山萨满〉考》，《民族文学研究》1989 年第 5 期。
⑧ 陈立萍：《论尼山萨满形象的女性美》，《长春大学学报》2005 年第 1 期。
⑨ 宋和平：《〈尼山萨满〉研究》，社会科学文献出版社 1998 年版。
⑩ 赵志忠：《萨满的世界——尼山萨满论》，辽宁民族出版社 2001 年版。
⑪ 参见［德］安德烈斯·洛梅尔《早期的猎人世界：巫医、萨满和艺人》，慕尼黑，1965 年。

萨满教艺术研究主要包括萨满音乐、舞蹈和造型艺术，这方面的著作展现了我国萨满教艺术研究的发展轨迹，代表着我国萨满教艺术研究的水平。

（1）萨满音乐

萨满音乐研究主要包括萨满仪式音乐、萨满乐器研究及相关问题。石光伟从满族萨满音乐入手，开拓了从音乐学视角研究萨满文化的新天地。他的《萨满祭祀与烧香音乐研究》、[①]《满族烧香萨满跳神音乐》[②] 等系列论文，对满族萨满音乐的类型、表现形式、韵律特点等做了系统的研究。《满族萨满歌舞的根基与传承说》[③] 一文，阐述了萨满音乐与萨满教的诸方面关系。

有关萨满仪式音乐的论文有刘桂腾在《乐府新声》2007—2008 年连续发表的八篇系列论文，分别探讨了满族、蒙古族、鄂伦春族、鄂温克族、达斡尔族、赫哲族、锡伯族萨满音乐的主要内容，包括萨满乐器的形制、鼓点、神歌等方面。贾瑞祥的《满族萨满跳神音乐的节奏形成》一文，重点考察了满族萨满音乐的节奏及其特点。白翠英、邢源、福宝林、王笑的《科尔沁博艺术初探》一书从调式、节拍、节奏、结构、表现手法等方法，探讨了蒙古族萨满音乐的特点。

刘桂腾的《满族萨满乐器研究》是我国第一部从音乐学的视角研究萨满法器的专门著作，并赋予"萨满乐器"的术语。该书在田野调查的基础上，对满族萨满乐器的形制结构、配制模式、演奏方法及象征意义进行了系统的研究，考察萨满乐器及其演奏的器乐在萨满仪式中的功能。李来璋的《浅谈萨满其人及其歌舞音乐的基本功能》[④] 和冯伯阳、石光伟《中国萨满音乐的社会价值分析》[⑤] 对萨满音乐的工作进行了专门的讨论，认为萨满音乐不仅具有信仰、娱乐、医疗方面的作用，在文化传承方面也体现出明显的社会价值。

（2）萨满舞蹈

对萨满舞蹈的研究主要侧重萨满舞蹈的宗教渊源、舞蹈形态、象征意

---

① 参见石光伟《萨满祭祀与烧香音乐研究》，《民族艺术》1987 年第 2 期。
② 石光伟：《满族烧香萨满跳神音乐》，《中国音乐》1989 年第 3 期。
③ 石光伟：《满族萨满歌舞的根基与传承说》，《满族研究》1992 年第 3 期。
④ 李来璋：《浅谈萨满其人及其歌舞音乐的基本功能》，《北方民族》2004 年第 4 期。
⑤ 冯伯阳、石光伟：《中国萨满音乐的社会价值分析》，《中国音乐》1998 年第 4 期。

义及其艺术特征等方面。白翠英、邢源、福宝林、王笑的《科尔沁博艺术初探》一书，在全面分析科尔沁蒙古族萨满舞蹈类型、表演形式的基础上，探讨了萨满舞的特征和艺术风格。王宏刚、荆文礼、于国华合著的《萨满教舞蹈及其象征》一书，综合考察了北方诸民族萨满教舞蹈及其历史文化内涵、象征意义，再现了萨满教舞蹈丰富而生动的形态，同时对萨满舞蹈所依托的萨满教仪式和相关民俗背景给予充分的关注，是一部文化学与舞蹈学结合的著作。

(3) 萨满造型艺术

萨满造型艺术是萨满教研究中的一个热点，这方面的研究成果也较为丰硕。萨满造型艺术内涵丰富，形式多样，萨满的服饰、神像、面具、装饰图案等均属于萨满造型艺术的范畴。对这些具体艺术形式的探讨，是萨满造型艺术研究中的重要课题。

从民俗学、文化学、人类学的角度考察萨满艺术是萨满教造型艺术研究的重要视角。苏日台《萨满(博)服饰与原始信仰比较研究》[1] 一文认为，萨满服饰的款式、造型、装饰等与萨满教原始信仰有着密切的联系。这些民族的萨满服饰种类繁多内涵十分丰富，为学者研究萨满教文化艺术提供了丰富多彩的可视性形象资料。他与鄂晓楠合著的《原生态民俗信仰文化》[2] 一书依据北方诸民族萨满教美术资料和民俗资料，运用多学科的方法，对原生态萨满文化进行综合考察，具有很高的资料价值和学术价值。

波·少布的《赫哲萨满牛尔罕研究》[3] 的研究对象是赫哲族具有特殊功能的神像牛尔罕：一种是治病用的牛尔罕；另一种是狩猎用的牛尔罕。该文在田野调查的基础上，对牛尔罕的制作、种类、内容、功能做了深入的研究，具有很高的创新价值。郭淑云的《萨满面具类型刍议》、[4]《萨满面具功能与特征》[5] 等系列论文，对北方诸民族萨满面具进行深入的挖掘和系统的考察，在此基础上，探讨了面具的类型、功能，并将其与傩面具相比较，揭示了萨满面具的特征及其成因。

① 苏日台：《萨满(博)服饰与原始信仰比较研究》，《内蒙古社会科学》2000 年第 5 期。

② 鄂晓楠、鄂·苏日台：《原生态民俗信仰文化》，内蒙古大学出版社 2006 年版。

③ 波·少布：《赫哲萨满牛尔罕研究》，《黑龙江民族丛刊》2004 年第 5 期。

④ 参见郭淑云《萨满面具类型刍议》，《中央民族大学学报》2003 年第 4 期。

⑤ 郭淑云：《萨满面具功能与特征》，《民族研究》2001 年第 6 期。

从美学的视角研究萨满造型艺术也取得了显著的成绩，一些美术学者作出了突出的贡献。鄂·苏日台的《狩猎民族原始艺术》中，设专章论述北方诸民族萨满造型艺术。王纪、王纯信的《萨满绘画研究》一书考察了萨满绘画艺术的主要内容，并依之划分了萨满绘画的类型，探讨了萨满绘画的艺术特色。《萨满绘画研究》一书在对各种类型的剪纸进行分类研究的基础上，探讨了萨满剪纸与萨满教的关系，揭示了萨满剪纸的艺术特色及开发利用价值。李宏复的《萨满造型艺术》从面具、服饰、神像、法器、祭祀艺术和原始文字艺术等方面，探讨了萨满造型艺术的形式及其象征意义。

6. 人类学

近年来，随着人类学及其分支学科在中国的繁荣发展，人类学的理论和方法被一些学者引入萨满教研究，开辟了萨满教研究的新领域，成为萨满教研究新的增长点之一。

色音近年来发表了一系列论文，从宗教人类学或人类学的其他分支学科诸如艺术人类学、医学人类学的视角，对萨满教本体及诸文化现象进行了系统、深入的探析。[①] 其新著《科尔沁萨满文化》运用宗教人类学的方法，对科尔沁萨满文化进行系统的研究，在此基础上，对萨满教予以深刻的重新思考，提出"哲学是萨满教的重要基础，萨满教也可以说是一种独特的哲学思想体系，是对宇宙人生所持的一种独特态度和观念"的新观点。该书是一部颇具理论功底的萨满教研究著作。

刘桂腾的《中国萨满音乐文化》运用音乐人类学的理论和方法研究萨满音乐的一部力著。该书以扎实的田野调查资料为基础，将萨满音乐置于音乐人类学的视域加以考察，分别论述了满族、赫哲族、蒙古族、达斡尔族、鄂温克族、鄂伦春族、锡伯族的萨满乐器形制、音乐形态及其特征与功能。作者将该书定位为"音乐人类学的地方叙述"，但全书无不贯穿作者对中国萨满音乐文化的理论探索，"导论"和"综述"两章更集中表达了作者的理论思考。

乌仁其其格的《蒙古族萨满医疗的医学人类学阐释》一书以科尔沁蒙古族萨满的医疗活动为个案，综合人类学、医学人类学、医学社会学等学

---

① 参见色音《萨满教音乐的人类学考察》，《青海民族研究》2000 年第 2 期；色音：《萨满治病仪式的医学人类学阐释》，孟慧英主编：《原始宗教与萨满教卷》，民族出版社 2008 年版。

科的理论与方法，对萨满治疗仪式的类型、构成、象征意义以及治疗仪式的特征、治疗机制等问题进行了深入分析、阐释，提出了一些新的观点。唐戈的《满族萨满医术——人类学田野调查报告》一书也是从医学人类学的角度考察萨满医术。①

四　比较研究的领域日益广阔

比较研究是宗教研究的基本方法。早在麦克斯·缪勒开创宗教学的一个世纪前，即提出了宗教研究的比较方法，并一直为西方宗教学界所认同。近年来，跨文化比较研究受到越来越多学者的重视，萨满教比较研究的领域亦日益广阔。

1. 中国萨满教文化体系内的比较研究

贺灵的《锡伯族〈萨满歌〉与满族〈尼山萨满〉》② 一文将锡伯族的《萨满歌》和满族的《尼山萨满》进行比较研究。黄任远的《通古斯—满语族萨满神话比较研究》③ 探讨了萨满神话在通古斯—满语族神话中的地位及特征，提出萨满神话是构成通古斯—满语族神话"中生层"的主流之观点，在此基础上对通古斯—满语族的萨满神话作比较研究。黄强的《北方萨满祭祀仪礼的构造成形态——以鄂伦春族"春祭"和满族"家祭"为主要考察对象》④，是对同一语族内的两个民族萨满教仪式的结构类型进行比较。上述诸文属于同一语族内的萨满文化现象、神话传说的比较研究。苏日台的《萨满（博）服饰与原始信仰比较研究》⑤ 则将比较的范围限定在内蒙古自治区这一行政区域。

2. 世界萨满教文化圈内的比较研究

色音的《东北亚的萨满教——韩中日俄蒙萨满教比较研究》⑥ 和黄任远的《赫哲那乃阿伊努原始宗教研究》⑦ 两部著作是萨满教比较研究的代表作。前者是我国第一部东北亚萨满教的研究著作，突破了中国以往的

---

① 参见唐戈《满族萨满医术——人类学田野调查报告》，《北方民族》2005 年第 1 期。
② 贺灵：《锡伯族〈萨满歌〉与满族〈尼山萨满〉》，《民族文学研究》1988 年第 4 期。
③ 黄任远：《通古斯—满语族萨满神话比较研究》，《北方民族》1992 年第 2 期。
④ 参见黄强《北方萨满祭祀仪礼的构造成形态——以鄂伦春族"春祭"和满族"家祭"为主要考察对象》，《北方民族》2000 年第 2 期。
⑤ 苏日台：《萨满（博）服饰与原始信仰比较研究》，《内蒙古社会科学》2000 年第 5 期。
⑥ 色音：《东北亚的萨满教——韩中日俄蒙萨满教比较研究》，中国社会科学出版社 1998 年版。
⑦ 黄任远：《赫哲、那乃、阿伊努原始宗教研究》，黑龙江人民出版社 2003 年版。

萨满教研究仅限于国内民族的考察范围，将中国北方民族萨满教置于东北亚萨满文化圈中加以审视；运用多文化人类学、比较民俗学、宗教学等多学科的方法，对韩中日俄蒙萨满教进行微观与宏观结合的比较研究，提出了一些创见性的观点。后者将比较的对象确定在具有深厚的文化渊源、地域相邻三个民族之间。通过对它们崇拜观念、萨满教仪式、萨满的传承方式、神偶、法器进行多方位、多层次的比较，揭示了各民族萨满教的特征和各民族之间的相互影响，填补了我国萨满教研究的某些空白。

3. 中国南北方少数民族原始宗教比较研究

王纪潮的《楚人巫术与萨满教的比较研究》、[①] 顾希佳的《从吴越神歌与萨满、傩的比较研究看吴越文化心理的地域特征》将萨满文化与南方的某一地域文化相比较。钱安靖《论羌族原始宗教与北方民族萨满教相类》、[②] 张云的《西藏苯教与北方萨满教的比较研究》、[③] 班玛更珠《比较宗教学视野中的本教、祆教与萨满教的宗教观念》、[④] 蔡富莲的《四川凉山彝族的"尼"与我国北方萨满的传承比较研究》等文的比较研究是针对南方的某一少数民族的原始宗教与北方萨满教所进行的。色音的《萨满教与南方民族民间宗教比较研究》[⑤] 则从宏观上对南北方民族的原始宗教作出比较。

傩文化和萨满文化被国内一些学者视为南北方原始文化的两大体系。这方面的比较研究也取得了丰硕的成果。庹修明《萨满文化与傩文化的比较》、[⑥] 波·少布《浅析勃额教与喇嘛教、傩的关系》、[⑦] 曲六乙的《人类学：巫傩文化与萨满文化的比较研究》、[⑧] 柯琳的《中国巫文化探源——萨满与傩之比较》,[⑨] 分别从不同的方面探讨了萨满文化与傩文化的异同。其

① 参见王纪潮《楚人巫术与萨满教的比较研究》,《江汉考古》1993 年第 2 期。
② 参见钱安靖《论羌族原始宗教与北方民族萨满教相类》,《宗教学研究》1990 年第 3—4 期。
③ 参见张云《西藏苯教与北方萨满教的比较研究》,《西北民族学院学报》1988 年第 4 期。
④ 参见班玛更珠《比较宗教学视野中的本教、祆教与萨满教的宗教观念》,《西北民族大学学报》2008 年第 1 期。
⑤ 色音：《萨满教与南方民族民间宗教比较研究》,《云南社会科学》2000 年第 3 期。
⑥ 参见庹修明《萨满文化与傩文化的比较》,《黑龙江民族丛刊》1990 年第 2 期。
⑦ 参见波·少布《浅析勃额教与喇嘛教、傩的关系》,《黑龙江民族丛刊》1991 年第 4 期。
⑧ 参见曲六乙《人类学：巫傩文化与萨满文化的比较研究》,《民俗研究》1997 年第 4 期。
⑨ 参见柯琳《中国巫文化探源——萨满与傩之比较》,《人民音乐》1995 年第 7 期。

中曲六乙的论文，从起源、主体、哲学、神话、神系、仪式、艺术形式和反映方式等方面，全方位、多视角地对中国南方巫傩文化和北方萨满文化两大原始宗教文化系统进行比较研究和理论层面上的讨论，阐述了巫傩文化和萨满文化各具特色的文化形态、表征及其成因，对二者的共性特征也予以考察，具有较高的学术价值。

此外，有学者在更广阔的范围内开展比较研究，如萨满神话与华夏神话、萨满神话与希腊神话的比较等。相信这方面的研究成果会随着跨文化研究的深入而有更多的呈现。

五　国外萨满教研究译介

我国学术界在翻译、介绍国外萨满教研究方面也做了大量的工作。早在20世纪六七十年代，内蒙古大学蒙古史研究所创办的刊物《蒙古史研究参考资料》即开始刊登国外蒙古族萨满教研究的译著和译文。道尔吉·班札洛夫的《黑教或称蒙古人的萨满教》、T. M. 米海依洛夫的《布里亚特萨满教研究史》都被编入资料集中。为撰写《萨满教研究》一书，中国社会科学院民族研究所组织翻译并作为内部资料编译了策·达赖《蒙古萨满教简史》（丁师浩译，1978年）、尼翰拉滋的《西伯利亚各民族之萨满教》（金启琮译，1978年）、阿·尹南的《萨满教今昔》（姚国民、曾宪英译，1979年）等萨满教著作。吉林省民族研究所组织翻译并编辑出版了我国第一部萨满教译文集《萨满教文化研究》第二辑。① 此外，公开或内部出版的译著有图齐、海西希著、耿昇译《西藏和蒙古的宗教》、② 米哈伊·霍帕尔著，白杉译《图说萨满教世界》、③ 理查德·怀特利著、俞利军译《公司萨满》。④ 译文集有大间知笃三等著，辻雄二、色音编译的《北方民族与萨满文化》；⑤ 郭淑云、沈占春主编的《域外萨满学文集》⑥ 等。发表的萨满教译文也有近200篇，郑天星的《国外萨满教研究概况》等介绍性文章对国内学者了解国外萨满教研究情况也发挥了积极的作用。

---

① 吉林省民族研究所编：《萨满教文化研究》第二辑，天津古籍出版社1990年版。
② 天津古籍出版社1989年版。
③ 内蒙古自治区鄂温克族研究会选编，内部资料，2001年。
④ 华夏出版社2004年版。
⑤ 中央民族大学出版社1995年版。
⑥ 学苑出版社2010年版。

与国内其他相关学科相比，国外研究译介工作还有很大差距，已有的译文和译著所反映的国外萨满教研究情况不仅缺乏全面性和系统性，对前沿问题也关注不足。

第三节　反思与展望

一　中国萨满教研究特色

我国萨满教研究经历了曲折的过程，走过艰难的发展道路，并在这一历史进程中，形成了自己的研究特色。

1. 我国萨满教研究始终以马克思主义唯物史观为理论武器。这种理论倾向始于新中国成立初期，直至现代，成为中国萨满教研究的传统和特色。在这种理论的指导下，研究者在分析萨满教诸问题时，更关注生产方式、经济类型、社会结构的影响和作用。这一方面避免了西方萨满教研究中普遍存在的忽视经济基础，过度重视上层建筑和"唯生物论"的倾向；另一方面也使得对萨满教这一复杂的研究对象的考察显得简单化，深层次、多视角的剖析不够。

2. 我国萨满教研究主要以本土萨满教为研究对象，具有鲜明的本土特色。根据近些年来在东北、内蒙古、西北地区的田野调查，我国满、鄂伦春、鄂温克、锡伯、蒙古、达斡尔、维吾尔、哈萨克、柯尔克孜、朝鲜等民族至今仍有活着的萨满，其中某些氏族仍遵循一定的程式产生氏族萨满、举行族祭活动，具有突出的活态性。我国萨满教活态文化是一批宝贵的文化遗产，为我国萨满教研究提供了得天独厚的学术资源，也是我们立足于世界学术之林的资本，借此研究形成的传统也成为我国萨满教研究的重要特色之一。

3. 我国萨满教研究经历了一个由自发到自觉的过程。对萨满教现象自发性的记述和思考，是古代文人之所为，即使至 20 世纪 80 年代中国萨满教研究兴起之初，许多学者的调查研究也带有自发性。他们多是在从事民族学、民间文学、民间艺术的调查研究的过程中，认识到萨满教的价值并开始从事萨满教研究的。自觉地从事萨满教研究，则是近 20 多年的事情。随着萨满教研究和国际学术交流的深入开展，人们的视野逐渐开阔，学术自觉性也日益提高。

4. 我国萨满教研究队伍的形成带有自发性和民族特色。与我国萨满教研究带有自发性一样，研究队伍的形成也具有自然形成的特点，并具有鲜明的民族性。

上述中国萨满教研究特点的形成与我国社会变迁及社会科学发展历程息息相关，与中国萨满教的历史命运也不无关联。这些特点的形成，既在国际萨满教学界彰显了个性，也反映了我们的弱点和不足。

二　走向未来的中国萨满教研究

中国萨满教研究取得了卓著的成就，但与国际萨满教研究水平相比，还有很大的差距，还存在一些问题，需要继续提高和完善。

1. 加强萨满教学科建设

在国际学术界，萨满教研究业已成为一门特殊的学科——"萨满学"（Shamanology）。相比之下，由于我国萨满教研究起步较晚、学科基础理论薄弱、研究方法相对滞后和学术队伍处于自然成长状态等原因，距离建立一门独立完整的学科，还有很长的路要走。迄今为止，我国萨满教学科建设还存在明显的不足和缺陷。目前，全国设有宗教院系的高校不下几十所，但开设萨满教专业课的宗教院系却寥寥无几，既没有萨满教博士、硕士学位点，也缺乏专业的教师，专业人才的培养机制还远未形成。中国萨满教学科建设任重而道远。

2. 逐步建构和完善中国萨满教的理论体系

建构中国萨满教的理论体系是一项长期艰巨的系统工程，需要几代中国学者的努力。一方面要进一步发扬学术开放精神，深入了解西方比较宗教学、人类学及其他相关学科的理论，特别是西方萨满学的理论和方法，批判地借鉴和吸收西方萨满教学和其他相关学科的理论和方法。另一方面要深入挖掘中国传统学术研究的资源，全面、系统地认识中国萨满教历史和现存形态。在此基础上，综合运用适合中国萨满教的理论和方法，分析中国阿尔泰语系各民族萨满教现象；通过多学科的合作和由微观到宏观、由具象到抽象、由实际到理论的学术路径，不断积累能够揭示该学科内在规律性的具体研究成果，逐步建立和完善符合中国萨满教实际的理论体系。

如何建构中国萨满教理论体系，金泽提出的将默顿的社会学的"中层理论"的内核引入中国宗教学理论建设的建议，很有见地，亦符合中国萨满教研究的现状。他指出："当下需要的不是从建构一个新的宏大叙事理论入手，更紧迫的当是将一般性理论与地方性知识结合而形成的'中层理论'。在此基础上再建构'世界体系'，才是既有世界宗教学已有理论在中国的印证，也有中国理论范畴之贡献的宗教学理论。^①"对于中国萨满教研究而言，"中层理论"的建立是既立足现实又切实可行的当务之急。

3. 进一步提升田野调查和学术研究的整体水平

田野调查对于萨满教研究具有重要的意义。毫无疑问，我国萨满教研究现有成绩的取得与田野调查的开展有着直接的关系，也就是说，我国萨满教田野调查为学术研究奠定了坚实的基础。但在田野调查方面还有诸多需要改进的地方。如田野调查不够深入系统，一般多关注萨满仪式、神歌、萨满传承等方面的调查，对社会结构、信仰族众及其深层心理等方面关注不够；在田野调查方法上，传统的民族志式的访谈和观察法仍是田野调查的主要方法，问卷调查等新方法应用较少；对撰写民族志田野调查报告重视不足，有的调研报告不够科学、规范；运用影视手段记录萨满教仪式虽为萨满教田野调查的传统，但兼具文化内涵和艺术水准的萨满教影视人类学精品却不多见；各种调查资料的保存、利用也存在诸多弊端。在此基础上进行的资料、文本的整理有的缺乏科学性；有些研究成果理论陈旧、方法单一；有些研究成果现象描述多，由表及里的深入分析、综合比较研究少。总之，我国萨满教田野调查和学术研究的整体水平还有待于进一步地提高。

4. 不断提高中国萨满教研究的国际化水准

萨满教是一种世界性的现象，萨满教研究是一个世界性的学问。中国学者不仅要对中国萨满教做深入系统的研究，而且应该了解世界各地萨满教的基本情况，了解国际萨满教研究的历程、一般观点和存在的问题，应该有能力研究国际萨满教学界关心的一般和前沿的学术问题，并提出自己的独特见解，在此基础上才能实现与世界接轨和与世界对话。

改革开放以来，中国萨满教学者参与国际学术交流的机会日益增多，使中国萨满教研究带有一种国际性。但我国萨满教研究及其队伍的现状，距离应有的目标还相去甚远，国际交流的水平还相当有限：对国外萨满教研究历程、现状了解不多；受语言的限制，国际交流的能力不强，难以进

---

① 金泽：《宗教学理论研究》，参见卓新平主编《中国宗教学30年（1978—2008）》，中国社会科学出版社2008年版，第28页。

行实质性的学术对话；学术成果输出和介绍不够，国际萨满教学界对中国萨满教研究的成果和现状缺乏了解。

如何凭借中国的学术资源优势，不断提高参与国际交流的能力，加强国际学术对话，为国际萨满学注入活力并作出我们应有的贡献，从而提高中国萨满教研究在国际学术界的地位，是中国学者的目标和使命。我们应有国际的视野、开放的心态，所谓国际的视野，即要放眼世界，将中国萨满教置于国际萨满教文化圈这一大的背景下考察，探索萨满教发生发展演变的一般规律和萨满教的基本问题，在此基础上，认识中国萨满教的特征和民族性、地域性及其价值，并对国际萨满教前沿问题和基本理论问题、学术问题，提出新的见解和理论思考。所谓开放的心态，即批判地借鉴和吸收国外萨满学及其他学科的理论，了解和学习国外学者的治学方法和思路，学习他们田野调查的精神。在此基础上，将国外萨满教研究的经典著作、前沿理论和观点引进国内，同时将中国萨满教研究的优秀成果推向世界，从而实现中国萨满教研究与国际萨满学更高层次的对话。这种国际化水平的实现需要中国几代萨满教学者的努力。

5. 切实地做好萨满文化遗产的挖掘、传承和保护工作

中国阿尔泰诸民族萨满教活态文化不仅为我们提供了宝贵的学术资源，也是各民族最具特色的非物质文化遗产，具有悠久的历史传统、鲜明的地域特色、活态传统和独特的文化价值等非物质文化属性。目前，东北、内蒙古地区已有十余项萨满文化的项目被列入为省、市级非物质文化遗产名录。如何协助有关部门做好萨满文化遗产挖掘、传承和保护工作，保护萨满文化的生态环境，也是中国萨满教学界面临的新课题。

综上所述，在新时期的 30 年中，中国萨满教研究取得了令人瞩目的成就，从某种意义上说，实现了跨越式的发展。经过 30 多年的艰苦努力，我国学者不仅在萨满教田野调查方面取得显著的成绩，对国外萨满教学界不同阶段的主要学术问题也多有触及，并基于中国萨满教的历史现实资料，积极回应了国际学术界的一些前沿问题和热点问题，推动了萨满教研究的发展。当然，由于历史与现实的诸方面因素，我国萨满教研究也存在诸多不足，与国外萨满教研究水平相比，还有很大的差距，需要我们不懈地努力和提高。

第十四章 犹太宗教与哲学研究

傅有德 刘精忠

犹太教在世界三大一神教中历史最为久远，在历史和文化意义上同基督教和伊斯兰教有着毋庸置疑的渊源关系。犹太教伴随着命运多舛的以色列民族，历时三千年而不衰，至今依然深深地影响着世界各地犹太人的信仰和生活方式，并在世界文明大家庭中始终占有独特的地位。

犹太宗教与犹太哲学的研究在新中国经历了一个从无到有，从简要介绍到规模性译介、专题性研究且日渐深入的过程。大致说来，在改革开放之前的三十年里，除了某些研究开封犹太人和基督教的论著涉及犹太教的一些知识外，几无专门性的犹太宗教与哲学研究成果。在改革开放后的20世纪80年代，一些报刊先后刊登了数篇犹太教的介绍性文章，几部通俗性的译作和著作也相继问世。这表明，此时的中国学者对于犹太教及其重要性有了初步的认识。大致可以说，20世纪80年代是中国犹太宗教与哲学研究的萌动时期。1990年之后，中国的犹太研究逐渐呈现出繁荣兴旺的景象，其标志为：一批犹太研究机构相继诞生；一批重要的犹太教与犹太哲学译著，包括经典译作先后问世；有关犹太教的辞书得以出版；犹太教、犹太哲学的论文和专著先后发表。同时，还有一些关于犹太教与其他宗教比较与对话的成果见诸书刊。这些译作和论著所涉及的广度和研究的深度较之以前都有了质的飞跃。

本章将分三部分介绍新中国成立60年来我国犹太宗教与哲学研究的状况，依次是：（一）历史与回顾；（二）犹太宗教研究；（三）犹太哲学研究；最后，将试图对60年来的犹太宗教与哲学研究状况作出简要的总结。鉴于1990年后中国的犹太宗教与哲学研究的突出地位，本章的阐述也将以这个时期为重点。① 由于作者在时间、视野和能力诸方面的限制，很可能遗漏了对一些重要的作品的介绍，被介绍的内容也一定存在一些偏差和错误。敬请读者批评指正。

第一节　历史与回顾

1949 年新中国成立以来的中国犹太宗教与哲学研究大致可以分为以下三个阶段：一是从 1949—1979 年，即从中华人民共和国建立到改革开放开始的 30 年，二是 1980—1991 年，即自改革开放伊始至中以建交前夕，也即改革开放后的前十几年；三是自 1992 年中以建交至今。这三个阶段的划分与改革开放相关联，因为中国的犹太研究是改革开放和由之而来的思想解放的产物；还与中以建交相关联，因为中国的犹太研究是伴随着中以建交而迅速成长壮大起来的。

1920 年，北京大学教授陈垣发表了《开封一赐乐业教考》（《东方杂志》第 5、7 期），首开中国开封犹太人及其宗教研究的纪录。陈垣的论文虽然不是专门阐述一般犹太教的，但我们仍可从中了解到一些犹太教的常识，如犹太人奉行犹太教（一赐乐业教），信仰上帝，不吃猪肉，屠宰动物时剔除大腿筋，等等。遗憾的是，由于时代的原因，陈垣先生有关开封犹太人研究的论文并没有引发中国的犹太教研究热潮。② 从 1949—1979 年的 30 年间，在中国学界也几乎没有什么犹太宗教与哲学研究的成果。因此，改革开放之前的绝大多数中国人，哪怕是知识分子，对于犹太教几乎是毫无概念的。

但是，我们欣喜地发现，杨真先生于"文革"期间怀着"曾经秋肃临天下，敢遣春温上笔端"的心情撰写了《基督教史纲》（上册），③ 其中的第一编第一章就是"以色列人的历史和宗教"。在这一章中，作者介绍了作为基督教历史渊源的犹太教的梗概。其中，作者除了勾勒以色列民族的形成、王国建立，异族的入侵和统治、基督教诞生之前犹太人的社会阶层

---

① 本文改革开放以来部分多处使用了刘精忠在《犹太研究在中国——30 年回顾：1978—2008》（潘光主编，上海社会科学院出版社 2008 年版）中的相关内容，特此致谢。

② 1949 年前的犹太教研究概况可参阅黄陵渝的《犹太教研究在中国》（《世界宗教研究》1999 年第 4 期）。

③ 参见杨真《基督教史纲》（上册），生活·读书·新知三联书店 1979 年版。

外，还阐述了犹太教发展过程中从多神到一神，从民族神到世界神（先知时期）的过程，阐述了经历过战争、屠杀、被略、放逐等民族灾难和多次斗争与失败的犹太人弥赛亚盼望。作者还着力阐述了犹太教圣典《圣经》形成的不同阶段、缘起和大致内容。指出：犹太教的经典即基督教《新旧约全书》的《旧约》部分，是以色列从巴比伦回归后，历时 4 个世纪（公元前 6 世纪至 2 世纪）逐步形成的。这部圣经包括 39 卷，分为律法书、先知书和圣著。《圣经·旧约》的"律法书"即《创世记》、《出埃及记》《利未记》、《民数记》、《申命记》成书于公元前。"律法书"的内容多取材于更加古老的苏美尔人、巴比伦人的传说，犹太教律法的主要内容（《出埃及记》的 19—23 章），包括"摩西十诫"和各类律法，属于农业文明的产物，是从公元前 18 世纪就存在的巴比伦的汉穆拉比法典移植而来的。另外两部法典是《申命记》（12—26 章）和《利未记》，前者虽然是"巴比伦之囚"之后成典的，但其内容则反映了公元前 621 年犹太国王约西亚为了反对多神和偶像崇拜而进行的宗教改革，后者反映的是公元前 8—7 世纪犹太的社会经济状况。大小"先知书"以及"圣著"各篇的形成和大致内容也都在该章中得到了较为具体的表述。总起来说，《基督教史纲》中的这一章是 1980 年之前见到的有关一般犹太教研究的重要成果，虽然作者受时代的局限，对犹太教的产生及其内容的阐述在方法论上略有不足，所占篇幅也很有限（不足 14 页），但作者对犹太教的介绍却较为系统和准确。尤其难能可贵的是，这篇文字竟然成了新中国成立后前 30 年历史上绝无仅有的犹太教研究成果。①

尽管有《基督教史纲》那样属于凤毛麟角的著作介绍了犹太教，但是，实事求是地讲，在 1949 年后的前 30 年里，中国的学者还没有把视野延伸到一般意义的犹太宗教和哲学领域。那时，犹太教尚未成为独立的研究对象，真正意义上的犹太宗教与哲学研究在这个阶段尚未出现。

随着中国历史的车轮驶入了改革开放的年代，学术领域也得到了拓展，犹太教这个此前几乎不被问津的荒漠开始引起某些学者的关注，中国的犹太宗教与哲学研究也由此进入了第二个阶段。在 20 世纪 80 年代，一批有关犹太教研究的成果相继问世。这一时段的主要论文有：武瑞田

---

① 参见杨真《基督教史纲》（上册），第 5—19 页。此书写于"文化大革命"期间，故可算作改革开放之前的作品。

的《犹太教述论》(《临沂师专学报》1984 年第 1 期),赵汝清的《古代巴勒斯坦与犹太教》(《宁夏日报》1985 年 5 月 10 日),彭小瑜的《略论犹太教一神论的起源和发展》(《世界宗教研究》1986 年第 4 期),曹让庭的《〈旧约〉——希伯来文学的总汇》[《湘潭大学学报》(哲学社会版)1987 年增刊],曾炳详的《犹太教的圣书——摩西五经》(《苏州大学学报》1988 年第 3 期),赵复三的《从犹太教看宗教与历史文化的关系》和《对犹太宗教文化与其他文化关系的一点探索》(《世界历史》1987 年第 1 期、1989 年第 2 期)。出版的相关著作主要有:王仲义编著的《犹太教史话》("外国历史小丛书"之一种,商务印书馆 1984 年),朱维之主编的《希伯来文化》("世界文化丛书"中的一部,浙江人民出版社 1988 年),朱维之的《圣经文学十二讲》(人民文学出版社 1989 年),赵复三为《中国大百科全书·宗教卷》(中国百科全书出版社 1988 年)撰写了"犹太教"和"犹太教哲学"两个条目,他还在黄心川主编的《世界十大宗教》(东方出版社1988 年版,社会科学文献出版社 2007 年再版)一书中撰写了"犹太教"部分。张绥的《犹太教和希伯来文化心态的形成》(《上海大学学报》1989 年第 4 期),龚方震的《祆教与犹太教、基督教的比较》(上海宗教学会编《宗教问题文集》1987 年),张久宣译《圣经后典》(商务印书馆 1989 年),等等。此间,潘光旦、江文汉、张仲礼、李昌道、徐铸成等有关开封、上海犹太人的研究成果,也涉及一般犹太教知识。[①]

在这个阶段,对犹太教研究贡献最著者当属赵复三先生。据查,在 20 世纪 80 年代的犹太研究学者中,赵复三撰写的犹太教论著数量最多,也最具学术品位,因而可被视为 80 年代中国犹太教研究的代表人物。在其相关的论著中,最值得重视的是他在《世界十大宗教》中撰写的"犹太教"一章。在这一章中,赵复三介绍了古代犹太民族史和犹太教的形成,犹太教的主要经典《塔纳赫》和《塔木德》,安息日、逾越节、律法节、住棚节、赎罪日、审判日、痛悼节、欢庆节、献身节等犹太教的圣日和节日,日常生活中的禁忌如饮食律法和有关服饰的规定,割礼和成年礼,结婚和离婚的习俗,丧葬礼仪,象征,还详细阐述了犹太人对世界文化的影响,其中包括基督教、伊斯兰教与犹太教的渊源关系,犹

---

① 参见一夫《改革开放以来我国的犹太哲学与宗教研究》,傅有德主编:《犹太研究》(1),山东大学犹太教与跨宗教研究中心 2002 年版,第 280—282 页。

太人与阿拉伯人一起把希腊古典文化介绍到欧洲，从而促进了欧洲的文艺复兴和人文主义运动的兴起，还谈到了 12、13 世纪西班牙犹太人在各个领域的杰出成就以及对基督教思想家的影响，最后简述了犹太教的改革和因此而产生的近现代犹太教的主要派别——正统派、改革派、保守派和重建主义派。① 虽然赵复三撰写的"犹太教"一章只有 3 万字，其中对个别概念的诠释也有不尽准确之处，但毫无疑问，该文却是他的犹太教研究代表作，是当时最全面、最系统、最深入的犹太教研究成果，代表了 80 年代中国犹太教研究的最高学术水平。此外，著名圣经文学专家南开大学教授朱维之的《希伯来文化》、《圣经文学十二讲》等著作，北京大学彭小瑜有关犹太一神教的论文，也都是 80 年代重要的学术成果。

综观 20 世纪 80 年代的这些犹太教译著和论著，我们可以看到以下几点：首先，在 80 年代，犹太教已经被当做一个独立的、专门的对象进行译介和研究了。前面提及的论文和著作大都是犹太教或犹太文化的专论，而在这之前，犹太教除了在有关中国犹太人研究的著作以及哲学、文学、历史类的著作中被提及外，还不曾被当做一个独立的研究领域。其次，研究的视角和方法多为历史与文化。最后，相关的研究成果数量不够多，学术性也还不够强，因为所译作品乃是通俗且简要的介绍，有关的论文也多半属于一般性阐述，缺乏专题性研究和理论深度。这样说无意苛求当时的学者，因为这是任何一个学术领域开创之初所不可避免的。虽然处于草创时期，在 80 年代，中国的犹太教研究毕竟已经作为一个独立的研究领域出现在世人面前了，这是历史性的一大步。

进入 20 世纪 90 年代后，尤其是 1992 年中以建交以后的几年里，犹太研究很快呈现出一派蓬勃发展、繁荣兴旺的景象，中国犹太宗教与哲学的研究也随之进入了一个新阶段。这表现在如下几个方面：

第一，继上海社会科学院的犹太研究中心率先成立之后，各地高校陆续建立了一批犹太研究机构，并自然地形成了各自的特色。主要的研究机构如下（以成立时间为序）：1992 年成立的南京大学犹太研究中心（2006 年更名为南京大学黛安/杰尔福特·格来泽犹太文化研究所），创始人和现任主任是徐新教授，该所主要致力于古代犹太史和文化、反犹主义、犹太

---

① 参见赵复三《犹太教》，黄心川主编：《世界十大宗教》，东方出版社 1988 年版，社会科学文献出版社 2007 年版。

教、古代开封犹太人等学术领域。1992 年建立的河南大学中国犹太历史研究中心（2002 年更名为河南大学犹太研究所），创始人和现任主任为张倩红教授，该研究所以古代开封犹太人和以色列史为研究特色。1994 年建立的山东大学犹太文化研究所（2003 年更名为山东大学犹太教与跨宗教研究中心）。该中心于 2004 年成为中国高校人文社会科学重点研究基地之一，创始人和现任主任是傅有德教授。该中心的研究成果集中于犹太哲学与宗教，以及犹太教与基督教、犹太教与儒学的比较与对话。2000 年成立的哈尔滨犹太研究中心，现任主任傅明静。该中心重点研究历史上的哈尔滨犹太人。北京大学于中以建交前夕建立了希伯来研究所，主任为叶奕良教授，后来中断。该研究所曾经隶属北京大学东语系，是国内唯一招收希伯来语专业的机构，其研究专长是圣经学。云南大学有西亚研究所，肖宪教授为负责人，其研究特色是以色列政治、社会与文化。①

　　第二，研究成果大批涌现，其内容较之以前更加专业化。犹太教与犹太哲学研究领域的成果大致可以分为译作和论著两大范畴。就译著而言，主要包括山东大学傅有德主编的"汉译犹太文化名著丛书"，复旦大学顾晓鸣教授主编的"犹太文化丛书"中的相关译作，以及索伦的《犹太神秘主义主流》（涂笑非译）和《阿伯特—犹太智慧书》（张平译）、《天下通道精义篇》（张平译），等等。② 在著述方面，影响较大的有中国社会科学院周燮藩先生主编的《犹太教小词典》（上海辞书出版社，2004 年）以及南京大学徐新、凌继尧教授主编的《犹太百科全书》（上海人民出版社，1993 年）。这是迄今为止有关犹太教和犹太文化研究仅有的两部中文辞书，它们对于读者正确理解犹太教、犹太文化，规范犹太教、犹太文化概念和术语的翻译都起了非常重要的作用。此外，傅有德等先后出版了《现代犹太哲学》（人民出版社，1999 年）和《犹太哲学史》（上下卷，中国人民大学出版社，2008 年）两部著作，对于从古至今各个历史阶段上的犹太教哲学家做了全面介绍和比较深入的分析，并概括出了犹太哲学的定

---

① 上海犹太研究中心成立于 1988 年，创始人和现任主任为潘光教授。多年来，该中心形成了以上海犹太人研究为重点，兼顾犹太历史与文化、当代以色列和美国犹太人研究，特色鲜明，成就斐然。本文关于国内主要犹太研究机构的简介参考了潘光主编的《犹太研究在中国——30 年回顾：1978—2008》（上海社会科学院出版社 2008 年版）第 9—10 页。

② 这一时期相关犹太宗教和哲学的译著、著作和文章都颇为丰富，详见后文中的分析与介绍。

义、特点和任务。在《圣经》研究方面，北京大学陈贻绎的《希伯来语圣经》（2006 年）、游斌的《〈希伯来圣经〉的文本、历史与思想世界》（2006 年）都是中国《圣经》文本研究的力作，代表了迄今为止的国内《圣经》研究水平。与此同时，这一时期还出现了《论什么是犹太教》（周燮藩著，《世界宗教研究》2000 年第 2 期）和《犹太教的自我诠释——再论什么是犹太教》（周燮藩著，《世界宗教研究》2001 年第 1 期）等系列重要的学术论文。此外，傅有德还创办了国内唯一的《犹太研究》辑刊，成为中国学者发表犹太研究成果的重要阵地，① 迄今已经出版 7 辑。各地研究犹太教与犹太哲学的学者也逾百人。

第三，这个时期的犹太教研究在深度和广度上有大幅度的提高。就译著而言，在一般译介性作品继续发表的同时，一批经典名著也已问世，如前面提及的"汉译犹太文化名著丛书"中的《迷途指津》等大部分译作，以及《犹太神秘主义主流》、《阿伯特—犹太智慧书》等；就论著而言，《希伯来语圣经》、《〈希伯来圣经〉的文本、历史与思想世界》、《犹太哲学史》等著作以及一些论文，在广泛吸收国外研究成果的基础上，已经达到了较高的学术水平。

第二节　犹太宗教研究

一　犹太教的定义、内涵和范围

对于中国的犹太宗教研究及其历史和现状的概述而言，从专业性的宗教研究角度来说，如何确切理解"犹太教"的定义、内涵和范围等应当是一个首要的学术问题。然而，由于国内学术研究的时代局限性，即便在前述新中国成立后犹太宗教和哲学研究的第二阶段，这一问题依然没有得到足够的重视和回应。②

---

① 参见潘光主编《犹太研究在中国——30 年回顾：1978—2008》（上海社会科学院出版社 2008 年版）附录第 319 页以下以及傅有德主编《犹太研究》（1—7 辑）目录（2003—2009 年）。

② 所谓"宗教"（religion）这一概念或范畴本身只是一个近代西方的文化诠释坐标，从文化哲学上说，具体体现了西方文化背景中宗教作为一种显要的文化样式在文化或文明发展历程中的独特性。对于文明进程不同于西方基督教世界的其他文明或文化体系来说，这样一种并不具有绝对普遍性的观察视角或诠释坐标自然会带来理解和沟通上的一系列障碍。显然，鉴于不同文明或文化体系在认知与创造范式上的差异性或多元性，无论是在近代以前的中国文化，还是犹太文化中，都不可能找到在内涵上与"宗教"完全对应的语汇。

就内涵而言，相对于西方学者从自身视角描述犹太文化特征所使用的"Judaism"这一概念，在犹太文化背景中，犹太学者更多提及的是"Yahadut"这个词汇。对此，徐向群先生在《以色列的宗教势力和宗教政党》一文中即指出，希伯来语中没有"犹太教"这个单独的词，只有"雅哈杜特"（Yahadut）。这是一个抽象名词，意为犹太人的一切，犹太属性、犹太文明。① 由于犹太人与犹太教的特殊关系，这个词的词意是宗教及由它衍生出的民族文化、生活方式，等等。这与犹太人的思维是一致的，当他们提到"雅哈杜特"时，指的是浑然一体的概念，没有把宗教信仰、民族文化、生活方式等剥离开。② 开普兰的《犹太教：一种文明》（黄福武等译）作为犹太教重建派的经典，就是把犹太教当做一种文明来阐述的。

因此，考虑到上述因素，在犹太宗教研究中，虽然人们一般更多使用"犹太教"这一术语，但强调使用"犹太宗教"（Jewish religion）这一表述的原因，是为了在学科研究的方便意义上，界定关于犹太人的这种"宗教"研究的范围，强调犹太文化中以"宗教的"或"信仰的"方式体现出的那部分文化范畴。在此意义上，所谓"犹太宗教"指的是在现代宗教学语境中犹太人历史上所特有的"宗教"现象。

关于犹太教的定义、内涵确定和研究范围，周燮藩在《论什么是犹太教》（《世界宗教研究》2000 年第 2 期）一文中指出，虽然对于犹太教的定义问题，人们众说纷纭，但最基本的两点却是可以肯定的：其一，"犹太教"本身应可以理解为一种一神教或伦理一神教；其二，所谓"犹太教"无疑可以首先定义为犹太人所信奉的宗教。按照这一思路，文章通过对犹太教的历史考察以及与基督教等其他宗教的比较研究，特别指出犹太教重视行为，而非信仰。在强调犹太教与其民族不可割裂的同时，分析了其教义的普世性。为此，作者主张要避免对这一宗教的曲解，就必须按照犹太教本身的观念去理解它。而欲达成这一理解，除了需要关注犹太宗教的信仰特质以外，还必须深入探讨犹太宗教信仰与犹太民族之间在历史上的特殊演变关系。

此外，在另一篇题为《犹太教的自我诠释——再论什么是犹太教》

---

① 实际上，鉴于文化翻译上的这种不可通约性，无论是将 Yahadut，还是将 Judaism 译成中文里的"犹太教"，在文化内涵上都有很大差距，这甚至也包括将中文里用以对应"religion"的"宗教"一词作一番中国文化语境下的特殊诠释。

② 徐向群：《以色列的宗教势力和宗教政党》，《西亚非洲》1996 年第 6 期。

（《世界宗教研究》2001 年第 1 期）的文章中，作者进一步明确指出，界说"犹太教"的难点有二：其一，犹太教的独特性不在其信仰观念，而源于犹太人独特的历史经验。因此，需要从犹太宗教的历史演变中把握其独特性；其二，作为学术研究必须看到，犹太教的多样性是社会发展的产物，要在这种歧异性中寻求一致性，以本质性去统一其多样性。为此，以拉比犹太教为突破口，分析了不同时期、不同派别犹太教所作的自我诠释，综合推演出犹太教的分解式定义，以期更为深入地探讨和认识组成犹太教的不同传统。

傅有德把犹太教定义为"犹太人的信仰和生活方式。"① 在他看来，犹太教首先是犹太人的宗教，是犹太先祖在圣经时代创立并为后世犹太人所遵行的宗教。尽管犹太教的一神论、创世等信仰具有普世意义，但这并不足以改变犹太教的民族性特征。和基督教相比，犹太教的重心在行为，不在信仰。但是，上帝的存在及其独一性、上帝创世、圣约、选民等信仰仍然是犹太教的重要组成部分。因为犹太教重行，所以，其主体部分在于犹太人特有的生活方式，它体现在成文的和口传的律法当中，体现在化为民俗的圣日、节日和日常生活习惯当中，是犹太教中最具体也最有活力的部分。

二　犹太教历史及综述性研究

如前所述，严格意义上的犹太宗教研究在中国国内起步很晚。尽管如此，相关犹太教的宗教史及综述性著作或译著相对较为丰富，其中包括王仲义编著的《犹太教史话》（商务印书馆 1984 年版）、所罗门·诺曼著作的《当代学术入门：犹太教》（赵晓燕译，辽宁教育出版社 1998 年版）、舒拉基所著的《犹太教史》（吴模信译，商务印书馆 2001 年版）以及雅各布·纽斯纳的《犹太教》（周伟驰译，台湾麦田出版社 2003 年版）等。这些著作或译著基本着眼于犹太教基本历史及教义、教派等简单内容的概述和介绍，总体上篇幅较小。类似的其他一些介绍性作品还包括：张文建的《信仰战胜苦难：犹太教》（世界知识出版社 1998 年版）和黄陵渝的《世界犹太教与文化》（中央民族大学出版社 1999 年版）等。此外，由林秀娟

① 参见傅有德《犹太哲学与宗教研究》，中国社会科学出版社 2007 年版。参见张志刚主编《宗教研究指要》，北京大学出版社 2005 年版。

等翻译的《以色列民族史与以色列宗教》（法伊弗·查丽斯等著，国际圣经协会 2004 年版）也涉及古代以色列宗教情况的简单介绍。

这一情况在 2004 年发生了改观，其标志是由周燮藩主编的《犹太教小辞典》（上海辞书出版社 2004 年版）。这本 40 万字犹太宗教辞书共收录 1300 个条目，包括犹太教总论，教派、组织、机构、人物、经籍书文、用语、历史事项、圣经人物和词汇、教义、思潮、法律、教制、教职、称谓、献祭、礼仪、节日，会堂、圣地等。这部辞典具有很强的学术规范性，特别是在译名上下了很大工夫。全书采用通行译法，对于一些译音虽有出入但至今仍可习用者，则根据"约定俗成"的原则予以沿用；有关外国人名、地名及教派、组织等词目，一般按照"名从主人"的原则附注了外文；对希伯来文、阿拉伯文等则加注了拉丁文对音。在释文中出现未收专条的外国人名、地名、名词等时，则根据需要，酌注外文。此外，全书正文后附有犹太教《圣经》书名的略称表、犹太教上帝名讳考以及犹太教大事年表等内容。应该说，这部词典对于规范国内犹太教研究中一直存在的专业术语运用上的混乱现象，起了很好的作用。同年出版的还有黄陵渝的著作《当代犹太教》（东方出版社 2004 年版）。这部 30 万字的著作以当代为主线，并辅以纵向的历史脉络，较为全面地展示了当代犹太教的面貌，特别是第二次世界大战后世界范围内的犹太教发展状况，同时也介绍了相关犹太教的制度、教派、习俗等方面的内容。

自 20 世纪 80 年代末开始，国内学界逐渐注重从宗教学角度对犹太教展开严肃意义上的学术讨论。与此同时，一些文章从宏观比较的角度，直接或间接地探讨了犹太宗教作为一种文化样式的诸多特质。张绥的《犹太教和希伯来文化心态的形成》［《上海大学学报》（社会科学版）1989 年第 4 期］，黄天海的《希伯来宗教思想中的人文精神》（《哲学研究》1997 年第 5 期），李勤的《试论犹太教的基本特征》（《云南师范大学学报》2001 年第 3 期），何小莲的《希伯来法精神——犹太教对现代西方文明的贡献》（《陕西师范大学学报》2001 年第 2 期），张著名的《犹太教与资本主义精神——略论马克斯·韦伯的犹太教观》（《福州大学学报》2001 年第 2 期），肖凌峰的《犹太教思想的现世色彩》（《内蒙古师范大学学报》2002 年第 2 期），以及赵复三的《从犹太教看宗教与历史文化的关系》（《世界历史》1987 年第 1 期）和《对犹太宗教文化与其他文化关系的一点探索》（《世界历史》1989 年第 2 期）等，基本可以归于此类。除此之外，这一时期还出现了一大批相关犹太宗教文化的知识性文章，如黄陵渝教授的《犹太教演义（上中下）》（《世界宗教文化》1998 年第 3、4 期，1999 年第 1 期）和马月兰的《犹太人犹太教称谓及其由来》（《世界宗教文化》2001 年第 3 期），等等。所有这些文章都从不同层面极大丰富了相关犹太宗教的专业性学术研究。

三　犹太教经典研究

在犹太宗教经典方面，张久宣翻译的《圣经后典》（商务印书馆 1989 年版），王神荫译的《死海古卷》（西奥多·加斯特英译，商务印书 1996 年版），以及张平所译的《阿伯特—犹太智慧书》（阿丁·施坦泽兹诠释，中国社会科学出版社 1996 年版）等，无疑具有学术上的极端重要性。但前两本书的翻译与出版更多源自基督教研究的背景，《阿伯特—犹太智慧书》亦只是犹太教《塔木德》中的一部智慧格言集。[①] 相对而言，山东大学傅有德主编、山东大学出版社出版的"汉译犹太文化名著丛书"成为这方面最重要的基础性学术成果。这一系列经典著作翻译中涉及犹太宗教范畴的有：亚伯拉罕·柯恩著：《大众塔木德》（盖逊译，2004 年）；迈蒙尼德著：《迷途指津》（傅有德、郭鹏、张志平译，1998 年）；马丁·布伯著：《论犹太教》（刘杰等译，2002 年）；利奥·拜克著：《犹太教的本质》（傅永军等译，2002 年）；摩迪凯·开普兰著：《犹太教：一种文明》（黄福武等译，2002 年）；海舍尔·亚伯拉罕著：《觅人的上帝：犹太教哲学》（郭鹏、吴正选译，2003 年）；大卫·鲁达夫斯基著：《近现代犹太宗教运动：解放与调整的历史》（傅有德、刘平、李伟译，1997 年）；海姆·马克比编著：《犹太教审判：中世纪犹太—基督两教大论争》（黄福武译，1995 年）；约瑟夫斯：《犹太战争》（王丽丽等译，2008 年）；摩西门德尔松：《耶路撒冷》（刘新利译，2008 年）。此外，外语教学与研究出版社还出版了提摩太·林的《死海古卷概说》（傅有德、唐茂琴译，2008 年）。

在这一研究范围内，还应包括一些主要从事基督教研究的学者从"圣经学"研究角度对古代《希伯来圣经》所做的研究工作。其中，陈贻绎的《希伯来语圣经》（昆仑出版社 2006 年版）从文献和考古角度出发，对

---

① 参见徐新、凌继尧主编的《犹太百科全书》（上海人民出版社 1993 年版）等综合性辞书中的相关条目无疑亦多有涉及。

《希伯来语圣经》中和以色列历史相关的部分进行了较为综合、全面的介绍，并着重介绍了相关《希伯来语圣经》文本和巴勒斯坦地区文字和实物的考古发现。李炽昌、游斌合著的《生命言说与社群认同：希伯来圣经五小卷研究》（中国社会科学出版社 2003 年版）强调了《希伯来圣经》五小卷对于分析《圣经》所表达的生命体验及其中的社群认同所具有的特殊意义，并围绕《希伯来圣经》是如何言说生命，以及如何影响社群身份意识的形成，展开研究。此外，游斌的《〈希伯来圣经〉的文本、历史与思想世界》（宗教文化出版社 2007 年版）运用多种《圣经》评断学方法，从思想史维度分析了《希伯来圣经》中蕴涵着的文本与群体、群体与群体、文本与文本之间的丰富而复杂的关系，并揭示了其中的文学、史学与神学世界。

值得注意的是，虽然宗教神秘主义作为体现宗教之信仰精神的实质性内核，对于更好地理解和研究宗教具有不可替代的重要价值。但相对于人们对《希伯来圣经》和《塔木德》的关注度来说，关于犹太教神秘主义经典的翻译和介绍工作起步甚晚。目前正在进行并有待完成的翻译工作，唯有犹太教神秘主义经典《佐哈尔》及部分当代哈西德主义的研究著作。这方面迄今为止得以完成的唯一重要学术工作是由涂笑非先生翻译的格肖姆·索伦的经典著作《犹太教神秘主义主流》（四川人民出版社 2000 年版）。这部著作是 20 世纪犹太教神秘主义研究的奠基之作，也是这一领域最重要的学术著作之一。在书中，索伦不仅讨论了犹太教神秘主义的一般特征，也从宗教文献研究角度论述和考证了犹太教神秘主义从古代默卡巴神秘主义到现代哈西德主义的历史发展过程，揭示了宗教神秘主义在犹太教历史发展中的独特价值和意义。总的来说，国内关于这方面的专业性研究一直很难展开，也处于少人问津的状态，零星出现的相关犹太教神秘社团的极个别学位论文水准不高且不乏混乱与错误。

对于犹太教教义或具体思想方面的探讨，总体上相关文章并不多见，主要原因还是在于国内的犹太教研究在许多方面尚待发掘和深化。① 在具体问题方面，周燮藩先生的《犹太教上帝名讳考》（《世界宗教研究》

---

① 对此，徐向群先生在较早的《上帝和人——对犹太教教义之探索》（《同济大学学报》1994 年 S1 期）一文中曾感言，难以用简要的语言说明什么是犹太教，犹太教的教义是什么，只能从犹太教所涉及的方方面面，来认识犹太教的一个概貌。

1999 年第 3 期）从犹太教研究的角度，对《希伯来圣经》和拉比文献中的上帝称谓作了分类比较，确认"雅赫维"为没有歧义的上帝之名，并就其历史渊源做了相应的学术考证。作者指出，犹太教上帝之名的读音失传是由于历史条件的逐渐恶化而造成的，其名讳本身含有丰富的历史内涵和深邃的宗教意义，反映了犹太教独特的上帝观，因而任何随意的改换和误译，都必将产生歧义。此外，沈坚在《古代犹太教一神观的演进》（《华东师范大学学报》1994 年第 3 期）一文中着重探讨了犹太教的一神教特征，强调犹太教的一神观并非固有，而是有其漫长、复杂的演化过程。[①]傅有德教授的《犹太教中的选民概念及其嬗变》（《文史哲》1995 年第 1期）则从宗教历史维度考察了犹太人的"选民"观念，重申在近现代随着犹太教内部分化为不同的派别，犹太人对"选民"一说的态度实际上各不相同。另外，黄天海等人的《摩西法律的契约形式和以律法为核心的希伯来宗教》（《世界宗教研究》2002 年第 3 期）探讨了犹太宗教中律法主义形成的历史背景及其内在意义。

在这一范围内，最引人注目的一个现象就是学者们对犹太弥赛亚信仰的关注，关于这一话题的讨论大多与基督教历史上的弥赛亚观念联系起来。梁工教授的《弥赛亚观念考论》（《世界宗教研究》2006 年第 1 期），傅有德的《犹太教的弥赛亚观及其与基督教的分歧》（《世界宗教研究》1997 年第 2 期），以及申丽霞的《救世主——弥赛亚：人类宗教精神的期盼——从犹太教与基督教谈起》（《宗教学研究》2003 年第 1 期）都属于这个范畴。与此话题相关联，饶本忠的《论犹太教末世论》（《宗教学研究》2007 年第 3 期）则对犹太教的末世论思想进行了简单梳理，同时对其产生的原因和本质进行了比较详细的分析。比较而言，陈艳艳的硕士论文《论犹太教和基督教的弥赛亚观》（山东大学出版社，2007 年）对此较为详尽地进行了一番梳理。作者认为，弥赛亚思想是犹太教与基督教这两大宗教的一个重要分歧点，它在犹太教发展的不同历史时期有着明显的内涵变化。在《圣经》犹太教中，弥赛亚概念指的是一种确认方式，即在君王或者祭司就职时，通过对他们膏油以表示其地位是由上帝拣选的，具有神圣的意味。在犹太亡国之后，弥赛亚思想逐渐发展成为救世主的观念。

---

① 在此需要一提的是 1988 年三联书店出版的弗洛伊德的《摩西与一神教》（李展开译）一书，揭示了作者对摩西与犹太一神教问题的思考。

犹太人认为上帝将在未来的某一时刻派遣救世主弥赛亚降临，来拯救犹太人脱离苦海，带领其返回故土，重建和平、自由的以色列王国。而到了近现代时期，随着犹太教改革运动的发展，不同流派的犹太教对弥赛亚思想的立场和重视程度亦各有变化。此外，刘精忠的《宗教神秘主义与犹太弥赛亚信仰探析》（《长安大学学报》2002 年第 4 期）一文则探讨了犹太教神秘主义对于犹太弥赛亚信仰发展的影响。文章着重指出，犹太弥赛亚信仰作为一种历史范畴，最初在犹太教中并不占据中心位置。鉴于宗教神秘主义认识论及社会历史层面的特殊因素，喀巴拉最初对弥赛亚信仰的发展亦并无实质性影响，只是从 16 世纪始才扮演了至关重要的角色，而近现代哈西德运动中个人生活的神秘主义化倾向，则最终使得弥赛亚信仰以其特有的悖论方式融入犹太民族精神。

在一定程度上，国内学界对犹太教教义特色的探讨或许更多体现在相关犹太宗教伦理的关注之上，这种关注本身常常也是出于跨文化与跨宗教间比较考量。[①] 对此，从顾俊杰《宗教型的犹太文化与伦理型的中国文化》（《同济大学学报》1994 年第 1 期）这一文章的选题上即可反映出来。而周国黎教授的《道德脆弱的根源何在——儒家宗法伦理与犹太宗教伦理比较》（《探索与争鸣》1996 年第 3 期）则更是直白无误地揭示了这一关注背后的时代背景。在此背景下，黄陵渝的《论犹太教伦理的核心主题》（《世界宗教研究》2001 年第 1 期）探讨了犹太教中"爱上帝"和"爱邻人"这两个主题，揭示了其背后所隐含的"公正"与"公义"等伦理观念，以及由此主题引申出的与之相应的伦理原则、标准和规范。姚新中、洪波的《知识·智慧·超越——早期儒学与犹太教智慧观的伦理比较》（《伦理学研究》2002 年第 1 期）则通过对早期儒学和犹太教关于智慧的伦理问题的比较研究，对智慧的社会性与道德性之间的关系做了一些哲学探索。此外，李萍的《"他者"视域下的犹太伦理思想》（《西亚非洲》2005 年第 5 期）从犹太伦理思想中的"他者"这一核心概念对犹太伦理思想展开讨论。刘精忠的《犹太教经济理念初探》（《西北大学学报》2003 年第 2 期）以及其他作者的相关文章，则着重介绍了犹太教在经济观

---

① 如陈超南的文章《在上帝和生活之间寻求平衡——早中期犹太伦理观初探》（《学术季刊》1998 年第 3 期）就谈道：犹太社团因十分强调伦理对于信仰的相辅相成作用，而被称为伦理宗教。由于上帝观念对生活的处处渗透而形成宗教伦理，亦是犹太民族的一个主要特征。

念上的伦理思想。

四　犹太教社会作用及影响研究

国内学界对于宗教在犹太历史生活中的社会性影响和作用的研究，主要集中在近现代犹太历史阶段，并以现代犹太复国主义运动为聚焦点。这一话题的探讨从关注启蒙运动及犹太宗教改革开始，包括潘光教授的《试论近代欧洲的犹太启蒙思想和宗教改革运动》（《历史教学问题》1999 年第 5 期）和张倩红教授的《犹太启蒙运动初探》（《世界历史》2002 年第 5 期）等许多文章总体上都属于这一范畴。有关犹太教与犹太复国主义间问题的研究，除刘精忠的博士论文《犹太教复国主义研究》（西北大学出版社 2003 年版）外，还包括傅有德《赫茨尔与哈阿姆的犹太复国主义》（《山东大学学报》1995 年第 2 期），刘中民《犹太教对犹太复国主义的影响》（《世界民族》1999 年第 2 期），赵云侠《犹太教的世俗化问题——正统派对犹太复国主义运动的思想反应》（《世界历史》1999 年第 3 期），秦人文《犹太教、犹太复国主义与以色列现代化》（《世界民族》2001 年第 5 期），以及刘精忠《试论阿哈德·哈姆的"文化复国主义"》（《犹太研究》2004 年第 3 期）等。此外，汪舒明的《美国基督教锡安主义的发展及影响》（《世界民族》2006 年第 4 期）则从另一个方向探讨了美国基督教思想对于犹太复国主义的立场和背景。

另一方面，对于以色列建国后犹太宗教这种功用的关注主要聚集在宗教对以色列国内政治及阿以和谈的影响等方面。相关宗教与以色列政党政治的论文有：徐向群的《以色列的宗教势力和宗教党》（《西亚非洲》1996 年第 6 期）、《以色列：宗教政治化》（《世界知识》2000 年第 9 期），以及黄陵渝的《论犹太教对以色列国法律的影响》（《科学与无神论》2005 年第 4 期）等。探讨宗教与阿以和谈问题的文章有：陈双庆的《犹太教理念与巴勒斯坦地域争端的关系》（《西亚非洲》2003 年第 2 期），李志芬的《试论犹太教与反犹主义的关系及对中东和平进程的影响》（《延安大学学报》2005 年第 3 期），冯基华的《宗教政党对以色列政局及阿以冲突的影响》（《西亚非洲》2006 年第 5 期），汪舒明的《信仰者集团的兴起及其对以色列社会转型的影响》（《西亚非洲》2006 年第 6 期）等。此外，王铁铮教授的《后犹太复国主义评析》（《西亚非洲》2006 年第 2 期）一文则从政治学角度考察了后犹太复国主义作为冷战后以色列社会新思潮的具体特征。

五　犹太教与其他宗教文化比较研究

在国内犹太教研究中，一个引人注目的现象就是从宗教比较与对话角度来讨论犹太教与其他宗教或文化的异同及相互关系。导致这一独特现象出现的原因，主要是受到宗教学界及宗教人士相关不同宗教间对话问题的启发，同时这也吸引了其他宗教或哲学研究领域的学者对犹太教进一步做更深入的发掘和研究。这一议题的展开主要围绕犹太教与基督教之间的比较和对话进行，同时也涉及犹太教与中国传统儒学甚至伊斯兰教的比较或关系问题。

在此学术讨论中，学者们百家争鸣，各抒己见。其中，傅有德教授在《论犹太教与基督教的信与行》(《文史哲》2005年第3期)一文中主张，犹太教以对上帝的信仰为基础，以做义人为目的，重点突出行为和律法的作用，因而被视为"尚行之教"，其救赎之路也可以概括为"因行称义"。比较之下，基督教以对耶稣基督的信仰为基石，认为只有依赖"信仰"才能得救，因而其救赎之路被称为"因信称义"。从"因行称义"和"因信称义"的不同路向可以看出，犹太教和基督教在信与行问题上重心不同，而它们之间更本质的区别是信仰对象和救赎手段不同。

赵林教授在《论基督教与犹太教的文化差异》(《宗教学研究》1997年第2期)一文中认为，虽然基督教最初是从犹太教中演变而来的，但是其后的历史发展过程中，基督教在希腊唯心主义哲学的影响下，日益与犹太教分道扬镳。基督教与犹太教的文化差异主要体现在道德主义与律法主义、内在信仰与外在仪式的区别之上。早期基督教徒凭借着一种唯灵主义的信仰和动机论道德观，超越了囿限于直观的禁忌仪式和侧重于规范外在行为效果的犹太教。从犹太教"末世论"到基督教"救赎说"的理论发展，意味着基督教最终摆脱了犹太教的浅薄的现世主义和狭隘的民族主义藩篱，成为一种关于灵魂得救(彼岸主义)的福音和普世主义的宗教。关乎这一问题的相关讨论还可以包括：刘爱兰的《试论基督教对犹太教的继承与革新》(《中央民族大学学报》2007年第1期)，陕劲松的《基督教与犹太教的渊源关系》(《沧桑》2006年第1期)，以及王周钦、张维的《论早期基督教和犹太教分裂的必然性》(《哈尔滨学院学报》2006年第5期)，等等。

除了对犹太教与基督教比较的高度关切之外，周燮藩先生早在 1982
年的《伊斯兰教的起源和犹太教》（《中国社会科学院研究生院学报》
1982 年第 1 期）一文中，通过考证伊斯兰教创立之前犹太教在阿拉比亚的
传播情况，从伊斯兰教的传教活动、教义和各种仪式、规定、禁令等方
面，探讨了伊斯兰教与犹太教在思想上的密切渊源关系。马效佩的《犹太
教、基督教和伊斯兰教视阈中耶稣形象之比较研究》（《回族研究》2007
年第 4 期）一文则考察了三大"一神教"宗教在如何看待耶稣这一宗教神
秘历史人物上的不同立场，以及因此形成的神学信仰和教义体系上的差
异。另一值得一提的有趣现象是，英国朱利安·鲍尔迪博士为西方文化寻
找东方源头的著作《黑色上帝：犹太教、基督教和伊斯兰教的起源》（谢
世坚译）也由广西师范大学出版社在 2004 年出版。

在犹太教与中国传统儒家思想的比较问题上，傅有德撰写的《犹太
教与儒学三题议》（《山东大学学报》2004 年第 3 期）从神论、经书和基
本学说等三个方面对犹太教与儒学进行比较研究。作者个人认为，儒学
和典型的"一神教"犹太教相比，应当属于多神教或带有浓厚的多神教
的色彩。差异在于，犹太教的经书长期被视为神的启示，而儒学经典则
被认为是人言，因而神圣性与权威性不足。一言以蔽之，犹太教是以神
为中心的宗教，而中国传统儒学的基调则是人本主义的，二者在某些方
面可以相互补充。傅有德在《希伯来先知与儒家圣人比较研究》（《犹太
教与儒学学术研讨会论文集》，2008 年）一文中提出，希伯来先知是上
帝在尘世的代言人，儒家的圣人则是得天道并代天宣化者。由于天道与
神的启示属于同一层面，所以儒家圣人类似于希伯来的先知；就儒家圣
人是通过"闻道"与"悟道"而得到天道而言，他们还是先知型的哲学
家。该文还比较了先知的社会批评功能和圣人的榜样力量，揭示了先知
突出公正价值而儒家圣人仁爱优先，并深入分析了产生这些差别的宗教、
社会、政治和历史根源。此外，也有人比较了犹太教和儒学对王权的影
响，等等。

与此相关的一个话题是所谓的"犹太教在中国"研究。实质上，这一
问题的研究或发掘主要是由"犹太人在中国"这一话题所引发，并从属于
这一范畴。众所周知，除了陈垣先生早期的《开封一赐乐业教考》以外，
这方面较具代表性的权威著作是张绥先生的《犹太教与中国开封犹太人》
（三联书店 1990 年版），述及开封犹太人的来历、教规、残留家谱以及犹

太会堂的平面图等。卓新平的《基督教犹太教志》(上海人民出版社,1998 年)亦考证了犹太教在开封和其他地区的传播及其湮灭。此外,肖宪教授在《中国历史上的犹太人和穆斯林:比较研究》(潘光主编:《犹太人在亚洲:比较研究》,三联书店,2007 年)一文则通过对传统中国社会中的犹太人和穆斯林的对比,探讨了犹太人在中国被同化而穆斯林却没有被同化的原因。

不仅如此,徐新教授在《犹太教在中国》(《世界宗教研究》2000 年第 12 期)一文中通过梳理国内有关城市犹太会堂的历史,系统论述了犹太教在我国存在的历史,同时兼及论述了历代政府对犹太教所持的态度及其所实行的政策。张倩红教授在《从犹太教到儒教:开封犹太人同化的内在因素之研究》(《世界宗教研究》2007 年第 1 期)中个人强调,开封犹太人同化的最根本动力来自犹太社团内部在思想观念上的转变,即犹太人对犹太教信仰的逐步淡化及其对儒教的深层次认同,犹太教的儒化过程正是开封犹太人的同化过程。此外,房建昌的《近代中国犹太教会堂及祈祷所考》(《世界宗教研究》1997 年第 1 期)、羽离子的《明代左唐和中国犹太教》(《中央民族大学学报》1989 年第 6 期)等不少文章也都从各自不同的侧重面述及犹太人在中国的宗教生活状况。

第三节　犹太哲学研究

一　犹太哲学史研究

总体上看,严格意义上的犹太哲学研究在国内与犹太教研究没有太多时间上的差别,也是伴随着学界对犹太研究的展开而渐次深化的,20 世纪 90 年代以后在专业性上逐渐具体和深化。

同概述犹太宗教研究首先要应对的情况类似,因犹太文化特质及其历史流变的影响,对于"犹太哲学"这一指称在定义及内涵上可能引起的问题,傅有德采取一种兼具"犹太性"和"哲学性"的定位标准,即"犹太哲学首先是那些对犹太教抱有同情心和认同态度的犹太人创造的,非犹太教徒或无神论者的学说与犹太哲学无缘"。基于这样的标准,他把犹太哲学界定为"利用一般哲学的概念或范畴对犹太教的信仰和习俗所做的理性考察和探究",单纯的犹太教信仰或纯粹的理性论证都不足以构成犹太哲学。最后,犹太哲学家在考察犹太教的信仰和习俗的同时对一般哲学问题所做的探索和论述，只要是在理论上和犹太教不矛盾，也可以视为犹太哲学的内容。① 从这个意义上说，所谓"犹太哲学"大体上属于宗教哲学的范畴，实质上是犹太教的一部分，内在地体现了历史上犹太文明或犹太宗教文化的精神气质。②

在综述性的犹太哲学史研究方面，除前文所述的"汉译犹太文化名著丛书"中翻译的犹太宗教及哲学名著之外，较早的重要成果有傅有德教授等撰写的《现代犹太哲学》（人民出版社，1999 年）一书。全书约 25 万字，对 18 世纪以来的犹太哲学、特别是 20 世纪犹太哲学的主要代表人物科恩、拜克、罗森茨维格、布伯、海舍尔和开普兰等的宗教哲学做了系统的介绍和深入评析，大体勾勒出现代犹太哲学的清晰脉络，并揭示了现代犹太哲学试图调和理性与信仰、科学与宗教这一根本特征。

在此研究基础上，作者进一步撰写的《犹太哲学史》（中国人民大学出版社 2008 年版）是国内第一部全面、系统论述犹太哲学史的专业性学术著作。全书约 70 万字，在阐释相关犹太哲学的定义、特征及历史背景等重要问题的基础上，详尽论述了古代、中世纪及现当代以来的犹太哲学历史。其中，古代犹太哲学部分主要包括希伯来《圣经》中的哲学思想、犹太哲学开创者斐洛的思想学说以及拉比犹太教哲学三大部分；在中世纪犹太哲学一篇中，叙述了以犹大·哈列维和摩西·迈蒙尼德为代表的七位犹太哲学家的生平及哲学思想；在近当代犹太哲学部分，则涵括了从犹太启蒙运动时代摩西·门德尔松的哲学观念到当代盛极一时的伊曼努尔·勒维纳斯的哲学思考等。无疑，这一鸿篇巨制是当代国内犹太哲学研究中的扛鼎之作。此外，三联书店在 2006 年影印了弗兰克·利曼编著的英文原版著作《中世纪犹太哲学——剑桥哲学研究指针》。

与此同时，涉及犹太哲学特征讨论的系列文章大抵也是与上述学术著作或名著的翻译同步展开。在《试论犹太哲学及其根本特征》（《哲学研究》1999 年第 4 期）中，傅有德指出，犹太哲学在本质上是一种宗教哲学。信仰和理性的统一是宗教哲学的基本特征，因此，犹太哲学的根本特征实际上是一般宗教哲学基本特征的具体表现而已。犹太哲学的产生及其

---

① 参见傅有德等《犹太哲学史》（上下卷，中国人民大学出版社 2008 年版）绪论部分。
② 由于犹太人在近代以来的部分改宗和世俗化等现代性转变，对于个别犹太裔哲学家的哲学论述是否应列入"犹太哲学"的范畴，依然采取前述的"犹太性"认同标准。

特征的形成源于其独特的历史和文化背景，归根结底是由犹太人的散居决定的。此外，在《希伯来〈圣经〉哲学思想初探》(《哲学研究》2007 年第 3 期) 一文中，作者又概括性地指出，古代希伯来《圣经》并非哲学著作，但作为最早的犹太教经典，却提出了深刻的宗教哲学问题，包含着丰富的宗教哲学思想。换言之，希伯来《圣经》实则以非典型的哲学形式，提出了丰富的哲学问题和思想，从而成为后来哲学发展的活水源头。此外，作者的论文集《犹太哲学与宗教研究》(中国社会科学出版社，2007 年) 亦收录了相关研究中的 18 篇中文论文和 4 篇英语论文。

二　犹太—希腊哲学研究

在当代中国的犹太哲学研究中，一个引人注目的现象就是对犹太—希腊哲学的高度关注。造成这一现象的最重要原因是因为希腊、希伯来文化同为现代西方文明的两大重要渊源，而犹太教历史上同希腊文化的碰撞正是最初这一历史融会过程中的亮点。其中，斐洛作为希腊化时期犹太人最重要的思想人物理所当然地受到了极大关注。但从另一个角度也可以看到，这种关注本身其出发点更多的是站在西方基督教哲学和文化研究的角度，尝试更好地理清现代西方文化在源初历史时期的状态①。有鉴于此，国内相关院校的基督教研究机构和学者组织翻译和出版了有关"两希文明哲学经典译丛"等图书，客观上推动了国内犹太哲学的深入研究与发展。

这方面的专著、译著及文章首先可以包括：由吴勇立翻译、挪威托利弗·伯曼著述的《希伯来与希腊思想比较》(上海书店出版社 2007 年版)，黄天海教授的《希腊化时期的犹太思想》(上海人民出版社 1999 年版)，以及王晓朝教授的《论犹太—希腊哲学诞生的两条通道》(《浙江社会科学》2000 年第 5 期)。其中，伯曼的这本著作在一定程度上，可以看做是希伯来与希腊思想比较的经典研究著作。作者利用第一手的古典语言文献资料，从双方截然对立的差异描述出发 (宁静—运动)，阐述了希伯来与希腊这两大截然对立的文明如何融会，并在共同基础上构建起西方传统文明。王晓朝的文章则从希腊化时期反犹太主义浪潮给犹太文化带来的巨

---

① 正如这套丛书在总序中坦陈的那样，"西方文明有两个根源，由两种具有相当张力的不同'亚文化'联合组成，一个是希腊—罗马文化，另一个是希伯来—基督教文化。国人在地球缩小、各大文明相遇的今天，日益生出了认识西方文明本质的浓厚兴趣。这种兴趣不再停在表层，不再满意于泛泛而论，而是渴望深入其根子，亲临其泉源，回溯其原典。"

冲击出发，力图刻画出犹太文化在外来文化影响下所发生的嬗变，强调以《摩西五经》为代表的希伯来神学思想与希腊哲学思想的融合，恰恰是两希文化发生融合的精神性标志。比较之下，《希腊化时期的犹太思想》则是当代国内学者系统论述希腊化时期犹太思想的首部学术专著，拥有毋庸置疑的学术价值。

在犹太哲学家思想的个案研究中，范明生的《犹太教神学是东西方文化的汇合——论斐洛的神学》（《上海社会科学院学术季刊》1991 年第 2期）一文较早论及斐洛的宗教哲学思想，强调在东西方文化全面、广泛融会的希腊化文化时期，斐洛所起的承前启后的关键作用，以及他所创立的新型犹太教神学在西方宗教和神学发展过程中的重要历史意义。李磊的博士论文《信仰与理性的汇融——斐洛思想研究》（清华大学出版社，2004年）较为详细地讨论了斐洛的思想内容及其特质，强调斐洛通过对《圣经》的寓意解读，将不同路向的希伯来与希腊文化两者调和起来，把犹太信仰以哲学的形式表达出来，同时也将希腊哲学以信仰的形式表达出来。在此之前，徐开来、林庆华翻译的英国威廉逊·罗纳尔德撰写的《希腊化世界中的犹太人：斐洛思想引论》（华夏出版社，2003 年）也介绍了斐洛的上帝学说、逻各斯学说、《圣经》隐喻解释和伦理学说等。此外，章雪富等的《斐洛思想导论（I）：两希文明视野中的犹太哲学》（中国社会科学出版社，2006 年）和《早期基督教的演变及多元传统》（社会科学文献出版社，2003 年）也从不同方向论及斐洛的思想学说。浙江大学外国哲学研究所在"两希文明哲学经典译丛"中，也以《论凝思的生活》（石敏敏译，中国社会科学出版社，2004 年）、《论律法》（石敏敏译，中国社会科学出版社 2007 年版）、《论摩西的生平》（石敏敏译，中国社会科学出版社，2008 年）等书目翻译了斐洛的相关作品。

对于斐洛宗教神学学说中的具体思想主张，文心在《斐洛的上帝观述评》（《杭州大学学报》1996 年第 3 期）中具体考察了斐洛"上帝观"的产生背景。指出其"上帝"概念具有无限的终极存在、创造者、逻各斯以及人格的他这四种基本属性，其中又以第三重属性"逻各斯"最为重要。正是通过这一"上帝观"的建构，斐洛成功地将犹太一神教和哲学科学以及形而上学做了调和，使得"犹太经卷成了隐含柏拉图和斯多噶哲学原理的密码书"。其后，车桂在《斐洛的逻各斯学说及其神学意义》（《世界宗教研究》1998 年第 3 期）中也谈到，斐洛的划时代贡献即在于用柏拉图哲学阐释《圣经》神学，将希腊的逻各斯精神注入希伯来的上帝信仰，提出关于作为上帝与世界之中介的神圣逻各斯的学说，因而成为基督教神学的奠基人。王晓朝在《两希文化汇聚的产物——犹太哲学家斐洛的"逻各斯"》(《浙江大学学报》2000年第5期)一文也指出，斐洛的"逻各斯"学说是其融合犹太教一神论信仰和希腊哲学的产物。鉴于"逻各斯"这个范畴在古希腊思想中的重要性，可以将斐洛的"逻各斯"论视为两希文化融合的一个结合点。

三　犹太哲学家研究

国内学术界对于现当代犹太哲学的研究兴趣主要集中在马丁·布伯和埃马纽埃尔·勒维纳斯这两位杰出的犹太哲学家身上，这一点符合现时代哲学界一定范围内的研究旨趣。[①] 需要解释的是，这种关注本身基本上更多源于二者在西方哲学史上的重要学术地位，而非他们自身的犹太身份。在当代，虽然在探讨他们的哲学思想时，人们时常不可避免地要谈及他们学说中的犹太文化背景，甚至可以理解的影响，但实际上并没有什么人想过刻意强调一种"犹太的哲学"。其根本原因在于他们的哲学遭遇超越了个体在民族或文化属性上的限制，成为全人类的共同精神财富。一言以蔽之，哲学性本身而非犹太性，在这里是第一位的。因此，我们可以看到，许多研究勒维纳斯或马丁·布伯的学者并非专注犹太研究的学者，而是来自于西方哲学、伦理学等其他学术领域。

关注马丁·布伯宗教哲学的研究动力无疑最早源于其著名的"我—你"对话哲学。在山东大学出版社2002年出版其论文集《论犹太教》的同时，《我与你》这本小册子也由三联书店（陈维纲译）出版。从宗教哲学理解方面来看，刘杰教授在《论马丁·布伯的宗教哲学》(《世界宗教研究》2000年第4期)中认为，马丁·布伯是从哲学人类学的立场去理解宗教，揭示了人的"对话的存在"。对他来讲，人类宗教的历史就是人与上帝对话的历史，人与上帝的对话关系就是一种"我—你"关系。宗教信仰的基础就是人与上帝、与永恒的"你"之间存在的这一具有信赖性质的对话关系，而非对教义内容的信仰。需要说明的是，学者们的讨论涉及此一哲学体系在存在意义上的诸多方面，研究方法或视角也不尽相同，这

---

① 此外，也有学者对20世纪以来的犹太女性主义哲学思潮做了一定的介绍和思考。

里实际上也无从一一论及。

比较看来，对于马丁·布伯在犹太教自身问题及文化间对话上所抱有的态度，顾红亮在《统一·行动·未来——马丁·布伯对犹太教现代性的思考》（《宗教学研究》2006 年第 3 期）认为，马丁·布伯洞察到犹太教在现代性危机中的处境。在此基础上，他一方面反对政治犹太复国主义、宗教或民族共同体理论等犹太教复兴观念；另一方面也渴望为犹太教展示现代性的资源，拓展其现代生存空间。延展开来，刘杰在《马丁·布伯论"东方精神"的价值》（《文史哲》2000 年第 6 期）一文中则强调，马丁·布伯依据其独特的"对话哲学"方法，针对"西方中心主义"，主张东西方文化的对话和沟通，甚至东方的"教言"具有拯救当代西方颓废文化的力量。因此，西方在面对未来挑战时，必须与东方同行。

同马丁·布伯一样的道理，埃马纽尔·勒维纳斯的哲学理论在当代西方哲学界的影响如日中天，国内学界对其哲学话语的追踪和探讨也一直在持续的进行当中。从《上帝、死亡和时间》（余中先译，三联书店 1997 年版）、《塔木德四讲》（商务印书馆 2002 年版）等译著开始，勒维纳斯的主要著作文献基本都已有中文版面世，在相关后现代西方哲学的哲学史研究著作或多种研讨中，其哲学思想至少在当代业已成为不可或缺或跨越的一个重要组成部分。与此对应，对于其哲学主旨或特征的把握，国内哲学界在很多文章中都做了较为丰富的分析和讨论。相比之下，主要从事犹太哲学研究的学者参与的不是很多。

例如在《伦理学作为第一哲学如何可能？——试析勒维纳斯的伦理思想及其对存在暴力的批判》（《南京大学学报》2006 年第 66 期）一书中，朱刚从纯粹哲学角度论证了勒维纳斯哲学思想中伦理学地位的建构问题。作者强调，在传统的西方哲学中，存在问题一直被当做是首要的和基本的问题，因此存在论也被视为是哲学中的基础部分，甚至是第一哲学。但是勒维纳斯却质疑存在的这种优先性，并深入批判了存在作为一种普遍匿名的中性力量，对于每个独一存在者——尤其是作为绝对他者的他人，其所具有的暴力。与之相应，通过对我们与一个面容相遇的经验的考察，勒维纳斯揭示了作为绝对他者的他人的不可还原性和在哲学上的优先地位，论证了自我如何在其前史中已经成为他人的替代并因此对于他人早已具有一种"无端的"责任。所以，我对于他人的关系首先应当是伦理关系，而非存在关系。这样，伦理学在勒维纳斯那里就成了第一哲学，而非奠基在存在论之上的一个哲学分支。

与这一角度不尽相同的是，杜小真在《圣洁性的哲学——阅读勒维纳斯的几点笔记》（《江苏社会科学》2006 年第 6 期）中，从勒维纳斯与希腊哲学及希伯来《圣经》传统的关系出发，指出勒维纳斯的"他者"思想所蕴涵的价值力量，都来自于他对传统遗产的独特思考和继承。作者论述说，勒维纳斯最初针对的是西方哲学不容置疑的"存在"理论，希望哲学走出存在去看彼处，也就是脱离存在去发现"相异性"。只有从相异性角度进行的思考，才能实现真正的超越，这是希伯来思想的核心所在，其中心是伦理学，而这正是希腊哲学往往忘记的。简单地说，勒维纳斯思想中表现了一种犹太教和哲学之间的张力，目的是要展示一种追求无限启示的思想，用对他者的绝对责任，对存在的正义的要求，与哲学和基督教多少世纪以来都未能阻止的罪恶抗衡。

复旦大学的孙向晨在《犹太哲学史》中撰写了"莱维纳斯"一章①。他认为，自古希腊以来的西方哲学一直以本体论为努力的方向，其突出特征是泯灭他者的他性，追求同一性或总体性。在现代，就有谢林式的"同一"，黑格尔式的"绝对"，雅斯贝尔斯的"大全"。但是，西方文化在这种追求总体的本体论传统中出现了危机，导致现代社会面临种种恶果，尤其表现为在现实中以暴力压制"他者"。而莱维纳斯的哲学则是关于"他者"的哲学。莱维纳斯强调"他者"旨在批判并超越西方本体论传统，以伦理的首要性代替本体论的首要性。在莱维纳斯那里，伦理绝不是哲学的某种分支，某种特殊的视野；伦理是第一哲学的视野，是超自然、超历史、超世界的视野，"道德不是哲学的分支，而是第一哲学。"这是莱维纳斯哲学的一个纲领性的命题。他认为，也许从莱维纳斯开始，哲学将开始一个新的转向，即伦理学转向。

此外，许多研究人员也从不同范畴的比较角度，探寻了勒维纳斯的伦理哲学思想在死亡等诸多问题上与其他哲学家的异同。夏可君的《绝境的步伐——德里达在海德格尔与勒维纳斯之间书写"死"》（《开放时代》2001 年第 11 期），王礼荣《死亡之思——从海德格尔前后期的死亡观到勒维纳斯的批评》（《淮南师范学院学报》2005 年第 6 期），方向红的《无限好客与永久和平——与德里达一起思考勒维纳斯与康德在和平观上的对

---

① "莱维纳斯"、"勒维纳斯"系同一人名的不同译法。——编者

立》（《南京大学学报》2006 年第 6 期），梅谦立的《勒维纳斯和利科的伦理学的异同》（《现代哲学》2007 年第 3 期）等诸多论述，都属于这一类型的哲学比较研究。

国内犹太哲学研究同犹太教研究一样，即还有一个特点，就是较为注重犹太哲学文化与自身中国哲学和中国文化间的比较。在这一点上，傅有德教授的两篇文章颇具代表性。其《东方与西方之间：犹太哲学及其对中国哲学的意义》（《文史哲》2003 年第 2 期）一文认为，犹太哲学既不同于西方的理性主义哲学，也不同于中国古代的直觉主义哲学，它不仅在形式上利用西方哲学的理性思维方式来解释自己的传统，而且在内容上做到与西方哲学的融合与统一。因此，犹太哲学对中国哲学的意义在于，它表明中西哲学会通的道路是可行的，同时未来的中国哲学也应关注宗教信仰因素。出于同样的思考，在另一篇文章《传统与现代之间：犹太教改革及其对中国文化建设的借鉴意义》（《孔子研究》2005 年第 5 期）中，作者认为犹太教在传统与现代之间的成功历史经验亦为中国人提供了有益的启示。其中，主要的一点就是，经过革新的传统仍然可以成为现代人的价值观。有鉴于此，国人在传统和现代的抉择面前，不应"非此即彼"，而应在实现物质层面现代化的同时，继承和革新以儒家为核心的传统，使之成为中国人的精神安顿和族性。

第四节　问题与展望

总体上说，在新中国成立后国内学界的犹太研究中，由于历史等多方面因素的影响和制约，严格意义上的犹太宗教及犹太哲学研究相对起步较晚。鉴于宗教及哲学研究本身在犹太研究中的重要性等因素，自 20 世纪 90 年代以来，这方面的专门性学术研究工作逐渐全面展开。通过成立专门的研究中心，举办各种专业性学术会议，出版专门性学术期刊，以及组织团队进行课题研究等多种形式，相关学术研究机构为代表的国内诸多单位及学者个人在此领域，付出了持续不懈的艰苦努力，取得了一批丰硕的成果。

毫无疑问，20 世纪 90 年代以来是国内犹太宗教和哲学研究的繁荣时期。较之在此之前兼及犹太宗教及哲学的部分研究成果，这一时期的专业性研究有两个学术特点：其一，更为强调宗教及哲学学科本身所具有的学术性角度，由此开始对犹太宗教及犹太哲学的诸多问题展开多层面的深入研究，使之更具专业特征；其二，在学术成果中，注重犹太宗教及犹太哲学当中的"犹太性"这一特质，并由此凸显自身研究在国内宗教及哲学学界的研究特色。就学术研究的具体价值而言，实际上，这一阶段研究的最大意义在于：相对以往从外在的广义文化或历史等角度对犹太宗教及哲学所作的讨论与研究，开始了从宗教及哲学学科角度展开专门性具体研究的内在转变。

值得人们警醒的是，在犹太研究的这一繁荣时期，由于特定的历史性影响，有关犹太宗教及哲学的具体研究在专业范围内还存在着诸多的问题，并有待进一步拓展和完善。例如，严格意义上说，无论是犹太宗教或是哲学研究，总体而言，在现阶段大抵仍是以综述性的翻译、介绍和研究为主，在理论性的研究方向上深度尚不够理想。在一定程度上，对于经典以及相关的宗教教义或哲学理论等，也缺乏更为专业性的、直接而深入的学术研究。不少研究成果偏于宏大叙事，在时效性追求与学术性价值上存在一定差距。在具体的个案研究中，除少数关注话题或对象外，无论是纵向性的，还是横向性的个别研究，都有待进一步深入和发展。与此同时，当代中国的犹太研究在价值中立和学术规范等议题上也存在一定的商榷之处。

显然，导致这些问题的主要因素是外在性的，但国内犹太宗教及哲学研究本身亦存在自身的一些先天性缺失。例如，作为一个历史的弱势研究领域，无论是犹太哲学研究，还是犹太宗教研究，实际上在研究性特征等方面都深受国内西方宗教及哲学研究领域的影响，但同时考虑到多种因素的制约，又缺乏足够意义上的学术探讨和交流。由此造成的一个现象就是，在多学科研究方法并进、成果斐然的同时，整体上的研究效果往往呈现出某种机缘性，在研究方向、重点以及基本性的理解上多少略显无序。因此，当代中国犹太宗教及哲学研究的当务之急应当首先在于再一次明确和重申研究标准问题，从根本上说，就是坚持学术标准，从宗教及哲学学科本来所具的学术角度去研究问题，同时强调这种宗教及哲学研究的"犹太性"特征，实现内在性的宗教和哲学标准与外在的犹太性视阈的结合。

第十五章　中国犹太教研究

张倩红　高　杨

　　长期以来，在许多中国人的观念与视野中，犹太教距离我们似乎很遥远。其实，早在犹太人流散并涉足东方之时，犹太教就已随之进入中国社会。据史料记载，犹太人与中国的较大规模联系大约始于唐代，特别是在商业与城市经济高度发达的北宋时期，其中最重要的表现就是犹太人定居于开封，从此开始了开封犹太人的漫长历史。虽然到了19世纪中期，古老的开封犹太社团逐渐消失，但这并不意味着犹太人在华散居史的终结；近代以来香港、上海、哈尔滨、天津等地在不同时期出现了规模不等的犹太社团，特别是二战期间上海犹太难民社区的形成，更为中犹关系史及犹太人在华散居史谱写了新的篇章。不同时期来到中国的犹太人不同程度地保留了自己的宗教文化，但由于犹太教只是一个民族宗教，几乎不在异族中传播教义也不发展信徒，再加上社团规模相对狭小以及教名的不断变更等因素，致使历史上的中国人对犹太教的认知和理解极为有限，即便是中国的知识分子阶层，把犹太教混同于伊斯兰教、基督教的情况都极为普遍。

　　从严格学术意义上讲，中国学者对犹太教的研究始于近代，清末著名史学家洪钧在《元史各教名考》[①] 一文中对犹太教做了初步介绍和考证。1913年，河南学者时经训撰写了《河南挑筋教源流考》，[②] 同年，叶瀚也

　　① 见洪钧《元史译文证补》，光绪23年（1897）版，第29卷。
　　② 根据开封学者孔宪易的考证，《河南挑筋教源流考》一文分别发表在《自由报·自由文综》（从民国二年一月二日起开始刊登，在三日、五日、六日、十日、十一日、十二日、十四日共刊八续）。民国八年，时氏所著的《河南地志》第六章《古物·开封挑筋教碑》和第八章《宗教·犹太教》对一赐乐业教分别有所补充。

发表了《一赐乐业教碑跋》① 一文。20 世纪二三十年代，魏维贞、魏亦亨、徐宗泽、方豪等学者也有同类文章发表。陈垣于 1920 年发表的《开封一赐乐业教考》② 是近代国人系统研究中国犹太人问题的第一篇论著，该文详细研究了中国开封犹太社团的历史、教名起源、经典的内容和流散状况、犹太会堂的碑文以及犹太教与伊斯兰教的异同等。作者进行了大量考据工作，资料丰富，论述翔实，被后人广泛引用。

新中国建立后，复杂的国际国内形势及意识形态等因素致使中国与以色列建交的问题被束之高阁，加之"文化大革命"期间"左"倾思想的影响，对犹太教的研究沉寂了数十年而无人问津。改革开放后，随着宗教研究在中国的复兴，犹太教研究也逐渐活跃起来。据不完全统计，自改革开放以来共出版与犹太教有关的译著 21 部，著作 14 部，发表论文 110 篇左右，内容涉及犹太教教理、教义、教派、犹太教的特征、文化功能及其影响、犹太教与其他宗教的对比研究、犹太教在中国的发展与演变，等等。探源寻流、综脉理络，其中最能反映学术发展轨迹、体现学科水平的研究集中在以下几个方面。

第一节　犹太教的教义及派别研究

一　对犹太教的整体介绍与研究

20 世纪 80 年代，随着中国对外开放的深入，犹太人问题得以进入学者视野，一些中国学者开始撰文介绍犹太教情况。1983 年赵复三的《犹太教简介》③ 一文发表后，陆续有学者将犹太教的经典、教义介绍给国人，从而为开展犹太教的研究提供了前提。如曾炳祥的《犹太教的圣书——"摩西五经"》、④ 孙政清的《犹太古教教义·教历·节令——基督宗教知识札记》⑤ 等。

在犹太研究不断向纵深发展的情况下，20 世纪 90 年代起中国开始有

---

①　叶瀚：《一赐乐业教碑跋》，参见《东方杂志》1913 年 6 月 1 日第 10 卷，第 12 号。

②　陈垣：《开封一赐乐业教考》，参见《东方杂志》第 17 卷（1920 年 3 月 10 日），第 5、6、7 号。

③　赵复三：《犹太教简介》，参见《世界宗教资料》1983 年第 3 期。

④　曾炳祥：《犹太教的圣书——"摩西五经"》，参见《苏州大学学报》1988 年第 3 期。

⑤　孙政清：《犹太古教教义·教历·节令——基督宗教知识札记》，参见《中国天主教》1994 年第 5 期。

学者进行犹太教经典和著作的翻译工作。1996 年出版了张平翻译的《阿伯特—犹太智慧书》，① 该书是犹太教经典《塔木德》中的格言汇总，向中国学者展示了犹太教元典文化的深邃与奥妙。90 年代后期，由傅有德主持、山东大学犹太教与跨宗教研究中心组织翻译的"汉译犹太文化名著丛书"陆续出版。丛书所选著作均为在西方学术界产生过重大影响之名著，多是犹太学者的宗教学研究著作。其中包括海姆·马克比的《犹太教审判》、大卫·鲁达夫斯基的《近现代犹太宗教运动》、摩西·迈蒙尼德的《迷途指津》、亚伯拉罕·柯恩的《大众塔木德》、塞西尔·罗斯的《简明犹太民族史》、利奥·拜克的《犹太教的本质》、马丁·布伯的《论犹太教》、摩迪凯·开普兰的《犹太教：一种文明》、弗兰茨·罗森茨维格的《救赎之星》、亚伯拉罕·海舍尔的《觅人的上帝》，等等。该丛书已经成为国内学界从事犹太教学习与研究的入门书与工具书，有筚路蓝缕之功。此外，学者们还翻译出版了一些近现代思想家的名著。如诺曼·所罗门的《犹太教》、② G. G. 索伦的《犹太教神秘主义主流》、③ 安德烈·舒拉基的《犹太教史》、④ 埃马纽埃尔·勒维纳斯的《塔木德四讲》⑤ 等，从而为中国学界开展犹太教的研究提供了极大的便利。

与此同时，国内学者的研究成果也相继问世。周燮藩相继发表了《论什么是犹太教》和《犹太教的自我诠释——再论什么是犹太教》⑥ 两篇论文，从宗教学的视角对"犹太教"一词加以定义。在《论什么是犹太教》一文中，周燮藩认为犹太教首先应是一神教，其次应定义为犹太人所信仰的宗教。按此定义，他将犹太教与其他宗教进行比较，认为犹太教更注重行动而非形而上的信仰。在《犹太教的自我诠释——再论什么是犹太教》中，作者进一步指出界定犹太教的两点难处，一是其独特性来源于漫长而独一无二的历史经验，二是其多样性来源于民族文化和历史发展的积淀；据此他主张从不同时期的各种派别对犹太教的不同诠释入手，重新分解和

---

① 参见阿丁·施坦泽兹诠释《阿伯特—犹太智慧书》，张平译，中国社会科学出版社 1996 年版。

② 参见诺曼·所罗门《犹太教》，赵晓燕译，辽宁教育出版社 1998 年版。

③ 参见 G. G. 索伦《犹太教神秘主义主流》，涂笑非译，四川人民出版社 2000 年版。

④ 参见安德烈·舒拉基《犹太教史》，吴模信译，商务印书馆 2001 年版。

⑤ 埃马纽埃尔·勒维纳斯：《塔木德四讲》，关宝艳译，商务印书馆 2002 年版。

⑥ 周燮藩：《论什么是犹太教》，参见《世界宗教研究》2000 年第 2 期；《犹太教的自我诠释——再论什么是犹太教》，参见《世界宗教研究》2001 年第 1 期。

组合犹太教的定义。

在论著方面，张文建的《信仰战胜苦难：犹太教》，① 黄陵渝相继出版的《世界犹太教与文化》、《犹太教学》、《当代犹太教》② 等著作不但记述了犹太教产生与发展的历史，也阐释了犹太教的基本教义、伦理道德、律法体系、经典文献、礼仪习俗等。《犹太教学》还特别回顾了百年来国内犹太教学术研究的发展轨迹；《当代犹太教》则以时间为经、空间作纬，着重叙述了犹太教在当今以色列、美洲、欧洲、俄罗斯、亚洲、非洲及大洋洲等地的传播情况，向读者展示了一幅较为全面的当代犹太教发展概貌。周燮藩主编的《犹太教小辞典》③ 是国内同仁协力编撰的第一部有关犹太教的专业性工具辞书。该书篇幅长达 40 余万字，收录相关词条 1500多个，包括犹太教总论、教派、经典、人物、教义等方面，对国内学术界存在的译名混乱现象进行了规范整理。傅有德的《犹太哲学与宗教研究》④收录了作者 10 多年来的研究成果，记载了作者学术思想的发展历程，其中关于犹太教的部分更是作者长期以来的思想结晶与学术概括。

近期，南京大学犹太文化所又推出了两本新译著：乔纳森·D. 萨纳的《美国犹太教史》⑤ 和撒母耳·S. 科亨的《犹太教：一种生活之道》。⑥《美国犹太教史》对漫长的美国犹太教历史进行了分析、总结，特别关注了犹太教在美国的种种变革与思想演进，尤其是美国犹太教各种派别的形成和分化。作者认为犹太教在美国的发展是一个积极地适应和再创造的过程，尽管美国犹太教面临外部世界的挑战和内部不同思想的冲突与对立，但仍然遵循着统一和发展这条主线。同时，他反对将美国犹太教机械地划分为不同宗派和阶段，认为美国犹太教是一个由产生到壮大、中间不时衰落而又不断复兴的动态过程。事实上，这也正好证明了犹太教不仅仅是单纯意义上的宗教，而且是犹太人生活密不可分的一部分。《犹太教：一种生活之道》一书不是单纯地就信仰而谈信仰，而是从生活出发，论述犹太

---

① 参见张文建《信仰战胜苦难：犹太教》，世界知识出版社 1998 年版。

② 黄陵渝：《世界犹太教与文化》，中央民族大学出版社 1999 年版；《犹太教学》，当代出版社 2000 年版；《当代犹太教》，东方出版社 2004 年版。

③ 周燮藩：《犹太教小辞典》，上海辞书出版社 2004 年版。

④ 傅有德：《犹太哲学与宗教研究》，中国社会科学出版社 2007 年版。

⑤ 乔纳森·D. 萨纳：《美国犹太教史》，胡浩译，大象出版社 2009 年版。

⑥ 参见撒母耳·S. 科亨《犹太教：一种生活之道》，徐新、张利伟等译，四川人民出版社 2009 年版。

教的产生、历史和意义，介绍犹太人的日常伦理和他们怎样将宗教内化至生活，如何因自己的"行"而实践宗教信仰，该书对犹太教的阐释代表了当代改革派的主流观点。

二　犹太教的基本教义与特征

其一，犹太教的上帝观。犹太教崇拜无形无质的独一真神，认为神是独一的、永恒的、万能的；宇宙不存在任何其他上帝，也从未有人可以被奉为神圣；人类要畏惧上帝、热爱上帝。周燮藩的《犹太教上帝名讳考》[①]对希伯来圣经和拉比文献中的"上帝"这一称呼做了比较和考证，确认"雅赫维"为犹太教上帝之名，并就它的变化原因和历史背景作出了解释，认为这个名称含有丰富的历史和宗教意义，学者若对它随意改变和翻译则是不恰当的。徐向群《上帝和人——对犹太教教义之探索》[②] 一文从人对上帝的认识和人与上帝的关系入手，最终得出犹太教的基本思想是爱上帝兼爱人的观念。沈坚在《古代犹太教一神观的演进》[③] 中探讨了犹太教一神观念的内涵和其漫长复杂的演化过程。

其二，犹太教的选民观。犹太教认为犹太人是与上帝订立契约的特殊"选民"，犹太人必须遵守契约，履行上帝赋予的职责。由于这一契约，每个犹太人作为民族一分子都与上帝发生关联，宗教与民族观念血肉相连、密不可分地结合在一起。傅有德的《犹太教中的选民观念及其嬗变》[④] 阐释了古代希伯来宗教、拉比犹太教、近现代犹太教等不同发展时期选民观念的内涵与演变。他指出：古代希伯来宗教以圣经为基础，认为上帝选定亚伯拉罕及其子孙与之立约，以色列人是作为神的宠儿和向世界各族传教的先导出现在世上的。至拉比犹太教时期，虽然以色列人流落各地，但并未抛弃选民的概念；拉比们相信，正是因为唯有以色列人愿意遵守并传播上帝的律法，才得到这种格外的恩宠和保护。随着基督教成为主导性意识形态，许多犹太人开始重新思考并修正选民概念。傅有德强调，选民概念在一定意义上维护了犹太人的民族性和宗教传统，但它作为历史的产物，随着时间的推移和犹太文化的发展终会有一天趋于消失。赵光贵的硕士论

① 周燮藩：《犹太教上帝名讳考》，参见《世界宗教研究》1999 年第 3 期。
② 徐向群：《上帝和人——对犹太教教义之探索》，参见《同济大学学报》1994 年第 1 期。
③ 沈坚：《古代犹太教一神观的演进》，参见《华东师范大学学报》1994 年第 3 期。
④ 傅有德：《犹太教中的选民观念及其嬗变》，参见《文史哲》1995 年第 1 期。

文《试析犹太教选民观的嬗变》① 从圣经时代、中世纪时代和近现代三大时期论述了犹太教选民观念的产生、发展和变化的历史。论文还着重探讨了犹太教神秘主义派别哈西德派和启蒙运动思想家对选民观的重新审视过程，以及近现代犹太教的不同派别对选民观念的不同看法。赵光贵认为，这四大派别虽因为各自对经典的阐释和立场不同而对选民观念作出了不同的解释，但其主旨是一致的，都是"在新的形势发展的情况下，对如何维持犹太人凝聚力所做出的努力"②。

其三，犹太教的律法性。顾俊杰的《犹太教与犹太法律文化》③ 和黄天海等人的《摩西法律的契约形式和以律法为核心的希伯来宗教》④ 研究了犹太教的律法观念。他们认为，作为一个民族，犹太人首先服从和履行上帝规定的律法，视之为神圣不可侵犯之物。犹太教有两部主要的律法书：成文律法《托拉》和口传律法集《塔木德》。它们不但是宗教戒律，同时也是世俗生活中的道德规范。犹太人认为上帝的无上权威和意旨都体现在他所启示的一切律法中，人们对上帝的敬畏和热爱都是通过在每日生活中遵从上帝的戒律来表达的；因此，戒律对犹太人来说具有至高无上的意义。遵守戒律不应看成是一种负担，而应看成是一种欢乐，因为遵守戒律的人与上帝更接近了。犹太教这种视律法为神圣的观念深深影响了犹太世俗法律，同时对西方法系也有着影响。何小莲在《希伯来法精神——犹太教对现代西方文明的贡献》⑤ 一文中指出，犹太人不但在民族文化最初兴起的时候就建立了一整套律法体系，更在以后寸土皆无的流亡情况下成熟和完善了它，对犹太人来说，律法就是神颁布的，人世间任何权利都无法超越其上。这种律法至上的理念极大地影响了初创时期的西方法学体系，也为西方文明中对平等公正的社会理想的推崇埋下了种子。

其四，犹太教的伦理性。犹太教非常重视伦理规范和宗教道德，认为人对上帝的热爱和信仰就是遵守上帝以律法形式向世人传递的道德观念。

① 赵光贵：《试析犹太教选民观的嬗变》，河南大学硕士学位论文，2005 年。

② 同上书，第 43 页。

③ 顾俊杰：《犹太教与犹太法律文化》，载《同济大学学报》1998 年第 1 期。

④ 黄天海等：《摩西法律的契约形式和以律法为核心的希伯来宗教》，载《世界宗教研究》2002 年第 2 期。

⑤ 何小莲：《希伯来法精神——犹太教对现代西方文明的贡献》，载《陕西师范大学学报》2001 年第 2 期。

陈超南的《在上帝和生活之间寻求平衡》①是较早的对犹太教伦理观念进行探讨的文章之一，该文从宗教信仰、日常生活、强者精神和商业借贷四个方面考察了犹太民族的伦理观念，认为由于上帝观念对生活的处处渗透，犹太教的宗教伦理特征才得以突出彰显。文章还指出，犹太教的借贷伦理所建立的契约关系已经融入了资本主义精神之中。黄陵渝将犹太教的伦理规范归结为"爱上帝"和"爱世人"两大主题，并通过这两大主题揭示了犹太教深层次蕴含的"公正"、"公义"等伦理准则和行为规范。②

此外，李勤还指出犹太教具有此岸性、直观性的特征，与基督教相比，犹太教教义注重今世的善行和恶行，以及由此所带来的直接宗教回应。因此，宗教不只是一种意在描绘来世的精神寄托，而且是今生可看可触的生活方式。同样，犹太教对守教者的判定并不仅仅根据其信仰的虔诚与否，而且同样注重教徒对律法这种直观的宗教外在形式的遵守和效果。③

三　犹太教的派别

如历史上出现的各种宗教一样，犹太教在长期的发展过程中也分化出了各种不同的派别，从近代以来的情况来看，主要可以分为正统派、改革派、保守派、重建派等。

黄陵渝在《犹太教正统派》④中介绍了正统派的基本情况。指出正统派是犹太教最大的派别，该派的特点是严守犹太教的传统信仰、律法和礼仪，尤为注重教育，并拒绝变革。当然正统派也并非铁板一块，大体可分为三个支派：极端正统派、现代正统派和哈西德派。近年来哈西德派研究在国际犹太学术界格外引人关注，哈西德派是18世纪中叶诞生在东欧的神秘主义派别，旨在从内部改变犹太人，唤起犹太人内心的宗教热情。他们不注重理性和知识，更为强调人的情感，目的是通过无杂念的虔诚祈祷而达到与上帝的交融。国内研究哈西德主义的学者并不多，马丹静的硕士论文《哈西德运动研究》⑤对这一问题进行了深入探讨，阐

---

① 陈超南：《在上帝和生活之间寻求平衡》，参见《学术季刊》1998年第3期。
② 参见黄陵渝《论犹太教伦理的核心主题》，参见《世界宗教研究》2001年第1期。
③ 参见李勤《试论犹太教的基本特征》，参见《云南师范大学学报》2001年第3期。
④ 黄陵渝：《犹太教正统派》，参见《世界宗教文化》2006年第1期。
⑤ 马丹静：《哈西德运动研究》，河南大学硕士学位论文，2009年。

述了哈西德运动兴起的原因、背景和发展历程，重点分析了哈西德领袖（柴迪克）在运动中所起的作用。马丹静认为，哈西德运动是在外部社会动荡不安、犹太人内部出现矛盾和分化的局面下出现并兴起的，从本质上来说，它是一场信仰复兴运动。哈西德运动独特的教廷制和柴迪克制成为它快速扩张并在历次劫难后不断复兴的关键。同时，哈西德运动将宗教活动的重心从思维转移到内心，从对经典的枯燥研究转为内心对上帝的热爱，这种简单化、现实化、通俗化的宗教信仰对广大下层群众具有强烈的吸引力。这些都是哈西德运动拥有大量信徒并能在二战后迅速复兴的原因。另外由董小川主编的《现代欧美国家民族的同化与排斥》①一书中的第九章《现代美国犹太教正统派（哈西德派）及其同化问题研究》对哈西德运动的基本含义、历史由来、基本教义等情况做了系统介绍，并专门对哈西德派在美国的历史、现状、派别进行了详细梳理，提出了哈西德派在美国多元与现代环境下所面临的认同整合和精神调适等具有普遍意义的犹太文化命题。

　　黄陵渝的《世界犹太教与文化》②和《当代犹太教》③等著作梳理了改革派犹太教的发展脉络，认为改革派的主导思想带有明显理性主义因素，即强调犹太教必须随着时代的变化而变化，在发展过程中摒弃过时的、不合理的成分，以适应现代生活的需要。改革派在发展过程中废弃了不少古老的习俗，如礼拜时男女混坐、不用希伯来语而用所在国语言读经、实行男女平等原则、妇女有担任拉比的权利等。

　　近年来，从美国保守派中分化出来的重建派逐渐引起了学者们的关注。胡浩在《在传统与现代之间——论"作为一种文明的"犹太教》④中对摩迪凯·开普兰的思想进行了研究。开普兰是重建派奠基人和开创者，他认为正统派、改革派和保守派都不能适应现代性和当代犹太生活的需要，因而必须加以重建，将其改造成为自然民主型的宗教。犹太教应当是一种进化的文明，上帝、《托拉》和犹太人是构成它的三大要素。重建派在仪礼上接近保守派，但在理论观点上甚至比改革派还要激进。这个派别

　　① 董小川主编：《现代欧美国家民族的同化与排斥》，三联书店 2008 年版。
　　② 黄陵渝：《世界犹太教与文化》，中央民族大学出版社 1999 年版，第 112 页。
　　③ 黄陵渝：《当代犹太教》，东方出版社 2004 年版，第 384 页。
　　④ 胡浩：《在传统与现代之间——论"作为一种文明的"犹太教》，参见《烟台师范学院学报》2005 年第 3 期。

主张自由解释传统，要求宗教生活民主化，鼓励和支持以色列国的建设。傅有德的《试论开普兰宗教哲学》① 一文探讨了开普兰的宗教哲学思想，他指出对开普兰来说，并不存在着超自然的上帝，上帝就意味着内在于宇宙间的创造力或生命力，这种生命力内化至自然界、社会和个人之中即成为至上的信仰，同时又为人们提供了人生之目的与动力。这就意味着开普兰把传统犹太教中的人格神请出了宗教领域，代之以一种弥漫在人和宇宙间的和谐力量。从这个角度来看，开普兰的上述宗教学说实际上是一种泛神论。但是，并不能就此说开普兰所定义的上帝（创立）因其非精神性和非人格化而不能成为人们崇拜的对象和精神生活的目标，宗教的本质与核心是信仰，因此开普兰及其信徒对他们所定义的上帝的信仰即构成稳定的神学意义之存在。

学者们也关注了犹太教中的神秘主义问题。从宗教与文化的角度看，神秘主义因为反映人内心对宗教的本质渴求，经常被视为最纯正宗教精神的代表。由涂笑非翻译的 G. G. 索伦《犹太教神秘主义主流》② 一书对浩瀚的原始资料进行了整理和分析，概括了犹太神秘主义的基本特征和发展阶段。刘洪一的《犹太文化中的神秘主义及其效用》③ 从早期犹太文献中的神迹奇事以及散布在犹太生活中的禁忌、戒律等入手，认为犹太神秘主义是贯通在宗教与世俗生活中的一种大众情感和文化品性，它的核心内容和认识论基础是对上帝和世界的不可知论。犹太神秘主义的文化效用表现在：对上帝及相关神学思想的论证，以虚妄的方式抗拒现世压力的世俗功利动机及心理慰藉，作为一种意识存在对犹太人认知世界及其实践行为的隐晦影响。刘精忠的《宗教神秘主义与犹太弥赛亚信仰探析》④ 一文对喀巴拉运动、萨巴泰·泽维运动、哈西德运动和弥赛亚运动关系做了一定的探讨。

四 著名人物的宗教思想研究

作为一种民族宗教的内在体现，犹太文化史上的著名思想家大多深受

---

① 傅有德：《试论开普兰宗教哲学》，参见《山东大学学报》1999 年第 3 期。

② G. G. 索伦：《犹太教神秘主义主流》，涂笑非译，四川人民出版社 2000 年版。

③ 刘洪一：《犹太文化中的神秘主义及其效用》，参见《徐州师范大学学报》1992 年第 4 期。

④ 刘精忠：《宗教神秘主义与犹太弥赛亚信仰探析》，参见《长安大学学报》2002 年第 4 期。

犹太教的影响。近年来，中国学者不仅翻译了《理性之光：阿哈德·哈姆与犹太精神》、①《希腊化世界中的犹太人：斐洛思想引论》② 等重要著作，而且对斐洛、利奥·拜克、马丁·布伯等著名犹太思想家的神学或哲学思想进行了多方位的解读。

斐洛是希腊化时期的著名犹太神学家和哲学家，他的思想联结了希伯来文化、希腊文化和基督教文化。范明生的《犹太教神学是东西方文化的汇合——论斐洛的神学》③ 讨论了斐洛关于神的论证、逻各斯思想及斐洛的历史地位。他认为斐洛的逻各斯思想将犹太传统智慧观和希腊哲学中的逻各斯思想结合起来，给早期基督教上帝观带来了深远的影响，寓意解经法则开创了基督教解经学的历史。

傅永军的《在爱中接近上帝——利奥·拜克论犹太教的本质》④ 注重利奥·拜克神学思想中"爱"的方面，认为利奥·拜克反对传统的上帝观念，强调上帝的伦理属性，他的思想主要表达了人与上帝的互爱这样一种新的神人关系。在另一篇文章《伦理的一神教与唯一神的伦理确证——利奥·拜克自由神学思想的现代意义》⑤ 中，傅永军认为利奥·拜克成功地将犹太教神学限制在伦理领域；在他的自由神学中，存在论让位于关系论，本体论让位于伦理学。

马丁·布伯是现代德国最著名的宗教哲学家，宗教存在主义的代表。刘杰在《论马丁·布伯的宗教哲学》⑥ 从人本主义的对话哲学、新哲学思想和复兴犹太教三大方面深入论述了布伯的宗教哲学思想。顾红亮从马丁·布伯对犹太教的批评和复兴思想着手，阐述了布伯对犹太教三种复兴概念（政治复国主义运动、宗教共同体的复兴、民族共同体的复兴）的批判，以及布伯对"统一的观念、行动的观念和未来的观念"这犹太教三大

　　① 高乔克：《理性之光：阿哈德·哈姆与犹太精神》，徐新译，内蒙古人民出版社 1999年版。

　　② 罗纳尔德·威廉逊：《希腊化世界中的犹太人：斐洛思想引论》，徐开来、林庆华译，华夏出版社 2007 年版。

　　③ 范明生：《犹太教神学是东西方文化的汇合——论斐洛的神学》，参见《学术季刊》1991年第 2 期。

　　④ 傅永军：《在爱中接近上帝——利奥·拜克论犹太教的本质》，参见《山东大学学报》2004 年第 3 期。

　　⑤ 傅永军：《伦理的一神教与唯一神的伦理确证———利奥·拜克自由神学思想的现代意义》，参见《世界宗教研究》2000 年第 2 期。

　　⑥ 刘杰：《论马丁·布伯的宗教哲学》，参见《世界宗教研究》2000 年第 4 期。

趋势的深刻解读。[①]

第二节　犹太教与其他宗教

犹太教在其发展过程中孕育了早期基督教，也极大地影响了伊斯兰教的创建和发展。因此，对于犹太教与基督教、伊斯兰教之间关系的研究历来为国际学术界所瞩目。近年来中国学者也开始涉足该领域的研究，并发表了一些有见地的成果。赵复三在《对犹太宗教文化与其他文化关系的一点探索》[②] 中就犹太教与基督教、伊斯兰教的渊源关系和犹太教对欧洲文艺复兴运动的影响做了精辟的论述，认为犹太教在基督教和伊斯兰教的产生时期、西欧文艺复兴运动时期都发挥了"酵母"的作用。

一　犹太教与基督教

中国学者们的目光主要集中在基督教对犹太教的继承和分歧上，目前较为一致的观点是：基督教源于犹太教，是犹太文化裂变和重组的结果；基督教直接继承了犹太教的核心教义和经典，并在此基础上发展成为新兴宗教。基督教与犹太教的差异主要表现为上帝概念外延的扩大、律法的革新和解读、经典的创新等方面。赵林的《论基督教与犹太教的文化差异》[③] 用道德主义与律法主义、内在信仰与外在仪式的差别对双方的差异进行定位，认为二者的分歧主要有三点：基督教形而上学的神学理论与注重直观与现世的犹太教不同；犹太教外在律法对信仰的规范与基督教更侧重于内在对信仰的坚持有别；基督教提出了与犹太教的效果论道德观相反的动机论道德观。傅有德在《论犹太教与基督教的信与行》[④] 一文中指出："信"与"行"是犹太教和基督教中的两个重要范畴。犹太教以对上帝的信仰为基础，突出行为和律法的作用，注重"因行称义"。基督教以对耶稣基督

---

① 参见顾红亮《统一·行动·未来——马丁·布伯对犹太教现代性的思考》，参见《宗教学研究》2006 年第 3 期。

② 赵复三：《对犹太宗教文化与其他文化关系的一点探索》，参见《世界历史》1989 年第 2 期。

③ 赵林：《论基督教与犹太教的文化差异》，参见《宗教学研究》1997 年第 2 期。

④ 傅有德：《论犹太教与基督教的信与行》，参见《文史哲》2005 年第 3 期。

的本真信仰为基础，认为只有依赖"信仰"才能得救，强调"因信称义"。它们之间更本质的区别是信仰对象和救赎手段不同。王周钦、张维的《论早期基督教和犹太教分裂的必然性》① 不但从政治目标和教义体系的分歧论述了两教分裂的原因，同时也关注了当时独特的历史背景，认为犹太人的希腊化和离散为基督教的独立发展提供了有利的基础，争夺教徒加速了二教共同社会基础的分裂，而圣殿被毁和巴尔·科赫巴起义则最终完成了二者的分离。刘爱兰的《试论基督教对犹太教的继承与革新》② 研究了早期基督教改革家为传播基督教所作的贡献和基督教迥异于犹太教的基本组织形式。

　　学者们还对弥赛亚信仰进行了关注。"弥赛亚"一词为希伯来语音译，原意为"受膏者"，但后来被赋予一种特定的含义，意味着国家的复兴和人民的拯救。在犹太教义里，"弥赛亚"身兼先知、祭司、君王多重角色，是一位伟大的领袖，他将率领犹太人建立一个新的永恒国度。梁工的《弥赛亚观念考论》③ 以《旧约》、《新约》和其他犹太文献为考察对象，对犹太民族在不同历史时期所演变出来的各种观念（如现世首领式弥赛亚、理想君王式弥赛亚、末世救主式弥赛亚、政治首领和军事统帅式弥赛亚，以及耶稣和保罗的弥赛亚观念）作出了多方面的考证和辨析。梁工认为耶稣摒弃了犹太弥赛亚观念中的民族主义倾向和政治性、世俗性、功利性动机，而大力张扬了普世主义和绝对宗教精神；保罗的弥赛亚观念则进一步致力于阐释耶稣对于普通民众的意义，为基督教日后征服整个西方世界奠定下重要的神学根基。

　　基督教继承了犹太教的这一观念并将"弥赛亚"概念的范围扩大，认为真正的"弥赛亚"是耶稣基督，他为拯救世人的深重罪孽而受难并将再次降临。双方观念上的相似和差异使人们很容易将犹太式弥赛亚观念与类似的基督教式弥赛亚观念联系起来。傅有德的《犹太教的弥赛亚观及其与基督教的分歧》④ 和申丽霞的《救世主—弥赛亚：人类宗教精神的期

---

① 王周钦、张维：《论早期基督教和犹太教分裂的必然性》，参见《哈尔滨师范学院学报》2006 年第 5 期。

② 刘爱兰：《试论基督教对犹太教的继承与革新》，参见《中央民族大学学报》2007 年第 1 期。

③ 梁工：《弥赛亚观念考论》，载《世界宗教研究》2006 年第 1 期。

④ 傅有德：《犹太教的弥赛亚观及其与基督教的分歧》，参见《世界宗教研究》1997 年第 2 期。

盼——从犹太教与基督教谈起》① 就对双方观念的分歧做了详细说明。傅有德认为双方根本性的分歧，在于对犹太教来说，弥赛亚虽然背负着神圣使命，但本质上来说是一个凡人，其目的是在现世建立一个完美的世俗性理想社会；而对基督教来说，弥赛亚是基督，是神，他要建立的是抽象性的彼岸"上帝之城"。此外，犹太教认为真正的"弥赛亚"尚未到来，而拒绝承认耶稣之神性，这一点也被基督教视为渎神的象征。而申丽霞则认为，犹太式弥赛亚观念伴随着犹太民族的亡国和流散过程，因此其核心思想是民族和国家的复兴；而基督教的弥赛亚观念更加看重全人类灵魂的救赎，以及在精神层面上对人的道德境界和价值取向进行提升。陈艳艳的硕士论文《论犹太教和基督教的弥赛亚观》② 对两种宗教的弥赛亚观做了整体梳理、并做了一定程度上的对比研究。

二　犹太教与儒学

中国学者普遍认为犹太教和儒学都是经过历史的考验而留给人类的宝贵精神财富，而且二者之间有一定的相似性。周国黎的《道德脆弱的根源何在——儒家宗法伦理与犹太宗教伦理比较》③ 和姚新中、洪波的《知识·智慧·超越——早期儒学与犹太教智慧观的伦理比较》④ 都对两者的伦理思想进行了探讨，但各自侧重点不一。周国黎认为儒家伦理是宗法性和政治性的统一，伦理是作为政治的手段存在的；而犹太伦理则是宗教性和社会性的统一，伦理就是终极目的而非手段。并且，在儒家伦理体系中，伦理必须依附王权或国家存在，这与犹太伦理主要依靠非政治性的犹太社团存在不同。这些因素决定了相比于犹太伦理，儒家伦理在社会解构与重组之时产生了滑坡现象。姚新中、洪波的文章则分伦理特征、实践精神、宗教内涵三方面探讨了两种文明中的智慧观念，指出相比儒家智慧观而言，犹太智慧深受宗教影响，其中属神的层次大大超越了属人的层面。而儒家受宗教影响较浅，相对于对宇宙或天道的认识更趋向于个人品格的

---

① 申丽霞：《救世主—弥赛亚：人类宗教精神的期盼——从犹太教与基督教谈起》，参见《宗教学研究》2003 年第 1 期。
② 陈艳艳：《论犹太教和基督教的弥赛亚观》，山东大学硕士学位论文，2007 年。
③ 周国黎：《道德脆弱的根源何在——儒家宗法伦理与犹太宗教伦理比较》，参见《探索与争鸣》1996 年第 3 期。
④ 姚新中、洪波：《知识·智慧·超越——早期儒学与犹太教智慧观的伦理比较》，参见《伦理学研究》2002 年第 1 期。

完善。

　　傅有德在《犹太教与儒学三题议》①　中从信仰对象、信仰经典、教义
学说三大方面加以分析，认为犹太教是典型的一神教，儒学则带有浓厚的
多神教色彩；犹太教视经书为神之启示，儒学则将人言编为经典；犹太教
以神为中心，儒学的基调则是人本主义，二者的某些方面可以相互补充。
犹太民族可以用儒家的自我修养规范遵守宗教的意识，儒家也可以借鉴神
本主义的思想对自然和世界更加敬畏。在此基础上，傅有德在探讨了犹太
教改革所起的作用和影响后，提出了根据中国特定国情改革传统儒学，重
建中国文化的看法。②　张倩红在《从犹太教到儒教：开封犹太人同化的内
在因素之研究》③　中认为开封犹太人在宗教信仰日趋淡化的情况下，逐渐
接受了儒家思想并对其产生了深层次的认同，这个过程可以说是犹太教在
中国的儒化过程，也正是开封犹太人的同化过程。

三　犹太教与伊斯兰教

　　周燮藩在《伊斯兰教的起源与犹太教》④　一文中研究了早期犹太教与
伊斯兰教的关系。他从伊斯兰教创立之前犹太教在阿拉伯半岛的传播情况
入手，分析了伊斯兰教初创时期犹太教对穆罕默德的影响，认为"新宗教
的教义即是犹太教加上披上易卜拉欣外衣的阿拉伯宗教和基督教与社会改
革相结合的产物"⑤。相比基督教而言，犹太教对伊斯兰教产生的影响更
大。张倩红在《伊斯兰世界犹太人与阿拉伯人的交往》⑥　一文中分析了伊
斯兰教兴起时对犹太教的吸取情况，她认为犹太教对穆罕默德一神思想的
形成以及伊斯兰教基本教义的建构都产生了很大的影响。具体体现在四个
方面：首先，伊斯兰教承认犹太教的先知并尊重犹太人的经典；其次，
《古兰经》所叙述的传说与故事绝大部分与《旧约》内容类似；再次，伊

　　①　傅有德：《犹太教与儒学三题议》，参见《山东大学学报》2004 年第 3 期。
　　②　参见傅有德《传统与现代之间：犹太教改革及其对中国文化建设的借鉴意义》，参见《孔
子研究》2005 年第 5 期。
　　③　张倩红：《从犹太教到儒教：开封犹太人同化的内在因素之研究》，参见《世界宗教研究》
2007 年第 1 期。
　　④　周燮藩：《伊斯兰教的起源与犹太教》，参见《中国社会科学院研究生院学报》1982 年第
1 期。
　　⑤　同上书，第 52 页。
　　⑥　张倩红：《伊斯兰世界犹太人与阿拉伯人的交往》，参见《世界历史》2006 年第 6 期。

斯兰教的经注学家们常常利用《旧约》的内容来诠释《古兰经》，最后，伊斯兰教的教义与习俗也继承了犹太教的很多内容。

马效佩的《犹太教、基督教和伊斯兰教视阈中耶稣形象之比较研究》①对犹太教、基督教和伊斯兰教这三大一神教中耶稣的不同形象和定位进行探讨，以三大宗教如何看待耶稣这个宗教历史人物为视角，折射出不同的神学信仰和教义体系。犹太教持保守立场，不但否认耶稣是弥赛亚，甚至不认为他是本民族的先知；基督教勇于革新，视耶稣为圣子；伊斯兰教则持客观理性的立场，将耶稣定位为历史上许多先知之一，是一位负有使命的圣人。马效佩在分析了三大宗教对耶稣的不同看法后认为它们因对待耶稣的立场不同而最终朝不同的方向发展，从而构建了各自的神学信仰和教义体系。另外，肖宪在《中国历史上的犹太人和穆斯林：比较研究》②中通过对中国传统历史上犹太人和穆斯林的对比，探讨了犹太人之所以被同化的原因。

第三节　犹太教对犹太民族的影响

犹太一神教的产生与希伯来民族的早期经历息息相关，可以说历史环境孕育了民族宗教，而民族宗教又丰富了民族历史，并为后者的延续与发展提供了不绝如缕的精神滋养和动力源泉。因此，中国当代学者对犹太教的研究与对犹太民族的关注是同步进行的。

一　犹太教与犹太民族

张倩红在《犹太文化的现代化》一书中指出，正是在历史的沧桑磨难中，犹太人形成了以宗教为核心的强烈民族意识。在犹太契约观中，上帝与亚伯拉罕、摩西等人的立约，并非与个人立约，而是与整个犹太群体、犹太民族立约。王国分裂后，忧国忧民的先知们在评判北部王国以色列和南部王国犹大的是非功过时，也始终以整个民族利益、民族前途为立足点，以对本民族"圣约"的履行状况为标准，从而体现出一种以族群利

① 马效佩：《犹太教、基督教和伊斯兰教视阈中耶稣形象之比较研究》，参见《回族研究》2007年。
② 肖宪：《中国历史上的犹太人和穆斯林：比较研究》，参见潘光主编《犹太人在亚洲：比较研究》，三联书店2007年版。

益、民族利益为重的宗教原则。犹太教在漫长的历史过程中形成了独特的礼仪与习俗，它们是希伯来民族生活经历的结晶，也是犹太人区别于异族人的主要标志。尽管这些节日的来源与寓意各不相同，但几乎所有的节日都来源于犹太民族的某种经历，都是整个犹太民族所走过的历史轨迹之精华缩影与深度再现。①

张绥则认为，犹太教对整个犹太民族的文化心态的养成起了至关重要的作用。希伯来民族的文化积淀过程不只是随着宗教发展而带来的物质生活方式的变化，如割礼的产生和意义、宗教信仰和禁忌等，更是其折射出文化心态的形成过程。随着巴比伦之囚和大流散的开始，犹太教中有关"选民"和"契约"的观念深深影响了犹太文化的进取心态，促使犹太人免于消亡的命运。② 赵复三的《从犹太教看宗教与历史文化的关系》③ 也表明犹太教和犹太民族历史的发展息息相关。犹太教中一神观、选民观、律法观和救世主思想这四大核心概念都是伴随着犹太人历史发展的轨迹而存在的，它们反过来又维护了犹太民族的生存和延续。

二 犹太教与犹太复国主义

从宗教角度研究犹太复国主义一直是学者们关注的重点问题之一。早在 20 世纪 90 年代，徐新就发表了《试论犹太复国主义兴起的宗教社会因素》。④ 此后，有刘中民和赵云侠的《犹太教对犹太复国主义的影响》⑤ 与《犹太教的世俗化问题——正统派对犹太复国主义运动的思想反应》，⑥ 以及秦人文的《犹太教、犹太复国主义与以色列现代化》。⑦ 学者们从不同角度解读了犹太教作为犹太民族的精神内核对犹太复国主义的兴起与发展所起的作用，并一致认为犹太民族返乡复国的思想源于犹太教"应许之地"的观念。在大流散期间，回到"应许之地"是维系犹太民族的精神支柱。

---

① 参见张倩红《犹太文化的现代化》，江苏人民出版社 2003 年版，第 1 章。

② 张绥：《犹太教和希伯来文化心态的形成》，参见《上海大学学报》1989 年第 4 期。

③ 赵复三：《从犹太教看宗教与历史文化的关系》，参见《世界历史》1987 年第 1 期。

④ 参见徐新《试论犹太复国主义兴起的宗教社会因素》，参见《南京大学学报》1989 年第 5 期。

⑤ 刘中民：《犹太教对犹太复国主义的影响》，参见《世界民族》1999 年第 2 期。

⑥ 参见赵云侠《犹太教的世俗化问题——正统派对犹太复国主义运动的思想反应》，参见《世界历史》1999 年第 3 期。

⑦ 参见秦人文《犹太教、犹太复国主义与以色列现代化》，参见《世界民族》2001 年第 5 期。

犹太复国主义的政治目的也是借助这种"应许之地"的宗教追求，来动员散居世界各地的犹太人，进而实现重建犹太国家之目的。

刘金忠的《犹太教复国主义研究》[1] 一文对该问题做了总结性探讨，从文化视角考察了近现代犹太宗教思想对于犹太复国主义运动的理解与回应。他认为，犹太教中有关复国的观念和弥赛亚救赎思想经历了漫长的整合过程；其间，喀巴拉神秘主义对犹太教救赎思想发挥了不可或缺的重要影响，而正统的弥赛亚救赎思想中却存在着反对犹太人进行自我拯救的内容，这也反映了传统宗教在面对犹太民族复国重建愿望时的不同态度与矛盾心理。

三 犹太教和以色列国

以色列国的《独立宣言》明确指出：以色列公民不分宗教信仰，都可享受社会和政治平等，以色列是一个世俗国家而非神权国家。以色列政府虽没有从法律上明确规定犹太教为国教，但宗教在国家政治及社会生活中的影响力十分巨大，犹太教成了事实上的国教。因此抛开宗教而谈以色列政治和中东局势是十分不现实的。国内学者关注的热点主要集中在宗教对以色列政治及巴以冲突的影响两方面。

关于宗教对以色列国内政坛的影响，徐向群在《以色列的宗教势力和宗教党》和《以色列：宗教政治化》[2] 两文中对以色列宗教党的来龙去脉和它与政治的关系加以梳理，认为宗教势力极大地影响了以色列的政治，原本只属于信仰领域的宗教转而深陷政治斗争的旋涡，这是以色列的现代化进程所理应避免的。冯基华在《宗教政党对以色列政局及阿以冲突的影响》[3] 一文中指出，宗教党与其他政党的冲突和争执实际代表着利益冲突，进一步阐述了宗教党在阿以冲突及和谈中的作用；但是，基于以色列是一个世俗国家，宗教政党在以色列政治生活中很难有进一步拓展的空间。因此，政教分离始终是历史发展的必然和社会发展的大势。

至于犹太教在今日以色列国所处的地位，张倩红的《以色列史》[4] 从

---

① 刘金忠：《犹太教复国主义研究》，西北大学博士学位论文，2003 年。

② 徐向群：《以色列的宗教势力和宗教党》，参见《西亚非洲》1996 年第 6 期；《以色列：宗教政治化》，参见《世界知识》2000 年第 9 期。

③ 冯基华：《宗教政党对以色列政局及阿以冲突的影响》，参见《西亚非洲》2006 年第 5 期。

④ 张倩红：《以色列史》，人民出版社 2008 年版。

犹太人身份认定问题上的分歧、立宪之争、国家政治生活的宗教化、社会生活的犹太化等方面分析了犹太教在国家中的地位及其对国家政治、经济、文化与社会生活的影响。阎瑞松的《以色列政治》[①] 和肖宪的《中东国家通史——以色列卷》[②] 对此也多有涉猎。

　　学者们还把视角转向宗教在中东地区冲突中所扮演的角色。李志芬在《试论犹太教与反犹主义的关系及对中东和平进程的影响》[③] 中提到反犹主义虽迫害犹太人，但却对犹太人"回乡观"和客民心态进行了始料未及的强化，而这种心态直接构成了复国主义的理论基础，直到今日仍影响着中东和平进程。陈双庆认为，对犹太人来说，巴勒斯坦是上帝赐给犹太人的"应许之地"，正是这种宗教地域情结使犹太人在阿以争端中以巴勒斯坦地区的唯一合法主人而自居。这种观念不但强化了犹太人回归巴勒斯坦的意识，也成为一些宗教极端分子以暴力手段破坏阿以和解的宗教根据。[④] 张倩红在《巴以冲突中的宗教因素透视》[⑤] 一文中指出巴以冲突伴随着犹太复国主义的兴起而出现，并随着以色列的建国而加深。犹太人和穆斯林的宗教感情，尤其因对圣城耶路撒冷的热爱而导致的争夺是巴勒斯坦问题的症结之一。在这个问题上，以色列宗教政党主张的社会生活犹太化、宗教化和宗教极端思想应对巴以冲突负有重要责任，同时伊斯兰教根深蒂固的圣战思想和巴勒斯坦人的报复行为也对巴以和平进程造成了极大伤害。汪舒明对信仰者集团这一很少受到学者关注的特殊群体进行了研究，指出信仰者集团既是中东和平进程的障碍，又改变了以色列社会的主要意识形态，加速了以色列政坛政治力量的重组进程。[⑥] 另外，黄陵渝还发表了一系列学术文章，对耶路撒冷、被占领土等敏感问题的宗教背景做了阐释。[⑦]

---

　　① 阎瑞松：《以色列政治》，西北大学出版社 1995 年版。

　　② 肖宪：《中东国家通史——以色列卷》，商务印书馆 2001 年版。

　　③ 李志芬：《试论犹太教与反犹主义的关系及对中东和平进程的影响》，参见《延安大学学报》2005 年第 3 期。

　　④ 陈双庆：《犹太教理念与巴勒斯坦地域争端的关系》，参见《西亚非洲》2003 年第 2 期。

　　⑤ 张倩红：《巴以冲突中的宗教因素透视》，参见《世界宗教文化》2002 年第 3 期。

　　⑥ 汪舒明：《信仰者集团的崛起及其对以色列社会转型的影响》，参见《西亚非洲》2006 年第 6 期。

　　⑦ 参见黄陵渝《再论犹太教对中东和平进程的影响——被占领土的归属问题》，参见《科学与无神论》2004 年第 1 期；《论犹太教对中东和平进程的影响——耶路撒冷主权归属问题》，参见《科学与无神论》2004 年第 2 期；《论犹太教对以色列国法律的影响》，参见《科学与无神论》2005 年第 4 期；《论以色列的政教关系》，参见《科学与无神论》2005 年第 3 期。

第四节　犹太教在中国

卓新平的《基督教犹太教志》① 一书集中记述了犹太教在中国的传播与发展情况，包括犹太教在中国的兴起、中国犹太教遗物与文献两大部分。徐新在《犹太教在中国》② 一文中首先根据犹太民族、宗教一体的定义将犹太教进入中国的时间定位在唐代，进而通过犹太会堂在中国有关城市（如开封、上海等）的历史对犹太教在中国的历史进行了详细的梳理和论述。

一　犹太教在开封

最早的中国犹太教研究就始于对开封犹太教的探讨，这无疑也标志着开封犹太教研究在整个中国犹太教研究中的重要意义和象征作用，而且中国学者最为本土、最具特色的犹太学研究也立足于此。早在民国时期，时经训、叶瀚、陈垣等学者就开始研究开封犹太教问题。改革开放后，中国学界出版的关于开封犹太人的学术著作如江文汉的《中国古代基督教及开封犹太人》、③ 潘光旦的《中国境内犹太人的若干历史问题——开封的中国犹太人》、④ 高望之的《中国历史上的犹太教和犹太人》、⑤ 张绥的《犹太教与中国开封犹太人》、⑥ 王一沙的《中国犹太春秋》⑦ 等都有专门章节论及开封犹太人的宗教信仰问题，同时也有一些专题论文发表，其研究重点集中在以下几个方面：

第一，关于开封犹太人的信仰问题。学者们基本认同在一个相当长的时期内开封犹太人维持了犹太教信仰，延续了传统的犹太礼仪。这主要体现在以下几个方面：其一，开封犹太人主要通过立碑的方式来纪念

---

① 卓新平：《基督教犹太教志》，上海人民出版社 1998 年版。

② 徐新：《犹太教在中国》，参见《世界宗教研究》2000 年第 12 期。

③ 参见江文汉《中国古代基督教及开封犹太人》，知识出版社 1982 年版。

④ 参见潘光旦《中国境内犹太人的若干历史问题——开封的中国犹太人》，北京大学出版社 1983 年版。

⑤ 参见高望之《中国历史上的犹太教和犹太人》，参见《第十六届国际历史科学大会中国学者论文集》，中华书局 1985 年版。

⑥ 参见张绥《犹太教与中国开封犹太人》，三联书店 1990 年版。

⑦ 王一沙：《中国犹太春秋》，海洋出版社 1992 年版。

和阐释自己所信仰的宗教；其二，开封犹太人在日常生活中仍然坚持执行传统的犹太宗教礼仪，如守安息日、过传统宗教节日、行割礼、遵守犹太饮食法等；其三，积极修建会堂，想方设法保存托拉经卷。但是随着犹太人逐渐融入中国社会，同化的倾向日益明显，种种原因导致开封犹太教最终消失。学者们对开封犹太教消失的原因进行了种种探讨，主要有"通婚说"、"科举说"、"宽容说"、"儒化说"、"中犹文化相似说"等。

第二，开封犹太人的经书问题。徐伯勇、李景文、张倩红等人在民国时期论著的基础上，对开封犹太人的经书存留情况进行了详细考察。徐伯勇在《开封犹太人的几个问题》① 中主要考证了开封犹太人所存经书的来历。李景文考察了开封犹太人对待经书的态度，指出明末清初时开封犹太人对自己的经书还极为珍惜，然而经过数百年的转变，当新教传教士们大批进入中国时，饱受贫穷之苦又淡化了信仰的犹太人开始把经书卖给外国人，结果在短短的几十年间珍贵的经书全部流失，珍贵经卷的流失反映了开封犹太人文化心态的变化与宗教意识的淡薄，而这也最终导致了开封犹太人不可避免地同化到当地文化之中的历史命运。②

第三，开封犹太会堂问题。张倩红在《历史上的开封一赐乐业教清真寺》③ 一文中，梳理了犹太会堂从兴到衰的过程，指出从 1163 年建造第一座会堂开始，至 1688 年为止，开封犹太人曾 12 次修葺或重建清真寺，而每一次重修都意味着犹太人汉化的程度加深一步。随着汉化程度的加深和宗教热情的减弱，会堂在开封犹太人心目中的地位下降，康熙以后开封犹太人再也没有重修过会堂。

另外，需要特别指出的是，徐新近年围绕开封犹太社团出版了两本英文著作：*Legends of the Chinese Jews of Kaifeng*④ 和 *The Jews of Kaifeng, China*：

---

① 徐伯勇：《开封犹太人的几个问题》，参见朱威烈、金应忠主编《'90 中国犹太学研究总汇》，三联书店 1992 年版。

② 参见李景文《古代开封犹太族裔经书存失之考察》，参见《周口师范高等专科学校学报》1999 年第 1 期。

③ 张倩红：《历史上的开封一赐乐业教清真寺》，参见（香港）《二十一世纪》1998 年第 10 期。

④ Xu Xin, *Legends of the Chinese Jews of Kaifeng*, Hoboken, N. J. : KTAV Publishing House, 1995.

History，Culture，and Religion。① 这是中国学者首次用英文在国外出版的学术著作，也是中国犹太学术界致力于与国际学术界进行对话的重要努力，充分展现了中国学者对于开封社团历史、文化、宗教的研究水平与理论见解。

二　犹太教在上海

上海犹太人成分复杂，先后形成了四个社区，即塞法尔迪犹太社区、阿什肯那兹犹太社区、中欧犹太社区和波兰犹太社区。由于文化方面的差异，各个社团的宗教活动也相对独立地进行。中国学者围绕关于上海犹太人的研究发表了大批成果，如潘光、王健的《一个半世纪以来的上海犹太人——犹太民族史上的东方一页》② 就是一例，该书不但全面论述了上海犹太人的经济文化活动以及对上海发展的影响，而且还描述了上海犹太人的宗教生活。

犹太人在上海的宗教活动中，最引人注目的是会堂的建造和上海犹太宗教公会的建立。犹太会堂的建立代表犹太社团真正在某地定居下来，是社团发展的重要标志，因而研究上海犹太人的著作几乎都会提及这一点。房建昌在《近代中国犹太教会堂及祈祷所考》③ 中根据详尽的第一手资料对近代上海犹太教会堂及祈祷所的建立、发展及其消亡的简单情况做了介绍。徐新在《犹太教在中国》④ 中也涉及了上海犹太会堂的建设。从历史资料来看，上海塞法尔迪犹太社团和阿什肯那兹社团都曾先后建造过犹太教会堂，塞法尔迪犹太社团建造的有：1887 年建成的埃尔会堂、1900 年建成的舍里特·以色列会堂以及 20 世纪 20 年代建成的拉结会堂，拉结会堂庄严华丽，是当时远东最大的犹太会堂，另一所负有盛名的是 1927 年取代舍里特·以色列会堂的阿哈龙会堂，二战时它曾作为著名的密尔经学院师生的庇护所。上海的阿什肯那兹社团，先后建成了摩西会堂和新犹太会堂，后者由俄罗斯犹太社区出资于 1941 年逾越节前建成，可容纳大约

---

① 参见 Xu Xin, *The Jews of Kaifeng，China：History，Culture，and Religion*，Jersey City，N. J. ：KTAV Publishing House，2003。

② 潘光、王健：《一个半世纪以来的上海犹太人——犹太民族史上的东方一页》，社会科学文献出版社 2002 年版。

③ 房建昌：《近代中国犹太教会堂及祈祷所考》，参见《世界宗教研究》1997 年第 1 期。

④ 徐新：《犹太教在中国》，参见《世界宗教研究》2000 年第 12 期。

1000 人，直到 1956 年后方停止使用。它是上海最后一座停止举行宗教仪式的犹太会堂。

上海犹太人积极维持宗教礼仪和宗教教育。王健在《上海犹太人社会生活史》①中指出，上海犹太人严守包括安息日在内的犹太节日，在生活中遵循犹太礼仪，食用按犹太饮食习惯制作的洁净食品。至于宗教教育，在欧洲难民进入上海之前，早一步到来的上海塞法尔迪犹太人并不太重视它，整个上海犹太社区也没有可提供宗教教育的学校。随着欧洲难民的大量涌入，上海犹太社团内的正统派日渐增多，进行宗教教育势在必行。1939 年首所塔木德经文学校创办，学生很快增加到数百人。这所学院提供从基础希伯来语班到高级经学班在内的完整教育，培养了一批熟悉塔木德经文的人才。另外，上海犹太人还成立了一所提供进一步教育的远东拉比学院，供塔木德经文学校的毕业生进一步深造。较为特别的是著名的密尔经学院，它是唯一一所完整地从纳粹手下抢救出来的宗教学院。密尔经学院的师生在动荡不安中仍保持固定的学习计划，显示出非同寻常的决心。

三　犹太教在哈尔滨

哈尔滨作为近代东亚最大的犹太人聚居中心和宗教中心，受到国内外学者的重视。关于犹太教在哈尔滨的情况一方面体现在一些研究哈尔滨犹太社团的著作中，如张铁江的《揭开哈尔滨犹太人历史之谜——哈尔滨犹太人社区考察研究》，②同时也体现在一些专题文章里。其中学者们研究的重点主要有两个方面：哈尔滨犹太教公会的情况和哈尔滨犹太会堂的建造。石巍巍、周妍认为哈尔滨犹太教公会是以慈善事业为宗旨的社会团体，原则上不从事任何政治活动，它的建立是为了满足哈尔滨犹太居民宗教、慈善、文化等社会需求。哈尔滨犹太教公会的职责主要包括以下几点：建造及管理犹太会堂、负责办理犹太侨民的社会身份登记、提供符合教规的食物、对无力自立的犹太人进行援助、满足哈尔滨犹太居民的文化需求等。③张铁江则认为哈尔滨犹太教公会的活动不仅具备犹太教的功能，

---

① 王健：《上海犹太人社会生活史》，上海辞书出版社 2008 年版。
② 参见张铁江《揭开哈尔滨犹太人历史之谜——哈尔滨犹太人社区考察研究》，黑龙江人民出版社 2005 年版。
③ 石巍巍、周妍：《哈尔滨俄籍犹太人宗教公会的形成与发展》，参见《西伯利亚研究》2004 年第 1 期。

而且具有明显的政治色彩。哈尔滨犹太人社区在犹太教公会的领导下为捍卫自己的权利与日本人进行了不懈的斗争，从而使其免遭极权主义和军国主义的侵害。① 关于哈尔滨的犹太会堂，张铁江、赵连泰在《犹太教及其在中国的传播与哈尔滨的犹太教和犹太教堂》② 中有详细介绍。他认为与上海犹太社区不同，哈尔滨犹太社区一直拥有合格的拉比，这些拉比充分发挥了宗教领袖的卓越作用。

结　语

任何现代学科的发展与成熟，皆起步于初始阶段的培植与滋养，有赖于无数学人所做的基础性工作。犹太学虽然是一门十分古老的学问，但在我国真正兴起的时间却是在改革开放之后，并逐步发展为交叉性的、渗透于多种领域的科研生长点。综览近百年来的中国犹太教学术史，中国历代学人在此领域取得了令人瞩目、可喜可贺的学术成就；但在看到成绩的同时也必须承认，我们真正意义上而又延续不断的学术成长史毕竟只走过了短短30余年的路程，与犹太教产生和发展的地域距离相对遥远，知识背景、宗教意识等客观氛围也有种种不同。在此等情况下，探究犹太教的本质特征与精神内涵，实现与国际学术界接轨的目标还有很漫长的道路，可以开垦的"学术荒地"也很多。回顾历史、反思现在，当前中国犹太教研究中尚存在以下几方面的深刻问题与发展困境：

（一）专门研究人员匮乏，学术队伍薄弱。与其他人文社科领域相比，从事犹太学研究的专职人员非常有限。多种原因所致，许多学生在学业结束后不再从事犹太学研究。因此从犹太学学科的健康发展和研究前景来看，扩大专职研究人员队伍、组建稳定学术群体便成为重中之重。另外，很有必要建立全国性的学术机构，以凝聚学术力量，促进学术交流与合作。同时，相关研究者及研究机构还应大力拓宽渠道，积极争取研究资金，并加强文献资料建设，逐步实现资料共享。

（二）现有成果的学术性不强、原创性不足。随着犹太研究在中国越

---

① 张铁江：《哈尔滨犹太宗教公会的兴衰》，参见《西伯利亚研究》2007 年第 6 期。

② 张铁江、赵连泰：《犹太教及其在中国的传播与哈尔滨的犹太教和犹太教堂》，参见《黑龙江社会科学》2005 年第 5 期。

来越成为热点，成果数量大为增加，但肤浅、拼凑、雷同之作甚多，学术品位高、具有"自得之见"的成果偏少。因受语言功底、知识水平及原始文献的限制，很多学者还不能真正开展原创性研究。整体而言，国内学者在占有新资料、获取前沿信息方面还远远滞后于国际学术界，选题老化、资料陈旧等现象普遍存在。不仅如此，由于对犹太教、犹太历史与文化缺乏最基本的理解，现有研究成果中还存在一些知识层面的错误，如以基督教的话语架构来解读犹太教，比如对上帝的称呼、对犹太教经典的称谓、对犹太教教义的阐释等；一些著述中把基督教的人物、故事、智慧物语张冠李戴地用到犹太教身上；在宗教关系问题上，有些著述引用的是早已过时的研究结论，对第二次世界大战以后国际大背景下的宗教对话与和解所引起的宗教意识与宗教观念的变化缺乏认识，对近半个世纪以来国际犹太学术界的新成果的关注不够。个别著作甚至照搬很早以前就流行于西方的宗教反犹太主义措辞，从而歪曲了犹太教的要义。耶路撒冷犹太民族政策规划研究所（JPPPI）的沙洛姆·所罗门·瓦尔德博士在对中国的犹太学研究进行了深入调研与评估之后，用"学术基础薄弱但前景广阔"做了很精准的概括。①

（三）学术研究领域亟待深化与拓展。犹太教虽然只是一个信众有限的小型宗教，但却是有特点、有影响的信仰体系。在经历了圣经时代（The Biblical Period）、拉比时代（The Rabbinic Period）、中世纪（The Middle Ages）、近现代（The Modern Era）和当代犹太教（Contemporary Judaism）等发展阶段之后，虽然一直未能突破民族宗教的樊篱而成为普世性的宗教，但却在长达 30 多个世纪的历史长河中基本保持了元典特色，并不断传承、延续，不仅深刻影响了基督教、伊斯兰教等世界性宗教，而且至今保持了旺盛的生命活力。我们应该至少从以下五个方面来解读犹太教的精神源泉与不朽动力：第一，犹太教不局限于单一的宗教信仰体系，而且是犹太人的生活规范，是"内在的心灵状态"与"外在的行为体现"的结合，不仅"因信称义"，而且"因行称义"；第二，犹太教在保持核心教义与价值判断的同时，容忍争议与分歧，《塔木德》的主要特征之一就

---

① 沙洛姆·所罗门·瓦尔德博士是耶路撒冷犹太民族政策规划研究所高级研究员。他于 2003 年通过调研、访问、座谈等多种形式与中国从事犹太研究的相关机构、人员以及在校大学生进行了广泛的接触，在此基础上撰写了《中国和犹太民族：新时代中的古文明》（China and the Jewish People：Old Civilizations in a New Era）的研究报告。

是打破了一般宗教教条的那种言不二价、神圣不变的姿态，从而表现出一种协商精神与生活气息，强调对立派的观点也同样是"活生生的上帝之语"，从而形成了"有十个犹太人就有十二种意见"的现象；第三，典型的民族性特征为犹太教提供了广泛的精神内涵与思想活力，犹太宗教与族群意识的同构自古已存，改革派拉比把犹太信仰定位为"一个共享的历史传统、一种共享的语言、一个共享的文献、一块共享的土地、一个共享的文化、一个共享的未来"；第四，古老的犹太教孕育了丰富的现代性因子，作为民族宗教的犹太教之所以能在与异质文明的交往中一次又一次地完成调整与改造的过程而保持自我的主体特征，并在现代政治、经济及文化环境中仍然发挥其作用，除了宗教自身所具有的更新机制之外，还有一个不可忽视的方面，即古老的犹太传统浓缩了许多现代人所追求的思想观念，也就是说在传统犹太教的肌体中很早就孕育了可贵的现代意识，比如律法面前人人平等、重视生命的价值、追求此世目标的实现以及商业合理化思想等；第五，极强的政治参与性特征。自王国时代以来，犹太教就表现出很强的政治参与性。以色列建国后，犹太教不仅仅是社会成员的个人意识，而且在很大程度上承担着社会凝聚功能、道德功能、政治功能及教育功能的作用。犹太教的政治参与性传统在以色列社会发挥到了极致，也为犹太教的复兴开辟了前所未有的广阔空间。然而，就我们目前对犹太教的研究状况来看，诸如此类值得深入思考的课题还没有真正展开；犹太教在神圣与世俗、信仰与功利、传统与变革、凝聚与分化等问题上的思辨性、智慧性与实践性经验尚未得到深入挖掘；另外，对于犹太教的教义、教法、教派研究（尤其是正统派和神秘主义）、犹太教与其他宗教的相互影响与涵化等问题还涉足甚浅，需要进一步的深化研究。